증보개정판

교육과정과 교육평가

손충기 저

CURRICULUM & EDUCATIONAL EVALUATION

태영출판사

머리말

교육은 교사가 학생들에게 지식을 가르치고 의미 있는 경험을 시켜 개인의 삶이나 사회적으로 유용한 인간특성을 기르는 일이다. 이 일은 아무나 할 수 있는 것이 아니며 어떤 인간을, 어떤 내용으로, 어떤 방법을 동원하여 수행하고, 수행한 결과를 어떻게 평가할 것인가에 관한 분명한 교육관을 바탕으로 일의 방법론적 원리를 적용할 수 있는 능력을 지니고 있어야 가능하다.

또 교육이란 교사가 교육목표를 설정하고, 목표를 달성하는 데 필요한 내용을 선정 · 조직하여 교육의 장에서 내용을 가르치거나 어떤 인간특성을 길러주고, 그 과정과 결과를 평가하는 과정으로 이루어진다. 즉, 교육이란 교육과정을 편성하여 이를 운영하는 일이다. 그러므로 교육과 교육학의 중심 영역은 교육과정 편성, 교육과정 운영(수업), 교육과정 평가라고 할 수 있다.

학문적으로나 교육의 실제로나 교육과정 편성, 교육과정 운영, 교육과정 평가는 개념상의 구분은 가능할지 모르나 기능상 하나의 체제요, 한 가지 일의 요소를 편의상 구분한 것에 불과하다. 이 일은 분업이 가능할는지 모르나, 분업이 되면 안 되는 성격의 것이다. 장님들이 코끼리의 부분 부분들을 만져보고 코끼리에 대하여 말하는 격이기 때문이다.

필자는 사범대학에서 「교육과정과 교육평가」라는 과목의 수업을 담당해 오면서 두 가지 어려운 과제를 충족시킬 수 있는 책을 써 보고 싶었다. 그것은 교육과정과 교육평가의 이론과 실제를 접목시키면서 이론으로부터 실제로의 중심이동을 시도하는 일과, 형성평가를 통하여 완전학습을 가능케 하는 일이었다. 이 교과는 장차 교사가 될 예비교사를 위한 과목이며, 현재 교직을 수행하고 있는 교사들이 자신의 교직수행 능력을 향상시키는데 참고할 수 있는 과목이기 때문에 이론을 소홀히 하지 않으면서 교육의 실제에 보다 도움을 줄 수 있도록 책이 써져야 한다고 생각하였다. 그리고 예비교사들로 하여금 학습한 내용을 그때 그때 복습하고 요약 · 정리하는 기회를 가짐으로써 수업내용을 가능한 한 완전하게 이해하도록 하는 책을 써 보고 싶었던 것이다. 이 책은 이와 같은 저자의 평소 염원을 반영하려고 시도한 것이다.

머리말

책은 교육과정 8개 장과 교육평가 7개 장으로 구성하였다. 교육과정 부문에서는 교육과정 개발에, 교육평가 부문에서는 교육평가 도구의 제작과 수행평가에 비중을 두고자 하였다. 그리고 각 장은 전체적인 내용의 개관, 내용 기술, 그리고 그간 교원임용시험에 출제된 문제를 중심으로 교수-학습 내용 이해도 측정을 위한 형성평가 등의 체제로 구성함으로써 책을 이용하는 사람의 형편과 시간에 맞춰 융통성 있게 활용하는 것이 가능하도록 해 보았다.

필자는 이 책을 저술함에 있어서 저자로 하여금 교육과정에 입문하도록 안내하고 가르쳐 주신 서울대학교 명예교수이신 이홍우 교수님과 한국교육과정학회의 선배와 동료들, 그리고 탁영진교육학 교실의 탁영진 교수에게 감사한 마음을 전하고 싶다. 이 분들의 학문적 성과를 빌릴 수 있는 상황이 아니었다면 이 책의 저술을 의도할 수조차 없었을 것이다. 교직의 동반자인 아내와 세 딸들, 박사과정 김영태 선생은 이 책 때문에 너무 많은 시간을 저자에게 할애해 주었다. 그리고 어려운 출판 여건에도 불구하고 필자로 하여금 책을 펴 낼 수 있는 기회를 준 태영출판사 김현태 사장님과 편집부 여러분에게도 감사드린다.

이 책은 완성이 아니라 저술 의도를 드러내 보고자 한 시도의 하나이다. 내용상 중요한 내용의 누락이나 이론적으로 실제적으로 타당성이 미흡한 부분이 많을 것으로 생각한다. 학계 선배와 동료들, 현직 교사들의 지도를 받아가며 계속하여 수정과 보완의 과정을 거쳐 나갈 것을 다짐한다.

2006. 1. 25.

저자 **손 충 기** 씀

증보서문

모든 분야가 마찬가지지만 교육과정과 교육평가라는 분야는 이론과 실제가 하나의 사고체제와 활동체제로 통합되어야 한다. 이 분야는 이론적 탐구대상임과 동시에 실제의 세계를 다루기 때문이다. 특히 교육과정은 시시각각으로 변화하는 사회상과 다양한 요구들을 반영하여 구성되고, 그 운영방법도 부단히 변하고 있기 때문에 잠시도 정적인 모습을 띨 수가 없다.

우리나라의 초등학교와 중 · 고등학교 교육과정은 해방 후 교수요목을 기점으로 제7차 교육과정이 등장한 후에 특수목적고등학교 교육과정 개정(2004년), 2 · 1 체제 교육과정과 국사교육과정 개정(2005년), 수학과 영어 수준별 교육과정 개정(2006년), 2007 개정 교육과정, 2009 개정 교육과정 등 모두 5차에 걸쳐 교육과정을 개정했다. 이러한 개정방식을 보통 수시개정과 부분개정체제로 부른다. 수시개정이란 교육과정 개정이 필요한 시기에 언제라도 개정한다는 뜻이며, 부분개정이란 특정 학년이나 특정 교과, 혹은 어느 교과의 특정 단원 등 개정이 요구되는 부분에 한하여 개정하는 것을 의미한다. 이것은 시대적 · 사회적 변화의 속도와 폭과 깊이가 빠른 상황을 반영한 것이다.

이러한 점을 고려하여, 이 증보개정에서는 크게 두 가지 부문에서 내용의 보완과 보충을 했다. 하나는 2007 및 2009 개정 교육과정이며, 다른 하나는 문항분석이론으로서 문항반응이론을 추가한 점이다. 여기에 덧붙여 2006년 이후에 실시한 교원임용시험에 출제된 교육과정과 교육평가 문항들을 각 장의 말미에 수록한 '형성평가'에 포함시켜 해당하는 내용의 학습의 충실도를 높이고자 했다. 그리고 처음 저서에서 발견된 오류들을 바로잡고자 했다. 그렇지만 아직도 문제점과 오류가 있을 것으로 생각한다. 이 저서의 문제점과 오류는 계속 고쳐나갈 것을 다짐한다.

이 책이 세상에 나올 수 있도록 수고하고 성심을 다해 주신 태영출판사 김현태 사장님과 편집부 여러분께 감사드린다.

2012년 7월 15일

저자 씀

차 례

제1부 교육과정

차 례

제2부 교육평가

차 례

Section 1

교육과정

Section 01

Chapter 01

교육과정의 기초

제1절_ 학교교육과 교육과정
제2절_ 교육과정의 의미
제3절_ 교육과정 개념의 확대 현상
제4절_ 교육과정의 구성요소

개 요

1. 교육은 '교사가 학생을 가르치고(敎) 기르는(育) 일이요 활동'이다. 교사가 학생을 가르치고 기르기 위해서는 무엇인가 동원할 수 있는 매개체 혹은 수단이 있어야 한다. 바로 이러한 매개체나 수단이 교육과정의 실체를 드러내는 요소이다.
2. 학교교육은 학교가 아닌 곳에서 이루어지는 교육과는 다른 독특한 특징을 갖는다. 그것은 의도성, 계획성, 체계성 등이며, 바로 이러한 학교교육의 특징에서 교육과정의 모습을 발견하게 된다.
3. 교육과정 개념은 교육, 학습자, 교사, 학교와 같은 대상, 현상, 사상에 관한 가정과 기본적인 견해, 교육에 대한 가치부여 방식, 교육 작용현상을 설명하는 방법 등에 따라서 다양하게 파악된다. 여러 학자들이 정의하는 바를 종합하면, '학습자의 성장과 발달에 도움을 줄 것으로 기대되는 모든 교육내용과 학습경험'으로 정의할 수 있다.
4. 교육과정 개념은 표면적 교육과정을 근간으로 잠재적 교육과정, 영교육과정 등이 등장하면서 개념의 확대 현상이 진행되고 있다.
5. 교육과정을 학문의 대상으로 삼거나 교육실천 행위의 대상으로 삼거나 그 구성요소는 (1) 교육목표 설정 (2) 교육내용과 학습경험의 선정 및 조직 (3) 교수-학습(수업) 방법의 고안 (4) 교육과정 평가 방법 개발 등 4개 요소이다.

교육과정(教育課程, Curriculum)은 교육과 교육학의 중심적인 개념이다. 교육과정이 교육의 중심적 개념이라 함은 교육과정이라는 개념이 정확하게 파악되지 않으면 교육이 교육답지 못하게 된다는 의미이며, 교육학의 중심적 개념이라 함은 교육학의 학문 구조상 교육과정이 중핵적 위치에 놓인다는 의미이다. 오늘날 교육학이 지나치게 사변적이며 교육현실로부터 유리되어 전개되고 있다는 비판이 제기되고 있다는 점에서 교육학의 모든 하위 분야들이 교육과정과의 관련성을 보다 밀접하게 하려는 노력이 요구되고 있다. 따라서 교육과 교육학을 올바로 이해하고 그 활동이 디당히기 위해서는 '교육과정'의 개념을 올바로 이해하는 것이 필요하다.

이 장에서는 교육과정의 개념을 이해하기 위해서 먼저, 교육의 개념적 특징을 살펴보고, 다양한 방식으로 정의하고 있는 여러 학자들의 견해를 검토하며, 교육과정이라는 학문 혹은 실체가 어떤 요소들로 구성되는가를 살펴봄으로써 교육과정의 여러 측면, 특히 교육과정 개발에 요구되는 지식을 습득하기 위한 기초를 마련해 보고자 한다.

제1절 학교교육과 교육과정

교육이라는 개념은 매우 다양한 방식으로 정의되며 이해되고 있다. 이 개념은 인간에 관련되어 있기에 이 개념을 규정하려는 사람의 인간을 보는 관점, 즉 인간관에 따라서 달라질 수 있고, 교육은 사회 속에서 작용하는 현상이며, 사회와 주고 받는 것이 있는 일이므로 이 개념을 규정하려는 사람의 사회관에 따라서 달라질 수 있기 때문이다.

그러나 분명한 것은 '교육(教育, education)'이라는 개념은 유독 인간에게만 적용되며, 인간을 위해 만들어진 용어라는 점이다. 가르치거나(教) 기르는(育) 일이 인간에게만 사용되는 것은 아니다. 사람은 개나 말을 가르치고 기르며, 식물을 기르는 일을 한다. 그러나 인간이 아닌 동물, 예컨대 개에게 묘기를 가르치고, 먹이를 주며 성장에 적절한 환경을 만들어 주는 등 기르는 활동을 하되, 이러한 일을 훈련이나 사육이라고 하지 교육이라고 하지는 않는다. 식물을 기르기 위해 물을 주고 잡초를 뽑아 주며 비바람을 막아 주는 일을 하되 이 일을 재배라고 하지 교육이라고 하지는 않는다.

일찍이 Kant가 인간은 교육받지 않으면 안 될 유일한 피조물이라고 갈파했듯이, 인간은 교육에 의해서만 인간다운 인간이 될 수 있다. 인간은 태어나는 순간에는 갓 동물 중에서 가장 무능 · 무력한 존재일 뿐만 아니라 영장으로 이르는 성장의 세월이 어느 동물의 것보다 가장 긴 존재이다. 인간을 만물의 영장이라고 하지만, 긴 성장의 세월 동안 교육 없이는 인간도 다른 동물과 다를 바가 없다.

그러면, 교육 특히 학교교육의 어떤 특징이 교육과정의 개념이나 현상을 드러내고 있는가, 그리고 교육과정의 모습을 이해하기 위한 교육의 개념적 요소나 측면들은 어떤 것들인가를 살펴보자.

1. 학교교육의 준거

교육은 가정교육, 학교교육, 사회교육 등과 같이 교육이 이루어지는 장(場)에 따라서, 취학전 교육, 학교교육, 평생교육 등과 같이 교육이 이루어지는 시기에 따라서 여러 가지 형태로 드러난다. 그런데, 다른 교육의 형태와 학교교육을 구분지우는 몇 가지 준거를 생각해 볼 수 있다. 다른 교육에 비하여 학교교육은 뚜렷한 목적을 지니는 의도성(목적성)을 가지고, 계획적(계획성)으로, 체계적(체계성)으로 이루어진다는 점을 특징으로 한다. 물론, 학교교육이 아닌 여타의 교육도 이러한 특징을 지니고 있기는 하지만 학교교육에 비하여 그 특징이 두드러지지 않다.

첫째, 학교교육의 의도성 준거는 교육을 통하여 어떤 인간을 길러낼 것인가에 대한 치밀한 연구와 논의를 거쳐 목적을 밝히고, 이를 달성 성취하기 위한 분명한 의도가 그 교육 속에 내재되어 있을 뿐만 아니라 이를 부단히 추구한다는 것이다. 간혹 '무의도적 교육'이라는 말을 듣는 경우가 있다. 학교교육 외의 어떤 교육을 이렇게 표현할 수 있을는지 모르나 이 말은 논리적으로 성립되지 않을 뿐더러 이는 학습심리학에서 검토할 '학습' 개념의 범주에 포함된다.

학교교육에서의 교육 개념 자체에 '의도성'이 내포되어 있다는 말은 가치지향성, 즉 어떤 기준 혹은 준거에 의해 선택 결정된 가치추구를 포함하고 있다는 말임과 동시에, 인간의 다양한 성향들(지식, 능력, 품성, 태도, 가치관, 동기, 자아개념, 습관, 행동 등)을 통합적으로 가르치고 기른다는 의미가 포함된 용어라는 의미이다(김호권 · 이돈희 · 이홍우, 1983 : 20).

둘째, 학교교육의 **계획성** 준거는 교육목적을 달성하기 위한 계획이 치밀하게 수립되고, 계획에 따라서 활동이 전개되며, 계획에 의해 목적 달성 여부를 평가하고, 그 결과는 다시 계획에 따라서 다음의 계획에 반영하기 위해 피드백된다는 것이다. 학교교육은 무계획적으로 교사와 학생이 무엇인가 열심히 하면 어쩌다 좋은 성과가 나타날 것이라는 막연한 기대감이나 우연성으로 이루어지는 것이 아니다.

셋째, 학교교육의 **체계성** 준거는 교육받을 대상자의 연령 간, 학년 간, 학교급 간, 혹은 동일 연령 내, 학년 내, 학교급 내 횡적 종적으로 교육목적과 교육내용들이 유기적인 연계성을 지닌다는 것이다. 학교교육은 교육활동의 시간계열에 따라서 앞 단계와 뒤 단계의 활동이 유기적인 연계성을 지니며, 동일 시간대의 교육활동은 서로 통합되어 전인적 성장에 도움을 준다는 것을 특징으로 한다.

敎育을 한자의 뜻대로 '인간을 가르치고 기르는 일'로 이해한다고 해서 그 의미가 충분히 드러나는 것은 아니다. 그 다음에 제기될 수 있는 질문은 '어떤 인간을, 무엇을 가지고, 어떻게 가르치고 기를 것인가?'하는 것이다. 여기서 우리는 교육과정의 대략적인 모습을 드러낼 수 있다. 즉, 교육은 사람을 가르치고 기르는 일인데, 막연히 가르치고 기르는 일이 아니라 어떤 인간이 되도록(교육의 목적), 무엇을 가지고(교육의 내용), 어떻게 가르치고 기를 것인가(교육의 방법) 등과 같은 것들이 곧 교육과정의 관심사이다.

또 학교교육의 교육을 특징짓는 준거로 지적한 **의도성, 계획성, 체계성**은 교육과정과 관련되어 있다. 즉, 교육은 길러 내려는 인간의 모습에 관한 의도를 체계적으로 계획하여 수행하는 일이며, 이러한 준거들에서 교육과정의 모습을 발견하게 된다.

2. 교육과정 관련 질문들

그리면, 교육과정에 관한 질문은 어떤 것들이 있는가? 학교교육과 관련된 교육과정 관련 질문들을 살펴보는 것은 교육과정의 기본적인 관심사가 무엇이며 교육과정 분야의 기본적인 개념이나 원리들, 연구대상 등에 대한 조망력을 지니는데 도움을 줄 수 있다.

Ornstein & Hunkins(1993 : 12－13)는 1987년 자료들에 기초하여 다음 〈표 1－1〉과 같이 15개의 질문을 제시한 바 있다.

<표 1-1> 교육과정의 기본적인 질문들

1. 교육과정을 어떻게 정의할 것인가?
2. 교육에 관하여 어떤 철학과 이론들로 의사소통하고, 어떤 철학과 이론적인 입장에 설 것인가?
3. 교육과정에 작용하는 사회적, 정치적 힘에는 어떤 것이 있는가? 어떤 것의 영향이 가장 적절한가? 어떤 것이 제한을 억제하거나 강요하는가?
4. 학습은 어떻게 일어나는가? 어떤 학습활동이 학습자들의 욕구를 충족시키는데 가장 적합한가? 그러한 활동들을 조직하는 가장 좋은 방법은 무엇인가?
5. 교육과정의 영역은 무엇인가? 지식인가? 교육과정 지식의 가장 본질적인 형태는 무엇인가?
6. 교육과정의 핵심적인 부분은 무엇인가?
7. 교육과정에서 변화는 왜 일어나는가? 변화는 교육과정에 어떻게 영향을 미치는가?
8. 교육과정 전문가들의 역할과 책임은 무엇인가?
9. 교육과정을 조직하는 가장 좋은 방법은 무엇인가?
10. 교육과정 조직에서 교사와 학생의 역할과 책임은 무엇인가?
11. 교육의 목적과 목표는 무엇인가? 어떻게 그것들을 수업목표로 전환시킬 수 있는가?
12. 교육적 필요란 무엇을 뜻하는가? 누구의 필요인가? 그 필요들의 우선순위를 어떻게 정할 것인가?
13. 어떤 교과목과 내용이 가장 가치 있는 것인가? 내용의 가장 좋은 형태는 무엇인가? 어떻게 그 내용들을 조직할 것인가?
14. 우리가 달성하려고 노력한 바를 어떻게 측정하고 확인할 것인가? 성취결과에 대해서 누가 책임을 질 것인가? 무슨 책임이며, 누구에 대한 책임인가?
15. 교육과정과 수업간의 가장 적절한 관계는 무엇인가? 교육과정과 장학, 교육과정과 평가와는 어떤 관계인가?

또 Colin J. Marsh는 교육과정 이해를 위한 주요 개념으로 30개를 제시한 바 있다(박현주 역, 1998). 30개의 개념들 중 중요한 것을 질문 형태로 제시하면 〈표 1-2〉와 같다.

<표 1-2> Marsh에 의해 제기된 교육과정 이해를 위한 질문들

영 역	교육과정적 질문
1. 학생 시각	1.1 학습환경은 학생들의 학습에 어떤 영향을, 어떻게 미치는가? 1.2 공식적 교육과정 외에 학교교육은 학생들에게 어떤 영향을 미치는가? 1.3 성 편향 문제를 어떻게 해결할 수 있는가? 1.4 시험의 기능을 어떻게 설명할 수 있는가? 1.5 교육활동에서 학생의 참여범위는 어떻게 되는가?

<표 1-2> 계속

영 역	교육과정적 질문
2. 교사 시각	2.1 교사에게는 교육에서 어느 정도의 권한과 자율이 주어지는가? 2.2 교사평가는 교사들의 전문성을 신장시킬 수 있는가? 2.3 교육과 학교장의 지도력과는 어떤 관계가 있는가? 2.4 교과서는 학생과 교사에게 가치 있는 교육적 자원이 되고 있는가?
3. 교육과정 계획과 개발	3.1 교육과정 개발에서 이용하는 틀은 무엇이며, 교육과정 틀을 이용하는 것은 어떤 이점이 있는가? 3.2 상황분석 및 요구사정의 요인과 절차는 어떠하며, 이것이 갖는 장점 및 문제점은 무엇인가? 3.3 내용을 조직하는 방법은 어떤 것들이 있는가? 3.4 교육에서의 평가는 어떻게 이루어져야 하는가? 3.5 중앙집권적 교육과정 개발이 갖는 장점과 한계는 무엇인가? 3.6 교육과정을 개발할 때 적용하는 모형들에는 어떤 것들이 있는가? 각각의 특징 및 장 · 단점은 무엇인가? 3.7 교육목적, 목표, 수업목표들은 어떻게 다르며, 어떻게 관련되는가? 3.8 교사의 현장연구는 어디에 어떻게 도움이 되는가? 3.9 학교중심 교육과정의 성격은 무엇이며, 이를 어떻게 개발할 것인가?
4. 교육과정 운영	4.1 학교교육의 혁신과 변화를 어떻게 유도할 것인가? 4.2 협동적인 교육과정 운영 방식은 어떻게 개발할 수 있는가? 4.3 효과적인 학교와 학교 개선을 위한 방안은 무엇인가? 4.4 학교운영위원회의 교육적 기능을 어떻게 강화할 수 있는가? 4.5 학교평가의 목적 및 방법을 어떻게 개발할 것인가? 4.6 교육과정 시행의 성공전략은 무엇인가?
5. 교육과정 이데올로기	5.1 교육에 영향을 미친 사조 혹은 사상은 교육과정 변화에 어떻게 영향을 미치며 오늘에 이르고 있는가? 5.2 학생들에게 가르쳐지는 교과는 정당성을 지니는가? 5.3 전통적인 학교 교육에는 어떤 문제가 있는가? 교묘하게 은폐되어 있는 이데올로기가 있는 것인가? 5.4 지식사회학자들이 관심 갖는 학교 교육에 대한 문제는 무엇인가? 5.5 교육과정 개혁을 가로막는 요인은 무엇인가? 개혁을 성공적으로 이끌기 위한 전략은 무엇인가?

이상의 내용을 검토해 보면 교육과정 분야가 매우 광범위함을 짐작할 수 있을 것이다. 그러나 아직 교육과정에 관한 이해가 부족한 경우에는 '교육과정'이라는 용어를 사용한

위의 예들을 통하여 분야의 광범위함이나 다양한 영역에 관한 학문이거나 매우 복잡한 교육학의 하위 분야라는 짐작 말고는 별로 도움이 되지 않을 수 있다. 따라서 교육과정이라는 용어를 사용하지 않으면서 교육과정에 보다 직접적으로 관련된다고 판단하는 질문들을 다음 〈표 1-3〉과 같이 제시해 본다.

<표 1-3> 교육과정에 관련된 질문들

1. 학교는 유능한 인간, 사람다운 인간을 교육시켜 내고 있는가? 그리고 유능한 인간, 사람다운 인간이란 어떤 특성을 지닌 인간인가?
2. 학교는 어떤 교육목적과 교육목표를 설정하는 것이 바람직한가?
3. 교육목적과 목표를 설정할 때 고려해야 할 요소는 무엇인가? 여러 가지 교육목적 혹은 교육목표들 중에서 우선순위를 어떻게 정할 것인가?
4. 교육은 지식의 체계적인 습득, 사회화, 미래의 사회생활에 필요한 기능, 창의력이나 문제해결력 육성, 건강한 신체의 유지와 발달, 좋은 인성을 기르는 일 중에서 무엇이 보다 중요한가? 이들을 조화롭게 가르치고 기르는 것이 가능한가?
5. 현재의 학교 교육은 진로를 개척하고 직업을 준비시키는 데 성공하고 있는가? 이에 관한 문제는 무엇인가?
6. 초·중·고등학교에 공통적인 필수교과가 있는가? 그것을 결정하는 준거는 무엇인가?
7. 교과나 교육내용을 학생들로 하여금 선택하도록 하는 것이 바람직한가? 선택의 폭이 좁을 때와 넓을 때 가지는 이점은 무엇이며, 어떤 문제가 있는가?
8. 국어, 수학, 영어와 같은 교과 수업시간이 음악이나 미술과 같은 과목에 비해 많은 이유는 무엇인가? 교과별로 수업시간의 양이 달라야 하는가?
9. 가르쳐야 할 가치가 있음에도 불구하고 가르치지 않고 있는 지식이나 내용이 있는가?
10. 학교 교육을 위한 계획을 수립하는 데 적용할 수 있는 어떤 모형이나 절차가 있는가?
11. 연령이나 학년을 기준으로 먼저 가르쳐야 할 지식이나 교육내용은 무엇이며, 학년별 전 후 내용 조직상의 어떤 원칙이 있는가?
12. 학생이 배울 교육내용을 국가와 학교, 혹은 교사가 선정할 경우 각각 어떤 장점과 문제점을 갖는가?
13. 학생을 가르치는 교사에게 교육적 결정권은 어느 정도인가? 교사가 교육적 결정권을 많이 갖는 경우 어떤 장점이 있으며, 어떤 문제가 발생할 수 있는가?
14. 교육의 지역화는 교육적 평등에 기여하는가, 아니면 불평등을 조장하는 것인가?
15. 교육은 학생중심이어야 하는가, 사회중심이어야 하는가, 학문(교과)중심이어야 하는가?
16. 교육에서의 편향의 예는 어떤 것들이 있는가? 어떻게 교육적 편향이 발생하고 있으며, 어떻게 해결할 수 있는가?
17. 학교장의 지도성은 학교 교육에 어떤 영향을, 어떤 방식으로 미치는가?

<표 1-3> 계속

18. 학생들에게 지식을 가르치는 이유는 무엇인가? 지식을 지식답게 가르친다는 것은 무슨 뜻인가?
19. 창의적 재량활동이 갖는 교육적 의의, 가치는 무엇인가? 이는 더 강화되어야 하는가, 축소해야 하는가?
20. 수업방법을 결정할 때 적용하는 어떤 원칙이나 기준이 있는가?
21. 어떻게 가르치는 교사가 잘 가르치는 교사인가?
22. 잘 가르치고 잘 배우도록 하기 위한 교육내용의 조직 원리가 있는가?
23. 시험은 반드시 필요한 것인가? 시험이 주는 부정적 영향을 최소화하기 위한 방법이 있는가?
24. 교사평가를 실시한다면 그 이유는 무엇인가? 어떤 영역의, 어떤 내용이 주로 평가가 되어야 하는가?
25. 교육에서 평가는 어떤 대상에 대하여 이루어져야 하는가?
26. 학교평가를 하는 이유는 무엇이며, 무엇을 평가해야 하는가?
27. 사람들이 교육에 대하여 어떤 주장을 하거나 입장을 밝힐 때, 거기에 어떤 가정과 전제를 가지는가?

여기에 제시한 교육과정 관련 질문들은 교육과정적 질문들을 망라하려는 필요성 때문이 아니라 교육과정을 전체적으로 살펴보기 위한 조망의 이유 때문에 제시한 것들이다. 우리는 위의 몇 가지 질문들을 통하여 교육과정의 범주(학문으로서나 실천의 대상으로서나)가 매우 광범위함을 이해할 수 있을 것이다. 그리고 질문들의 성격을 분석해 보면 교육목적, 교육내용, 교육방법, 교육평가 등의 범주로 분류할 수 있음을 알 수 있다.

제2절 교육과정의 의미

우리는 흔히 '교육과정 정상화'니, '교육과정의 파행적 운영' 이라는 말을 듣는다. 또 학교는 교문에 부착되어 있는 문패 이름에 의해서가 아니라 바로 그 학교 안과 밖에서 운영되는 교육과정의 모습에 의하여 그 학교의 성격이 드러나는 것이라고 주장하기도 한다. 어떤 사람은 학생들의 교육을 위한 종합적인 계획이 교육과정이라고 주장하는가 하면, 어떤 사람은 학생들이 학교생활을 하는 동안에 하게 되는 모든 경험이 교육과정이라고 주장하기도 한다. '교육과정'의 의미가 무엇인가에 대하여 교사를 비롯한 교육실천가 뿐만 아니라 교육학자들, 심지어는 교육과정 학자들까지도 대략적인 수준에서조차 의견의 일치를 이루지 못하고 있어 매우 혼란스러운 상황이다. Portelli(1987)는 교육과정 전문 서적에 출현하고 있는 교육과정에 관한 정의의 종류가 120개를 넘는다고 하였다.

교육을 성립시키는 요소는 가르치는 사람(교사), 배우는 학생, 가르치고 배울 내용, 가르치고 배울 활동공간으로서의 환경 등으로 기술할 수 있다. 이들 요소 중 어느 하나라도 충족되지 않으면 교육이 성립될 수 없다. 이 중에서 특히 가르치고 배울 내용을 교육과 교육학의 전문적인 용어로 '교육과정'이라고 한다.

그러면, 교육과정이라는 용어는 언제 어떤 방식으로 학문의 세계에 등장했는가?

教育課程 혹은 Curriculum이라는 개념(용어)을 사용하여 그 대상물을 표현한 역사는 오래지 않다. 미국의 경우, 1918년 Franklin Bobbitt의 「The Curriculum」이라는 책이 발간되면서 교육학에 공식적으로 등장하였다. 'Curriculum'이란 라틴어 Currere가 그 어원으로서, 이는 동사로서 "뛴다"라는 의미를, 명사로서 '말이 경주할 때 달리는 일정한 코스(race course)'를 의미하는 단어이다. 말 경주를 할 때 출발지점과 골인지점이 정해져 있으며 경주 코스가 정해져 있어 코스를 제대로 돌아 와야 승패를 가릴 수 있다.

라틴어 Currere로부터 Curriculum이라는 용어가 발전했다는 것은 학생들이 입학에서부터 졸업에 이르기까지 배울 내용이 일정하게 정해져 있음을 의미하는 것 이상의 복잡한 뜻을 지니고 있는 것이다.

한국의 경우에는 1951년 "교육과정위원회"가 발족되고, 1953년 '교육과정 시간배당기준령' 이 공포되면서 이 용어가 공식적으로 사용되기 시작하였다. 그러므로 한국에서는 1950년 이전에는 교육과정이 실재했음에도 불구하고 이 용어가 사용되지 않았다. 물론 1950년대에 교육과정이라는 용어가 공식적으로 등장하기는 했으나 실제로는 상당 기간 教科課程(Course of Study)이라는 용어를 사용하였다. 교과과정이란 국어, 수학, 과학 등과 같이 학교가 가르치려는 교과목에 한정되는 용어이다.

가르치고 배울 내용을 교육과정이라고 할 때, 그 내용이란 획일적으로 정해지는 것이 아니다. 그것은 시대에 따라서, 학습자에 따라서, 장소에 따라서, 가르칠 사람의 관점에 따라서 다양한 모습을 띠기 마련이며, 이 점에서 교육과정은 한 가지 방식으로 규정될 수 없다. 그러면, 교육과정은 어떻게 정의되고 있는가?

Tanner와 Tanner(1980)는 많은 학자들이 규정하고 있는 교육과정 정의 방식을 검토한 후 10개의 대표적인 정의를 제시하고 있다. 이들 정의에는 지식, 사고의 양식, 인류의 경험, 안내된 경험, 계획된 학습환경, 인지적 정의적 내용과 절차, 수업계획, 수업목표, 공학적 생산체제, 지식과 경험 등으로 어떤 정의는 매우 광의로(인류의 경험), 어떤 정의는 매우 협소하게(수업계획) 표현하기도 한다. 이러한 다양한 교육과정 정의를 다시 유사한 성격을 지닌 것끼리 묶으면 다음과 같이 4가지 군으로 정리된다(李慶燮, 1990 : 10－12).

- **제1군** : 교육과정이란 학교의 권한 하에 있는 아동의 모든 경험이다. 교육과정이란 학교가 책임을 맡고 있는 아동의 모든 경험을 포함한다. 즉, 교육과정은 진척되고 있는 아동의 모든 활동을 포함한다.
- **제2군** : 교육과정은 학교가 제공한 모든 학습경험이다. 교육과정은 학습자를 위해 학교가 제공하거나 활용하는 경험의 총체이다.

제1군과 제2군의 정의간의 차이점은 학습자 경험의 범위에 있다. 즉, 전자는 학교의 책임 하에서 하는 학습자의 모든 경험이라면, 후자는 학교가 제공한 경험이라는 것이다. 따라서 학교의 책임 하에 하는 학습자의 모든 경험 중에서 학교가 제공하지 않은 경험이 있을 수 있으므로 제1군의 개념 정의 방식이 교육과정을 매우 광의로 규정함을 알 수 있다.

- **제3군** : 교육과정은 학교교육 프로그램의 조직화된 형태로서 수업할 교재, 내용, 수업방법을 기술한 것이다. 교육과정은 바라는 학습성과에 이르는 경험을 학습자에게 제공하기 위해 학교가 활용하는 수업의 수단이다.
- **제4군** : 교육과정이란 구조화된 일련의 의도된 학습성과이다. 교육과정은 수업의 결과를 처방하는 것이지 수업의 수단을 처방하는 것이 아니다.

제3군과 제4군의 차이점은 제3군이 내용과 방법을 포함하는 것임에 비하여 제4군은 내용만을 포함하고 있다는 점이다.

또 Marsh & Wills(1995 : 7－8)도 여러 학자들의 교육과정 개념의 정의들을 종합하여 다음과 같이 5개 군으로 정리한 바 있다.

[1] 현대 사회생활에 가장 유용한 교과들

[2] 학교가 수립한 모든 학습계획

[3] 학교의 지도 하에 학습자들이 갖는 모든 경험

[4] 학습자들이 겪는 모든 경험

[5] 생활하면서 학습자들이 갖는 모든 경험

또 강현석과 주동범(2004 : 16－19)은 교육과정이란 구체적 대상이 아니라 포괄적인 이미지를 담고 있는 개념이기 때문에 여러 가지로 표현할 수 있는 다양한 이미지에 따라서 그 정의가 다양할 수밖에 없다고 지적하면서 다음과 같은 9가지 정의 군을 제시하였다.

[1] 교과목 혹은 교과에 담긴 내용

[2] 학교의 지도 아래 학생이 겪는 실제 경험

[3] 계획된 활동으로 구성된 프로그램

[4] 학습자가 수행할 일련의 과제

[5] 의도한 학습 결과

[6] 문화적 재생산의 도구

[7] 사회재건을 위한 의제(議題, agenda)

[8] 학생의 삶에 대한 해석과 전망

[9] 생산, 여행, 성장, 경험의 재구성 등과 같은 은유(隱喩, metaphor)

또 Schubert(1986)는 다음과 같이 교육과정 개념에 관한 8개의 정의 군을 제시하고 있다.

- **제1군** : 가르칠 내용이나 교과로서의 교육과정
- **제2군** : 계획된 활동들의 프로그램으로서의 교육과정
- **제3군** : 의도한 학습결과로서의 교육과정
- **제4군** : 문화적 재생산으로서의 교육과정
- **제5군** : 경험으로서의 교육과정
- **제6군** : 완수해야 할 과제나 개념들로서의 교육과정
- **제7군** : 사회개조를 위한 의제(agenda)로서의 교육과정
- **제8군** : Currere로서의 교육과정

이 외에도 교육과정을 “문서 속에 담긴 교육계획”(김대현 · 김석우, 1996 : 16－17)으로 정의하기도 한다. 이 정의 방식은 학교 현장의 교사들이 선호하는 방식으로 교육과학기술부의 초 · 중 · 고등학교 教育課程과 교육과정 해설서, 혹은 지침서 등이 교육과정이라는 것이다. 이 교육과정에는 교육목적과 교육내용의 체계, 이를 효과적으로 다루기 위한 교육방법, 교육평가, 교육운영 등에 대한 종합적인 방침과 계획이 담겨져 있다. 이러한 정의는 교육과정을 학습성과, 교육내용, 학습경험으로보다는 학습을 위한 종합

계획으로 본 점에서 포괄적이며, 교사들이 교육과학기술부, 시 · 도교육청, 각급 학교에서 만든 교육계획서(교육과정)에 들어 있는 내용을 이해하는데 도움을 준다는 점에서 실용적인 정의 방식이다. 그러나 교육계획이라는 문서내용에 학습자의 경험을 한정하는 느낌을 준다는 점에서 제한적이기도 하다.

보통 교육과정의 형태를 대별하여 교과중심 교육과정, 경험중심 교육과정, 학문중심 교육과정, 인간중심 교육과정 등으로 나눈다. **교과중심 교육과정**은 학교교육 활동의 범주를 교과목에 한정시키며, **경험중심 교육과정**은 학습자들의 실제적인 경험을 중심으로 학교교육 활동의 대상을 삼는다는 것이다. 또 **학문중심 교육과정**은 내용을 학문(교과)으로, 방법을 탐구와 발견으로 규정함으로써 '교과의 구조와 탐구방법의 조직'으로 정의하는 셈이며, **인간중심 교육과정**은 인간본성과 자아, 인간존재 양식을 교육의 주 내용으로, 이들을 성찰하고 탐색하는 과정을 방법으로 삼는다는 특징을 지닌다. 이렇게 보면, 교육과정 형태는 '교육' 개념을 어떻게 정의하는가에 달려 있다. 교과중심 교육과정, 학문중심 교육과정과 인간중심 교육과정은 내용과 방법을, 경험중심교육과정은 학교가 제공한 것이거나 학교의 책임 하에 학습자들이 하게 되는 경험을 교육과정으로 규정하는 점에서 경험중심 교육과정이 가장 광의로 교육과정을 파악하고 있는 셈이다.

이상에서 고찰한 바와 같이 교육과정이란 여러 가지 방식으로 이해될 수 있는 개념이다. 이들 다양한 개념 정의에 바탕 하여 필자는 다음과 같이 정의를 내려 본다. "**교육과정**이란 학습자의 성장과 발달에 도움을 주리라고 기대되는 일체의 **학습내용**과 **경험**이다." 이 정의에 의하면, 교육과정을 계획된 그 무엇으로 보거나 교육방법을 처방하는 것은 배제됨을 밝히고 있다. 왜냐하면, 교육과정 개념 자체와 교육과정 구성이나 교육과정 조직, 교육과정 운영 혹은 교육과정 실행, 특히 수업 등의 개념들은 서로 다른 뜻을 지니는 것으로 구분되어야 할 필요가 있기 때문이다. 여기에서 유의할 바는 개념상의 구분과 기능상의 구분과는 다르게 해석되어야 한다는 점이다. 이들은 기능상으로는 서로 밀접하게 관련되어 구분이 거의 불가능하지만, 개념상으로는 구분되어야 할 것이다.

제3절 교육과정 개념의 확대 현상

1. 표면적 교육과정

사람들이 교육과정을 교육의 실재 측면에서 탐구하는 것은 교육을 교육답게 수행하기 위해서이며, 학문의 대상으로 탐구하는 것은 교육의 실제에 올바른 교육과정의 모습을 제공하기 위함이다. 이 점과 관련하여 교육과정은 다양한 수식어가 붙으면서 그 의미가 복잡해져 가고 있다. 대표적인 것이 표면적(表面的) 교육과정, 잠재적(潛在的) 교육과정, 영(零)교육과정 등이다.

표면적 교육과정은 형식적, 계획적, 공식적, 구조적 교육과정 등으로 표현되기도 한다. 이는 국가나 학교가 학생들의 교육을 위해 사전에 계획하고 편성한 학교교육 활동에 관한 계획이다. 일반적인 의미의 교육과정은 표면적 교육과정을 일컫는다. 국가수준의 경우에는 교육과학기술부가 발행한 교육과정 문서가 되는 셈이며, 학교 차원에서는 '**학교교육과정**' 혹은 '**학교교육계획서**' 등의 이름으로 제시된다.

표면적 교육과정은 일정한 절차를 거쳐 가르칠 가치가 있다고 판단한 가치 있는 것들로 구성되며 매우 체계적인 모습을 띠기 마련이다. 그리고 교사는 바로 표면적 교육과정을 가지고 학생을 가르친다. 표면적 교육과정으로서 제7차 교육과정은 1학년부터 10학년까지 10년간 가르치고 배울 교과를 10개(1학년 6개, 2학년은 5개, 3학년과 4학년은 9개 과목)로 정해 이를 **교과과정**으로 분류하고, 이를 포함하여 **재량활동**과 **특별활동** 등 3대 과정으로 편성하고 있다. 그리고 11학년과 12학년은 선택과목과정과 특별활동 등 2대 과정으로 표면적 교육과정을 구성하고 있다. 이처럼 표면적 교육과정은 의도적이요, 사전에 계획되는 교육과정을 지칭한다.

2. 잠재적 교육과정

교사는 표면적 교육과정을 가르치며 학생들은 표면적 교육과정을 배우고 익힌다. 흔히 학교교육이란 표면적 교육과정의 범주에서 이해되어 왔다. 그러나 학생편에서 보면,

학교 밖에서 배우고 경험하는 것을 제외하더라도 학교생활을 하면서 배우고 경험하는 것이 반드시 표면적 교육과정 범주에 국한되는 것은 아니다. 표면적 교육과정의 바깥에 있는 어떤 내용이나 경험을 교사가 의도적으로 가르친 것 외에도 학생들은 배우고 경험하는 것들이 있다. 이와 같은 학생편의 배우고 경험하는 것들을 잠재적 교육과정이라고 한다.

학생들은 정의가 무엇이며, 어떤 상황에서 어떻게 행동하는 것이 정의로운 행동인가를 표면적 교육과정을 통하여 학습하기도 하지만, 집단생활 속에서 비겁한 태도와 행동양식을 학습하기도 한다. 법과 질서를 지켜야 함을 표면적 교육과정 혹은 교사의 의도적인 가르침을 통하여 배우기도 하지만, 법을 지키면 손해 본다는 사실도 학습한다. 학생들끼리 소집단을 형성하여 의리를 배우는가 하면, 집단 따돌림이나 집단폭력 상황에서 살아가는 방법도 배운다. 즉, 표면적 교육과정이나 교사의 의도적인 가르침의 이면에 숨겨져 있는 학생편의 교육적 소산이 나타나기 마련이다. 학교라는 조직은 그 나름의 독특한 문화가 형성되기 마련이며, 학생들은 그러한 문화를 자연스럽게 내면화하게 되는 것이다.

이처럼 잠재적 교육과정은 학교교육의 모습을 표면적 교육과정에 국한하여 볼 것이 아니라 보다 확대된 범주로 볼 것을 요청한다. 그래야 교육의 제 모습을 볼 수 있다는 것이다. 이러한 잠재적 교육과정은 학생편의 실현된 교육과정의 한 측면이다.

3. 영(零, null) 교육과정

현실적으로 교육과정은 표면적 교육과정(계획으로서의 교육과정)과 잠재적 교육과정(학습 결과로서의 교육과정) 외에 또 하나의 교육과정, 즉 영교육과정이 존재한다.

Eisner(1994)에 의하여 제시된 영교육과정이란 가르칠 필요가 있는 내용, 경험시킬 가치가 있는 경험요소임에도 불구하고 의도적으로 표면적 교육과정에 배제된 내용이나 경험들을 일컫는다. 학생들이 교육을 통하여 습득하거나 체득해야 할 내용이나 경험들은 무수한 양으로 존재하기 때문에, 그리고 내용과 경험은 우선순위가 있다고 볼 수 있기 때문에 선정하여 표면적 교육과정이 구성되기 마련이다. 그리고 유한한 교육 기간에 가르칠 가치가 있다고 해서 모든 것을 표면적 교육과정에 포함시킬 수도 없다.

표면적 교육과정에 객관적이고 사실적인 사료에 의해 일본의 역사 왜곡 교과서 내용이나 독도가 대한민국 영토임을 밝히고 있는 내용이 교과서에서 제대로 다루어지지 않고 있다든지, 학교교육이 사회화 기능이나 기능론적 입장에서만 해석되고 파악되도록 하는 내용은 다루고 있으면서, 갈등론적 입장이나 기능, 즉 빈부의 격차를 확대 재생산하는 기능이나 역할은 표면적 교육과정에서 배제된 것 등은 영교육과정의 예이다.

이처럼, 영교육과정은 학교교육의 본질을 이해하는 시각을 넓혀주는 데 도움을 준다. 만약에 표면적 교육과정만으로 학교교육을 이해한다면 교육의 가치와 의미가 왜곡되거나 협소해 질 수밖에 없다. 또 영교육과정은 교육과정의 올바른 모습이 어떠해야 하는가에 관한 새로운 관점을 제공해 주며, 교사는 교육과정을 어떻게 보아야 하며, 교육과정으로 무엇을 해야 하는가를 밝혀 주는 셈이다.

제4절 교육과정의 구성요소

무릇 모든 학문은 고유한 탐구대상을 지니기 마련이다. 교육학은 교육현상 혹은 학교교육현상을 탐구의 대상으로 하며, 철학은 인간의 사고양식이나 현상 및 사상을 보는 관점을 탐구의 대상으로 삼는다. 심리학은 인간을 포함한 심리현상을, 사회학은 사회현상을 탐구 대상으로 삼는다. 이처럼, 어떤 학문이 학문으로 성립하기 위한 첫 번째 조건이 나름의 독특하고 고유한 탐구영역 혹은 탐구 대상이 있어야 한다. 이는 곧 학문의 정체성과 관련된다.

"교육과정을 구성하는 요소가 무엇인가?"라는 질문은, 교육과정을 연구하는 학문집단들이 '교육과정이라는 학문영역에서 무엇을 중요한 탐구의 대상으로 삼는가', 혹은 '교육과정 학자들은 어떤 내용을 연구하는가' 라는 질문과 같다. 그리고 교육과정의 실천가들이 '교육과정을 운영 혹은 실행한다고 할 때 그들이 하는 일의 영역이나 구체적인 활동내용이 무엇인가'에 대한 해답을 추구하는 것과 같다.

교육과정을 구성하는 요소를 어떻게 개념화하는가는 학자들의 견해가 일치하는 것은 아니다. 그러나 아래에서 알 수 있듯이 공통적인 요소를 발견할 수 있다.

교육과정에 관한 개념체계를 매우 간결하게 제시한 바 있는 Ralph Tyler는 「Basic Principles of Curriculum and Instruction」(1949)이라는 그의 저서에서 교육과정과 수업을 동일한 체제로 보면서 그 구성요소를 교육목표의 설정, 학습경험의 선정, 학습경험의 조직, 학습성과의 평가방안 구상 등 4대 요소로 제시하고 있다. 또 Tyler의 학문적 전통을 이어 받은 Taba(1962 : 422)는 목적 및 목표의 설정, 내용 및 학습경험의 선정과 조직, 학습결과의 평가 등 3요소를 들고 있다.

이에 대하여 김상원(1980 : 16)은 교육목표, 교육내용, 교육경험, 교육내용과 조직, 교수-학습의 실제, 교육평가 등 6개 요소로 보다 세분화하여 제시한 바 있으며, 김종서 등(1997 : 15)은 교육목표, 교육내용, 학습경험, 학습결과 등 4요소를 제시하면서 '학습경험'을 학생 속에 일어나는 모든 지적 · 정서적 · 신체적 경험, 즉 학생-환경 상호작용을 의미한다고 하여 통상 학습의 요소로 기술하고 있다. 또 이영덕(1970)은 교육의 과정과 교육과정을 구분하여, 교육과정(教育課程) 계획과 운영이 교육과정(教育過程)의 중심과정을 이루는 것으로 파악하면서, 교육의 과정을 교육목표, 교육과정 계획, 학습경험, 학습결과의 평가 등으로 제시하였다. 또 김호권 등(1983)은 수업목표의 상세화, 학습경험의 선정과 조직, 수업의 설계와 실천, 학습성과의 평가 등 4요소를 밝히면서 특히 교육과정은 수업의 실제에 구체적인 지침을 제시해 주어야 함을 강조하고 있다.

한편, 강현석과 주동범(2004 : 23-26)은 교육과정의 영역을 교육과정의 기초, 교육과정 설계, 교육과정 구성, 교육과정 개발, 교육과정 실행, 교육과정 공학, 교육과정 개선과 변화 등 7개로 개념화하고, 교육과정 설계를 교육과정 구성요소들의 배열과 조직으로 규정하면서 구성요소를 목적 및 목표, 교과 및 내용, 학습활동, 평가 등으로 제시하였다.

이상에서 살펴본 바와 같이, 교육과정 구성요소는 학자들에 따라서 요소의 표현 용어가 약간씩 다른 점, 요소들을 세분화하여 제시하는가 아니면 통합하여 제시하는가의 차이를 제외하고는 거의 동일한 요소를 밝히고 있음을 알 수 있다.

이와 같은 여러 학자들의 견해를 종합해 보면, 教育課程을 구성하는 요소는 ① 교육목표 설정, ② 교육내용과 학습경험의 선정 및 조직, ③ 교수-학습 방법의 모색, ④ 교육과정 평가 방법의 구안 등 4대 요소로 정리할 수 있다. 이를 표로 나타내면 〈표 1-4〉와 같다.

<표 1-4> 교육과정 구성요소

교육목적, 교육목표 설정	교육내용, 학습경험의 선정과 조직정	교수-학습 방법 고안	교육과정 평가방법 구안
기르려는 행동 특성 : 지적, 정의적, 신체기능적	1. 목표달성에 최적인 내용과 경험요소의 선정 및 조직 2. 주어진 교수-학습 상황에 적응할 수 있는 교수-학습 고려 3. 타당하고 적합한 평가상황 고려	학습자와 환경과의 상호작용	1. 교육목적의 달성도 확인 2. 환경평가 3. 학습상의 곤란도 확인, 처방

이와 같은 교육과정 4대 구성 요소들은 화살표에 의하여 사고의 과정이나 활동의 절차를 나타내는 것처럼 보일 수 있으나 이는 개념상의 구분이요 체계적인 모습을 보이기 위한 수단에 불과하며 통합적인 사고체계와 활동체계이다. 그럼에도 불구하고 교육과정 4대 구성요소 중 핵심적인 요소는 두 번째의 "교육내용과 학습경험"이다. 계획으로서 파악하건 결과로서 파악하건 학생들은 어떤 내용과 경험을 배우고 익힌다. 학생들이 배우고 익힐 바가 무엇이며, 그것이 왜 중요한가에 관한 탐구와 실제가 곧 교육과정의 중심 요소이다.

이들 교육과정 구성요소 각각의 의미를 좀 더 구체적으로 살펴보면 다음과 같다.

1. 교육목적과 교육목표의 설정

교육목적과 교육목표란 교육을 통하여 달성하고자 하는 학습자 행동특성의 변화상태를 일컫는다. 교육목적(educational purposes)과 교육목표(educational objectives) 간의 관계는 상위와 하위 관계를 지닌다. 목적은 목표에 비해 보다 추상적이고 보편적이며 광의로 진술되며, 교육목표는 목적에 비하여 상대적으로 보다 구체적이고 특수하며 협의로 진술된다. 흔히, 국가차원, 시 · 도 교육청 차원, 학교 급별 차원에서 진술하는 경우에는 '교육목적'으로, 교과교육이나 교과의 수업에 적용하는 경우에는 '교육목표'로 표현하는 것이 적합하다고 본다. 따라서 중학교 교육목표는 부적절하며, 중학교 교육목적으로 표현하는 것이 적절하다.

어떤 교육목적을 중요시 하는가에 따라서 교육과 교육과정의 개념 파악 방식이 달라짐과 동시에, 교육과 교육과정의 개념 파악 방식에 따라서 강조하는 교육목적이 달라진다. 그리고 교육목적의 강조점은 교육과정의 형태를 결정하는 데 큰 영향을 미친다. 역사적으로 교육목적의 큰 주류는 그리스의 철학자 플라톤이 수상한 바 있는 '정의로운 사회 건설', 프랑스의 정치철학자 루소가 주장한 '개인의 개성과 인간성의 성취', 그리고 20세기 미국의 대표적인 철학자 듀이가 주장한 '개인의 성장과 민주사회의 건설' 등이다(허숙 역, 1992). 즉, 교육의 목적을 국가발전에 두느냐, 개인의 성장에 두느냐, 개인과 사회의 조화로운 발전에 두느냐에 따라서 그와 같은 목적을 달성하는 데 가장 적합한 교육과정이 구성된다.

교육목적과 교육목표가 교육과정을 구성하는 중요한 요소의 하나라는 것은 교육과학기술부에서 고시한 '교육과정' 기준, 시 · 도 교육청 교육과정이 제시하고 있는 교육과정 편성 · 운영 지침, 그리고 각급 학교 교육과정(교육계획서로 표현하기도 하지만, "교육과정"으로 표현하는 것이 타당하다)에 보면, 앞부분에 교육적 인간상, 교육목적, 교육목표 등에 관하여 기술해 두고 있는 것을 보아서도 알 수 있다. 교육과정을 구성하거나 개정할 경우에는 교육활동을 통하여 기르고자 하는 인간 특성에 관한 중요하고 분명한 교육목적 혹은 교육목표를 진술해야 한다. 이러한 일은 교과의 교육목표, 창의적 재량활동 교육목표, 성의식 육성 프로그램 등의 경우에도 마찬가지다. 그리고 교육목표를 선정하거나 설정할 때 주로 '교육철학', '학습자의 요구와 필요 및 발달 상태', '사회적 필요' 등이 영향을 미친다.

2. 교육내용과 학습경험의 선정 및 조직

교육과정이란 이미 그 안에 교육목적이나 교육목표를 포함하고 있는 것과 마찬가지로, 교육내용과 학습경험을 포함하고 있다. 학습자가 배우고 익힐 대상이 없는 교육과정은 존재하지 않는다.

가르치는 사람과 배우는 사람은 무엇인가 일거리를 가지고 만나며 상호작용하게 되는데 그러한 "일거리"를 교육내용 혹은 학습경험이라고 한다. 교육내용과 학습경험은 본질적으로는 동일한 것의 서로 다른 표현이지만, 교육의 현실에서는 매우 다르게 기술되고 있다. 교육내용이란 교과에 담겨 있는 지식과 같이 학습자가 습득하고 알아야 할 '그 무엇'이라면, 학습경험은 익히고 체득하기를 바라는 '그 무엇'이다. 교육내용은 교과중심 교육과정과 학문중심 교육과정에서 각각 교과와 학문에서 선정되고 조직되는 것이라면, 학습경험은 경험중심 교육과정에서의 학습자의 생활과 활동들로부터 선정되고 조직된다. 교육내용은 주로 교과활동의 대상이라면, 학습경험은 주로 특별활동을 비롯한 학습자 주도적 활동들의 대상이다. 따라서 이 양자를 결합하여 표현하는 것은 교육과정에서 어느 일방만이 중요성을 지닌다고 할 수 없기 때문이다. 학습자는 교육내용을 통하여 환경 혹은 현상을 이해하게 되고, 학습경험을 통하여 무엇인가를 할 수 있게 된다. '아는 것'과 그 아는 바를 '할 수 있는 것'으로 결합시키는 방법의 연구, 교육내용을 습득한 것에서 멈추기보다는 경험의 세계로 확장시키는 방법의 연구 등은 교육과정 학자들의 중요한 탐구과제이다.

학생들이 학교교육을 받는 과정에서 배우고 익힐 내용과 경험은 거의 무한정한 양으로 존재한다. 그리고 어떤 내용과 경험이 진정으로 학생들의 성장과 발달에 도움을 줄 수 있는가의 문제는 간단하게 해결될 수 없다. 초 · 중 · 고등학교 교육과정에는 어떤 교과들은 포함되어 있는가 하면, 어떤 교과들은 배제되어 있다. 마찬가지로 각 교과에는 어떤 내용은 포함되어 있고 어떤 내용들은 배제되어 있다. 그러면, 왜 어떤 것만을 선정하는가? 그것은 첫째, 교육목표를 달성하기 위하여 가장 적합한 것으로 내용과 경험을 구성 조직해야 한다는 점, 둘째, 인간의 삶이 유한하고 교육을 받는 기간이 일정하게 제한되어 있다는 점, 셋째, 사회의 제반 현상 중에는 올바로 가르칠 수 있는 방법적 원리가 없거나 부적절한 것이 있다는 점 등을 들 수 있다. 이러한 이유로 인하여 교육내용이나 학습경험들 중에서 선정해서 가르치거나 익히도록 해야 하며, 이 일은 교육과정을 구성하고 있는 중요한 요소이다.

또 선정한 교육내용이나 학습경험들은 가르치기 쉽고 학습에 용이하여 학습의 효과를 높이도록 조직해야 한다. 교과나 교육프로그램들의 어떤 내용이나 경험은 낮은 학년에서 배우고 익히도록 조직해야 하며, 어떤 내용이나 경험은 높은 학년에서 학습하는 것이 효과적일 수 있다.

3. 교수 – 학습방법의 모색

교육과정은 교육목적을 설정하고 이를 달성하는 데 최적이라고 할 수 있는 교육내용 및 학습경험을 선정 조직하는 요소와 함께, 교수-학습방법 모색이라는 구성요소를 지니고 있다. 교수-학습 과정은 학습자가 직접 교육내용을 습득하거나 익히고 의미 있는 학습경험을 수행하고 이를 확장시켜 나감으로써 교육목표를 달성하는 과정이다. 이 과정은 실로 다양한 요인들이 복합적으로 상호작용하는 과정이다. 교사 특성, 학습자 특성, 교육목표 특성, 교육내용과 학습경험 특성, 수업조건과 방법 특성, 학교 또는 학급의 풍토 특성, 물리적 환경 특성, 교육 설비와 자료와 기자재 특성 등이 하나의 공간에 투입되고 상호작용하여 이루어지는 과정이다.

비유컨대, 교육목표가 건물의 최종 모양에 대한 진술이라면(예컨대, 12층 건물의 85평방미터짜리 50개 동 아파트를 짓는다), 교육내용 혹은 학습경험의 선정 및 조직은 건물 속에 공간을 어떻게, 어떤 크기와 모양으로 배치하고, 어떤 용도로 활용할 것인가, 화재나 지진 발생에 어떻게 대비할 것인가 등을 구체적으로 설계하는 일이요, 교수-학습과정의 모색은 목표한 바의 건물을 구체적인 설계방식에 따라서 일을 집행하는 것에 비유할 수 있다. 아무리 목표가 잘 진술되고 목표 달성을 위한 내용과 경험의 선성 및 조직이 훌륭하게 이루어졌다고 할지라도 그와 같은 계획이나 설계가 현장에서 집행(실천)되지 않는다면 아무 의미가 없는 일이다.

그러므로 교육과정은 교육목표 설정과 교육내용 및 학습경험의 선정과 조직 등과 더불어 교수-학습 과정에 관한 탐구를 포함하는 학문이요 활동이다. 교육목표 설정과 교육내용 및 학습경험의 선정과 조직 등은 이 일을 수행하는 사람들의 어떤 의도를 반영한 것이며, 그와 같은 의도를 실행에 옮기는 방법도 그 사람들에 의하여 탐구되고 제시되어야 타당하고 효과적인 교육과정이 된다.

일반적으로 교육과정의 구성요소의 하나로 '교수-학습(수업) 방법의 모색'을 드는 것은 교육과정학자들에게는 자연스러운 일이다. 그러나 양자의 관계에 관한 어떤 합의가 이루어진 것은 아니며 지금도 논의가 지속되고 있나.

4. 교육과정 평가방안 구안

교육과정 구성요소로서 교육과정 평가를 지적할 수 있다. 여기서 종래 주로 사용해온 '교육평가'라는 용어 대신 '교육과정 평가'라는 개념을 사용하는 것은 근본적으로 교육평가는 교육과정 평가여야 한다는 점을 강조하기 위함이다. 흔히 교육평가라고 하면 학습자의 학습성과 평가로 인식하는 경향이나 관행이 있으나, 이와 같은 경향 혹은 관행은 평가활동의 본질을 왜곡한 측면이 있다. 교육과정 평가는 교육과정에 관한 평가로서, 교육과정의 편성 부문과 운영 부문(교육평가를 포함하여)으로 구분하여, 그것들의 타당성, 적절성, 효과성 등을 체계적으로 평가하여 문제점과 개선점을 밝히고 이의 해결과 발전적인 방향을 모색하고, 수집한 정보를 다음의 교육과정 개발(계획)에 활용하는 과정이다.

이상에서 살펴본 교육과정 구성의 4대 요소는 개념상의 구분에 불과하며, 통합적으로 이루어지는 교육과정 편성과 운영활동의 영역을 편의상 구분지은 것이다. 교육과정을 구성하는 4대 요소 간의 관계도 단계적이고 직선적인 방향으로만 진행하는 것은 아니며, 상호작용적으로 또는 동시에 이루어지는 활동 요소들로 보는 것이 타당하다. 교육목표를 추출하거나 설정하는 바로 그 순간에 내용이나 경험의 선정 및 조직, 내용과 경험을 가르치고 익히는 방법, 타당하고 효과적인 평가 방법 등을 강구하게 되는 것이다. 따라서 교육과정 구성 요소들 간의 관계는 계열적 혹은 순환적 관계라기보다는 상호작용적 관계로 이해하는 것이 적절하다고 본다.

참고 문헌

강현석 · 주동범(2004). 현대 교육과정과 교육평가. 서울 : 학지사.

교육부(1997). 초중등학교 교육과정 : 국민공통기본교육과정.[제7차 교육과정, 교육부 고시 제 1997-15호, 별책 1]

김대현 · 김석우(1996). 교육과정과 교육평가. 서울 : 학지사.

김상원(1980). 최신 교육과정과 교수방법론. 서울 : 교육출판사.

김종서 외 3인(1997). 교육과정과 교육평가. 서울 : 교육과학사.

김호권 · 이돈희 · 이홍우(1983). 현대교육과정론. 서울 : 교육출판사.

박현주 역(1998). 교육과정 이해를 위한 주요 개념. 서울 : 교육과학사.

이경섭(1990). 교육과정 유형별 연구. 서울 : 교육과학사.

이영덕(1970). 교육의 과정. 서울 : 배영사.

허 숙 역(1992). Decker F. Walker & Joans F. Soltis의 교육과정과 목적. 서울 : 교육과학사.

Eisner, E. W.(1994). The Educational Imagination. New York : Macmillan.

Marsh, C., & Wills, G.(1995). Curriculum : Alternative approaches, ongoing issues. Prentice-Hall, Inc.

Ornstein, A. C. & Hunkins, F.(1993). Curriculum : Foundations, Principles, and Theory(2nd ed.). Boston : Allyn and Bacon.

Portelli, J. P.(1987). Perspectives and imperatives on defining curriculum. *Journal of Curriculum and Supervision, 2(4)*, 354-367.

Schubert, W. H.(1986). Curriculum : Perspective, paradigm, and possibility. New York : Macmillan Publishing Company.

Taba, H.(1962). Curriculum Development : Theory and practice. New York : Harcourt, Brace and World.

Tanner, D., & Tanner, L. N.(1980). Curriculum Development : Theory and Practice. N.Y. : Macmillan Publishing Company.

Tyler, R.(1949). Basic Principles of Curriculum and Instruction. Chicago : University of Chicago Press.

형성평가

1.1 교육과정의 핵심적 질문과 가장 직접적인 관계가 있는 것은? ['01 중등]

① 사람은 왜 사는가? ② 결혼은 해야 하는가?
③ 사회는 어떻게 변동하는가? ④ 어떤 지식이 가르칠 가치가 있는가?

1.2 다음 중 교육과정의 핵심적 질문과 가장 직접적인 관계가 있는 것은?

① 필수와 선택과목의 조화를 어떻게 이룰 것인가?
② 멀티미디어를 활용하면 수업의 효과성을 높일 수 있는가?
③ 체벌은 학생에게 어떤 부작용을 일으키는가?
④ 교장의 리더십을 어떻게 개발할 것인가?

1.3 "교육과정은 그 어원인 '쿠레레(currere)'에 복귀해야 한다."라는 주장이 최근에 일고 있다. 이러한 주장과 관련 있는 것은? ['01 초등]

① 교육과정 논의의 대상은 교육과정 설계와 개발이다.
② 학교교육이 이루어지는 과정을 전달과정에 비유한다.
③ 교육경험을 통한 개개인의 의미형성 과정을 강조한다.
④ 교육과정 질 관리의 차원에서 교사의 책무성을 강조한다.

1.4 어떤 교장이 교과교육 뿐만 아니라 노작활동과 생활교육을 중시했다면, 이 교장이 추구하고 있는 교육을 가장 잘 표현한 것은? ['01 중등]

① 인간의 신성을 중시하는 종교교육
② 신체 활동을 중시한 신체단련교육
③ 읽기, 쓰기, 셈하기를 중시한 기초지식 교육
④ 인간의 조화로운 발달을 중시한 전인교육

1.5 교육과정의 개념 규정을 위한 준거로 적절하지 <u>못한</u> 것은? ['01 중등]

① 유 · 무형의 자료를 통해 보존되고 표현되어야 한다.
② 학습자의 전인적 발달을 위한 경험의 총체이어야 한다.
③ 시 · 도 교육감이 지정하는 교육방침이어야 한다.
④ 교육의 방법적 원리를 적용할 수 있도록 조직되어야 한다.

1.6 〈보기〉의 주장과 관련 있는 교육과정 이론은? ['02 유치원/초등/특수학교]

보 기
• 학생들을 둘러싼 생활세계를 존중해야 한다. • 교과서의 지식은 특정 계층의 이데올로기를 반영하고 있다. • 현재의 학교 교육은 학생들을 정신적으로 황폐화 시키고 있다. • 사전에 설정된 교육목표에 따라 수업하는 것은 바람직하지 않다.

① 재개념주의 ② 개념경험주의
③ 경험주의 ④ 전통주의

1.7 교육과정의 현대적 개념 중의 하나는 '쿠레레(currere) 본래의 의미, 즉 경주 그 자체에서 의미를 찾는 경험'이라는 것이다. 이것이 의미하는 바와 관련성이 <u>적은</u> 것은?

① 경주활동 그 자체, 개개인의 인생행로에 대한 해석을 의미한다.
② 구성주의, 포스트모더니즘과 깊은 관련성이 있다.
③ 객관주의, 교육중심 패러다임과 관련이 있다.
④ 교육경험을 통한 개개인의 의미형성 그 자체를 의미한다.
⑤ 교육이란 가르침보다는 학습자의 배움(학습)의 양과 질이 중요하다.

1.8 실제 교수-학습 활동을 중요한 개념적 요소로 포함하는 교육과정의 정의는?
['06 유치원/초등/특수학교]

① 교육과정은 학교의 지도하에 학생이 겪는 경험이다.
② 교육과정은 의도된 학습결과이다.
③ 교육과정은 교과 혹은 교과목에 담긴 내용이다.
④ 교육과정은 교육활동을 위한 문서화된 계획이다.

1.9 다음의 진술문에 가장 부합하는 교육과정 사조 또는 이론은? ['07 중]

> 학교의 교과는 이론적, 학문적 지식 위주로 되어 있으며, 실제적 문제를 해결하는 데 별로 도움이 되지 않는다. 그러므로 그러한 학교의 교과는 별로 쓸모가 없다.

① 자유교육(liberal education)
② 논리실증주의(logical positivism)
③ 나선형 교육과정(spiral curriculum)
④ 생활적응교육(life adjustment education.)

1.10 〈보기〉에서 파이너(W. Pinar)에 의하여 1970년대부터 추진되어 온 교육과정 재개념화'의 특징에 해당되는 사항들로만 묶인 것은? ['07 중]

> **보 기**
> ㄱ. 교육과정의 이해보다 개발의 중요성 강조
> ㄴ. 기술공학적 교육과정 연구의 필요성 정당화
> ㄷ. 개인적 교육체험의 자서전적 서술 방법 도입
> ㄹ. 역사적, 정치적, 심미적 텍스트로서의 교육과정 탐구

① ㄱ, ㄴ ② ㄱ, ㄹ ③ ㄴ, ㄷ ④ ㄷ, ㄹ

1.11 피터즈(R. S. Peters)가 제시한 교과의 '선험적 정당화(transcendental justification)'에 관한 설명으로 옳지 <u>않은</u> 것은? ['08 중]

① 사회적 필요에 의하여 교과의 가치를 확립한다.
② 교과를 배우지 않은 사람은 정당화 문제를 제기할 수 없다.
③ 공적 전통에의 입문이라는 개념과 밀접한 관련을 맺게 된다.
④ 교과의 정당화를 요청한 사람에게 요청의 논리적 가정을 밝혀준다.

1.12 다음 중 교육과정을 구성하는 핵심적인 요소와 관련성이 가장 <u>적은</u> 질문은?

① 학교는 어떤 교육목적을 달성하기 위하여 노력해야 하는가?
② 학교는 학생들의 요구를 어느 정도로 수용해야 하는가?
③ 중학생에게 필수로 이수시켜야 할 교과는 무엇인가?
④ 특별활동을 효과적으로 운영하는 방법은 무엇인가?

1.13 다음 중 교육과정 구성요소를 가장 잘 나타내고 있는 것은?

① 교사의 현장연구는 어떤 가치가 있는가?
② 학교장의 지도성은 학교 구성원의 인간관계에 어떤 영향을 미치는가?
③ 교사평가를 주장하는 사람들은 어떤 교육관을 지닌 사람들인가?
④ 과학교과 내용이 학년 간 관련성을 가져야 하는 이유는 무엇인가?

1.14 당신은 교육과정 개념을 어떻게 정의하겠는가? 정의를 하고, 그것의 정당함을 주장해 보라.

1.15 '교육과정' 개념의 전통주의, 개념－경험주의, 재개념주의 입장의 핵심적인 주장은 무엇인가. 이 세 입장 중 당신은 어떤 입장인가?

1.16 교육학의 학문적 구조 속에서 '교육과정'이 차지하는 위치와 교육학의 하위 학문들, 예컨대 교육철학, 교육심리학, 교육사회학, 교육공학 등과의 관련성을 기술해 보라.

Chapter 02

교육과정 유형

제1절_ 교육과정 개발(의사결정)의 주체에 따른 유형

제2절_ 교육과정 구성(편성) 방식에 따른 유형

개 요

1. 교육과정 유형은 교육과정 개발의 주체가 누구냐에 따라서, 교육과정의 내용 조직 방식에 따라서, 교육과정 개념 파악 방식 등에 따라서, 그리고 교육과정 운영 방식에 따라서 다양하게 분류할 수 있다.
2. 교육과정 개발 주체에 따라서 국가수준 교육과정, 시 · 도 교육청 수준 교육과정, 학교수준 교육과정, 교사수준 교육과정 등으로 분류한다. 실제로 국가수준 교육과정이란 교육과정 구성의 방향과 원칙을 밝히고, 시 · 도 교육청 수준과 각급 학교 수준에서 교육과정 편성 및 운영의 지침 개발과 기준을 개발하는데 주안점을 둔 '기준으로서의 교육과정'이며, 시 · 도 교육청 수준 교육과정은 각급 학교의 교육과정 편성 및 운영을 보다 구체적으로 안내하는 '지침으로서의 교육과정'이다. 그리고 학교수준 교육과정은 상위 교육과정 기준 및 지침을 바탕으로 학교 단위에서 개발한 교육과정을, 교사수준 교육과정은 개별 교사가 학교수준 교육과정을 근간으로 실제로 실행할 교육과정을 일컫는다.
3. 교육과정 내용조직 방식에 따라서 교육과정 유형은 교과중심, 경험중심, 학문중심, 인간중심, 그리고 통합교육과정 등으로 분류할 수 있다. 이들 교육과정 유형들은 각각 독특한 교육 및 교육과정에 관한 관점, 교육의 특성, 장점과 단점을 지닌다.

교육과정은 개발의 다양한 수준, 혹은 구성된 교육과정을 교육의 장(場)에서 실제로 운영하는 수준들, 그리고 실천 실행한 결과로 학습자에게 실현된 모습 등 다양한 차원에서 그 형태와 특징이 다르게 기술될 수 있다. 개발의 수준에서는 교육과정의 개발과 중요한 의사결정을 주로 누가 담당하느냐에 따라서 국가수준, 시 · 도 교육청 수준, 지역 교육청 수준, 학교수준, 교사수준 등으로 나눌 수 있으며, 이 차원에서 교육과정 유형을 기술할 수 있다. 이들 차원은 교육과정 '계획 – 설계 – 구성 – 개발' 등에 초점을 맞추기 때문에 '**의도한 교육과정**'으로 명명할 수 있다.

또 의도한 교육과정으로 실제 교육의 장에서 실천 실행한 교육과정은 '**전개한 교육과정**'으로, 그리고 의도한 교육과정을 전개한 결과 학습자가 습득하거나 내면화하여 학습자의 것으로 드러난 것을 '**실현된 교육과정**'이라고 할 수 있다. 이와 같이 다양한 결정 수준에 따른 교육과정 유형을 분류하는 것이 가능하다.

또한 교육과정의 4대 핵심 요소들이 어떻게 조직되고 구성되었는가, 어떤 교육철학에 바탕하여 무슨 교육목적을 보다 중요시하며 내용 조직의 특성이 무엇인가에 따라서, 혹은 교육과정의 개념을 어떻게 파악 규정하는가, 이 개념의 범주를 어떻게 설정하는가 등에 따라서도 다양한 교육과정 유형을 분류해 볼 수 있다.

이 장에서는 이처럼 다양한 교육과정의 유형들을 몇 가지 기준에 따라서 분류해 보고, 각 교육과정 유형들이 지니는 특징을 살펴보고자 한다.

제1절 교육과정 개발(의사결정)의 주체에 따른 유형

교육과정 유형을 그 개발의 주체에 따라서 분류한다는 것은 크게 두 가지 의미를 지닌다. 하나는, 학생들을 가르칠 교육과정 개발을 누가 주도하느냐 하는 것이며, 다른 하나는 학생을 직접 가르치는 학교와 교사가 교육과정을 어느 정도 융통성 있게 재조직 재편성할 수 있는 재량권이 있느냐이다. 이러한 두 가지 요인은 교육과정이 개발 · 운영되는 실제를 살펴보면 명확하게 구분되는 것은 아니다.

교육과정의 개발 주체에 따라서 그 유형을 국가수준, 시 · 도 교육청 수준, 학교수준, 교사수준 교육과정으로 구분할 수 있다.

1. 국가수준 교육과정

국가수준 교육과정이란 국가가 교육과정 개발의 주체가 되어 교육과정을 개발하고 교육법 제155조 제1항에 근거하여 교육과학기술부 장관이 고시하는 교육과정을 일컫는다. 국가수준 교육과정은 전국의 모든 초등학교와 중 · 고등학교에 적용되어야 하는 것으로 일반 공통적이며 기본적 요강적인 기준을 밝히고 있는 것이다.

이 교육과정은 교육과정을 "학교교육 활동을 위한 문서로서의 계획"으로 정의하며, 각급 학교에서 가르치고 학생들이 이수해야 할 교과과정과 교과 외 과정을 밝히고 있으며(교육과정의 목표, 내용, 방법, 평가, 운영을 위한 기준 및 기본적인 지침 등), 교과활동, 창의적 체험활동의 편성 및 운영에 관한 중요한 지침을 밝히고 있다.

제7차 개정 교육과정의 경우, 국가수준 교육과정은 1997년 12월 30일 교육부장관이 고시한 초 · 중등학교 교육과정—국민공통기본 교육과정—을 비롯하여 모두 28권의 책(문서)으로 구성되어 있다. 별책 1의 구성 내용은 다음과 같다.

가. 교육부 고시문

나. 교육과정의 성격

다. 교육과정의 편성과 운영

- 1) 교육과정 구성의 방향
- 2) 학교급별 교육목표
- 3) 편제와 시간(단위) 배당
- 4) 교육과정의 편성 · 운영 지침
  - (1) 기본 지침
  - (2) 지역 및 학교에서의 편성 · 운영
  - (3) 교육과정의 평가와 질 관리
  - (4) 특수한 학교에서의 교육과정의 편성과 운영

라. 국민공통기본교육과정

- 1) 국민공통기본교과 : 국어 외 10개 과목
- 2) 중학교 재량활동의 선택과목 : 한문 외 3개 과목
- 3) 특별활동

마. 고등학교 선택중심 교육과정

1) 보통교과

2) 전문교과

특히, 교육과정의 편성 · 운영 지침 부문에서는 각급 학교에서 필수로 이수해야 할 각 과정별 연간 수업 시간 수, 수준별 교육과정 편성 · 운영 지침, 초 · 중 · 고등학교의 재량활동 운영 지침, 특별활동 운영 지침, 고등학교 2, 3학년의 총 이수 단위 및 선택과목과 특별활동에서 이수해야 할 단위 수, 일반계 고등학교와 실업계 및 기타계 고등학교의 교과 편성 · 운영 방법, 시 · 도 교육청 및 지역 교육청의 교육과정 편성 · 운영 지침, 학교별 교육과정 편성의 공통지침 및 학교급별 지침, 교육과정 운영 지침, 초 · 중 · 고등학교에 준하는 학교의 교육과정 편성 · 운영 지침 등을 밝히고 있다.

또 각 교과별로는 교과교육의 성격, 교과교육목표, 내용체계, 학년별 내용(수준별 교육과정이 적용되는 교과의 경우에는 기본/심화내용 포함), 수업방법, 평가방안 등의 지침을 제시하고 있다.

2. 지역수준 교육과정

지역수준 교육과정이란 각 시 · 도 교육청과 지역교육청 수준에서 편성 · 운영하는 교육과정을 일컫는다. 이 교육과정은 국가수준과 학교수준 교육과정의 교량역할을 하는 교육과정으로서 각 지역은 지역 나름의 교육적 조건, 교육적 필요, 지역 내 학습자의 교육적 요구, 사회적 요구 등이 다를 수 있기 때문에 교육과정을 지역의 이러한 특수성과 상황에 적합하게 편성 · 운영할 필요성을 충족시키자는 것이다.

우리나라는 제5차 개정 교육과정기까지는 철저하게 국가수준 교육과정이었다. 그러다가 제6차 개정 교육과정에서부터 지역수준 교육과정이 등장하게 되었다. 즉, 제6차 개정 교육과정에는 교육과정 편성 및 운영에 관하여 시 · 도 교육청이 작성하여 제시해야 할 지침을 밝혔으며, 특히 중학교의 선택교과 편성 · 운영의 지원 방안, 중학교에 준하는 기타 학교의 교육과정 편성 · 운영 지침 작성 제시, 그리고 고등학교의 보통교과의 과정별 필수과목과 선택과목을 시 · 도 교육청이 편성 · 운영하도록 하였다. 그리고 제7차 개정 교육과정에서는 시 · 도 교육청 뿐만 아니라 지역 교육청 수준에서 학교교육과정 편성 · 운영에 관한 실천중심의 장학자료를 작성하여 초 · 중등학교에 제시하도록 함으로써 본격적인 지역수준 교육과정 시대를 열게 되었다.

3. 학교수준 교육과정

학교수준 교육과정이란 학교장과 교사들이 편성 · 운영하는 교육과정을 일컫는다. 교육과정 개념 규정 방식이 다양하고, 교육과정에 포함되는 요소를 구체화하기가 어려운 일이기 때문에 학교수준 교육과정의 범위를 정하는 것이 쉬운 일은 아니다. 그러므로 학교수준 교육과정은 낮은 학교수준 교육과정에서부터 완전 학교수준 교육과정에 이르는 연속선으로 기술하는 것이 더 적절할 것이다. 즉, 학교수준 교육과정은 다음과 같이 제시할 수 있다.

(1) 낮은 수준 학교교육과정 — (2) 중간 수준 학교교육과정 — (3) 완전학교수준 교육과정

여기서 (1)은 국가의 교육과정 편성 · 운영 고시 및 기준과 시 · 도 교육청 수준의 교육과정 편성 · 운영 지침, 그리고 지역 교육청의 교육과정 편성 · 운영의 실천을 위한 장학자료 등에 따라 원형 유지적으로 교육과정을 편성 · 운영하되, 학교가 교육과정의 극히 일부분을 변형시키거나 새로운 교육프로그램을 도입하여 교육과정을 편성 · 운영하는 것을 뜻한다.

그리고 (3)은 국가의 교육과정 편성 · 운영 고시 및 기준과 시 · 도 교육청 수준의 교육과정 편성 · 운영 지침, 그리고 지역 교육청의 교육과정 편성 · 운영의 실천을 위한 장학자료 등이 제시하고 있는 큰 틀을 벗어나지 않으면서 학교가 자율적 창의적으로 교육과정을 편성 · 운영하는 것을 뜻한다. 이것은 다른 학교와는 다른 차별화된 특색 있는 교육과정의 편성 및 운영이다.

4. 교사수준 교육과정

교사수준 교육과정은 개인 교사가 개발하여 사용하는 교육과정이다. 교사가 해당 학교 학생들의 실태, 학생들의 교육적 필요와 능력 수준, 사회적 필요, 교과의 특성 등에 기초하여 창의적으로 개발한 교육과정을 교사수준 교육과정이라고 할 수 있다. 교사가 학생들의 자기주도적 학습태도를 육성할 필요성이 있어서 매주 1시간씩 운영하는 프로그램을 개발하는 것이 이에 해당한다.

지금까지 살펴본 교육과정 개발(의사결정) 주체에 따른 각 교육과정의 개발 방식과 장점 및 단점을 비교해 보면 〈표 2-1〉과 같다.

<표 2-1> 교육과정 개발 주체에 따른 장·단점

구분	중앙집권적 교육과정 ←	→ SBCD
개발 방식	국가 혹은 지방교육청이 교육에서는 어떤 교육목적과 목표를 달성해야 하며, 무엇을 가르치고, 어떻게 가르쳐야 하며, 평가는 어떻게 해야 하는가 등에 관하여 결정	학교와 교사가 주도적으로 교육과정요소들을 결정하고, 각 요소들을 개발
장점	• 교육과정의 통일된 전달체제 제공 • 교육과정의 표준화 균등화 실현 • 교육과정 운영 관련 자원의 배분과 지원의 평등화 가능 • 교육과정 개발에 투입되는 시간 절약 • 교육과정의 계속성, 전문성 보장	• 학교의 자율성 신장 • 지역적 특성, 학습자 특성, 학교 교육여건, 학부모 요구 등에의 적합성 제고 • 교육과정의 실천가능성이 높음 • 교사의 교육과 교육과정 전문성 신장 • 다문화주의 사회에 보다 적합
단점	• 교사의 교육과정 결정권 제한으로 전문성 약화시킴 • 교육과정의 학습자, 학교, 지역 특성 고려 미흡 • 교육과정의 획일화	• 교육과정 개발에 투입되는 시간, 재정, 노력 등이 많이 소요 • 학교 설립자, 학부모 등 학교교육 외적 압력 조절의 어려움 • 개혁에 소극적인 교직풍토

오늘날 교육과정의 구성 주체가 여기서 지적한 바와 같이 확연하게 구분되는 것은 아니며, 교육과정 구성의 주도적인 역할을 누가 담당하느냐에 따라서 이러한 구분이 가능하다고 생각한다. 이러한 교육과정 중에서 특히 학교중심 교육과정 개발을 SBCD (School Based Curriculum Development)로 표현하며 이 교육과정의 중요성과 필요성은 앞으로 더 강해질 것으로 전망한다.

제2절 교육과정 구성(편성) 방식에 따른 유형

교육과정 유형을 교육의 목적으로 강조하는 것이 무엇인가, 교육내용과 학습경험의 두드러진 성격은 무엇인가, 내용과 경험을 조직하는 방식은 무엇인가, 교육평가로 강조하는 내용(대상)과 방법은 무엇인가 등의 교육과정 구성 요소들의 성격에 의한 분류 방식을 취하여 밝혀 보고자 한다.

역사적으로 교육과정 유형의 변천과정은 교과중심 교육과정 → 경험중심 교육과정 → 학문중심 교육과정 → 인간중심 교육과정 → 통합교육과정 등으로 이어져 오늘에 이르고 있다. 그러므로 가장 전형적인 교육과정 형태는 교과중심 교육과정과 경험중심 교육과정 두 가지이며, 이들 형태에는 조직의 형태를 약간씩 달리하면서 무수한 유형의 것들이 포함된다. 이들 교육과정 명칭 중에서 “중심”이라는 말은 ‘강조점’, 혹은 ‘보다 비중을 둔’ 정도의 의미로 이해하는 것이 적절하다.

1. 교과중심 교육과정

교과중심 교육과정은 흔히 敎科課程이라고 부르는 것과 동일한 것이다. 가장 오랜 전통과 역사를 지니고 있으며, 오늘날의 교육과정에도 이러한 교육과정 형태가 가장 많은 부분을 차지하고 있다. 희랍시대부터 시작하여 중세에 한참 성했던 7自由科(seven liberal arts), 즉 3學인 문법, 수사학, 변증법과 4科인 산수, 기하, 천문학, 음악 등으로 교육과정을 구성하여 체계적인 지식을 전수하는데 가장 적합한 교육과정을 만들었던 것이 교과중심 교육과정의 선구이다. 우리나라의 경우 고려의 국자감에서 논어와 효경, 주역을 비롯한 9經과 산술을 비롯한 7개 과목의 보충과정 등으로 교육과정을 구성한 것이나, 조선시대의 성균관에서 4書 5經을 교과과정으로 편성한 것 등은 이러한 교육과정의 형태인 것이다. 오늘날에도 교과중심 교육과정의 형태는 가장 두드러진 것으로 되어 있으며, 다른 유형은 모두 교과형에 기초한 변형이나 그 개선에 불과하다.

이처럼 교과중심 교육과정은 그 시대에서 가장 위대한 저서로 인정되는 교과목을 정하여 교사중심으로 학생들에게 지식을 전달 전수시키는데 주안점을 두었다. 교과중심 교육과정은 교육과정을 학교의 지도 하에 학생이 배우는 모든 교과와 교재로 정의한다.

가. 교육철학적 배경

1) 이상주의(idealism) 또는 관념론(觀念論)

물질보다는 정신이 설명의 원리임을 강조한다. 현실보다는 초현실적인 것을 실재로 여기고 현실적으로 존재하지 않는 가치를 의지적으로 지향하는 것이 인간이다. 진리 및 판단준거는 인간에 내재되어 있으며, 진리의 불변성과 일관성을 신념하고, 인식결과로서의 지식관, 교사권위, 인간성의 천부성과 고유성을 강조한다.

2) 본질주의(essentialism)

가장 본질적인 것을 교육을 통해 다음 세대에게 전승시킴으로써 역사는 진전한다고 신념한다.

나. 교육목적

교과중심 교육과정이 추구하는 교육목적은 중요한 교과내용 학습을 통하여 이성과 인격(신념의 통합성, 실천적 행동의 일관성, 신조에의 충실성, 신념의 도덕성 등)을 도야하고, 본질적인 문화유산의 전달과 전통적으로 중시해 온 지식의 습득이다.

다. 교육내용

서양에서의 7자유과, 동양의 유교 경전, 3R's의 철저한 훈련, 고전과목들, 문화유산으로부터 정선된 내용, 그리고 현재 우리나라의 주요 교과목들이 교과중심 교육과정의 주요 내용이다.

라. 교육방법

교수방법은 주로 교사의 내용 해설과 전달이며, 학습방법은 기억과 습득 및 반복 연습 방법이 중시된다.

마. 교육과정 평가방법

평가방법은 교과내용을 얼마나 잘 습득하고 기억하고 있는가를 확인하기 위해 규격화된 평가도구(주로 시험지)에 의해 객관적인 점수를 산출하는 방법이 적용된다.

바. 조직형태

1) 분과형(分課型) 교육과정

모든 교과가 서로 분리되어 상호 연관성을 지니지 않도록 편성한 교육과정이다. 물리, 화학, 생물, 지구과학 등이 독립적인 내용체계를 이루며 구성된 것이 그 예이다.

2) 상관형(相關型) 교육과정

형식은 분과형을 취하나, 관련 교과의 내용들이 서로 관련성을 가지고 교수-학습할 수 있도록 편성한 교육과정이다. 국어와 사회, 수학과 물리, 도덕과 사회 등의 교과를 독립적으로 편성하되, 어떤 내용(국어의 문학 작품과 역사의 작품이 쓰여진 시대적 배경)은 교과 간에 서로 관련지어 교수-학습이 가능하도록 교육과정이 편성된다.

3) 융합형(融合型) 교육과정

상관형에서 광역형으로 이행하는 과정에서 시도되는 일종의 과도기적인 교과중심 교육과정이다. 교과내용상 서로 결합이나 통합할 수 있는 것들을 하나의 교과로 편성하는 교육과정이다. 식물학과 동물학을 결합시켜 '생물학'으로 편성하거나, 생물과 화학을 결합하여 '생화학'으로 편성하는 것이 그 예이다.

4) 광역형(廣域型) 교육과정

융합형에 비해 결합시키는 관련 교과들의 범주가 더 넓다. 과학이나 일반사회 등의 교과가 이에 해당하며, 초등학교 1, 2학년의 '바른생활', '슬기로운 생활' 등은 교과광역 교육과정이라고 할 수 있다.

5) 교과중핵형 교육과정

교과목들을 그대로 유지하면서 중핵적인 교과, 가장 중심적인 내용을 다루고 있는 교과를 중심부에 두고 다른 교과들을 동심원적으로 편성하는 교과중심 교육과정의 한 형태이다. 사회과가 중심에 놓이게 되면 '사회과 중핵교육과정'이 되며, 과학이 중심이 되는 경우 '과학과 중핵교육과정'이 된다.

사. 장점과 단점

1) 장점

① 정선된 문화유산을 체계적으로 습득시키는 데 적합하다.
② 기초적이고 기본적인 지식의 습득이 용이하다.
③ 지식의 조직적 체계적인 습득에 유리하다.
④ 교육과정 구성 혹은 편성 모습을 알기가 쉽다.
⑤ 교육과정 평가가 비교적 쉽게 이루어질 수 있다. 즉, 무엇을 어떻게 평가할 것인지의 판단이 용이하다.
⑥ 국가의 교육에 대한 통제, 교육적 통일성을 기하기가 쉽다.
⑦ 일반 국민들의 교육과정에 대한 이해가 용이하다.

⑧ 교육과정 이수 결과가 상급학교 진학을 위한 사정자료로서 용이하게 활용될 수 있다.

2) 단점

① 단편적인 지식의 전달, 주입, 기억에 머무르기 쉽다.

② 과거 중심적, 성인 중심적 교육과정이 편성됨으로써 학습자의 학습흥미와 동기를 유발하기 어렵다.

③ 수동적 소극적인 학습태도를 형성할 가능성이 크다.

④ 현대의 사회문제, 사회적 필요를 충족시키기가 어렵다.

⑤ 지식과 이해에 주안점을 두는 교수-학습으로 인하여 창의력, 문제해결력, 판단력과 같은 고등정신 능력을 기르기가 어렵다.

⑥ 분과주의적 지식 습득으로 인하여 현상을 종합적으로 보는 안목을 기르기가 어렵다.

2. 경험중심 교육과정

경험중심 교육과정은 교과중심 교육과정의 문제점을 해결해 보고자 시도된 교육과정으로서 학습자의 흥미, 활동, 경험, 요구사항 등을 가능한 한 반영하여 구성한 것이다. 이 교육과정의 사상적 이론적 바탕은 John Dewey의 진보주의 교육철학이며 미국의 경우 1920년대부터, 우리나라는 1950년대 후반부터 대두되었다. 이 교육과정은, 교육과정이란 학습자의 경험의 체계를 존중하는 것으로 학교의 지도 하에 학습자에 의해 행해지는 일체의 경험과 활동이라고 정의한다. 그러므로 학교교육과정은 학습자의 경험의 의미 있는 부분이 될 때 비로소 의미가 있을 뿐 많은 지식의 습득이나 문화유산의 습득 자체를 중시하지 않는다. 그와 같은 것을 습득하는 것이 의미가 있으려면 학습자의 기존 경험체계를 확장하거나 재구성하거나 변화시킬 수 있어야 한다. 경험중심 교육과정이 의도하는 바가 바로 이것이다.

경험중심 교육과정의 특징은 교과활동 못지않게 교과 외 활동을 중시하며, 교육의 목표를 생활인 육성에 둔다는 것이다. 또 학습자의 필요, 흥미, 능력에 바탕한 학습자 중심교육을 강조하며, 급격한 사회변화에 적응할 수 있는 인간육성이나 문제해결력의 함양, 민주시민이 지녀야 할 자질 육성 및 전인교육을 중요한 교육목표로 삼는다는 점이다. 오늘날 강조되고 있는 열린교육, 혹은 개방교육은 경험중심 교육과정을 구성하여 실행하는 것으로 이해할 수 있다.

가. 교육철학적 배경

1) 자연주의(naturalism)

자연은 그 자체에 질서가 있으며, 질서에 따른 삶이 가장 올바르고 행복한 것이다. 여기에는 루소를 중심으로 한 주관적 자연주의와, 자연현상의 관찰에서 얻은 법칙으로부터 교육의 방법을 찾아야 한다고 주장한 코메니우스의 객관적 자연주의가 있다.

2) 실용주의(pragmatism)

인간이란 생물학적, 사회적, 심리적 진화의 과정을 통하여 발달하며, 가치관은 생활경험 속에서 형성되고 지식의 절대성보다는 상대성을 신념한다. 인식의 주체인 인간은 환경과의 부단한 상호작용을 통하여 성장하고 발달하는 존재이며, 현재성과 활동성을 띤 생활을 영위하는 성질을 지니고 있고, 모든 사상은 부단히 변한다고 믿는다.

3) 진보주의(progressivism)

인간의 진정한 성장과 발달 및 진보는 개인에게 성장할 수 있는 충분한 기회를 부여하고 적합한 환경을 조성해 줄 때 가능하다. 따라서 교육과 생활은 둘이 아닌 하나라고 신념한다.

나. 교육목적

경험중심 교육과정이 추구하는 교육목적은 학습자의 덕성을 비롯한 선천적인 본성을 고양하도록 개인적 경험을 재구성하고 확장시키는 것이며, 생활상에서 부딪치는 문제를 스스로 해결할 수 있는 문제해결력을 기르는 것이다. 단순한 지식의 습득에 머무르지 않고 전인, 생활인의 육성을 강조한다.

다. 교육내용

학습자의 생활 속에서 교육내용을 선정한다. 학습자의 생활영역, 생활문제, 흥미와 필요 등을 기초로 교육내용('학습경험'이라는 용어가 더 적합하다)을 선정한다. 교과는 학습자의 생활경험의 세계로 전환될 때에만 그 의미를 지니며, 교과과정 못지않게 교과외 과정을 중시한다.

라. 교육방법

학습자 중심의 실질적인 경험, 경험한 내용의 개인적 집단적 발표와 토론, 교육내용과 학습경험의 성격에 따라서 교수-학습과정의 개별화 강조, 학습활동 집단 조직의 다양성이 강조되며, 교사는 학습자의 학습활동을 활성화시키는 방법을 개발 적용한다.

마. 교육과정 평가방법

교과형과는 달리 교과별 시험점수 확인이나 집단 내 순위 정하기보다는 학습자의 개인별 경험의 확장 상태의 진전도, 문제해결 능력의 개선 정도, 지적 정의적 신체 · 기능적 특성의 발달 상황 등을 가능한 한 종합적 포괄적으로 평가하는 데 주안점을 둔다.

바. 조직형태

1) 생활영역 교육과정

인간생활의 중요한 영역을 밝히고, 각 영역에서 중요한 지식이나 기능, 수행과제 등을 추출하여 편성한 교육과정이다. 생활영역을 가정 및 결혼생활, 건강생활, 직업생활, 여가생활, 인간관계생활 등으로 정하고 각각의 생활에 도움이 되는 내용과 경험을 선정하여 교육과정을 편성할 수 있다.

2) 활동형 교육과정

학습자들이 현재 흥미를 느끼거나 필요로 하는 바를 조사 분석하여 이를 토대로 편성한 교육과정이다.

3) 생성형 교육과정

현성(現成)교육과정이라고도 하며, 교육내용이나 학습경험을 미리 선정 조직하지 않고 교수-학습의 장에서 학습자들의 의견을 들어 구성하는 교육과정이다.

4) 중핵(中核)교육과정

학습자들이 가장 필요로 하는 것, 사회생활에서 가장 핵심적인 주제를 중심부에 두고, 중심적인 주제를 학습하는 데 도움되는 내용들을 주변과정으로 설치하여 편성하는 교육과정이다. 학습자들의 진로개발과 진로선택 능력을 육성하는 것이 중요한 교육의 목적으로 설정했다면 진로개발과 진로선택 과정을 중심부에 두고, 이를 중심으로 인간의 이해, 사회의 이해, 자연현상의 이해, 생태학, 미래학 등과 같은 과정을 주변과정으로 설정하여 교육과정을 편성할 수 있다. 이를 학습자 필요 중핵교육과정이라고 한다. 또 사회문제 해결력 육성에 초점을 둔 교육과정을 편성하기 위하여 사회문제로 가장 중요한 것을 환경의 보존과 개발로 정했다면, 이를 중심부에 두고 이에 관련된 교과 혹은 주제과정을 주변부에 설정하여 교육과정을 편성할 수 있다. 이를 사회문제 중핵교육과성이라고 한다.

Alberty(1950 : 154-155)는 중핵형 교육과정의 특징을 다음과 같이 기술하고 있다.

첫째, 모든 학습자는 중핵과정(중심학습과정)에 참여하면서, 동시에 중핵형 안에서는 각자의 개인차에 적합한 내용을 학습한다.

둘째, 학습활동은 전통적인 교과선을 폐지하여 구성된다. 둘 또는 그 이상의 교과를 통합하는 방식과 완전히 교과선을 없애고 중핵형으로 구성하는 방식을 택한다.

셋째, 교육과정은 학생의 흥미, 필요, 요구 등에 부합하도록 교사, 학생, 교과전문가, 그 외 전문가들의 협의에 의해 구성한다.

넷째, 교육과정 운영의 신축성을 지니기 위해 시간표는 융통성 있게 편성한다.

다섯째, 중핵형 교육과정은 중심학습에 직접 도움이 되는 것들로만 편성한다.

여섯째, 유익한 학습활동을 전개할 수 있도록 널리 자료를 수집해서 자료단원(source unit)을 만드는 것을 장려한다.

사. 장점과 단점

1) 장점

① 학습자의 흥미와 필요를 기초로 교육과정이 편성되기 때문에 학습자의 학습동기가 유발될 수 있다.

② 생활인, 실천인, 전인적인 인간 특성을 육성할 수 있다.

③ 학습자의 능동적 적극적인 학습태도를 형성할 수 있다.

④ 창의력, 문제해결력과 같은 고등정신 능력의 육성에 적합하다.

⑤ 개인차를 고려한 교수-학습이 가능하다.

⑥ 사회변화에 적응하는 교육과정을 편성 운영할 수 있다.

2) 단점

① 지식의 체계적인 습득을 등한시하기 쉬우며, 기초적 기본적인 지적 기능의 육성이 곤란하다.

② 편성된 교육과정의 모습이 불명료하여(내용조직의 계열성 소홀) 이해하기가 어렵다.

③ 교사의 교육과정 운영능력에 따라서 기초학습의 저하가 초래되기 쉽다.

④ 행정적인 통제가 어려우며, 상급학교 진학과 같은 현실적인 문제해결이 곤란하다.

⑤ 교육과정 운영을 위한 시설과 설비가 적절하게 갖추어지지 않으면 교육적 비효율과 낭비를 초래하기 쉽다.

3. 학문중심 교육과정

20세기 중반에 접어들면서 산업사회의 진전에 따라 지식과 기술이 폭발적으로 증가하게 되었고, 학교는 그와 같은 엄청난 양의 지식과 기술, 가르칠 만 한 내용과 경험들을 모두 가르쳐 낼 수 없는 상황이 되었다. 또한 교육학적 탐구는 교육내용과 학습경험의 조직방법, 교수-학습 방법에 대한 새로운 원리와 이론, 모형들을 쏟아내면서 종래의 경험중심 교육과정의 문제점과 그 대안적인 교육과정 유형을 찾기 위하여 노력하게 되었다. 즉, 미국의 경우 1950년대에 접어들면서 교과를 교과답게 혹은 올바르게 가르치기 위한 내용선정 및 조직방법과 교수-학습 방법에 관한 논의가 활발하게 전개되었다. 이러한 탐구활동의 선봉장은 하버드 대학교 교수였던 Jerome S. Bruner이다. 그의 역저 「The Process of Education」(1960)에 학문중심 교육과정의 이론적 배경이 잘 나타나 있으며, 우리나라에서는 서울대학교 교육학과 교수였던 李烘雨 박사가 이론적 체계와 교육과정 실제에 큰 영향을 미쳤다.

경험중심 교육과정의 가장 큰 문제점은 아동 학습자들의 경험을 중시한 나머지 지식의 성립근거를 탐구하고 발견해 내는 능력, 이른바 탐구하는 방법의 학습, 학습하는 방법의 학습에 실패하고 있다는 것이다. 교과중심 교육과정은 교사가 문화유산(체계적인 지식)을 일방적으로 전달함으로써 시대 · 사회적 부적합성을 노출시켰다면, 경험중심 교육과정은 학습자위주로 그들의 필요와 흥미본위로 교육과정을 구성 운영함으로써 탐구력과 창의력 배양에 문제가 있다고 학문중심 교육과정 주장자들은 지적한다.

학문중심 교육과정은, 교육과정을 "각 학문(교과)에 내재해 있는 지식탐구과정의 조직, 또는 학생의 자발적인 탐구를 통한 지적활동의 조직"으로 정의한다. 이 정의에 의하면, 李烘雨(1992 : 109-122)의 주장과 같이, 경험중심 교육과정과 학문중심 교육과정은 겉으로 보기에는 서로 다른 것을 강조하는 교육과정 유형인 것 같지만 교과를(지식의 구조) 올바로 조직하고(나선형적 조직) 올바로 가르침으로써(발견과 탐구) 학습자의 지적 안목과 태도를 변화시키는데 강조점을 둔 교육과정이 곧 학문중심 교육과정인 셈이다. 이는 교과중심 교육과정과 경험중심 교육과정의 중요한 아이디어, 혹은 교육적 원리를 한 차원 높게 통합 · 발전시킨 것으로 이해할 수 있다.

가. 교육철학적 배경

1) 실재주의(實在主義, realism)

외적 객관적인 세계는 인간의 의식이나 입장을 떠나 독립적으로 실재하며, 참다운 인식은 객관적 실재의 파악을 통하여 가능하다.

2) 신실재론(neo-realism)

진리란 인식주체의 신념과 외계의 실재적 관계가 합치될 때 성립하며, 그것은 탐구과정을 통하여 드러나는 것이다. 그리고 일단 진리로 밝혀지면 그것이 허위로 판명될 때까지는 복종해야 한다.

나. 교육목적

학문중심 교육과정이 추구하는 교육목적은 학습자가 탐구정신을 습득하고 탐구능력을 배양하는 것이다. 즉, 학생으로 하여금 여러 가지 문제를 탐구하고 조사하거나 이를 해결하는데 있어서 가장 유익한 개념, 원리, 아이디어를 사용하고 효율적인 과정을 거치도록 훈련하는 것이다. 학교교육을 마친 후에도 학교에서 학습한 원리나 아이디어를 넓고 변화무쌍한 사회에서 계속 활용할 줄 아는 능력을 육성하는 것이 교육목적이다.

다. 교육내용

학교교육에서 다루게 되는 교과(학문)는 무수히 많으며, 각 교과 내에서도 다루어야 할 지식은 개념, 사실, 원리, 법칙 등에서 수없이 많다. 학습자가 수없이 많은 지식을 습득하기란 불가능하다. 따라서 지식들 중에서 가장 기본적인 것, 기초적인 것, 하나를 알면 열 가지를 깨우칠 수 있는 것을 정선하여 가르쳐야 한다. 이러한 지식의 핵심적인 것을 학문중심 교육과정에서는 지식의 구조라고 칭한다. 지식의 구조, 즉 각 학문(교과)

에 내재되어 있는 핵심적인 개념과 아이디어, 원리, 그리고 학문하는 방법 등이 중요한 교육내용이 된다. 지식의 구조의 차이가 학문(교과) 간의 차이를 나타내 주는 준거이다.

라. 교육방법

하문중심 교육과정이 중요시하는 교육방법은 발견과 탐구이다. 교과형 교육과정과는 달리 학습자가 교과의 기본개념과 원리의 의미를 탐구과정을 통하여 발견해 내는 일을 강조한다. 학자가 해당 학문분야의 주제에 대한 연구(탐구)를 수행하는 과정을 거치는 것과 마찬가지로 모든 단계의 학습자는 탐구주제를 정하거나 부여받아 학자가 연구를 수행하는 것과 같은 탐구과정을 통하여 모종의 결론을 도출해 내는 교수-학습이 강조된다. 학문중심 교육과정을 강조하는 학자들은, 교과중심 교육과정에서 교사가 결론을 전달해 주는 교사중심의 전달방식에서 사용하는 언어를 '중간언어(中間言語, middle langu-age)'라고 표현한다.

마. 교육과정 평가방법

교육평가의 방법은 각 교과의 성격과 목표에 따라 결정된다. 공통적인 것은 결과보다 과정중심의 평가방법이 강조된다. 선택형 문항에의 정답 찾기보다 논술형 문항에 자신의 견해를 표현하는 방식, 일정한 절차를 따라서 문제를 해결하는 능력 등을 주로 평가한다. 예능분야의 교과에서는 통일과 균형, 대비, 조화 등의 원리가 평가 준거로 사용되며, 수학은 공리와 같은 것들이, 가치는 지식은 물론 사고의 과정과 형태 등을 중심으로 평가가 이루어진다(김재복, 1983 : 28).

바. 조직형태

1) 분과별 교육과정

교과의 선은 그대로 두고 그 내용을 교과의 기본개념이나 課程, 혹은 탐구방법 중 어느 하나 중심으로 구조화하여 편성한 교육과정이다. 교육과정의 목적과 강조하는 내용, 내용을 다루는 방식 등에서 차이가 있으며, 그와 같은 차이를 고려하지 않는다면 교과형 교육과정과 동일하다.

2) 다과정교육과정(多課程敎育課程)

교과에 따라서 어떤 교과는 일반학급에서 교수-학습하고, 어떤 교과는 학습자들의 능력에 따라서 2-3개의 학습반을 편성하여 교육과정을 운영하도록 조직한 것으로 이를 이중진급안이라고 한다. 또 다른 방안은 원래부터 교과수업을 3개 혹은 4개 능력별로 진행할 수 있도록 교육과정을 조직하는 방안이 있다. 학문중심 교육과정의 성격에 적합하도록 편성한 경우라면 제7차 교육과정의 수준별 교육과정이 이에 해당한다.

3) 개별화교육과정

학습자 개개인의 능력, 필요, 학습속도 등에 맞추어 학년에 관계없이 학습해 나가도록 편성한 교육과정을 일컫는다.

이와 같은 학문중심 교육과정의 조직형태들은 공통적으로 '나선형적 조직' 형태를 취하며, 나선형적 조직형태를 취하는 교육과정을 螺旋形 敎育課程(spiral curriculum)이라 부르기도 한다. 나선형 교육과정은 학문중심 교육과정에서 내용을 조직하는 원리와 관련된다. 학문중심 교육과정에서는 특정 교과의 교육내용을 해당 교과의 "지식의 구조"라고 표현하고, 한 교과(학문)의 지식의 구조는 초등학생이건, 고등학생이건, 그 학문에 종사하는 학자이건 누구에게나 동일하다고 주장한다. 그러면 교육내용인 지식의 구조를 어떻게 조직할 때 학문중심 교육과정의 취지를 가장 잘 살릴 수 있는가? 그것은 곧 특정 개념이나 원리(지식의 구조)를 조직함에 있어서 학년이나 학문의 수준이 높아가면서 지식의 구조를 보다 깊이 있고 치밀하게, 보다 넓은 범위로 확대되면서 조직해야 한다는 것이다. 이러한 조직원리에 바탕하여 조직된 교육과정을 Bruner의 「교육의 과정」이라는 저서에서 나선형 교육과정이라고 하였다. 그러나 필자는 이를 '나선형적 조직'으로 표현하는 것이 적합하다고 본다. 그것은 교육과정의 한 유형이라든지 교육내용의 체계적인 조직으로 볼 수 있는 것이 아니며, 학문중심 교육과정에서 교육내용을 조직하는 한 가지 방식을 나타내는 용어라고 보기 때문이다. 즉, 교육내용의 나선형적 조직은 Tyler가 제시하고 있는 내용조직의 한 가지 원리인 계열성의 원리와 동일한 의미를 지닌다.

사. 장점과 단점

1) 장점

① 전이가(轉移價)가 높은 지식을 정선하여 교육과정이 편성됨으로써 학습결과의 적극적 전이효과를 기대할 수 있다.

② 교과(학문)별 지식 구조의 계열을 고려하여 교육과정이 편성됨으로써 교수-학습 내용이 체계적이다.

③ 탐구력과 탐구정신의 함양에 도움을 준다.

④ 탐구과정을 통한 발견의 기쁨(희열)을 맛보게 됨으로써 학습자의 내적 동기 유발에 도움을 준다.

⑤ 결과뿐만 아니라 과정의 중요성과 교육적 가치를 인식하게 한다.

2) 단점

① 개인적 필요, 생활의 필요나 사회적 필요를 반영하기 어렵다.

② 탐구능력이나 학력이 낮은 학습자에게 불리한 교육과정이 편성될 수 있다.

③ 학문 간의 상호관계를 긴밀히 하여 학생에게 의미 있는 통합을 하려는 데 지장을 줄 수 있으며, 지식분야의 전문가가 자신의 학문적 탐구방식을 학습자로 하여금 모방하게 할 가능성이 있다(Tanner, 1971 : 14).

4. 인간중심 교육과정

1950년대 후반부터 구성 사용하게 된 학문중심 교육과정(우리나라는 정확하게 1973년

제3차 개정 교육과정부터)은 종래의 경험중심 교육과정의 문제점을 어느 정도 해결하기는 하였으나 교과의 기본적인 지식의 강조, 과학기술의 혁신, 탐구력 배양 등에 열중한 결과, 학습자 개개인의 개성이 존중되고 잠재가능성을 개발하며, 자아실현에 도움을 주는 그런 교육과 교육과정이 부족하거나 미흡한 채 인간미가 부족한 교육과정이라는 비판이 일기 시작하였다. 이와 더불어 성장과 발전위주의 산업사회는 기계문명과 사회조직을 점차 인간을 속박하는 가운데 인간의 자유, 자율, 의지에 따른 행위의 가능성을 제약하면서 개인이 거대한 사회조직의 부속품으로 인식하도록 만드는 인간상실과 인간소외감을 겪게 되었다. 이는 교육의 본질이 무엇이며, 교사와 학습자가 상호작용 해야 할 주요 대상이 무엇이어야 하는가에 대한 논쟁을 불러일으키게 된 것이다. 교과내용을 가지고 발견과 탐구, 실험과정을 열심히 거쳐 가는 동안, 학생들은 인간성이 메말라 가고, 인간관계의 중요성, 건전한 가치관과 태도의 형성, 긍정적인 자아개념의 형성, 인간 자체의 존재에 대한 탐색 등에 한계를 드러내게 되었으며 자신을 올바로 볼 수 있는 기회를 지니는데 어려움을 느끼게 되었다. 그래서 교과나 경험이 아닌 바로 "인간"이 교육과정의 중심이 되는 교육과정에 대한 요청이 일어나게 되었다.

인간이 교육과정의 중심이 된다는 말은 무엇을 뜻하는가? 이것은 교육의 내용을 인간 외부에서 찾을 것이 아니라 바로 인간 그 자체의 문제에서 찾아야 한다는 의미이며, 학습경험은 바로 그러한 문제를 가지고 고민하고 논의하는 것이 되어야 한다는 것이다. 인간중심 교육과정의 궁극적 목표는 개개인의 자아실현과 인간다움의 회복이며, 학습자 누구나 주어진 처지에서 행복감을 느끼며 자기책임감을 갖도록 하는 것이다. 인간중심 교육과정은 앞의 세 가지 형태의 교육과정에 비하여 구성(설계)과 운영의 방법이나 교육과정의 구체적인 모습이 분명하지가 않은 채 논의수준에 있다. 즉, 인간중심 교육과정을 주장하는 사람들은 교육과정을 "학교생활을 하는 동안에 학생들이 가지는 경험의 총체"로 정의한다. 학교교육이란 학생들의 경험의 모든 것에 관련되며, 그러한 경험을 총체적으로 파악하지 않으면 학교교육을 올바로 이해할 수 없다는 관점을 나타내는 것이다. 인간중심 교육과정이 표면적 교육과정 뿐만 아니라 잠재적 교육과정까지 교육과정의 개념범주를 확장해야 한다고 주장하는 것은 바로 이러한 이유에서다. 이처럼 이 교육과정은 다른 형태의 교육과정에 비하여 교육에서의 비인간적 요소에 주의를 환기시키고 있는 점, 비인간적인 사회현상을 개선하려는 교육적 구안이라는 점에서 앞으로 보다 적극적으로 연구될 것으로 보인다.

가. 교육철학적 배경

1) 재건주의(re-constructivism)

현 사회를 개혁하고 사회가 안고 있는 문제를 해결하기 위해서는 교육이 선도적 역할을 해야 한다.

2) 실존주의

인간 자신의 내적 세계를 탐색하는 철학이며, 인간 자신의 주체적 자각 · 결단 · 실천이 실존(實存 : 집단에 의해 해소되지 않고 공통성에 의해 분할되지 않는 타에 견줄 수 없는 인간존재)의 핵심이다.

3) 인본주의 심리학

1960년대의 인본주의 심리학으로부터 출발하여 그 이후 통합교육, 신비주의, 그리고 1960년대 후반과 1970년대의 급진주의 학자들, 제3세력 심리학(현상학이라고도 함)이 합세하면서 그 영역이 확장되었다.

나. 교육목적

인간중심 교육과정이 추구하는 교육목적은 자아실현인 육성, 개인의 인격 및 개성의 발달과 완성, 개인의 책임의식 고양, 주체적인 인간, 의식화를 통한 자기소외의 극복 등 인간 자신을 포함한 세계에 대한 주체적 인식 능력의 육성이다. 이러한 능력을 지닌 학습자는 역동적인 인간이며, 자기 자신과 타인, 학습에 대한 적극적이고 긍정적인 태도를 지닌 사람이다. 그러한 인간은 냉철한 인식능력을 지녔을 뿐만 아니라 미적이고 도덕적이며 타인에 대한 깊은 관심과 배려를 할 줄 아는 사람이다.

다. 교육내용

1) 부분보다는 전체적 접근 방법을 취함으로써 지적, 정의적, 운동기능적 영역의 통합, 교과간의 통합성, 간학문적 접근을 강조함으로써 교과간의 구획화를 타파하는데 도움을 주는 내용이 강조된다.

2) 자기이해의 경험, 사회문제해결의 종합적 접근, 실질적인 활동과 경험 등이 교육내용으로 강조된다.

3) 개인의 자아실현과 성장에 도움 되는 직접적인 경험을 중요시한다.

라. 교육방법

학습자 스스로의 경험의 재구성과 학습과정을 직접 수행해 나가도록 환경을 구성 제공하는 방법이 강조된다. 교수-학습의 주체는 학습자이며, 교사는 촉진자, 지원자 및 이해심 있는 성인의 역할을 수행한다. 그러므로 자기감각을 통한 경험 학습, 만남의 집단(encounter groups), 명상 및 소집단 토론 등 교사와 학생 간 상호신뢰에 바탕을 둔 개인 성장 방법이 총동원된다.

마. 교육과정 평가방법

임의로 설정한 기준에의 부합 정도로 측정 평가하기보다는(결과 지향적 평가) 개인적 성장의 정도와 성장해 나가는 과정 자체가 평가의 대상이 되는(과정 지향적 평가) 질적 평가가 자주 이용된다. 그래서 관찰, 면담, 개인의 일기, 참여, 반성, 일화기록 등의 기법들이 사용된다. 점수가 아니라 학습경험 자체가 평가의 주 대상이요 이를 평가하는 기법들이 두루 활용된다.

바. 조직형태

1) 균형형

인간의 타고난 잠재가능성을 고루 계발할 수 있도록 신체적, 지적, 사회적 정서적 내용을 통합적으로 균형 있게 조식한 교육과정이다.

2) 개인형

학습자의 개인적 능력과 필요에 적합하도록 교육과정을 개별화한 것이다.

3) 연관형

교과의 핵심내용을 학습자의 심리적 특성 및 생활과 밀접하게 관련지어 편성한 교육과정이다.

4) 통합형

성격과 내용상 유사한 교과 간, 교과와 교육프로그램 간 구획을 없애고 학습자의 발달수준과 흥미, 개인적 필요 등을 통합하여 편성한 교육과정이다.

사. 장점과 단점

1) 장점

① 학습자 경험의 포괄성, 통합성을 강조함으로써 행위의 일관성을 기대할 수 있다.
② 학습자 중심의 교육과정이 편성됨으로써 학습동기 유발에 효과적이다.
③ 학습자의 정체성 확립에 도움을 준다.

④ 학습자의 잠재력 개발, 인간관계 능력의 개발에 도움을 줄 수 있다.

2) 단점

① 개인적 집단적 경험이 학생의 행복을 항상 보장하지 못한다.
② 집단 내의 경험은 개별화가 곤란하며, 대부분 획일적이다.
③ 사회적 요구와 필요를 충족시키기 곤란하다.
④ 교과 혹은 학문적 통합에 대한 이론적 배경이 미흡하다.
⑤ 자기실현이 항상 공통선을 보장하지는 못한다.

5. 통합교육과정(統合敎育課程)

통합은 분과에 대비되는 용어이다. 따라서 통합교육과정이란 분과교육과정에 대립되는 교육과정의 한 가지 형태이다.

우리나라는 전통적으로 분과형 교육과정을 편성 운영해 오다가 1955년부터 적용된 제1차 개정 교육과정기에 초등(국민)학교와 중학교에 통합교육과정이 편성되기 시작한 후 현대 교육과정 형태의 주류를 형성하고 있다. 즉, 1955년 당시 초등학교 사회과와 자연과, 그리고 중학교의 사회과와 자연과가 통합교육과정 형태를 취했다.

그러다가 1981년부터 1987년까지 적용된 제4차 개정 교육과정기에 초등학교 1, 2학년의 교과의 통합지도가 시도되고, 1988년부터 1992년까지 적용된 제5차 개정 교육과정기에 초등학교 1, 2학년에서 종전의 국어와 산수를 제외한 다른 교과들을 바른생활, 즐거운 생활, 슬기로운 생활 등 3개의 통합교육과정이 편성 운영되었다. 또 중학교에서 기술과와 가정과를 통합하여 기술 · 가정 교과로 통합하여 운영하게 되었다. 그리고 1993년부터 1999년까지 적용된 제6차 개정 교육과정기에 고등학교에 통합교과의 형태를 지닌 공통사회와 공통과학과 같은 교과가 신설되었다.

가. 통합교육과정의 의미

통합교육과정이란 '통합'과 '교육과정'의 합성어이다. 따라서 통합이라는 용어와 교육과정이라는 용어의 의미가 다양하게 기술되거나 파악되고 있기 때문에 이 개념을 명쾌하게 정의하기도 쉽지 않다. 이영덕(1981:15)은 **교육과정 통합**(curriculum integration)과 **통합교육과정**(integrated curriculum)은 모두 같은 개념체계에서 나온 개념들이라고 지적하면서, 전자는 교육과정 요소가 어떤 기준에 의해서 분리 독립되어 있던 것들을 상호 관련짓고 통합함으로써 하나의 의미 있는 체계로 발전시키는 과정 또는 시도라면, 후자는 그러한 시도를 거쳐 도출된 산출물을 의미한다고 하였다. 따라서 교육과정 통합은 통합교육과정 형태를 구성하기 위한 작업이나 과정을 일컫는 것이며 교육과정의 형태를 언급할 경우에는 '통합교육과정'이라고 불러야 한다.

곽병선(1987 : 362)은 통합교과와 교육과정 통합을 성격상 동일한 의미를 가진 것으로 볼 수 있으나 양자를 굳이 구분한다면 다음과 같은 의미상의 구분이 가능하다고 하였다. 통합교과는 교육과정을 구성함에 있어서 각 학문 또는 지식의 체계에 따라 분화된 분절교과 중심으로 학습경험을 선정하고 조직하던 것에서 탈피하여 교과 간의 엄격한 울타리를 고려하지 않고 각 교과의 지식이나 경험을 필요한 대로 가져다 재구성하여 학생의 흥미중심 · 문제중심 · 특정제재중심으로 구성된 학과(course)라고 하였다. 따라서 그에 의하면 통합교육과정이란 통합교과들의 체계이되, 교과들을 단순히 결합시킨 차원을 넘어 교과들의 의미 있는 재구성과 통합을 통하여 편성한 교육과정이라고 할 수 있다.

또 김재복(1995 : 23)은 통합교육과정을 학교의 지도하에 학생들이 시간적 · 공간적으로, 그리고 내용영역에 있어서 각각 다른 학습경험들이 상호 관련지어지고 의미 있게 모아져서 전체로서의 학습이 이루어지고 나아가서 인간의 성향 변화가 가치롭게 이루어지는 과정이라고 정의하였다.

한편, 김종건 등(1996)은 여러 학자들의 통합교육과정에 대한 정의들을 검토한 후 공통적인 요소로서 학습경험의 통합, 학생중심, 전인적 발달 등을 지적하였다. 그리고 이와 같은 요소들을 포괄하여 통합교육과정을 "학습자의 전인적 발달을 도모하기 위하여 전통적인 구분을 탈피하고 학습자의 경험을 중심으로 구성된 교육과정이며, 또한 몇 개의 서로 다른 교육과정을 하나로 묶어서 만든 새로운 형태의 제3의 교육과정"이라고 정의하였다.

이상의 여러 학자들의 통합교육과정에 관한 정의에 기초하여 필자는 통합교육과정을 다음과 같이 정의하고자 한다. 즉, **통합교육과정**이란 "학습자의 전인적 발달과 성장을 목적으로 기존 교과나 학습경험프로그램들 간 통합이 가능하며 통합이 의미 있는 것끼리 결합하여 편성한 교육과정”이다.

나. 통합교육과정의 의의

통합교육과정의 중요성과 필요성에 대해서는 그 개념 정의에 이미 시사되어 있다. 교육과정이 추구하는 바는 학습자의 성정과 발달을 도모하려는 것이다. 교육과정이라는 이름 하에 편성되는 모든 교과들, 모든 교육프로그램은 그와 같은 목적을 지니고 있다.

그런데, 지식이 폭발적으로 증가하는 현대사회에서 학습자의 성장과 발달에 필요하다고 판단하는 교과들을 수 없이 편성할 수도 없으며, 그것이 가능하다고 할지라도 교과들 간의 유기적인 관련성을 지니지 않은 채 학습이 이루어지는 경우 교과별 단편적인 지식의 습득은 가능할지 모르나 현상과 사상을 종합적이고 통합적으로 보는 안목과 태도를 기르는 데 장애가 될 수도 있다.

인간이 세상을 살아가면서 보아야 하는 현상은 예컨대, 국어과를 통하여 학습한 지식이나 경험만으로 보거나 파악하는 그런 현상이 아니라 사회과, 도덕과, 심지어 수학과의 지식이 일시에 순간적으로 동원되어 보거나 파악되는 그런 현상이다. 마찬가지로 수학과가 논리적 사고력을 기른다고 할 때, 논리적 사고력은 국어과의 지식을 통하여 표현되고, 물리적 현상을 이해하는데 동원된다. 이처럼, 교과별로 분절된 지식의 단편성은 결국 편협한 사고방식과 태도 및 안목을 지니게 만들 위험이 있다. 특히, 초등학교부터 고등학교까지의 교육을 ‘보통교육’이라고 명명하듯이, 이 시기의 교육은 특정 교과나 학문분야의 전문성이나 지적 특성화보다는 통합적 안목의 성장과 발달이 가능한 교육과정을 필요로 한다.

또 특정 학년에서는 분과적인 교과중심 교육과정이 학습자의 발달 수준이나 학습의 효과성에서 타당하지 못하거나 비효과적인 경우가 있다. 곽병선(1987 : 363)이 지적한 바와 같이, 예컨대 지적 수준이 미분화되어 있고 한 가지 교과 학습에의 집중력을 기대하기 곤란한 초등학교 저학년의 경우, 분과적인 교과로 교육과정을 편성하여 가르친다면 학생들의 다양한 흥미나 동기를 좌절시키기 쉽다. 이와 같은 초등학교 저학년 학습자의 발달심리 측면에서의 통합교과의 이점을 김재복(1980)은 심신발달에 부합하는 교육을 실시할 수 있다는 점, 다양한 학습경험을 제공할 수 있다는 점, 즐거운 학교생활을 가능하게 할 수 있다는 점, 기초학습 기능과 관련된 내용을 강조하여 가르칠 수 있다는 점 등을 들고 있다.

또한 통합교육과정은 단순히 교과별 지식의 습득이나 기억에 머무르도록 하는 것이 아니라 문제해결의 과정, 결론을 도출하기까지의 과정, 무엇인가를 발견해 내는 과정 등 결과뿐만 아니라 결과를 이끌어내는 과정을 중시한다. 이 문제는 교과의 분과적 교육과정이냐, 통합교육과정이냐의 문제라기보다는 내용 조직의 문제요 교육과정 운영(교수-학습) 방법의 문제이기는 하다. 통합교육과정은 개인적 · 사회적 · 학문적 문제 등 특정한 분야의 안목에만 집착하지 않도록 개방적 · 통합적 안목으로 해결할 수 있도록 하는 문제해결 과정에 관심을 두며, 그러한 해결과정의 대상이 되는 문제 자체들을 바로 학생 · 사회 · 학문의 필요에 따라 의미 있고 핵심적인 것으로 선택할 가능성이 높다(곽병선, 1987 : 365). 이와 같은 지적은 통합교육과정의 필요성이 될 수 있음과 동시에 통합교육과정의 과제이기도 하다.

다. 통합교육과정의 유형

통합교육과정의 초기 유형은 분과형 교육과정의 문제점을 해결하기 위하여 고안된 상관형, 융합형, 중핵형, 활동형 등이 있다.

1) 상관형

상관형이란 분과주의를 유지한 채 내용상 관련성을 지닌 교과들의 교수-학습이 그 과정에서 상호 관련을 지니고 이루어지도록 편성한 교육과정이다. 예컨대, 1학기 5월에 일제강점기에 쓰여진 문학 작품을 국어과에서 학습하도록 편성하였다면, 같은 시기의 역사과 내용은 일제강점기의 시대상과 국민들의 삶의 모습을 중심으로 구성하고, 국어과 시간에 문학작품을 학습하면서 동시에 역사과의 시대상을 함께 교수-학습하도록 교육과정을 편성 운영하는 방식이다.

2) 융합형

융합형이란 주로 인접하는 두 개 이상의 교과를 하나로 통합하여 제3의 교과로 편성한 것이다. 예컨대, 식물학과 동물학을 결합하여 '생물학'으로 한다든지, 고대, 중세, 근세, 현대사로 분리되어 있는 교과를 통합하여 '역사'로 편성하는 것 등이다. 광역형은 융합형에 비하여 통합에 포함시키는 범주가 더 넓다. 물리, 화학, 생물, 지구과학 등을 묶어 '과학' 혹은 일반과학으로 편성하거나, 정치, 경제, 사회, 문화 등의 분절된 교과를 묶어 '사회', 혹은 '일반사회'로 편성하는 것 등이 이에 해당한다.

3) 중핵형

이상의 통합교육과정 초기 유형으로부터 좀 더 발전된 유형이 중핵형과 활동형 교육과정이 있다. 중핵형은 중심과정을 핵심으로 하고, 중심과정의 내용을 학습하는 데 관련되는 교과나 교육프로그램들을 동심원적으로 구성한 교육과정이다. 중심과정에 특정 핵심 교과를 두고 주변과정에 관련된 교과들로 구성하면 '교과중핵 교육과정'이 되는 것이며, 중심과정에 학습자의 필요와 요구 중 핵심적인 내용을 두고 그 주변과정에 관련되는 교과나 교육프로그램을 구성한다면 '학습자 필요중핵 교육과정', 아동 청소년의 발달과업 중 핵심적인 것을 중심부에 두고 이를 육성하는 데 도움 되는 내용이나 활동들을 주변과정으로 구성한 경우에는 '발달과업 중핵교육과정'이 된다. 그리고 사회문제 해결력을 기르는 데 목적을 두고 사회문제 중 핵심적인 것을 중심에 두고, 주변과정에 그와 같은 사회문제 해결능력을 기르는 데 도움이 되는 교과 혹은 교육프로그램을 구성한 것은 '사회문제 중핵교육과정', 특정 사회적 기능을 육성하는 것을 핵심으로 같은 방식의 교육과정 편성인 경우 '사회기능 중핵교육과정'이라고 한다.

이와 같은 중핵교육과정의 기본적인 목표는 통합교육과정의 그것과 같이, 일정한 중심학습에 의한 **교육내용의 통합**(교육내용의 중심통합), 통합된 교육내용에 의한 개인의 **인격적 통합**(인격통합), 인격체로서의 개인들로 구성되고 기능하는 **통합된 사회의 실현**(사회의 통합) 등이다.

4) 활동형

활동형 교육과정은 경험중심 교육과정의 한 가지 유형이다. 활동형 교육과정은 학습자의 경험과 활동 중 중요하다고 판단되는 것으로 교육과징을 구성하는 것으로, 1870년대 미국의 Parker가 선구적인 역할을 하였으며, Dewey의 경험주의를 거쳐 Kilpatrick이 1918년에 발표한 **구안법**(the project method)을 통하여 구체적으로 교육계에 등장하였다. 활동형 교육과정의 기본적인 성격, 장점과 단점 등은 경험중심 교육과정의 그것과 거의 동일하다.

참고 문헌

bibliography

강현석 · 주동범(2004). 현대 교육과정과 교육평가. 서울 : 학지사.

곽병선(1987). 교육과정. 서울 : 배영사.

교육부(1997). 제7차 교육과정(교육부 고시 제1997-15호[별책 1] 초 · 중등학교 교육과정-국민공통기본교육과정-.

김재복(1983). 통합교육과정의 이론과 실제-통합교과의 지도-. 서울 : 교학연구사.

김종건 외(1996). 통합교과의 교육과정?교과서 구조 개선 연구. '96 교육부 위탁 연구과제 답신 보고.

이영덕(1981). 소망스러운 한국인상의 형성을 위한 통합적 교육과정의 탐색연구. 한국교육개발원.

이홍우(1992). 교육과정 탐구. 서울 : 박영사.

Alberty, H.(1950). Reorganizing the High School Curriculum. New York : Macmillan Company.

Bruner, J. S.(1960) The Process of Education. N. Y. : Vintage Books.

Eisner, E. W.(1994). The Educational Imagination. New York : Macmillan.

Tanner, D.(1971). Secondary curriculum : Theory and development. New York : MacMillan.

형성평가

2.1 교육과정을 지방 자치적으로 유영하던 나라들이 국가수준의 교육과정기준(National Standards 또는 National Curriculum)을 채택하게 된 이유와 가장 거리가 먼 것은? ['02 중등]

① 교사의 전문성과 자율성을 향상시킬 수 있다.
② 교육의 책무성 강화를 통해 국가 경쟁력을 높일 수 있다.
③ 지역 교육과정 개발을 위한 비용과 시간을 절감할 수 있다.
④ 학생의 거주지 이동에 관계없이 교육의 계속성을 보장할 수 있다.

2.2 교육과정은 존립양식에 따라 중앙집중체제와 지방분산체제로 나눌 수 있다. 지방 분산체제가 갖는 장점이라고 할 수 있는 것은?

① 전국의 학교수준을 균등하게 높일 수 있다.
② 지역, 학교간의 교육내용 차이를 완화시킬 수 있다.
③ 일선 교사들의 교육과정 개발 노력을 절감할 수 있다.
④ 학생들의 필요에 따른 다양한 교육과정을 개발할 수 있다.
⑤ 새로운 교육혁신의 아이디어를 쉽게 전국적으로 전파할 수 있다.

2.3 지방분권적 교육과정의 장점으로 볼 수 없는 것은? ['06 유치원/초등/특수학교]

① 단위 학교의 자율성과 책무성을 제고할 수 있다.
② 전국 수준의 표준화된 교육과정을 유지할 수 있다.
③ 지역 인재를 양성하여 국가 발전에 기여할 수 있다.
④ 지역 실정에 적합한 교육과정을 편성 · 운영할 수 있다.

2.4 교사들이 교육과정 개발에서 적극적인 역할을 수행하지 못할 경우, 교육과정을 중요하게 생각하지 않는 '교육과정의 사소화' 현상이 종종 일어난다. 〈보기〉에서 이러한 문제를 최소화하기 위한 적절한 방안을 골라 바르게 묶은 것은? ['05 초등]

보기

가. 단위 학교 내 학교교육과정위원회의 기능을 활성화한다.
나. 전문가의 연구 · 개발 · 보급 과정을 거쳐 현장에 적용하는 교육과정 개발 방식을 강화한다.
다. 국가는 '교사 배제형 교육과정'(teacher-proof curriculum)을 개발하여 단위 학교에 보급한다.
라. 일반 원리에 따른 절차보다는 구체적인 실천 사례의 반성을 통해 교육과정을 개발한다.

① 가, 나　② 나, 다　③ 가, 라　④ 다, 라

2.5 다음 중 학교교육과정의 편성에서 가장 중요하게 고려할 것은? ['00 중등]

① 교사들의 적극적인 참여
② 지역성을 배제한 보편성 추구
③ 교과서 중심의 진도계획 작성
④ 교육과정 및 교과서에 제시된 배열 순서 준수

2.6 다음의 교육과정 관점에 대한 설명으로 옳지 <u>않은</u> 것은? ['11 중]

인간의 정신은 몇 개의 능력들(faculties)로 이루어져 있고, 이 능력들을 단련하는 데에는 거기에 적합한 교과가 있다. 교과교육에서 무엇을 기억하고 추리하느냐가 중요한 것이 아니고, 기억되고 추리되는 내용이 무엇이든지간에 그것을 기억하고 추리한다는 점이 중요하다. 따라서 교과는 인간의 정신을 도야하는 가치에 따라 그중요성이 결정되며, 정신능력들을 도야하는데 적합한 교과들을 학교에서 가르쳐야 한다.

① 교과학습에서 흥미가 없는 교과라도 학습의 노력이 중시된다.
② 교과내용의 가치를 개인생활의 의미와 사회적 유용성에서 찾는다.
③ 교과의 중요성은 구체적인 내용에 있기보다는 내용을 담는 형식에 있다.
④ 능력심리학에 근거하여 심근(心筋) 단련을 위한 수단으로 교과를 강조한다.
⑤ 교과를 가르치는 방법으로 훈련과 반복을 강조하고 일반적 전이를 가정한다.

2.7 1980년대 미국 교육과정에서 나타난, 주지주의 교육으로의 복고경향과 관련이 깊은 것을 〈보기〉에서 모두 고른 것은? ['10 중]

보 기

ㄱ. 환경교육, 소비자교육, 인권교육 등의 새프로그램 개발
ㄴ. 중핵교육과정(core curriculum)의 강조
ㄷ. 파이데이아 제안서(Paideia Proposal)의 발표
ㄹ. 조직화된 지식습득과 지적 기능계발의 강조

① ㄱ, ㄴ ② ㄱ, ㄹ ③ ㄷ, ㄹ
④ ㄱ, ㄴ, ㄷ ⑤ ㄴ, ㄷ, ㄹ

2.8 다음과 같은 특징을 가지는 교육과정은?

보 기

- 교육과정의 중심을 학생에 둔다.
- 학습내용을 미리 선정 · 조직하지 않고, 학습의 장에서 결정한다.
- 개인의 흥미와 개인차를 고려한다.

① 융합 교육과정 ② 상관 교육과정 ③ 교과중심 교육과정
④ 현성 교육과정 ⑤ 학문중심 교육과정

2.9 사전에 계획을 하지 않고, 교사와 학생들이 학습현장에서 함께 학습주제를 정하고 내용을 계획하여 교육이 이루어지는 교육과정은?

① 영(Null)교육과정 ② 중핵(Core)교육과정
③ 현성(Emerging)교육과정 ④ 상관(Correlated)교육과정
⑤ 광역(Broad-Fields)교육과정

2.10 열린교육과 가장 밀섭히 관련되이 있는 교육과정 이론은?

① 교과중심 교육과정 ② 학문중심 교육과정
③ 경험중심 교육과정 ④ 잠재적 교육과정

2.11 중핵교육과정(core curriculum)의 특징을 가장 잘 나타낸 것은? ['08 중]

① 두 교과 간 내용의 상호 관련성이 약화된다.
② 개별 교과의 기본 논리 혹은 구조를 파악하기에 용이하다.
③ 특정 주제를 중심으로 여러 교과의 내용을 결합할 수 있다.

④ 개별 교과의 특성을 유지하면서 내용을 체계적으로 조직할 수 있다.

2.12 브루너(J. Bruner)의 지식의 구조 이론이 가장 잘 드러나는 사례는? ['04 중등]

① 영문법에서 문장 5형식은 기본 원리이므로 암기하도록 한다.
② 자석의 원리에 대하여 설명해 준 다음 자석놀이를 통하여 이해하게 한다.
③ 삼권분립의 원리를 입법부, 사법부, 행정부의 요소별로 구조화하여 가르친다.
④ 물과 알코올을 섞는 실험을 통하여 물체의 분자구조에 따라 부피가 달라지는 현상을 깨닫게 한다.

2.13 다음과 같은 특징을 지닌 교육과정은? ['06 중등]

- 과학교과에서는 초등학교에서 배운 광합성의 원리를 중등학교에서도 심화 · 반복한다.
- 경제 단원에서 자원의 희소성, 수요와 공급 등의 기본개념과 원리를 교과 구조 속에서 강조한다.
- 교사가 결과적 지식을 먼저 제시하기보다 학생들로 하여금 탐구과정을 통해 일반화된 원리를 발견하게 한다.

① 인간중심 교육과정　② 학문중심 교육과정
③ 생활중심 교육과정　④ 경험중심 교육과정

2.14 다음과 같이 비판받고 있는 교육과정 유형은? ['04 초등]

보 기
- 사회가 당면한 문제나 학생이 흥미를 갖는 주제에 관심이 적다.
- 교육과정 개발에서 교사의 실천적 지식을 잘 반영하고 있지 않다.
- 학년이 올라감에 따라 동일 주제가 심화 · 확대되면서 교과 내용이 지나치게 어려워질 가능성이 있다.

① 인간중심 교육과정　② 학문중심 교육과정
③ 경험중심 교육과정　④ 공학중심 교육과정

2.15 학문중심 교육과정에 대한 설명으로 가장 적절한 것은?

① 외적 보상을 통한 학습동기 유발을 중시한다.
② 학교교육의 주요 역할을 경험의 획득에 둔다.

③ 식습득에 있어 탐구의 방법보다 암기를 중시한다.
④ 학생의 필요를 충족시키는 교육내용을 중시한다.
⑤ 지학습자의 지적 수월싱을 계발하는 데 목적을 둔다.

2.16 학문중심 교육과정을 지지하는 사람의 주장에 가장 가까운 것은? ['00 중등]

① 초등학생도 학자들이 하는 것과 동일한 성격의 지적 탐구활동을 할 수 있다.
② 교사와 학습자의 상호작용을 중시해야 한다.
③ 학습은 흥미를 바탕으로 이루어져야 한다.
④ 학교교육은 일상생활에서 직면하는 문제의 해결과 관련되는 것이어야 한다.

2.17 학문중심 교육과정 이론과 가장 밀접하게 관련된 것은? ['00 초등]

① 학습자 자신의 이해에 입각하여 핵심 개념이나 원리 등을 파악하도록 한다.
② 교육은 사회적 불평등의 재생산이 영속되지 않는 방식으로 이루어져야 한다.
③ 교육은 학생 경험의 계속적인 성장을 추구해야 한다.
④ 교육은 체계적이고 효율적인 절차를 존중하여 이루어져야 한다.

2.18 교과중심 교육과정과 학문중심 교육과정의 공통점으로 볼 수 있는 것은?

① 인성교육을 강조한다.
② 학생들의 지적 성장을 강조한다.
③ 교과내용은 '지식구조'를 중심으로 조직한다.
④ 생활 개선에 직접적인 의미가 있는 교육을 중시한다.
⑤ 학습을 경험의 총합으로 보고, 학생의 흥미를 중시한다.

2.19 형식도야(foraml discipline) 이론과 지식의 구조(structure of knowledge) 이론에 공통적으로 해당하는 설명은? ['09 중]

① 발견학습의 개념과 밀접히 관련되어 있다.
② 고등 지식과 초보 지식 사이의 간극을 좁힐 수 있다.
③ 교과에서 획득한 지식 또는 능력의 전이를 가정하고 있다.
④ 교육의 목적은 정신적 부소능력(faculties)의 발달에 있다.
⑤ 손다이크(E. Thorndike)와 듀이(J. Dewey)에 의하여 비판되었다.

2.20 다음에 제시된 특징을 지니고 있는 교육과정은?

> **보 기**
>
> • 자아실현을 목표로 함 • 학교환경의 인간화
> • 학습 선택권의 최대한 보장 • 잠재적 교육과정의 중시

① 생활중심 교육과정 ② 학문중심 교육과정
③ 인간중심 교육과정 ④ 경험중심 교육과정
⑤ 교과중심 교육과정

2.21 인본주의교육과정(humanistic curriculum)의 관점과 관련이 깊은 것을〈보기〉에서 모두 고른 것은? ['10 중]

> **보 기**
>
> ㄱ. 개인의 잠재적 능력계발과 자아실현을 지향한다.
> ㄴ. 사회가 요구하는 직업능력을 갖춘 사회구성원 양성을 주목적으로 한다.
> ㄷ. 교사와 학습자 간의 관계에서 존중, 수용, 공감적 이해를 중시한다.
> ㄹ. 대표적인 학자로 메이거(R. Mager), 마자노(R. Marzano)등이 있다.

① ㄱ, ㄷ ② ㄴ, ㄷ ③ ㄴ, ㄹ
④ ㄱ, ㄴ, ㄹ ⑤ ㄱ, ㄷ, ㄹ

2.22 학생의 흥미나 요구를 중심으로 하여 교육내용을 통합하되 통합 이전 교과의 구분이 완전히 사라진 채 조직되는 통합유형은? ['04 중등]

① 광역형 ② 중핵형 ③ 분과형 ④ 상관형

2.23 역사, 지리, 정치, 경제 등의 내용을 '사회'로 통합하듯이, 여러 과목들 중에서 서로 유사하고 관련성이 큰 과목들을 한데 묶음으로써 교육내용과 활동을 재조직하는 통합 유형은?

① 중핵형 ② 나선형 ③ 광역형
④ 분과형 ⑤ 상관형

2.24 교과의 통합적 운영이 지니는 교육적 가치라고 하기 <u>어려운</u> 것은? ['02 초등]

① 학생들의 흥미와 관심을 반영하기 쉽다.

② 교과의 전문화된 지식과 기술을 체계적으로 가르칠 수 있다.
③ 여러 교과에 흩어져 있는 정보를 관련지을 수 있는 능력의 함양을 돕는다.
④ 중복된 내용을 줄임으로써 필수 교육 내용을 배울 시간을 더 늘려줄 수 있다.

2.25 교육과정을 국가가 주도적으로 개발하는 경우와 학교 교사들이 주도적으로 개발하는 경우의 장 · 단점을 이 책에서 제시한 것 외에 각각 3가지씩 제시해 보라.

2.26 다음 빈 칸에 적합한 내용을 기술해 보라(이 책의 내용과 다른 내용으로).

구 분	교과형 교육과정	경험형 교육과정	학문형 교육과정	인간중심교육과정
(1) 교육목적				
(2) 교육내용				
(3) 교육방법				
(4) 평가 주안점				

Chapter 03

우리나라 교육과정의 변천과정

개 요

1. 교육과정의 역사적 변천 과정 및 각 시기마다의 특성 등을 파악하는 일은 교육과정의 역사를 이해하고 이에 바탕하여 교육과정을 보는 안목을 키우며, 교육과정의 미래를 설계하는 데 시사점을 찾으려는 것이다.
2. 해방 후 우리나라의 교육과정은 1954년까지의 교수요목기를 기점으로 모두 7차례의 개정을 거쳐 현재 제8기 교육과정기에 접어들었다.
3. 교육과정의 유형으로 볼 때, 우리나라 교육과정은 제1차 개정 교육과정은 '교과중심 교육과정', 제2차 개정 교육과정은 '경험중심 교육과정', 제3차 개정 교육과정은 '학문중심 교육과정'이라고 할 수 있다. 그러나 제4차 개정 교육과정부터는 교육과정 중심 개념의 통합이 이루어지면서 교육과정 유형의 구분이 분명하지 않다.
4. 우리나라의 교육과정은 제5차 개정 교육과정까지는 국가주도형 교육과정으로서 전국 표준적인 교육의 과정을 중시하였다. 이는 교육과정의 지역화나 각급 학교의 특성 및 여건을 고려하는 교육과정과는 거리가 먼 것이었다.
5. 교육과정의 지역화는 제6차 개정 교육과정부터 강조되기 시작하여 제7차 개정 교육과정에서는 각 시 · 도 교육청과 지역 교육청이 교육과정 편성 및 운영의 지침을 개발하거나 장학자료를 개발하여 각급 학교에 제시하는 역할분담이 구체화됨으로써 앞으로 교육과정의 지역화 방향은 강화될 것으로 보인다.
6. 학교중심 교육과정은 제5차 개정 교육과정에서 태동되고, 제6차 개정 교육과정에서 강화되었으며, 제7차 개정 교육과정은 본격화되었다. 우리나라는 교육과정의 지역화와 더불어 학교중심 교육과정이 더욱 강화될 전망이다.
7. 지금까지 우리나라 교육과정은 개정 시기별 전면 개정체제로부터 사회의 급격한 변화, 학습자의 필요 충족의 필요성, 교육과정의 지속적 개선 필요성 등에 따라 부분 및 수시 개정체제로 나아갈 전망이다.
8. 이 장에서는 해방 후부터 제7차 교육과정까지 우리나라 초 · 중 · 고등학교의 교육과정 총론을 중심으로 대략적인 변천과정을 살펴보고자 한다.

제1절 개 관

해방 후 우리나라 교육과정은 먼저, 그 개념이 교수요목 ⇒ 교과과정 ⇒ 교육과정 등으로 변천해 왔다. 교수요목(敎授要目, course of study)이란 각 교과별로 가르칠 필요가 있다고 판단하는 주제들의 목록이며, 교과과정은 각 교과별 교육목표와 내용, 방법, 평가방법 등을 체계적으로 조직한 것을 뜻한다. 그리고 교육과정은 교과에 한정되지 않고 이를 포함하여 학습자의 건전한 성장과 발달에 필요하다고 판단하는 폭넓은 학습경험의 체계를 의미한다. 이처럼, 우리나라 교육과정은 그 개념상 계속 확장되는 방향으로 변천해 왔다.

또 교육과정을 교육내용과 학습경험의 체계라고 정의할 때 내용과 경험 중 어디에 보다 중점을 둔 교육과정이냐에 따라서, 교과중심 교육과정 ⇒ 경험중심 교육과정 ⇒ 학문중심 교육과정 ⇒ 인간중심 교육과정 ⇒ 교과 · 경험 · 학문 · 인간중심의 통합과 조화 등의 흐름을 따라 변천해 왔다.

또한 우리나라 교육과정은 해방 후 미 군정청 학무국이 주도적으로 편성한 과도기적 교육과정(1945 - 1946)과 교수요목기(1946 - 1954)를 제1기 교육과정으로 구분할 때 일곱 차례의 개정과정을 거쳐 현재 제8기 교육과정 시대에 들어 와 있다. 보통 현재의 교육과정을 제7차 교육과정으로 부르는 것은 해방 후 교수요목기를 시점으로 일곱 번째로 개정한 교육과정이라는 의미이며, 교육과정의 기수로 보면 제8기 교육과정인 셈이다. 1차에서 3차 개정 교육과정까지는 개정 교육과정의 적용기간이 약 10년이던 것이 제4차 개정 교육과정부터 그 적용기간이 5 - 7년 정도로 점차 짧아져 왔다. 2007년에 교육과정의 부분 개정을 시점으로 현재 교육과정 개정 주기나 적용 기간을 획일적으로 정하기보다는 개정의 필요성이 분명한 경우에는 수시로 개정하는 방식을 취하면서 변천해 가고 있다. 즉, 지금까지의 교육과정은 전면적인 개정(교육과정 총론과 각 교과교육과정, 특별활동, 기타 교육프로그램들의 종합적 개정) 방식을 취해 오던 것을 수시개정체제(특정 교과교육과정이나 교육과정 총론 부분의 특정 사항의 개정)로 전환하고 있다. 사회의 급격한 변화와 교육력의 제고 방략의 변화 등이 교육과정의 수시개정 체제를 뒷받침하고 있다.

우리나라 초 · 중 · 고등학교 교육과정의 변천과정을 개관하면 다음 〈표 3 - 1〉과 같다.

<표 3-1> 해방 후 한국의 교육과정 변천 과정 개요

교육과정기	기 간	교육과정 명칭 및 시행기간
과도기	'45.8 – '46.9	• 국민학교 교과편제 및 시간 배당 • 중등학교 교과편제 및 시간 배당
교수요목기	'46.9 – '54.4	• 중학교 실업과 과정표('47.4.1) • 각과 교수요목집 개발 배포 • 전시하 과목 및 연간 시간 배당표 ('51. 5. 25)
제1차 교과과정기 [교과중심]	'54.4 – '63.2	• 각급 학교 교육과정 시간 배당 기준 • 국, 중, 고, 사범학교 교과과정('55. 8. 1) • 교육과정 = 교과활동 + 특별활동, 특별활동 등장
제2차 교육과정기 [경험중심]	'63.3 – '73.2	• 국, 중, 고, 실업고 교육과정 • 중 · 고등학교 교육과정('70. 3. 시행) • 교련(1969)/ 한문과(1971) 신설 • 실업계 고 교육과정('71.8) • 교육과정 = 교과활동 + 반공 · 도덕생활 + 특별활동
제3차 교육과정기 [학문중심]	'73.3 – '82.2	• 국('73), 중('75), 인문계 · 실업계('75) • 도덕과(1973) 신설, 교육과정 = 교과활동 + 특별활동 • 국1 '수학과'에 집합개념 도입 • 국사교육 강조 : 고교 '국사'(1973) 신설 • 일본어(1973) 신설
제4차 교육과정기 [인간중심]	'82.3 – '89.2	• KEDI에서 교육과정 연구 및 개발 • 국('82), 중('82 – '84), 고등학교 교육과정('82 – '84) • 개인적, 사회적 적합성 제고 • 국민학교 1, 2학년 통합적 교육과정 운영 • 특별활동 : 클럽활동, 학생회활동, 학교행사
제5차 교육과정기 [중심의 통합]	'89.3 – '95.2	• 국('89 – '90), 중('89), 고등학교 교육과정('90) • 초등 1,2학년 3개 통합교육과정 • 자유선택과정 신설(교육학, 철학, 논리학, 심리학, 생활경제, 종교학 2단위 선택필수) • 경제교육, 지역성 강조 • 과학고, 예술고 설치 • 정보산업 신설 • 생활기술(남), 가정(여) ⇒ [중] '기술', '가정', '기술 · 가정' 중 1개 선택/[고] 기술, 가정 중 택1 • 특별활동 : 클럽활동, 학급활동, 학생회활동, 학교행사

<표 3-1> 계속

교육과정기	기 간	교육과정 명칭 및 시행기간
第6차 교육과정기 [학교교육 과정의 태동]	'95.3-'00.2	• 초등학교('95-'97) • 중학교('95) • 고등학교('96. 3) • 고등학교단위 과목선택권 부여(188단위 중 26(14%) • 중학교 선택과정 : 한문, 컴퓨터, 환경, 기타 • 고교 교양선택과정 : 6차+환경과학 • 고교 외국어에 '러시아어' 신설 • 초 : 학교재량시간(0-34) 신설(교과 보충심화/특활 보충심화/지역 · 학교 · 학생요구 • 중 : 가정, 기술 · 산업 필수/고 : 실업 · 가정 • 특별활동 : 클럽활동, 학급활동, 학교활동, 단체활동 • 교육과정 = 교과활동+특별활동
제7차 교육과정기 [학교교육 과정]	2000-	• 초등학교('00-'02) • 중학교('01-'03) • 고등학교('02-'04) • 수준별 교육과정 • 7-10학년 : 기술 · 가정 • 재량활동 신설(교과, 창의적) • 특별활동 : 자치활동 · 적응활동 · 계발활동 · 봉사활동 · 행사활동 • 교육과정 = 교과활동+특별활동+재량활동

제2절 교수요목기~제3차 개정 교육과정

1. 교수요목 강조의 시기(1945-1954)

1945년 해방에서부터 1954년 4월 20일 문교부령 제35호로 공포된 '교육과정 시간배당 기준령'이 나타나기까지의 시기를 교수요목 강조의 시기라고 한다.

일본의 식민통치로부터 해방이 된 직후 체계적이고 안정적인 교육과정이 마련되지 않은 채 교육은 계속되어야 한다는 국민적 열망을 어떻게든 충족시켜야 하는 과제가 등장하였다. 그것은 당시 국민학교와 중등학교에서 어떤 과목을, 어떤 내용으로 가르칠 것인가 하는 것이었다.

1945년 9월 24일에 국민학교, 10월 1일에 중등학교의 문을 열게 되자 군정청 학무국에서는 국민학교와 중등학교의 '교과목 편제와 시간배당표'를 발표하였다. 이에 따르면 국민학교에서는 공민 · 국어 · 지리 · 역사 · 산술 · 이과 · 음악 · 체육을, 중등학교에서는 공민 · 국어 · 지리 · 역사 · 수학 · 물리 · 화학 · 생물 · 가사(여) · 재봉(여) · 영어 · 음악 · 체육 · 습자 · 도화 · 수예(여) · 실업을 가르치도록 하였다.

이 때에 제정된 교수요목의 특색은 다음과 같다(중앙대학교, 1974 : 88).

첫째, 교과서 지도내용을 상세하게 표시하고 기초능력의 배양에 초점을 두었다.

둘째, 교과는 분과주의를 택했으며 교과별 체계적인 지도와 지력의 배양에 주력하였다.

셋째, 우리나라의 교육이념인 홍익인간의 정신에 입각하여 애국애족의 교육을 강조하였으며, 일제잔재를 정신면에서나 생활면에서 시급히 제거하는데 각별한 노력을 기울였다.

그러나 당시의 교수요목은 이를 제정하는데 충분한 시간적인 여유가 없었으므로 각 교과별로 가르칠 주제를 열거하는데 불과하였고 특히 그 정도가 학생들의 지적 능력에 비해 너무 높았다는 평이 있었다(김종서 외, 1987 : 30).

2. 제1차 개정 교육과정(교과중심 교육과정 시기 : 1954 – 1963)

교과중심 교육과정 시기란 1954년 4월 20일 문교부령 제35호로 제정 공포된 '교육과정 시간배당 기준령'이 나타나면서부터 1963년 2월 15일 문교부령 제119호로 개정된 '敎育課程令'이 공포되기까지를 말한다.

1954년 4월 20일 문교부령 제35호로 제정 공포된 '교육과정 시간배당 기준령'은 우리나라 교육과정 역사에서 매우 중요한 의미를 갖는다. '敎育課程'이라는 공식적인 용어가 법령 형태로 처음 등장했기 때문이다. 이 때부터 교육과정은 교과교육과정으로서의 체제를 갖춘 것이기는 했으나, 오늘날 사용하고 있는 교육과정보다는 협의의 개념으로 사용한 것이었다. 즉, '교육과정 시간배당 기준령'에서 '교육과정'이라는 용어를 사용하고 있기는 하지만 同令 제2조에서 "교육과정이라 함은 각 학교의 교과목 및 기타 교육활동의 편제를 말한다"고 밝히고 있으며, 1955년 8월 1일에 문교부령 제44호, 제45호, 제46호로 각각 국민학교와 중 · 고등학교, 사범학교 '교과과정'을 공포함으로써 실은 교육과정이 아닌 교과과정이라는 용어를 사용하였다.

당시 문교부는 1955년부터 1958년까지의 기간에 법령상 국정 · 검정 · 인정 교과서 편찬이 근거를 마련하는 한편, 교과서의 편찬을 1958년까지 끝냄으로써 교과중심 교육과정으로서의 교육과정 체제를 갖추었다.

이 시기의 교육과정의 특징은 다음과 같다.

첫째, 지적인 체계가 중심이 되긴 하였으나 생활중심적인 단원학습으로 교과내용을 체계화하였다.

둘째, 종래의 주입식 암기식 교수-학습 방법으로부터 학습자의 생활과 경험을 토대로 이해, 기능, 태도를 육성하기 위해 노력하였다.

셋째, 아동의 흥미중심의 작업단원을 많이 설정하고 작업을 통하여 능동적으로 자기 생활과 경험을 확충하는 방향으로 개선하였다.

넷째, 도의교육을 국민학교의 경우, 각 학년 총 수업시간수의 범위 내에서 연 35시간 이상을 가르치도록 하고, 중학교의 경우에는 사회생활과에 배당된 시간 중 최저 35시간을 도의교육에 충당하도록 하였으며, 고등학교의 경우에는 도의교과를 신설하여 연간 35시간을 이에 배당하도록 함으로써 당시 해방 후의 사회적 혼란상과 6 · 25 전쟁으로 인한 도덕적 갈등과 문제점을 교육을 통하여 해결하려고 노력하였다.

다섯째, 공식적인 학교의 교육과정은 교과활동과 특별활동 등 2대 영역으로 편성한 점 등이다.

3. 제2차 개정 교육과정(경험중심 교육과정 시기 : 1963 - 1972)

생활중심 교육과정으로 불리는 이 시기의 교육과정은 1964년에 국민학교 1, 2학년에, 1965년 3, 4학년에, 1966년 5, 6학년에 적용되었다.

1963년 2월 15일에 문교부령 제121호로 공포된 개정 교육과정 총론에는 "교육과정은 곧 학생들이 학교의 지도 하에 경험하는 모든 학습활동의 총화를 의미한다"고 규정함으로써 이미 교과중심 교육과정 시기에 생활중심과 경험중심의 학습내용 및 교수-학습 방법을 강조해 오던 것이 본격적으로 교육과정에 구체화되기 시작하였다.

앞 단계의 교과중심 교육과정이 지니고 있는 문제점과 한계에 대한 지적이 일어나면서 사회 각 부문에 미국의 실용주의적 사고가 침투하기도 하였고, 미국에 유학한 학자들이 국내에 돌아와 종래 교육과정 개정의 필요성을 역설함과 동시에 1952년부터 1955년 9월까지 3차에 걸쳐 미국교육사절단의 내한(來韓), 1956년부터 1962년까지 조지 피바디 사범대학 교수단의 내한(來韓) 활동 등은 경험중심, 생활중심 교육과정의 등장에 매우 큰 영향력을 행사하였다. 특히 제3차 미국교육사절단장이었던 벤자민(Harold Benjamin)은 〈교육과정 지침〉이라는 보고서를 작성하여 교육과정 개혁의 방향, 특히 경험중심 교육과정으로의 개혁을 강하게 제안하였다(김종서 외, 1987).

미국교육사절단의 한국 교육과정 개혁에 대한 제안, 당시 한국적 상황 등은 주지주의적인 교과중심 교육과정이 생활인의 육성에 부적합하며 실용적인 교육이 되지 못한다고 비판하였다. 이와 같은 생활중심 · 경험중심 교육과정을 구성함에 있어서 특히 자주성, 생산성, 유용성 등을 강조하였다. 그러나 이 시기의 교육과정을 경험중심 교육과정으로 분류하기는 하지만 교육과정의 외양만 경험중심이었으며 교육의 실제는 여전히 교과교육과정이었다.

이 시기의 교육과정 편성과 운영상의 특징은 다음과 같다.

첫째, 교육과정 전체구조를 **교과활동, 특별활동, 반공 · 도덕생활** 등 3대 영역으로 편성하여 학생들에게 반공의식을 철저하게 육성하려고 노력하였다.

둘째, 교육과정 내용면에서는 자주성, 생산성, 유용성을, 교육과정 조직 면에서는 각 교과구성의 합리성을, 교육과정 운영면에서는 지역성을 강조하여 각 학교실정에 알맞게 적용하도록 하였다.

셋째, 교육과정 개정상의 특징은 기초학력의 충실, 교육과정 계열의 일관성, 학습경험 중심의 지도, 관리교육의 강화, 시간배당의 융통성, 교육과정 서술형식의 통일성 등이다.

4. 제3차 개정 교육과정(학문중심 교육과정 시기 : 1973 – 1981)

1973년 2월 14일 문교부령 제310호로 국민학교 교육과정, 8월 31일 문교부령 제325호로 중학교 교육과정, 1974년 12월 31일 문교부령 제350호로 고등학교 교육과정이 개정 공포된 때부터 1981년 12월 31일 문교부 고시 제422호로 유치원에서부터 고등학교까지의 교육과정이 개정되기까지의 시기를 학문중심 교육과정 시기로 분류한다.

제3차 개정 학문중심 교육과정의 특징은 다음과 같다(김성권, 1983 : 431 – 432).

첫째, 교육과정의 기본방향을 국민교육헌장 이념의 구현을 기본으로 하고, 국민적 자질 함양, 인간교육의 강화, 지식 · 기술교육의 쇄신 등으로 하였다. 여기서 '지식 · 기술교육의 쇄신'이라는 기본방향은 종래의 지식 · 기술교육의 내용과 방법을 '기본개념의 파악'이라는 보다 구체적인 용어로 나타내고 있으며, 이는 곧 학문중심 교육과정이 추구하는 내용의 성격과 내용을 교수 – 학습하는 방식으로 바꾼다는 의미를 내포하고 있다.

둘째, 교육과정의 전체 구조를 **교과활동과 특별활동**의 2대 영역으로 구성하였다.

셋째, 종래의 막연하고 피상적이었던 교육목적관에서 탈피하여 대한민국의 교육법과 국민교육헌장이 지향하는 인간상을 구현하는데 중점을 둔 교육목적을 설정하고자 하였다.

넷째, 교육과정의 계열조직상의 특징으로서 각 학년 간, 학교간의 계통학습이 강조됨으로써 학문상의 분열이나 중첩을 방지하고 일원화된 지식구조의 체계화에 중점을 두고 개정하였다.

다섯째, 교육내용으로서 **지식의 구조, 기본개념, 학문의 원리, 기초이론** 등을 정선하였다.

여섯째, 교수 – 학습 방법으로서 교사중심의 일방적인 전달과 기계적인 암기에서 벗어나 발견과 탐구의 과정 및 기초적인 개념의 철저한 이해를 강조하였다.

일곱째, 학습결과의 평가 방법으로서 결과뿐만 아니라 과정도 평가의 대상이 되도록 하였으며, 종합력과 평가력, 창의력 등 고등사고기능의 평가를 중시하였다.

여덟째, **도덕**이 독립교과로 편성되고, 국적 있는 교육을 위해 **국사교육**이 강조되었다. 즉, 국민학교에서는 정식 교과는 아니지만 5, 6학년에서 주당 2시간씩 국사를 가르치도록 하였으며, 중학교에서는 2, 3학년에서 1학기씩 국사를 가르치도록 하고 고등학교에 **국사과가** 신설되었다.

이 외에도 이 시기에 교육과정 공포의 법적 기반이 문교부령으로부터 **문교부 고시**(告示)로 바뀌게 되었다(김종서 외, 1999 : 31 – 32). 즉, 1954년에 문교부령으로 '교육과정 시간배당기준령'을 공포한 이래 교육과정을 개정할 때마다 동시에 문교부령을 개정해야만 함으로써 법령 개정에 많은 시간과 정력이 투입되었다. 이러한 문제점을 해결하기 위하여 1979년 유치원 교육과정부터 문교부 고시로 교육과정을 공포하게 되어 오늘에 이르고 있다.

제3절 제4차 개정 교육과정~제7차 개정 교육과정

1. 제4차 개정 교육과정(1982 – 1987~1988)

제4차 개정 교육과정은 국민학교 1 – 3학년은 1982년부터, 4 – 6학년은 1983년부터, 그리고 중 · 고등학교는 1984년부터 적용된 것이다. 이 시기의 교육과정 편성의 특징은 어떤 하나의 교육과정 개념(교과, 경험, 학문 등)이 주류를 이루기보다는 여러 교육과정 개념들이 필요에 따라 강조되고 있다는 점이다. 이 교육과정을 흔히 인간중심 교육과정이라고 표현하는 사람들이 있으나, 3차 개정 교육과정과의 차별성을 부각시키려는 의도와 미국의 교육과정 변천사를 염두에 두고 그러한 명칭을 붙이는 것으로 생각하며, 이 시기의 교육과정을 인간중심 교육과정이라고 부를 만한 근거를 찾아보기는 어렵다.

제4차 교육과정에는 교육혁신, 교육개혁, 교육의 정상화 등의 용어가 강조되고 있으며, 자주적이고 창의적인 새 한국인 육성이라는 교육의 방향을 정하고, 국민정신 교육의 체계화 · 과학기술교육 강화 · 전인교육의 충실에 기여하는 교육과정 구성 방향을 설정하였다. 그리고 교육과정을 통하여 달성하려는 교육목적을 "민주복지 정의사회의 건설에 적극적으로 이바지할 수 있는 자주적이고 창의적인 국민육성"으로 설정하였다.

그리고 교육목표는 그 초점을 전인적인 인간 육성에 두고 (1) 올바른 정신과 튼튼한 몸을 단련하는 건강한 사람 (2) 취향이 고상하고 아름다움을 추구하는 심미적인 사람 (3) 지식과 기술을 익혀 문제를 합리적으로 해결하는 능력 있는 사람 (4) 인격을 존중하며 규범에 따라 행동하는 도덕적인 사람 (5) 자신과 공동체의 일을 스스로 결정하여 실천하는 자주적인 사람 등 5개 항목으로 설정하였다.

제4차 개정 교육과정의 특징은 다음과 같다.

첫째, 국민학교 저학년(1, 2학년)에 **통합교육과정**의 개념을 **도입**하였다. 즉, 초등학교 1, 2학년에 교과 통합지도가 가능하도록 함으로써 종전에 분리하여 가르치던 것을 관련 있는 교과, 즉 국어 – 도덕 – 사회, 수학 – 과학, 음악 – 미술 – 체육 등을 통합하여 가르칠 수 있도록 교과별 시간 배당을 범주화하였다.

둘째, 중학교에 '**자유선택과정**'이 신설되었다. 이는 국가수준의 획일적인 교육과정 편성 방식의 문제점을 다소간 해결하고 지역사회, 학교, 학생의 요구와 필요 등을 반영하여 학생에게 도움이 되는 교과과정 운영을 도모하고자 하는 취지를 담고 있었다. 그러나 이에 배당된 시간은 학기당 0－34시간으로 규정함으로써 유명무실한 경우가 많았다.

셋째, 교육과정 편성을 총론과 각론으로 규정하고, 총론은 유치원에서부터 고등학교에 이르는 교육의 일반적 방향과 강조점을 나타낸 교육과정 구성방향, 각급 학교의 교육목표, 교과 및 특별활동의 편제와 시간 배당 그리고 교육과정 운영지침을 제시한 교육과정의 총괄적 부분으로, 각론은 각 교과 및 특별활동의 목표－내용－지도상의 유의점을 제시한 부분이라고 정의하였다. 이러한 개정상의 변화를 곽병선(1987 : 159)은 교육과정 관점의 토착화 시도로 표현하고 있다.

넷째, 종전의 정부 주도의 교육과정 개정 업무를 전문연구 기관인 한국교육개발원(KEDI)이 주도적으로 기초연구, 각종 세미나와 토론회, 공청회 등을 통하여 교육과정 편성의 교육적 타당성, 의사결정의 민주성과 합리성을 제고하여 새로운 지평을 열었다.

2. 제5차 개정 교육과정(1988－1992)

우리나라 제5차 개정 교육과정은 제4차 교육과정에서 '국민정신 교육'이 강조되었다면, 제5차 개정 교육과정은 급변하는 사회변화에 대응하는 미래지향적 교육'의 강조 외에 제4차 개정 교육과정에 비해 개정상의 특징의 차이는 크게 없었다. 이미 살펴본 바 있듯이, 제4차 개정 교육과정에서부터 교육과정 개념상의 중심이 없이 교과, 경험, 학문지향적인 통합주의 교육과정이 편성되었다.

가. 중학교와 고등학교 교육과정 편제 및 시간배당

제5차 개정 교육과정의 중학교와 고등학교 교육과정의 교육목표와 편제는 다음과 같다.

1) 중학교

(1) 교육목표

① 조화로운 인격형성과 강인한 체력 및 의지를 지닌 인간 육성

② 건전한 집단생활을 바탕으로 한 봉사하는 태도를 지닌 사람의 육성

③ 언어, 수리 등 학습과 생활에 필요한 기초기능의 신장, 자연과 사회에 관한 기초원리 이해, 정보처리 능력과 탐구능력의 신장

④ 감상, 표현능력의 신장과 다양한 개성을 소지한 인간 육성

⑤ 유용한 기술습득과 진로탐색 및 평생교육에 필요한 능력의 육성

(2) 편제

① 교육과정은 교과활동과 특별활동으로 편성한다.

② 교과활동은 도덕, 국어, 국사, 사회, 수학, 과학, 체육, 음악, 미술, 한문, 외국어, 실업 · 가정 등 12개 교과로 편성한다(실업 · 가정과 신설).

③ 특별활동은 학급활동, 클럽활동, 전교학생회 활동, 학교행사 등 4개영역으로 편성한다.

2) 고등학교

(1) 교육목표

① 성숙한 자아의식과 조화로운 인격을 형성하고, 강인한 체력과 의지를 지닌 인간 육성

② 인간의 존엄성을 인식하고 민주주의 이념을 실현하며, 국가사회의 발전과 인류행복의 증진에 기여하려는 태도를 가지게 한다.

③ 언어, 수리 등 학문과 생활에 필요한 기본능력을 신장시키고, 논리적이고 창의적인 사고력과 표현력을 길러 이를 활용할 수 있게 한다.

④ 자연과 사회현상의 기본원리를 이해시키고, 정보처리력과 탐구능력을 길러 합리적이고 진취적인 생활을 영위해 나갈 수 있게 한다.

⑤ 다양한 미적 체험을 통하여 심미감과 창조성을 신장시키고, 취미를 살려 여가를 선용할 수 있게 한다.

⑥ 자신의 적성과 능력에 따라 진로를 탐색, 선택하고, 이에 필요한 학문적, 직업적 기반을 형성하게 한다.

(2) 편제

① 교육과정은 교과활동과 특별활동으로 편성하며, 교과는 보통교과와 전문교과로 구분하여 편성하고, 각각 필수과목과 선택과목을 둔다.

② 보통교과는 국민윤리, 국어, 국사, 사회, 수학, 과학, 체육, 교련, 음악, 미술, 한문, 외국어, 실업 · 가정의 13개 교과와 교양 선택으로 편성한다. 그리고 보통교과는 공통필수 과목을 두어, 일반계 고등학교와 실업계 고등학교 및 기타계 고등학교 학생에게 필수로 부과한다.

③ 전문교과는 농업, 공업, 상업, 수산 · 해운, 가사 · 실업, 과학, 체육, 예술에 관한 교과로 편성한다.

④ 일반계 고등학교는 2학년부터 인문사회과정, 자연과정 및 직업과정으로 구분하여, 각각 소정의 과목을 이수하게 한다.

⑤ 실업계 고등학교는 농업계열, 공업계열, 상업계열, 수산 · 해운계열 및 가사 · 실업계열로 구분하며, 보통교과와 학과별 전문필수 및 전문선택과목을 이수하게 한다.

⑥ 기타계 고등학교는 과학계열, 체육계열, 예술계열로 구분하며, 보통교과와 계열별 또는 학과별 전문필수 및 전문선택과목을 이수하게 한다.

⑦ 특별활동은 학급활동, 클럽활동, 학생회활동, 학교행사의 4개영역으로 편성한다.

나. 제5차 개정 교육과정의 개정상의 특징

첫째, 교육과정의 지역화 경향이 구체적으로 구현됨으로써 오늘날 강조되고 있는 지역과 학교 교육과정 편성 운영의 출발점을 제공해 주었다.

둘째, 종전의 제4차 교육과정에서 초등학교 1, 2학년의 경우, 통합교과의 개념을 도입하여 도덕 – 국어 – 사회 교과군/ 산수 – 자연 교과군/ 체육 – 음악 – 미술 교과군으로 통합하여 시간을 배당하던 것을, 제5차 개정 교육과정에서는 통합교과명을 붙여 '바른생활', '슬기로운 생활', '즐거운 생활' 등으로 하고 교과목의 수를 축소하여 학습자의 학습부담을 줄였다. 동시에 국어와 산수 교과의 기초학습 기능 육성의 필요성을 고려하여 독립교과로 편성 운영하였다.

셋째, 초등학교에서 1교과 다(多)교과서 체제가 도입되었다. 즉, 종래에 국어 교과는 1교과서였던 것을 '말하기' · '읽기' · '듣기'로, 산수 교과는 '산수' · '산수 익힘책'으로, 바른생활 교과는 '바른생활' · '바른생활 이야기'로, 슬기로운 생활 교과는 '슬기로운 생활' · '관찰'로, 도덕 교과는 '도덕' · '생활의 길잡이'로, 사회 교과는 '사회' · '사회탐구'로, 자연 교과는 '자연' · '실험관찰'로, 실과 교과는 '실과' · '실습의 길잡이' 등의 교과서가 편찬 활용되었다.

넷째, 초등학교 4학년 '사회' 교과에서 처음으로 지역별(시 · 도) 교과서가 개발 활용되었다.

다섯째, 제3차 개정 교육과정기부터 설정된 고등학교 '**자유선택과정**'이 실질적으로 운영되도록 하였다. 이를 제5차 개정 교육과정에서는 '**교양선택**'이라고 명명하고, 최소 주당 2단위를 배정하도록 규정하였다. 이에 해당하는 교과는 교육학, 논리학, 심리학, 철학, 생활경제, 종교 중 학생의 필요, 학교의 역량, 지역사회의 실정 등을 고려하여 학교장이 선택하도록 하였다.

여섯째, 중학교에 기술 · 가정 교과가 신설되었다. 제4차 개정 교육과정에서 남학생을 위한 기술과목, 여학생을 위한 가정과목을 그대로 둔 채 새로 기술 · 가정 교과를 신설하여 학교장 재량으로 3개 과목 중 하나를 선택하여 이수하도록 하였다.

일곱째, 지금까지의 중앙집권적 교육과정 체제에서 교육과정의 지역화를 강조하였다. 이는 오늘날 지역수준의 교육과정 편성 및 운영의 시발점이 되었다.

여덟째, 고등학교 교육과정의 부분 개정이 이루어졌다. 제5차 개정 고등학교 교육과정은 1990년 3월 신입생부터 연차적으로 적용하도록 하였는데, 그 후 다음과 같이 부분 개정을 하였다(함종규, 2003 : 575).

① 1990년 1월 22일 문교부 고시 제90－1호로 부분 개정으로, 그 사유는 일반계 고등학교 비진학 학생들로 하여금 직업교육과정 선택의 융통성을 부여하여 직업기술 교육의 실효를 기하고, 시 · 도 교육감에게 지역 및 학교 실정에 알맞은 다양한 교육과정을 편성하여 학생의 적성 · 진로 · 능력 등에 적합시킬 수 있는 교육과정 편성 승인권을 일부 위임하려는 것이었다.

② 1993년 6월 30일 교육부 고시 제1993－6호로 교련교과 부분 개정으로, 그 사유는 시대적 변화, 국가 · 사회적 요구 변화 등에 따라 군사교육 중심에서 질서 및 사고와 재난 대비 안전생활교육 중심으로 전환하려는 것이었다.

3. 제6차 개정 교육과정(1993－1999～2003)

제6차 개정 교육과정은 초등학교 1, 2학년과 중학교는 1995년부터, 초등학교 3, 4학년과 고등학교는 1996년부터, 그리고 초등학교 5, 6학년은 1997년부터 적용한 교육과정이다. 제6차 개정 교육과정도 제4차와 제5차 개정 교육과정과 마찬가지로 교육과정 개념의 단일화보다는 교과－경험－학문－인간중심적 개념들이 통합된 모습을 취했다.

제6차 개정 교육과정이 추구하는 인간상은 첫째, 건강한 사람 둘째, 자주적인 사람 셋째, 창의적인 사람 넷째, 도덕적인 사람 등으로 설정하였다. 그리고 교육과정을 개정함에 있어서 중점을 둔 사항은 다음과 같다.

① **교육과정 결정의 분권화** : 교육부, 시 · 도 교육청, 각급 학교의 결정분권

② **교육과정 구조의 다양화** : 이수과정과 과목의 다양화, 필수 과목 축소, 선택 과목 확대

③ **교육과정 내용의 적정화** : 학습량과 수준 조정, 교과목 체계의 개선

④ **교육과정 운영의 효율화** : 학생의 적성 능력 진로 고려, 기초능력 신장, 평가 방법 개선

이처럼 제6차 개정 교육과정의 두드러진 특징은 실질적인 교육과정 편성의 분권화가 이루어졌다는 점을 들 수 있다.

가. 초등학교의 편제

1) 교육과정은 교과활동, 특별활동, 학교 재량시간 등 3대 영역으로 편성한다.

2) 교과활동은 초등학교 1, 2학년의 경우에는 바른생활 · 국어 · 수학 · 슬기로운 생활 · 즐거운 생활 등 5개 교과로, 3－6학년은 도덕 · 국어 · 수학 · 사회 · 자연 · 체육 · 음악 · 미술 · 실과 등 9개 교과로 편성한다.

3) 특별활동은 학급활동, 학교활동, 클럽활동의 3대 영역으로 편성하고, 학급활동은 학급어린이회 활동과 적응활동으로, 학교활동은 전교 어린이회 활동과 행사활동으로 편성한다.

나. 중학교 편제

1) 교육과정은 교과활동과 특별활동 등 2대 영역으로, 다시 교과활동은 필수교과과정과 선택교과과정으로 편성한다.

2) 교과활동은 필수과목으로 도덕 · 국어 · 수학 · 사회 · 과학 · 체육 · 음악 · 미술 · 가정 · 기술/산업 · 영어 등 11개 교과로, 선택교과는 한문 · 컴퓨터 · 환경 · 기타 필요한 교과 등 4개로 편성한다.

3) 선택교과의 '기타 필요한 교과'를 설정, 운영하고자 할 경우에는 당해 시 · 도의 교육과정 편성 · 운영 지침에 따라야 한다.

4) 특별활동은 학급활동, 학교활동, 클럽활동 등 3대 영역으로 편성하고, 학교활동에 전교 학생회 활동과 학교행사를 포함한다.

다. 고등학교 편제

1) 교육과정은 교과와 특별활동으로 편성한다.

2) 교과는 보통교과와 전문교과로 한다.

3) 보통교과는 윤리, 국어, 한문, 수학, 사회, 과학, 체육, 음악, 미술, 실업 · 가정, 외국어 등 11개 교과와 교양선택으로 한다.

① 보통교과에는 고등학교의 모든 학생이 이수하는 공통 필수과목과 각 과정에 알맞게 이수하는 과정별 필수과목 및 선택과목을 둔다.

② 공통필수 과목은 교육부가 결정하고, 과정별 필수과목은 시 · 도 교육청이 편성하며, 과정별 선택과목은 학교가 선택한다.

4) 전문교과는 농업, 공업, 상업, 수산 · 해운, 가사 · 실업, 과학, 체육, 예술, 외국어에 관한 교과로 한다.

① 전문교과에는 계열별 필수과목은 교육부가 결정하고, 학과별 필수과목은 시 · 도 교육청이 편성하며, 학과별 선택과목은 학교가 선택한다.

5) 특별활동은 학급활동, 학교활동, 클럽활동, 단체활동 등 4개영역으로 편성한다.

4. 제7차 개정 교육과정

교육과정 개정의 필요성을 충족시키기 위해 1996년 3월 19일 개정을 위한 연구를 시작하여 1997년 12월 30일 문교부 고시 1997-15호로 고시 공포하였다. 그리고 2000년도부터 초등학교 1, 2학년에 적용하고, 2004년도에 고등학교 3학년까지 적용을 완료하였다.

가. 교육과정 개정의 기본 방향

21세기의 세계화 정보화 시대를 주도할 자율적이고 창의적인 한국인 육성

① **목표** : 건전한 인성과 창의성을 함양하는 기초기본 교육의 충실
② **내용** : 세계화·정보화에 적응할 수 있는 자기주도적 능력의 신장
③ **운영** : 학생의 능력, 적성, 진로에 적합한 학습자 중심의 교육
④ **제도** : 지역 및 학교 교육과정 편성·운영의 자율성 확대

나. 제7차 개정 교육과정의 목적(추구하는 인간상)

① 전인적 성장의 기반 위에 개성을 추구하는 사람
② 기초 능력의 토대로 창의적인 능력을 발휘하는 사람
③ 폭넓은 교양을 바탕으로 진로를 개척하는 사람
④ 우리 문화에 대한 이해의 토대 위에 새로운 가치를 창조하는 사람
⑤ 민주 시민 의식을 기초로 공동체의 발전에 공헌하는 사람

다. 교육과정 구성의 방침

① 사회적 변화의 흐름을 주도할 수 있는 기본 능력 육성에 기여하는 교육과정을 구성한다.
② 국민공통기본 교육과정과 선택중심 교육과정 체제를 도입한다.

③ 교육 내용의 양과 수준을 적정화하고, 심도 있는 학습이 이루어지도록 수준별 교육과정을 도입한다.

④ 학생의 능력, 적성, 진로를 고려하여 교육내용과 교육과정 운영 방법을 다양화한다.

⑤ 교육과정 편성과 운영에 있어서 학교현장의 자율성을 확대한다.

⑥ 교육과정 평가 체제를 확립하여 교육에 대한 질 관리를 실질적으로 강화한다.

라. 제7차 교육과정의 개요

1) 편제

(1) 교육과정은 국민공통기본교육과정과 고등학교 선택중심 교육과정으로 구성한다.

(2) 국민공통기본교육과정은 교과활동, 재량활동, 특별활동으로 편성한다.

① 교과는 국어, 도덕, 사회, 수학, 과학, 실과(기술 · 가정), 체육, 음악, 미술, 외국어(영어) 등 10개 교과로 한다. 다만, 초등학교 1, 2학년의 교과는 국어, 수학, 바른생활, 슬기로운 생활, 즐거운 생활 및 우리들은 1학년 등 6개 교과로 한다.

② 재량활동은 교과 재량활동과 창의적 재량활동으로 한다.

③ 특별활동은 자치활동, 적응활동, 계발활동, 봉사활동, 행사활동으로 한다.

(3) 고등학교 2, 3학년의 선택중심 교육과정은 교과와 특별활동으로 편성한다.

① 교과는 보통교과와 전문 교과로 한다.

보통교과는 국어, 도덕, 사회, 수학, 과학, 기술 · 가정, 체육, 음악, 미술, 외국어와 한문, 교련, 교양의 선택과목으로 한다.

② 전문교과는 농업, 공업, 상업, 수산 · 해운, 가사 · 실업, 과학, 체육, 예술, 외국어, 국제에 관한 교과로 한다.

③ 특별활동은 자치활동, 적응활동, 계발활동, 봉사활동, 행사활동으로 한다.

2) 시간(단위)배당 기준(국민공통기본 교육과정)

<table>
<tr><th colspan="2" rowspan="2">학교
학년
구분</th><th colspan="6">초등학교</th><th colspan="3">중학교</th><th colspan="3">고등학교</th></tr>
<tr><th>1</th><th>2</th><th>3</th><th>4</th><th>5</th><th>6</th><th>7</th><th>8</th><th>9</th><th>10</th><th>11</th><th>12</th></tr>
<tr><td rowspan="11">교
과</td><td>국어</td><td colspan="2" rowspan="11">국 어
210 238

수 학
120 136

바른 생활
60 68

슬기로운 생활
90 102

즐거운 생활
180 204

우리들은 1학년
80 ·</td><td>238</td><td>204</td><td>204</td><td>204</td><td>170</td><td>136</td><td>136</td><td>136</td><td colspan="2" rowspan="12">선
택
과
목</td></tr>
<tr><td>도덕</td><td>34</td><td>34</td><td>34</td><td>34</td><td>68</td><td>68</td><td>34</td><td>34</td></tr>
<tr><td>사회</td><td>102</td><td>102</td><td>102</td><td>102</td><td>102</td><td>102</td><td>136</td><td>170
(국사68)</td></tr>
<tr><td>수학</td><td>136</td><td>136</td><td>136</td><td>136</td><td>136</td><td>136</td><td>102</td><td>136</td></tr>
<tr><td>과학</td><td>102</td><td>102</td><td>102</td><td>102</td><td>102</td><td>136</td><td>136</td><td>102</td></tr>
<tr><td rowspan="2">실과</td><td rowspan="2">·</td><td rowspan="2">·</td><td rowspan="2">68</td><td rowspan="2">68</td><td colspan="4">기술 · 가정</td></tr>
<tr><td>68</td><td>102</td><td>102</td><td>102</td></tr>
<tr><td>체육</td><td>102</td><td>102</td><td>102</td><td>102</td><td>102</td><td>102</td><td>68</td><td>68</td></tr>
<tr><td>음악</td><td>68</td><td>68</td><td>68</td><td>68</td><td>68</td><td>34</td><td>34</td><td>34</td></tr>
<tr><td>미술</td><td>68</td><td>68</td><td>68</td><td>68</td><td>34</td><td>34</td><td>68</td><td>34</td></tr>
<tr><td>외국어
(영어)</td><td>34</td><td>34</td><td>68</td><td>68</td><td>102</td><td>102</td><td>136</td><td>136</td></tr>
<tr><td colspan="2">재량활동</td><td>60</td><td>68</td><td>68</td><td>68</td><td>68</td><td>68</td><td>136</td><td>136</td><td>136</td><td>204</td></tr>
<tr><td colspan="2">특별활동</td><td>30</td><td>34</td><td>34</td><td>68</td><td>68</td><td>68</td><td>68</td><td>68</td><td>68</td><td>68</td><td colspan="2">8단위</td></tr>
<tr><td colspan="2">연간수업
시간 수</td><td>830</td><td>850</td><td>986</td><td>986</td><td>1,088</td><td>1,088</td><td>1,156</td><td>1,156</td><td>1,156</td><td>1,224</td><td colspan="2">144단위</td></tr>
</table>

① 이 표의 국민 공통 기본 교육 기간에 제시된 시간 수는 34주를 기준으로 한 연간 최소 수업 시간 수이다.
② 1학년의 교과, 재량 활동, 특별 활동에 배당된 시간 수는 30주를 기준으로 한 것이며, '우리들은 1학년'에 배당된 시간 수는 3월 한 달 동안의 수업 시간 수를 제시한 것이다.
③ 1시간의 수업은 초등학교 40분, 중학교 45분, 고등학교 50분을 원칙으로 한다. 다만, 기후, 계절, 학생의 발달 정도, 학습 내용의 성격 등을 고려하여 실정에 알맞도록 조절할 수 있다.
④ 11,12학년의 특별 활동과 연간 수업 시간 수에 제시된 숫자는 2년 동안 이수하여야 할 단위 수이다.

3) 중학교

(1) 재량활동의 신설

지역, 학교의 특수성과 학생의 교육적 필요 수용, 학생과 학교의 교육과정 편성 운영의 자율성 확대

제6차 개정 교육과정	제7차 개정 교육과정
선택 교과 (한문/컴퓨터/환경/기타 학년별 주당 1~2시간) 지도	국민공통기본교과의 자율 활용, 선택 교과(한문, 컴퓨터, 환경, 생활외국어, 기타), 범교과 학습, 자기주도학습(학년별 주당 4시간)

(2) 정보화 사회에 적응할 수 있는 창의성 함양

가정, 기술 · 산업 교과의 통합, 컴퓨터를 활용한 교육 내용의 강화

제6차 개정 교육과정	제7차 개정 교육과정
가정, 기술 · 산업 교과 필수	기술 · 가정으로 통합, 국민공통기본교과, 남녀 공통이수

(3) 세계화, 개방화에 대응하는 외국어 교육의 강화

생활 외국어 과목의 신설

제6차 개정 교육과정	제7차 개정 교육과정
영어만 필수	생활외국어 과목들(독일어, 프랑스어, 스페인어, 중국어, 일본어, 러시아어, 아랍어)을 재량활동 시간을 활용하여 선택 운영 가능

(4) 특별 활동의 내실 있는 운영

제6차 개정 교육과정	제7차 개정 교육과정
학년별 연간 최소 수업 시간 수 34~68시간	학년별 연간 최소 수업 시간 수 68시간(주당 최소 2시간)

4) 고등학교

(1) 학생들의 능력 · 흥미 · 적성 · 진로를 고려한 다양한 교과목 개설

제6차 개정 교육과정	제7차 개정 교육과정
공통필수과목 (10) 과정필수과목/과정선택과목(53) 교양선택과목(7) *총 70과목 개설 • 학교 중심 선택 과목 개설 • 학교급별 개념에 기초한 공통 필수과목 개설 • 제한적인 교양 증진 과목 개설	국민공통기본교과 (10) 일반 선택(26) 심화 선택(53) *총 90과목 개설 • 학생 중심 선택 과목 개설 • 학년제 개념에 기초한 국민공통기본 교과 개설 • 교과 영역별간 학문적 교양 증진 과목 개설

(2) 학생 선택 중심의 교육과정 체제 도입

<table>
<tr><th colspan="5">제6차 개정 교육과정</th><th colspan="5">제7차 개정 교육과정</th></tr>
<tr><td>구 분</td><td>교육부</td><td>시 · 도</td><td>학교</td><td>학생</td><td>구 분</td><td>교육부</td><td>시 · 도</td><td>학교</td><td>학생</td></tr>
<tr><td rowspan="2">교과목</td><td rowspan="2">70</td><td rowspan="2">106</td><td rowspan="2">12</td><td rowspan="2">없음</td><td rowspan="2">교과목</td><td rowspan="2">56</td><td>28 －</td><td>28 －</td><td>28 －</td></tr>
<tr><td colspan="3">136</td></tr>
<tr><td>특별활동</td><td>16</td><td>－</td><td>－</td><td>－</td><td>특별활동</td><td>－</td><td>－</td><td>12</td><td>－</td></tr>
<tr><td colspan="5">204단위</td><td>재량활동</td><td>－</td><td>－</td><td>－</td><td>12</td></tr>
<tr><td colspan="5" rowspan="2">• 교육과정 편성 운영의 역할 분담
• 학생들의 교과목 선택권 없음
• 특별활동 영역별 이수단위 국가 지정
• 교육공급자 중심의 교육과정체제
• 중 · 고등학교 학생 주당 이수시간의 균등화</td><td colspan="5">216단위</td></tr>
<tr><td colspan="5">• 교육과정 편성 · 운영의 역할 분담 확대
• 학생들의 교과목 선택권 부여
• 특별활동 영역별 이수단위 학교 위임
• 교육수요자 중심의 교육과정체제
• 중 · 고교 학생 주당 이수시간의 차등화</td></tr>
</table>

(3) 다양한 유형의 학생별 교육과정 운영

제6차 개정 교육과정	제7차 개정 교육과정
인문사회과정/자연과정/직업과정/기타 필요한 과정 • 학교의 분반에 의한 엄격한 과정 분리 • 공급자 중심의 획일성, 경직성 • 엄격한 과정 운영으로 진로 변경 곤란	다양한 과정 설치 가능 • 학교의 분반에 의한 엄격한 과정 폐지 • 수요자 중심의 자유로운 과정 선택 • 선택 과목 이수 과정에서 개인의 진로 수정 용이

5) 고등학교 선택중심 교육과정(보통교과)

<table>
<tr><th colspan="2" rowspan="2">구 분</th><th rowspan="2">국민 공통
기본 교과</th><th colspan="2">선 택 과 목</th></tr>
<tr><th>일반 선택 과목</th><th>심화 선택 과목</th></tr>
<tr><td rowspan="3">교
과</td><td>국 어
도 덕
사 회</td><td>국어(8)
도덕(2)
사회(10)
(국사4)</td><td>국어 생활(4)
시민 윤리(4)
인간 사회와 환경(4)</td><td>화법(4), 독서(8), 작문(8), 문법(4), 문학(8)
윤리와 사상(4), 전통윤리(4)
한국지리(8), 세계지리(8), 경제지리(6)
한국 근 · 현대사(8), 세계사(8), 법과 사회(6), 정치(8), 경제(6), 사회 · 문화(8)</td></tr>
<tr><td>수 학
과 학
기술 ·
가정</td><td>수학(8)
과학(6)
기술 ·
가정(6)</td><td>실용 수학(4)
생활과 과학(4)
정보 사회와 컴퓨터(4)</td><td>수학 Ⅰ(8), 수학 Ⅱ(8), 미분과 적분(4)
확률과 통계(4), 이산 수학(4)
물리 Ⅰ(4), 화학 Ⅰ(4), 생물 Ⅰ(4), 지구과학 Ⅰ(4),
물리 Ⅱ(6), 화학 Ⅱ(6), 생물 Ⅱ(6), 지구과학 Ⅱ(6)
농업 과학(6), 공업 기술(6), 기업 경영(6)
해양 과학(6), 가정 과학(6)</td></tr>
<tr><td>체 육
음 악
미 술</td><td>체육(4)
음악(2)
미술(2)</td><td>체육과 건강(4)
음악과 생활(4)
미술과 생활(4)</td><td>체육 이론(4), 체육 실기(4이상)*
음악 이론(4), 음악 실기(4이상)*
미술 이론(4), 미술 실기(4이상)*</td></tr>
<tr><td rowspan="3">교
과</td><td rowspan="2">외국어</td><td>영어(8)</td><td></td><td>영어 Ⅰ(8), 영어 Ⅱ(8), 영어 회화(8)
영어 독해(8), 영어 작문(8)</td></tr>
<tr><td></td><td>독일어 Ⅰ(6), 프랑스어 Ⅰ(6), 스페인어 Ⅰ(6), 중국어 Ⅰ(6), 일본어 Ⅰ(6), 러시아어 Ⅰ(6), 아랍어 Ⅰ(6)</td><td></td></tr>
<tr><td>한 문
교 련
교 양</td><td></td><td>한문(6)
교련(6)
철학(4), 논리학(4), 심리학(4), 교육학(4), 생활 경제(4), 종교(4), 생태와 환경(4), 진로와 직업(4), 기타(4)</td><td>한문 고전(6)</td></tr>
<tr><td colspan="2">이수단위</td><td>(56)</td><td>24이상</td><td>112이하</td></tr>
<tr><td colspan="2">재량활동</td><td>(12)</td><td colspan="2"></td></tr>
<tr><td colspan="2">특별활동</td><td>(4)</td><td colspan="2">8</td></tr>
<tr><td colspan="3">총 이수 단위</td><td colspan="2">216</td></tr>
</table>

① ( )안의 숫자는 단위 수이며, 1단위는 매주 50분 수업을 기준으로 하여 1학기(17주) 동안 이수하는 수업량이다.

② 국민 공통 기본 교과와 재량 활동에 배당된 단위 수 및 특별 활동 4단위는 10학년에서 이수하도록 한 것이다.

③ *표시한 체육, 음악, 미술 교과의 심화 선택 과목은 별도로 제시한 체육, 예술에 관한 전문 교과의 과목 중에서 선택한다.

④ 교양 교과에서 심화 선택 과목이 필요한 경우, 별도로 제시한 과목 중에서 선택하거나 시 · 도 운영 지침에 의거, 새로운 과목을 신설 할 수도 있다.

마. 제7차 교육과정 편성 · 운영상의 특징

1) 국민공통기본 교육과정의 도입

우리나라 모든 국민에게 동일한 기간 동안 동일한 교육 내용을 가르치기 위해서 국민공통기본 교육과정이 도입되었다. 즉, 1학년부터 10학년까지를 국민공통교육 기간으로 정하고 이 기간에 사용할 교육과정을 '국민공통기본 교육과정'으로 명명했다. 이와 같은 교육과정이 편성 · 운영되어야 할 필요성은 첫째, 세계적으로 생활수준의 향상과 더불어 모든 국가가 사회복지 차원에서 모든 국민을 대상으로 무상으로 실시하는 의무 교육인 국민공통기본 교육 기간이 확대하고 있다는 점, 둘째, 산업 사회로부터 후기 산업사회로 넘어가면서 단순 노동 · 기능직이 고등 정신력과 판단력이 요구되는 직종으로 대체됨에 따라 모든 국민의 기본 교육이 보다 충실해져야 한다는 요구가 강해지고 있다는 점, 셋째, 초 · 중 · 고등학교 교육 간 교육내용과 학습경험의 연계성을 강화함으로써 교육력과 학습력을 제고할 필요성을 충족해야 한다는 점, 넷째, 평생교육 사회의 도래에 따른 교육체제의 변화가 요구되고 있다는 점 등을 지적할 수 있다.

2) 수준별 교육과정의 도입

수준별 교육과정이란 "학생들의 능력 수준에 따라 교육의 내용이나 방법을 달리하는 교육과정"이다(허경철, 1996). 이와 같은 수준별 교육과정 도입의 필요성은 다음과 같다(김재춘 외, 2005 : 54-55). 첫째, 학생의 흥미, 관심, 적성, 학습 능력과 학습의 요구에 상응하는 교육의 내용, 방법, 기회를 제공할 수 있다. 둘째, 자기 주도적 개별화 학습 기회를 제공할 수 있다. 셋째, 교육의 수월성을 추구할 수 있다. 넷째, 학습자의 다양한 특성에 따른 개인차를 고려한 교육활동을 가능케 하고 학습 부진과 결손을 줄일 수 있다.

이러한 필요에 부응하여 도입된 제7차 수준별 교육과정의 주요 편성 · 운영 지침은 다음과 같다.

(1) 수준별 교육과정은 국민공통기본 교육 기간(10년)과 고등학교 2-3학년의 선택중심 교육 기간(2년)에 걸쳐 편성 · 운영한다.

(2) 수준별 교육과정은 교과의 성격 혹은 학교급(학년)의 특징에 따라 단계형, 심화 · 보충형, 과목선택형 수준별 교육과정으로 구분하여 편성 · 운영한다.

3) 재량활동의 확대 및 신설

재량활동이란 학교의 독특한 교육적 필요, 학생의 요구 등을 충족시키기 위해 학교가 학생들과 더불어 만들어가는 제7차 개정 교육과정의 한 영역이다. 학생의 자기주도적 학습능력을 기르고, 학교 교육과정 편성 및 운영의 자율성을 확대하며, 학생의 교과 혹은 교육프로그램 선택권을 보장하기 위하여 "재량활동"을 교육과정 영역의 하나로 학교급에 따라서 확대 혹은 신설하였다. 즉, 종래 초등학교 3-6학년에 주당 1시간씩 배당되었던 '학교재량시간'을 제7차 교육과정에서는 전 학년으로 확대하고 주당 2시간으로 늘렸다. 중학교와 고등학교의 경우, 재량활동 영역을 신설하여 중학교는 주당 4시간씩, 고등학교는 1학년에 12단위를 배당하였다.

재량활동은 '교과재량활동'과 '창의적 재량활동'으로 나누어진다. 교과재량활동은 중등학교의 선택과목 학습과 국민동통 기본교과의 심화 · 보충학습을 위한 것이며, 창의적 재량활동은 학교의 특수한 교육적 필요, 학생의 요구와 필요 등을 충족시키기 위한 범교과 학습과 자기주도적 학습을 위한 것이다. 각 학교급별 재량활동의 시수, 활용 방안 등을 간략하게 제시하면 다음과 같다.

학 교 급	운영 방안
초등학교	(1) 매 학년 68시간(주당 평균 2시간) 배정 (2) 특정 교과의 심화 · 보충 학습보다는 학생의 자기주도적 학습 능력 촉진에 도움되는 창의적 재량활동에 활용할 것을 권장함
중 학 교	(1) 매 학년 136시간(주당 평균 4시간) 배정 (2) 교과재량활동에 102시간(주당 평균 3시간) 이상 활용하며, 한문, 컴퓨터, 환경, 생활외국어, 기타의 선택과목 학습 시간에 우선 배정하고, 나머지 시간은 국민공통 기본교과의 심화 · 보충 학습에 활용하도록 권장함 (3) 창의적 재량활동에 34시간(주당 평균 1시간) 이상을 배정
고등학교	(1) 1학년에 12단위(주당 평균 6시간) 배정 (2) 교과재량활동에 10단위(주당 평균 5시간) 활용 : 국민공통기본교과의 심화 · 보충 학습에 4-6단위, 선택중심 교육과정의 선택과목 학습에 4-6단위 배정 (3) 실업계 고등학교의 교과재량활동은 전문교과로 대체하여 이수할 수 있음 (3) 창의적 재량활동에 2단위(주당 평균 1시간) 배정

*범교과 학습을 위한 재량활동의 예 : 민주시민 교육, 인성 교육, 환경 교육, 경제 교육, 에너지 교육, 근로정신 함양 교육, 보건 교육, 안전 교육, 성 교육, 소비자 교육, 진로 교육, 통일 교육, 한국문화 정체성 교육, 국제이해 교육, 해양교육, 정보화 및 윤리 교육

4) 고교 2-3학년의 선택중심 교육과정의 도입

고교 2-3학년에서는 선택중심 교육과정을 도입하였다. 이의 필요성은 첫째, 고등학교 교육은 일부 학생에게는 취업준비 교육으로 형식적인 교육이 종결될 수 있으며, 대학 진학을 할 학생들에게는 대학진학 예비 진로 탐색을 위한 계속교육의 성격을 지닌다. 이처럼 고등학교 2, 3학년의 교육은 고등보통교육의 종결을 위한 교육임과 동시에 학생의 장래 진로나 적성에 따른 전문화된 교육을 위한 준비 과정의 성격에 충실하도록 이루어질 필요가 있다. 이와 같이, 고등학교가 종결 교육의 의미를 지니는 학생들에게는 취업에 요구되는 자질육성 및 일반교양과 관련된 과목의 이수 기회를 제공할 수 있도록, 그리고 대학 진학과 같은 전문화된 교육의 준비 과정으로서의 의미를 지닌 학생들에게는 자신의 진로와 관련해서 보다 심화된 과목을 이수할 수 있는 기회를 제공할 수 있는 교육과정의 편성과 운영이 요구된다.

5) 질 관리중심 교육과정 평가 개념 도입

제7차 교육과정에서는 질 관리중심의 교육과정 평가 개념을 도입하였다. '질 관리중심의 교육과정 평가 개념'이란 교육과정이 원래 의도한 바의 교육적 성과나 효과가 나타나는가에 초점을 두고 평가의 주안점을 교육과정 편성과 운영 자체에 맞춘다는 의미이다. 이와 같은 교육과정 평가 개념 도입의 필요성은 다음과 같다.

첫째, 현재까지의 교육과정은 국가나 시 · 도 교육청 수준에서 제시하는 지침에 따른 교육과정의 계획과 편성에 일차적인 관심이 주어진 반면에, 제7차 교육과정에서는 국가나 시 · 도 교육청에서 의도된 교육과정이 구체적으로 학교 현장에서 어떻게 편성 · 운영되는지를 계속적으로 평가함으로써 교육과정의 질 관리가 중요하게 인식되었다는 점이다.

둘째, 교육과정 개정이 문서상의 형식적 수사적 개정에 머물지 않고 학교 교육 현장에서 구체적인 변화를 가져올 수 있도록 하기 위해서는 교육과정이 현장에서 실제로 운영되는 모습이나 그 교육과정의 적용 결과 나타난 학생들의 학습 성취에 대한 평가를 통하여 교육과정의 질 관리가 강화될 필요가 있다. 즉, 교육과정의 질 관리를 위하여 주기적인 학생 학력 평가, 학교 평가, 교육과정 평가 체제를 도입하였다.

6) 교사, 학교, 지역중심 및 협동 교육과정 편성 · 운영

제7차 개정 교육과정에서 선택 교육과정의 확대, 재량활동의 신설 및 강화, 열린교육의 확대 등은 필연적으로 학교 현장중심의 교육과정 강화를 요구한다. 이는 국가중심의 교육과정 입안, 추진, 통제, 조정의 틀이 점차 교사, 학교, 지역의 참여와 협동을 통해 구체화될 필요가 있음을 말해 준다. 국가 주도적 교육과정 결정체제가 지니고 있는 장점이 있기는 하지만, 보다 변화의 속도가 빨라지고 교육상황이 복잡해지고 다양하며 독특한 상황에 대처하는 데에는 한계가 있다. 교육과정 결정의 중앙 집중 체제는 비교적 국가사회 및 교육환경의 변화가 느리고 그 폭이 좁을 때는 강점을 지닐 수 있으나, 오늘날과 같은 상황에서는 지방분권화의 확대, 전문성의 확대에 기반한 자율성의 확대, 책무에 기초한 참여의 확대라는 방향으로 교사, 학교, 지역 교육청에 분산 이양되어야 한다. 특히, 교육과정 결정권의 일부분을 학교 또는 교사가 갖는다는 것은 교직의 전문성 신장과 교사의 교육운영상의 자율성 강화라는 측면에서도 매우 시급하며 중요한 요소이다.

7) 특별활동 교육과정

특별활동은 교과와 상호 보완적 관련 속에서 학생의 심신을 조화롭게 발달시키기 위하여 실시하는 교과 이외의 교육활동을 일컫는다.

특별활동은 바람직한 집단활동을 통하여 학교생활에 적응력을 높이고, 민주 시민의 자질을 함양하며, 다양한 자기표현 기회를 통하여 학생 개개인의 소질을 계발, 신장하고, 건전한 취미를 가지게 하여 자아실현을 돕고, 여가를 잘 활용할 수 있도록 하는 것이 기본적인 교육과정의 취지이다.

특별활동 교육과정은 자치활동, 적응활동, 계발활동, 봉사활동, 행사활동 등 5개 영역으로 구성하며, 각 영역별 구체적 활동 내용은 지역의 특성과 학교의 실정, 학생들의 요구와 필요에 알맞게 선정하여야 한다.

참고 문헌

bibliography

교육부(1993). 교육부 고시 제1992 – 11호('92.6.30.)에 따른 중학교 교육과정 해설.

_____(1997). 제7차 교육과정(교육부 고시 제1997 – 15호[별책 1] 초 · 중등학교 교육과정 – 국민공통 기본 교육과정 –.

강현석 · 주동범(2004). 현대 교육과정과 교육평가. 서울 : 학지사.

김성권(1983). 교육과정과 평가. 서울 : 형설출판사.

김종서 외(1987). 교육과정과 교육평가. 서울 : 교육과학사.

김종서 외(1999). 개정판 교육과정과 교육평가. 서울 : 교육과학사.

문교부(1982). 새교육과정 개요. 서울 : 인쇄공업협동조합.

김재춘 외(2005). 예비 · 현직 교사를 위한 교육과정과 교육평가. 서울 : 교육과학사.

전라북도교육청(1993). 고등학교 교육과정 편성 · 운영 지침(전라북도교육청 고시 제 1993 – 2호).

중앙대학교 부설 한국교육문제연구소(1974). 문교사.

한명희 외(1993). 국민학교 교육과정 해설(제6차 교육과정 – 교육부 고시 제1992 – 16호). 서울 : 교육과학사.

함종규(2003). 한국 교육과정 변천사 연구. 서울 : 교육과학사.

허경철 외(1996). 교육과정2000 연구 개발 : 수준별 교육과정안. 한국교육개발원.

형성평가

3.1 우리나라 교육과정의 개정시기별 특징이 바르게 제시된 것은? ['03 중등]

① 제1차 교육과정 – 학문중심 교육과정 표방
② 제2차 교육과정 – 특별활동의 신설
③ 제3차 교육과정 – 교육과정 결정의 분권화
④ 제4차 교육과정 – 통합교과의 도입
⑤ 제5차 교육과정 – 학교재량 시간의 신설

3.2 시기별 교육과정의 특징에 대한 설명으로 바르지 않은 것은? ['06 유치원/초등/특수학교]

① 제2차 교육과정은 '경험중심 교육과정'을 표방하였다.
② 제3차 교육과정은 '인간중심 교육과정'을 표방하였다.
③ 제6차 교육과정은 '교육과정 결정의 분권화'를 표방하였다.
④ 제7차 교육과정은 '학생중심 교육과정'을 표방하였다.

3.3 우리나라 교육과정의 변천과정을 볼 때 다음에 지시한 내용과 관련이 있는 교육과정은?

보 기

- 고등학교에서의 단위제 채택
- 생활경험중심 교육과정 표방
- 교과활동, 반공 · 도덕, 특별활동으로 구성
- 자주성, 생산성, 유용성, 합리성, 지역성 강조

① 제1차 교육과정 ② 제2차 교육과정 ③ 제3차 교육과정
④ 제4차 교육과정 ⑤ 제5차 교육과정

3.4 우리나라에서 '시 · 도 교육청 교육과정 편성 · 운영지침' 작성권이 시 · 도 교육청에 부여된 시기는 언제부터인가? ['02 중등]

① 제3차 교육과정기 ② 제4차 교육과정기

③ 제6차 교육과정기　　④ 제7차 교육과정기

3.5 다음은 우리나라 국가교육과정의 특징을 기술한 것이다. 오래된 것부터 순서대로 바르게 나열한 것은? ['06 초등]

> ㄱ. 초등학교 1, 2학년에 통합교육과정을 도입하였다.
> ㄴ. 국민공통기본 교육과정이 1-10학년까지 적용되었다.
> ㄷ. 시도 교육청의 교육과정 편성 권한을 강조하기 시작하였다.
> ㄹ. 국가교육과정 문서를 총론과 각론으로 나누어 체계적으로 개발하기 시작하였다.

① ㄱ-ㄹ-ㄴ-ㄷ　　② ㄴ-ㄱ-ㄹ-ㄷ
③ ㄷ-ㄱ-ㄹ-ㄴ　　④ ㄹ-ㄱ-ㄷ-ㄴ

3.6 학교의 교육과정을 교과활동+반공 · 도덕생활+특별활동의 체제로 설정한 교육과정 시기는?

① 제1차 교육과정　　② 제2차 교육과정
③ 제3차 교육과정　　④ 제4차 교육과정

3.7 제7차 교육과정의 기본 방향에 가장 잘 부합하는 것은? ['00 중등]

① 교육내용의 증대　　② 교육정보화 확산
③ 자기 주도적 학습능력 신장　　④ 학부모의 교육과정 결정 참여 확대

3.8 제7차 교육과정에 대한 진술로 바른 것은? ['05 초등]

① 각급 학교 교육과정 편제에서는 시수제를 적용하였다.
② 초등학교는 교과 재량활동보다 창의적 재량활동에 중점을 두었다.
③ 국가수준에서 개발한 교과별 상대평가 규준을 학교가 활용하였다.
④ 초등학교 '즐거운 생활'은 제7차 교육과정의 시행에 따라 신설 · 운영되었다.

3.9 제7차 교육과정의 국민공통 기본 교육과정이 적용되는 범위는? ['01 중등]

① 초등학교 1학년-중학교 1학년　　② 초등학교 1학년-중학교 3학년
③ 초등학교 1학년-고등학교 1학년　　④ 초등학교 1학년-고등학교 3학년

3.10 다음 내용 중에서 7차 교육과정의 개정중점으로만 묶인 것은?

ㄱ. 국민공통기본교육과정의 이수	ㄴ. 재량시간의 신설 및 확대
ㄷ. 교육과정 내용의 구조화	ㄹ. 교육과정 결정의 분권화
ㅁ. 수준별 교육과정의 도입	ㅂ. 상대적 평가확대로 수월성 지양

① ㄱ, ㄴ, ㄷ　　② ㄴ, ㄷ, ㄹ
③ ㄱ, ㄴ, ㅁ　　④ ㄴ, ㄹ, ㅁ

3.11 제7차 교육과정의 '특별활동'의 영역으로만 묶여진 것은?

① 자치활동 + 적응활동 + 단체활동 + 봉사활동 + 학급활동
② 행사활동 + 적응활동 + 단체활동 + 봉사활동 + 계발활동
③ 자치활동 + 계발활동 + 단체활동 + 봉사활동 + 적응활동
④ 적응활동 + 단체활동 + 봉사활동 + 학급활동 + 계발활동
⑤ 자치활동 + 적응활동 + 계발활동 + 봉사활동 + 행사활동

3.12 우리나라의 교육과정에 규정되어 있는 다음의 사항 중 학교교육과정을 편성하면서 조정할 수 있는 것은? ['01 중등]

① 교과 편제　　② 시간 배당 기준
③ 학교급별 교육 목표　　④ 교과 내용의 제시 순서

3.13 단위 학교 수준에서 교육과정의 탄력적 운영을 위해 도입할 수 있는 운영 방법이 아닌 것은? ['02 초등]

① 특정 교과의 수업을 특정 요일에 블록타임제로 운영한다.
② 교과간의 중복된 내용 요소를 분석하여 교과 간 통합 운영한다.
③ 교과서에 제시된 내용 순서를 필요에 따라 적절히 바꾸어 가르친다.
④ 학생의 요구와 교사의 판단에 따라 연간수업 시수를 감축하여 운영한다.

3.14 〈보기〉는 우리나라 국가 교육과정의 시기별 특징에 관한 진술이다. 시기적으로 오래된 것부터 순서대로 바르게 나열한 것은? ['12 중] 4-'09-6-7

보 기

ㄱ. 통합교과 체제의 도입
ㄴ. 창의적 체험활동의 신설
ㄷ. 시 · 도교육청에 교육과정 편성 · 운영권을 부여하기 시작
ㄹ. 고등학교 2-3학년 과정을 선택중심 교육과정으로 운영

① ㄱ-ㄷ-ㄴ-ㄹ ② ㄱ-ㄷ-ㄹ-ㄴ ③ ㄴ-ㄹ-ㄷ-ㄱ
④ ㄷ-ㄱ-ㄹ-ㄴ ⑤ ㄷ-ㄹ-ㄴ-ㄱ

3.15 다음에서 알 수 있는 우리나라 교육과정 변천과정의 경향은? ['04 초등]

보 기

- 초등학교 사회과에서 지역별 교과서를 개발하도록 하고 있다.
- 시 · 도 교육청에 교육과정 편성 · 운영 지침 작성권을 부여하고 있다.
- 학교의 실정이나 학생의 요구에 따른 교육과정을 편성 · 운영할 수 있도록 하고 있다.

① 교육과정 결정의 분권화 ② 교육과정 결정의 구조화
③ 교육과정 결정의 표준화 ④ 교육과정 결정의 집중화

3.16 우리나라 교육과정 변천상의 특징을 바르게 설명한 것은?

① 교과편성이 통합주의에서 분과주의로 변화되어 왔다.
② 지방분산 체제로부터 중앙집중체제로 변화되어 왔다.
③ 교육과정의 통합화를 통해 주당 수업 시수가 꾸준히 감소되어 왔다.
④ 1차부터 7차까지의 교육과정은 학문중심 교육과정을 표방하여 왔다.
⑤ 교육 공급자 중심의 교육과정에서 수요자 중심의 교육과정을 지향해 왔다.

3.17 초등학교, 중학교, 혹은 고등학교 교육과정을 전면적으로 일시에 개정하는 방식과 개정의 필요가 발생하는 경우 부분적인 개정 방식간의 장점과 문제점을 기술해 보라.

Chapter 04

2007 · 2009 개정 교육과정

개 요

1. 2000년대에 들어와 사회의 급격한 변화와 국내 · 외 교육환경의 변화, 학교교육 이해당사자들의 교육적 요구의 변화 등에 따라서 종래의 일정한 주기의 전면적 교육과정 개정체제는 수시개정 및 부분개정체제로 전환하게 되었다. 이에 따라서 제7차 교육과정이 적용되고 있는 2004년도부터 2009년도까지 수시로, 부분적인 교육과정 개정이 이루어졌다.
2. 특히 2007년도와 2009년도에는 특징적인 교육과정 개정이 이루어졌는데, 이를 '2007 개정 교육과정', '2009 개정 교육과정'으로 부른다.
3. 2007 개정 교육과정은 단위학교별 교육과정 편성 · 운영의 자율권을 확대하고, 과학역사 교육을 강화하는 등 국가 · 사회적 요구를 반영하며, 선택과목의 일원화 및 과목 군 조정 등 고등학교 선택중심 교육과정을 개선하고, 교과별 학습량 및 수준의 적정화, 학교급과 학년 및 교과 간 내용의 연계성을 강화하는 등 교과별 교육내용의 적정화를 추진하며, 주 5일 수업제 월 2회 실시에 따른 수업시수의 일부를 조정하는 등 교과과정을 개선하였다. 특히 '수준별 교육과정'이라는 용어 대신에 '수준별 수업'이라는 용어를 사용하게 됨으로써 수준별 교육의 방향이 전환되었다.
4. 2009 개정 교육과정은 학년군, 교과군 도입을 통한 집중이수제로 수업의 비효율성을 해소하고 토론 · 실험중심으로 수업혁신을 유도하고, 창의적 체험활동 강화로 배려와 나눔을 실천하는 창의인재 양성교육의 실천 기반을 마련하였으며, 모든 학교에서 똑같은 교육과정을 획일적으로 교육하는 방식에서 탈피하여 모든 학교가 특성화된 교육과정을 운영하는 교육과정 개정이 이루어졌다. 즉, 국가는 교육과정 운영의 기본틀만을 제시함으로써 학교교육과정 운영의 자율성을 대폭 확대하고, 교과군별 기준시수의 20% 증감 운영이 가능하게 하고, 교과군 내 교과별 시수는 단위학교가 결정하도록 하며, 고등학교에서는 국가수준의 공통필수 과목을 지정하지 않고 교과(군)별 필수이수 단위 수만을 지정함으로써 학교에서 학생 수준 및 진로 등을 고려한 학습기회를 제공하도록 개정하였다.

제1절 2007 개정 교육과정

1. 개 관

2007 개정 교육과정은 종전까지 전면적 일시적 개정으로 이루어져 온 교육과정 체제를 수시개정 체제로 바꾼 뒤의 네 번째 교육과정이다. 즉, 교육과학기술부는 2003년부터 교육과정 수시 개정 체제 도입을 발표하고 새로운 교육과정 개발에 착수하여, 제7차 교육과정을 특수목적고등학교 교육과정 정상 운영을 위한 교육과정 편성 · 운영 지침 개정(2004년 11월 26일), 국사교육과정 개정(교육과학기술부 고시 2005. 12. 28. 제 2005 - 10호), 수학과 영어 수준별 교육과정 개정(2006. 8. 29. 교육과학기술부 고시 제 2006 - 75호) 등을 단행했다. 교육과정 수시개정 체제는 일시적, 전면적 교육과정 개정 방식의 비효율성을 없애고, 제7차 교육과정의 시행과정에서 드러난 현실적인 어려움을 해결하면서 교육과정 편성 및 운영상의 안정성을 꾀하고, 급변하는 시대 사회의 변화에 신속하게 대응하며, 교육과정에 대한 사회 각계 각층의 다양한 요구를 탄력적으로 반영하고, 교육현장의 실태와 필요를 즉각적으로 반영하여 현장 적용성과 완성도를 높이려는 시도이다. 이러한 의도로 2007년 2월 28일에 교육과학기술부 고시 제2007 - 79호로 2007 개정 교육과정이 등장했다.

2007 개정 교육과정이 각급 학교별로 적용되는 시점은 다음과 같다.

구 분	2009	2010	2011	2012	2013
초등학교	1, 2학년	3, 4학년	5, 6학년		
중 학 교		1학년	2학년	3학년	
고등학교			1학년	2학년	3학년

2007 개정 교육과정은 제7차 교육과정의 기본 철학과 추구하는 인간상, 교육목표 등을 그대로 유지하고, 10년 간의 국민공통기본교육과정과 고등학교 2, 3학년의 선택중심 교육과정, 수준별 수업, 재량활동 운영 등 제7차 교육과정의 기본 틀을 그대로 유지하였다. 그럼에도 불구하고 단위학교의 특성에 따른 교육과정 편성 · 운영이 가능하도록 단위

학교별 교육과정 편성 · 운영의 자율권을 확대하고, 과학역사 교육을 강화하는 등 국가 · 사회적 요구를 반영하며, 선택과목의 일원화 및 과목 군 조정 등 고등학교 선택중심교육과정을 개선하고, 교과별 학습량 및 수준의 적정화, 학교급과 학년 및 교과 간 내용의 연계성을 강화하는 등 교과별 교육내용의 적정화를 추진하며, 주5일 수업제 월 2회 실시에 따른 수업시수의 일부를 조정하는 등 교육과정을 개선하였다. 특히 '수준별 교육과정'이라는 용어 대신에 '수준별 수업'이라는 용어를 사용하게 됨으로써 '수준별 교육과정'에서 '수준별 수업'으로 수준별 교육의 방향이 전환되었다.

2. 교육과정 개정 및 운영의 기본방향

가. 2007 개정 교육과정의 기본적 성격

2007 개정 교육과정은 초 · 중등교육법 제23조 제2항에 의거 고시한 것으로, 초 · 중등학교의 교육목적과 교육목표를 달성하기 위한 국가수준의 교육과정이며, 초 · 중등학교에서 편성 · 운영하여야 할 학교교육과정의 공통적 · 일반적인 기준을 제시한 것이다. 이 교육과정의 기본적인 성격은 다음과 같다.

1) 국가수준의 공통성과 지역, 학교, 개인 수준의 다양성을 동시에 추구하는 교육과정이다.

2) 학습자의 자율성과 창의성을 신장하기 위한 학생중심의 교육과정이다.

3) 교육청과 학교, 교원 · 학생 · 학부모가 함께 실현해 가는 교육과정이다.

4) 학교교육체제를 교육과정 중심으로 개선하기 위한 교육과정이다.

5) 교육의 과정과 결과의 질적 수준을 유지 · 관리하기 위한 교육과정이다.

또 2007 개정 교육과정은 홍익인간의 교육이념을 바탕으로 추구하는 교육적 인간상은 다음과 같다.

1) 전인적 성장의 기반 위에 개성을 추구하는 사람

2) 기초능력을 토대로 창의적인 능력을 발휘하는 사람

3) 폭넓은 교양을 바탕으로 진로를 개척하는 사람

4) 우리 문화에 대한 이해의 토대 위에 새로운 가치를 창조하는 사람

5) 민주시민 의식을 기초로 공동체의 발전에 공헌하는 사람

나. 개정의 중점 사항

첫째, 제7차 교육과정의 기본 철학 및 체제를 유지한다. 즉, 학습자중심의 교육과정, 단위 학교가 만들어 가는 교육과정의 철학을 유지하며, 국민공통기본교육과정 및 선택중심교육과정 등 기본 체제를 유지하여 교육과정 편성 및 운영상의 혼란을 방지한다. 그리고 교육과정 편제도 교과활동, 재량활동, 특별활동 등 3대 영역을 유지한다.

둘째, 단위학교 교육과정 편성 · 운영의 자율성을 확대한다. 학교의 실정을 고려한 수준별 수업 운영, 교과집중 이수제 도입, 고등학교 선택중심교육과정 편성의 자율성 확대, 재량활동 및 특별활동 편성 · 운영의 자율성 확대, 교과 수업 시수의 증감 운영의 자율성을 확대한다.

셋째, 국가와 사회적 요구 사항을 반영한다. 정부 부처와 관계 기관, 각종 단체 및 개인으로부터 교육과정에 반영해야 할 요구와 민원을 반영하여 관련 교과와 재량활동에서 범교과 학습내용으로 반영하도록 하였다. 특히 고등학교 1학년의 국사, 과학 수업시간을 각각 1시간 증대하고, 초등학교 역사교육을 강화하였다.

넷째, 고등학교 선택중심교육과정을 개선한다. 고등학교 선택과목의 신설과 개설을 허용하였으며, 일반선택 과목과 심화선택 과목으로 일원화하였다. 인성교육 및 신체활동의 기회를 제공하기 위하여 선택과목군을 6개로 확대 조정하였다. 즉 종래의 예체능 과목군(체육, 음악, 미술)을 체육과목군(체육)과 예술과목군(음악, 미술)으로 나누었다.

다섯째, 교과별 교육내용의 적정화를 추진했다. 교과별 학습량 및 수준의 적정화를 기하고, 학교급과 학년 및 각 교과 간 교육내용의 연계성을 강화하여 중복을 최소화함으로써 학생의 학습부담을 덜어주고자 하였다.

여섯째, 주5일 수업제 월 2회 실시에 따라서 수업시수를 일부 조정하였다. 즉, 시수시수를 연간 34시간 이내에서 감축하되, 초등학교와 고등학교 2, 3학년에서는 학교자율로 교과에서, 중학교 1-3학년과 고등학교 1학년의 경우에는 '교과재량활동'에서 감축하도록 했다.

일곱째, 2007 개정 교육과정에서는 제7차 교육과정의 수준별 교육과정의 문제점을 개선하기 위해 수준별 교육과정에 새롭게 접근한다는 의미에서 수준별 교육과정이라는 용어 대신에 '수준별 수업'이라는 용어를 사용하게 되었다. 즉, 수준별 교육과정에서 '수준별 수업'으로 전환하엿다. 이것은 수준별 교육과정에서 기본/공통 내용 외에도 '심화

내용'으로 인한 학습량이 많아 학생들에게 학습부담을 가중시켰으며, 월반이나 재이수가 뒷받침되지 않는 현실에서 수준별 교육과정의 일률적 적용으로 인해 수준별 교육과정의 처방(방침이나 기준 등으로 일종의 강제적 사항이었음)과 학교에서의 운영 실제 간에 괴리가 드러났기 때문이다. 2007 개정 교육과정에서는 교실 수준에서 교사가 수업을 진행하면서 교수 · 학습 방법으로 수준별 수업이나 수준별 이동수업을 진행하도록 권장하였다. 이러한 수준별 수업은 학교의 자율성을 강화하고 단위 학교의 특성 및 현실에 기반을 둔 학생중심의 교육을 도모하려는 것이다.

3. 학교급별 편제 및 운영

가. 초등학교

초등학교는 국민공통기본교육과정이 적용되며 편제 및 운영의 특징은 다음과 같다.

첫째, 초등학교 교육과정은 교과활동, 재량활동, 특별활동 영역으로 편성한다. 교과는 국어, 도덕, 사회, 수학, 과학, 실과, 체육, 음악, 미술, 외국어(영어) 등 10개 교과로 편성 · 운영한다. 다만, 1학년은 국어, 수학, 바른생활, 슬기로운 생활, 즐거운 생활, 우리들은 1학년 등 6개 교과로, 2학년은 국어, 수학, 바른생활, 슬기로운 생활, 즐거운 생활 등 5개 교과로 편성 · 운영한다.

둘째, 재량활동은 창의적 재량활동으로 운영한다. 창의적 재량활동은 학교의 독특한 교육적 필요, 학생의 요구 등에 따른 범교과 학습과 자기주도적 학습을 위한 과정으로 운영한다. 재량활동의 이수 시간 수는 학교가 시 · 도 교육청의 지침에 따라 편성한다.

셋째, 특별활동은 자치활동, 적응활동, 계발활동, 봉사활동, 행사활동 등으로 편성 · 운영한다. 특별활동의 시간 수는 학생의 요구와 지역사회 및 학교의 실정을 고려하여 학교 재량으로 배정하되, 봉사활동과 행사활동은 학교의 실정에 따라 별도의 시간을 확보하여 운영할 수 있다.

넷째, 초등학교의 교과 중에서 주당 평균 3시간 이상의 수업 시간 수가 배당된 교과는 주당 평균 1시간 이내에서 시수를 감축하여 학생의 요구와 학교의 필요에 따라 감축된 교과의 학습활동과 관련되는 체험활동으로 통합 운영할 수 있다.

나. 중학교

중학교는 국민공동기본교육과정이 적용되며 편제 및 운영의 특징은 다음과 같다.

첫째, 중학교 교육과정은 교과활동, 재량활동, 특별활동 영역으로 편성한다. 교과는 국어, 도덕, 사회, 수학, 과학, 기술 · 가정, 체육, 음악, 미술, 외국어(영어) 등 10개 교과로 편성 · 운영한다. 중학교에서 필수적으로 이수해야 할 연간 기준 수업 시수는 1, 2, 3학년 공통적으로 1,122시간이다. 특히 국어, 사회, 과학, 영어 교과에서는 수준별 수업을 권장한다.

둘째, 역사교육의 강화 차원에서 사회과의 교과 및 과목명을 조정하였다. 교육과정 편제에서 사회과는 '사회'와 '역사'로 구분하여 과목명을 제시하고, 각기 연간 수업 시수를 제시하였다. 또한 역사과목에서 '국사'와 '세계사'를 통합하였다.

셋째, 재량활동은 교과재량활동과 창의적 재량활동으로 편성 · 운영한다. 중학교의 교과재량활동은 한문, 정보, 환경, 생활외국어(독일어, 스페인어, 프랑스어, 중국어, 일본어, 러시아어, 아랍어), 기타의 선택과목 학습 시간에 중점을 두어 운영한다. 창의적 재량활동은 학교의 독특한 교육적 필요, 학생의 요구 등에 따른 범교과 학습과 자기주도적 학습을 위한 과정으로 운영한다. 학교는 재량활동에 배당된 시간 수를 학생의 요구와 학교의 실정을 기초로 융통성 있게 배정한다. 선택과목을 개설할 경우에는, 학교는 2개 이상의 과목을 동시에 개설함으로써 학생들의 선택권이 보장되도록 한다.

넷째, 특별활동은 자치활동, 적응활동, 계발활동, 봉사활동, 행사활동 등으로 편성 · 운영한다. 특별활동의 영역별 시간(단위) 수는 학생의 요구와 지역사회 및 학교의 실정을 고려하여 학교 재량으로 배정하되, 봉사활동과 행사활동은 학교의 실정에 따라 별도의 시간을 확보하여 운영할 수 있다.

다. 고등학교

고등학교 1학년은 국민공통교육과정이 적용되며, 2, 3학년은 선택중심교육과정이 적용된다. 고등학교의 2007 개정 교육과정의 편제 및 운영상의 특징은 다음과 같다.

첫째, 1학년의 국민공통교육과정은 교과, 재량, 특별활동 영역으로 구성한다. 교과는 국어, 도덕, 사회, 수학, 과학, 기술 · 가정, 체육, 음악, 미술, 외국어(영어) 등 10개 교과로 편성 · 운영한다. 이 기간 동안에 이수해야 할 연간 수업 시간 수는 1,190시간, 70단위이다. 특히 국어, 사회, 수학, 과학, 영어 교과는 수준별 수업을 권장한다. 전문교과는 농생명, 산업, 공업, 상업, 정보, 수산, 해운, 가사, 실업, 과학, 체육, 예술, 외국어, 국제에 관한 교과로 한다.

둘째, 고등학교 1학년의 교과재량활동은 선택중심 교육과정의 선택과목 학습 또는 국민공통기본교과의 심화 · 보충학습으로 운영한다. 다만 전문교육을 주로 하는 고등학교에서는 전문교과로 대체하여 이수할 수 있다.

셋째, 고등학교 선택중심 교육과정은 교과활동(132단위)과 특별활동(8단위)으로 편성 · 운영한다. 학생들의 균형적인 이수를 위하여 ① 인문 · 사회 과목군(국어, 도덕, 사회) ② 과학 · 기술 과목군(수학, 과학, 기술 · 가정), ③체육과목군(체육), ④ 예술 과목군(음악, 미술), ⑤ 외국어 과목군(외국어), ⑥ 교양 과목군(한문, 교양)으로 나눈다. 모든 학생은 ①~④ 과목군에서 1과목 이상, 외국어 과목군에서는 영어를 제외한 외국어 중에서 1과목 이상, 교양 과목군에서는 2과목 이상을 이수해야 한다.

창의적 재량활동을 포함한 고등학교의 재량활동은 학생의 적성과 진로를 고려하여 11, 12학년의 선택중심 교육과정과 연계하여 운영할 수 있도록 한다.

넷째, 전문교육을 주로 하는 고등학교에서는 국민공통기본교과에 배당된 60단위는 필수적으로 이수하도록 하고, 이를 포함하여 보통교과를 80단위 이상 이수하도록 한다.

다섯째, 특별활동은 자치활동, 적응활동, 계발활동, 봉사활동, 행사활동 등으로 편성 · 운영한다. 특별활동의 영역별 시간(단위) 수는 학생의 요구와 지역사회 및 학교의 실정을 고려하여 학교 재량으로 배정하되, 봉사활동과 행사활동은 학교의 실정에 따라 별도의 시간을 확보하여 운영할 수 있다. 학교의 필요에 따라 시간(단위) 배당 기준보다 더 많은 시간을 확보하여 운영할 수 있으며, 다양한 방식으로 시간 운영을 통합하거나 분할하여 융통성 있게 할 수 있다.

<표 4-1> 2007 개정 교육과정 편제 및 시간배당 기준

<table>
<tr><th colspan="2" rowspan="2">학교 / 학년 / 구분</th><th colspan="6">초등학교</th><th colspan="3">중학교</th><th>고등학교</th></tr>
<tr><th>1</th><th>2</th><th>3</th><th>4</th><th>5</th><th>6</th><th>7</th><th>8</th><th>9</th><th>10</th></tr>
<tr><td rowspan="12">교과</td><td>국어</td><td colspan="2" rowspan="12">국 어 210 238
수 학 120 136
바른 생활 60 68
슬기로운 생활 90 102
즐거운 생활 180 204
우리들은 1학년 80 ·</td><td>238</td><td>204</td><td>204</td><td>204</td><td>170</td><td>136</td><td>136</td><td>136(8)</td></tr>
<tr><td>도덕</td><td>34</td><td>34</td><td>34</td><td>34</td><td>68</td><td>68</td><td>34</td><td>34(2)</td></tr>
<tr><td rowspan="2">사회</td><td rowspan="2">102</td><td rowspan="2">102</td><td rowspan="2">102</td><td rowspan="2">102</td><td colspan="4">사회</td></tr>
<tr><td>102</td><td>·</td><td>68</td><td>102(6)</td></tr>
<tr><td rowspan="2">수학</td><td rowspan="2">136</td><td rowspan="2">136</td><td rowspan="2">136</td><td rowspan="2">136</td><td colspan="4">역사</td></tr>
<tr><td>·</td><td>102</td><td>68</td><td>102(6)</td></tr>
<tr><td>과학</td><td>102</td><td>102</td><td>102</td><td>102</td><td>102</td><td>136</td><td>136</td><td>102(6)</td></tr>
<tr><td rowspan="2">실과</td><td rowspan="2">·</td><td rowspan="2">·</td><td rowspan="2">68</td><td rowspan="2">68</td><td colspan="4">기술 · 가정</td></tr>
<tr><td>68</td><td>102</td><td>102</td><td>102(6)</td></tr>
<tr><td>체육</td><td>102</td><td>102</td><td>102</td><td>102</td><td>102</td><td>102</td><td>68</td><td>68(4)</td></tr>
<tr><td>음악</td><td>68</td><td>68</td><td>68</td><td>68</td><td>68</td><td>34</td><td>34</td><td>34(2)</td></tr>
<tr><td>미술</td><td>68</td><td>68</td><td>68</td><td>68</td><td>34</td><td>34</td><td>68</td><td>136(8)</td></tr>
<tr><td>교과</td><td>외국어 (영어)</td><td>34</td><td>34</td><td>68</td><td>68</td><td>102</td><td>102</td><td>136</td><td>136(8)</td></tr>
<tr><td colspan="2">재량활동</td><td>60</td><td>68</td><td>68</td><td>68</td><td>68</td><td>68</td><td>102</td><td>102</td><td>102</td><td>102(6)</td></tr>
<tr><td colspan="2">특별활동</td><td>30</td><td>34</td><td>34</td><td>68</td><td>68</td><td>68</td><td>68</td><td>68</td><td>68</td><td>68(4)</td></tr>
<tr><td colspan="2">연간수업 시간 수</td><td>830</td><td>850</td><td>952</td><td>952</td><td>1,054</td><td>1,054</td><td>1,122</td><td>1,122</td><td>1,122</td><td>1,190(70)</td></tr>
</table>

*이 표의 국민공통기본 교육 기간에 제시된 시간수는 34주를 기준으로 한 연간 최소 수업시간이다. 단, 3-6학년의 연간 총 수업시간 수는 주 5일 수업에 따라 감축된 시간 수이므로 학교에서는 교과수업 시간수 중 연간 34시간의 범위 내에서 감축하여 운영한다.

<표 4-2> 2007 개정 고등학교 선택중심 교육과정

구 분		선 택 과 목
교과	국 어	화법(6), 독서(6), 작문(6), 문법(6), 문학(8), 매체 언어(6)
교과	도 덕	현대생활과 윤리(6), 윤리와 사상(6), 전통윤리(6)
교과	사 회	한국지리(6), 세계지리(6), 경제지리(6), 한국 문화사(6), 세계 역사의 이해(6), 동아시아사(6), 법과 사회(6), 정치(6), 경제(6), 사회 · 문화(6)
교과	수 학	수학의 활용(6), 수학Ⅰ(6), 미적분과 통계 기본(6), 수학Ⅱ(6), 적분과 통계(6), 기하와 벡터(6)
교과	과 학	물리Ⅰ(6), 화학Ⅰ(6), 생명과학Ⅰ(6), 지구과학Ⅰ(6) 물리Ⅱ(6), 화학Ⅱ(6), 생명과학Ⅱ(6), 지구과학Ⅱ(6)
교과	기술 · 가정	농업 생명 과학(6), 공학 기술(6), 가정 과학(6), 창업과 경영(6), 해양 과학(6), 정보(6)
교과	체 육	운동과 건강 생활(4), 스포츠 문화(4), 스포츠 과학(6)
교과	음 악	음악 실기(4), 음악과 사회(4), 음악의 이해(6)
교과	미 술	미술과 삶(4), 미술 감상(4), 미술의 창작(6)
교과	외국어	영어Ⅰ(6), 영어Ⅱ(6), 상용 영어 회화(6), 심화 영어 회화(6), 영어 독해와 작문(6), 심화영어독해와 작문(6)
교과	외국어	독일어Ⅰ(6), 독일어Ⅱ(6), 프랑스어Ⅰ(6), 프랑스어Ⅱ(6), 스페인어Ⅰ(6), 스페인어Ⅱ(6), 중국어Ⅰ(6), 중국어Ⅱ(6), 일본어Ⅰ(6), 일본어Ⅱ(6), 러시아어Ⅰ(6), 러시아어Ⅱ(6), 아랍어Ⅰ(6), 아랍어Ⅱ(6)
교과	한 문	한문Ⅰ(6), 한문Ⅱ(6)
교과	교 양	생활과 철학(4), 생활과 논리(4), 생활과 심리(4), 생활과 교육(4), 생활과 종교(4), 생활 경제(4), 안전과 건강(4), 환경(4), 진로와 직업(4)
	이수단위	132
특별활동		8
총 이수단위		140

제2절 2009 개정 교육과정

1. 개 요

교육과학기술부는 2009년 12월 23일 '2009 개정 교육과정'을 확정 발표하였다(고시 제2009-41호). 이 교육과정은 '창의'와 인성교육을 강화하는 데 주안점을 두고 개정한 것이다. 이 교육과정은 대통령 자문기구인 국가교육과학기술자문회의가 2008년 10월 교육과정에 대한 개정의 논의를 시작하여, "미래형 교육과정 구상"을 제안한 이후 교육과학기술부는 미래형 교육과정을 '2009 개정 교육과정'으로 명명함과 동시에 2009년 9월 10일 추진계획을 발표하고, 개정 업무의 효율적인 추진을 위해 교육과학기술부 내에 '2009 개정 교육과정추진단'을 설치 · 운영한 결과에 의해 이루진 것이다. 개정의 주요 내용을 요약하면 다음과 같다.

첫째, **학년군, 교과군 도입을 통한 집중이수제**로 학기당 이수과목(현행 10-13개) 8개 과목 이하로 축소하고, 초 · 중학교 통합운영이 가능한 교과(도덕, 음악, 미술, 실과 등)는 특정 학기, 학년에 집중 이수하게 하며, 고등학교 1년 동안 두 개 학기에 나누어 배우던 것을 한 학기에 집중해서 학습하도록 하며[예 : 1학기 도덕(1단위), 2학기 도덕(1단위) ⇒ 1학기 도덕(2단위)], 수업의 비효율성을 해소하고 토론 · 실험 중심으로 수업혁신을 유도한다.

둘째, **창의적 체험활동 강화**로 배려와 나눔을 실천하는 창의인재 양성교육을 실천한다. 특별활동과 재량활동을 통합하여 '창의적 체험활동'으로 운영하며, 이는 자율활동, 동아리활동, 봉사활동, 진로활동 중심으로 배려와 나눔의 실천활동을 주로 포함한다. 그리고 기존의 교과중심 교육에서 체험중심 교육으로 전환하여 학생들의 도덕성 함양, 준법정신 및 윤리의식을 강화한다.

셋째, 고등학교 단계에서 미래사회가 요구하는 핵심역량을 키우기 위한 **기초교육**은 모든 학생들이 반드시 이수하도록 하는 한편, 나머지 교과에 대해서는 개별 학생의 흥미와 적성에 따라 필요한 과목을 선택 · 집중해서 깊이 있게 학습하도록 한다. 그리고 **기초영역(국어, 수학, 영어) 교과활동을 강화**하고, 탐구영역(사회, 과학)의 교육은 기존의 지식

전달 위주의 획일적 수업을 지양하고, 다양한 수업방법을 적용하는 등 수행능력을 강조하며, 체육 · 예술, 생활 · 교양의 내실화를 통한 소양교육을 강화한다. 또한 지나치게 세분화된 교과목을 통합하고, 수준별로 편성하여 학생의 흥미와 수준을 고려한 수업이 가능하게 한다.

넷째, 모든 학교에서 똑같은 교육과정을 획일적으로 교육하는 방식에서 탈피하여 모든 **학교가 특성화된 교육과정을 운영**한다. 국가는 교육과정 운영의 기본 틀만을 제시함으로써 학교교육과정 운영의 자율성을 대폭 확대하고, **교과군별 기준시수의 20% 증감 운영이 가능**하게 하고, 교과군 내 교과별 시수는 단위학교가 결정하도록 하며, 고등학교에서는 국가수준의 공통필수 과목을 지정하지 않고 교과(군)별 필수이수 단위 수만을 지정함으로써 학교에서 학생 수준 및 진로 등을 고려한 학습기회를 제공한다.

다섯째, 2007 개정 교육과정과 2009 개정 교육과정의 주요 차이점(총론)을 요약하면 다음 〈표 4-3〉과 같다.

<표 4-3> 2007과 2009 개정 교육과정의 특징 비교

구 분		2007 개정 교육과정	2009 개정 교육과정
공통	용어	• 국민공통기본교유과정 • 선택중심 교육과정 • 외국어(영어) • 재량활동, 특별활동	• 공통교육과정 • 선택교육과정 • 영어 • 창의적 체험활동
	신설 사항		• 학년군, 교과군 개념 • 교육과정 자율권 확대[교과(군)별 기준시수의 20% 증감 운영 등 • 교과 교실제 활성화 유도 • 학습부진아, 다문화 가정 자녀 등에 대한 특별한 배려와 지원 • 학교 교육과정 편성 · 운영 지원을 위한 국가 및 시 · 도 교육청 지원 사항 신설
학교급별	초등 학교	• 초등 통합교과 '우리들은 1학년' 분리 독립 • 정보통신활용교육, 보건교육 등을 재량활동을 활용하여 지도	• '우리들은 1학년'을 폐지하고, 창의적 체험활동 내용으로 반영 • 정보통신활용교육, 보건교육, 한자교육 등을 창의적 체험활동을 활용하여 지도 • 초등 '돌봄활동' 지원 사항 신설9교육청 지원 사항)

<표 4-3> 계속

구 분		2007 개정 교육과정	2009 개정 교육과정
학교급별	중학교	• 선택과목 : 한문, 정보, 환경, 생활외국어, 보건 등	• 선택과목 : 한문, 정보, 환경, 생활외국어, 보건, 진로와 직업 등 • 학기당 이수과목 수를 8개 이하로 편성
	고등학교	• 고1 교과 필수 • 총 이수단위 : 210단위	• 고교 모든 교과 선택 • 총 이수단위 : 204단위 • 학기당 이수과목 수를 8개 이하로 편성 • 대학과목 선이수제의 과목을 개설할 수 있고, 국제적으로 공인받은 교육과정 과목을 선택과목으로 인정
		• 외국어 계열 고등학교 : 전문교과 이수단위의 50%를 전공외국어로 하고, 전공포함 3개의 외국어 교육	• 과학, 영어, 예술 등 영역별 중점학교를 운영할 수 있으며, 학교자율과정의 50%이상을 관련 과목으로 편성 • 외국어 계열 고등학교 : 전문교과 이수단위의 60%를 전공외국어로 하고, 전공외국어 포함 2개의 외국어 교육
	공통	• 민주시민교육, 경제교육 등 35개 요소	• 녹색교육, 한자교육, 한국문화사교육 추가

2. 교육과정의 성격 및 구성방향

가. 교육과정의 성격

2009 개정 교육과정은 초 · 중등교육법 제23조 제2항에 의거 고시한 것으로, 초 · 중등학교의 교육목적과 교육목표를 달성하기 위한 국가수준의 교육과정이며, 초 · 중등학교에서 편성 · 운영하여야 할 학교교육과정의 공통적 · 일반적인 기준을 제시한 것이다. 이 교육과정의 기본적인 성격은 다음과 같다.

1) 국가수준의 공통성과 지역, 학교, 개인 수준의 다양성을 동시에 추구하는 교육과정이다.

2) 학습자의 자율성과 창의성을 신장하기 위한 학생중심의 교육과정이다.

3) 교육청과 학교, 교원 · 학생 · 학부모가 함께 실현해 가는 교육과정이다.

4) 학교교육체제를 교육과정 중심으로 개선하기 위한 교육과정이다.

5) 교육의 과정과 결과의 질적 수준을 유지 · 관리하기 위한 교육과정이다.

나. 교육과정 구성의 방향

1) 교육이념과 추구하는 인간상

(1) 교육이념

홍익인간의 이념 아래 모든 국민으로 하여금 인격을 도야하고, 자주적 생활능력과 민주시민으로서 필요한 자질을 갖추게 하여 인간다운 삶을 영위하게 하고, 민주국가의 발전과 인류공영의 이상을 실현하는 데 이바지하게 한다.

(2) 추구하는 인간상

① 전인적 성장의 기반위에 개성의 발달과 진로를 개척하는 사람

② 기초능력의 바탕위에 새로운 발상과 도전으로 창의성을 발휘하는 사람

③ 문화적 소양과 다원적 가치에 대한 이해를 바탕으로 품격있는 삶을 영위하는 사람

④ 세계와 소통하는 시민으로서 배려와 나눔의 정신으로 공동체 발전에 참여하는 사람

2) 교육과정 구성 방침

(1) 배려와 나눔을 실천하는 창의적인 인재를 기를 수 있도록 교육과정 구성한다.

(2) 초등학교 1학년부터 중학교 3학년까지의 공통 교육과정과 고등학교 1학년부터 3학년까지의 선택과정으로 편성한다.

(3) 학년 간 상호 연계와 협력을 통한 학교교육과정 편성 · 운영의 유연성을 부여하기 위하여 학년 군을 설정(초 : 1－2학년/3－4학년/5－6학년//중 : 7－9학년//고 : 10－12학년)한다.

(4) 공통 교육과정의 교과는 교육목적상의 근접성, 학문 탐구 대상 또는 분류 방법상의 인접성, 생활양식에서의 연관성 등을 고려하여 교과 군으로 재분류한다. 즉, 현행(10개 교과 : 국어, 도덕, 사회, 수학, 과학, 기술 · 가정, 체육, 음악, 미술, 영어)를 7개[국어, 사회/도덕, 수학, 과학/기술 · 가정, 체육, 예술(음악/미술), 영어]로 개정한다.

(5) 선택 교육과정에서는 학생들의 기초영역 학습 강화와 진로 및 적성 등을 감안한

적정 학습이 가능하도록 4개의 교과 영역으로 구분하고, 필수이수 단위를 제시한다. 즉, 교과영역을 기초(국어/수학/영어), 탐구(사회/과학), 체육 · 예술, 생활 · 교양(기술 · 가정, 제2외국어, 한문, 교양) 등 4개 영역으로 구분한다.

(6) 학기당 이수 교과목 수 축소를 통한 학습부담의 적정화와 의미 있는 학습활동이 전개될 수 있도록 집중이수제를 확대한다.

(7) 기존 재량활동과 특별활동을 통합하여 배려와 나눔의 실천을 위한 '창의적 체험활동' 과정을 신설한다.

(8) 학교교육과정 평가, 교과 평가의 개선, 국가수준의 학업성취도 평가 실시 등을 통하여 교육과정 질 관리 체제를 강화한다.

3. 학교급별 교육과정 편성과 운영

가. 초등학교

1) 초등학교 교육목표

초등학교의 교육은 학생의 학습과 일상생활에 필요한 기초능력 배양과 기본생활습관을 형성하는 데 중점을 둔다.

(1) 풍부한 학습경험을 통해 몸과 마음이 건강하고 균형 있게 자랄 수 있도록 하며, 다양한 일의 세계에 대한 기초적인 이해를 한다.

(2) 학습과 생활에서 문제를 인식하고 해결하는 기초능력을 기르고, 이를 새롭게 경험할 수 있는 상상력을 키운다.

(3) 우리 문화에 대해 이해하고, 문화를 향유하는 올바른 태도를 기른다.

(4) 자신의 경험과 생각을 다양하게 표현하며 타인과 공감하고 협동하는 태도를 기른다.

2) 편제와 시간 배당

(1) 편제

초등학교 교육과정은 교과(군)와 창의적 체험활동으로 편성한다.

① 교과(군)는 국어, 사회/도덕, 수학, 과학/실과, 체육, 예술(음악/미술), 영어로 한다. 다만, 초등학교 1, 2학년의 교과는 국어, 수학, 바른생활, 슬기로운 생활, 즐거운 생활로 한다.

② 창의적 체험활동은 자율활동, 동아리활동, 봉사활동, 진로활동으로 한다.

(2) 시간 배당 기준

<표 4－4> 2009 개정 교육과정의 초등학교 시간배당 기준표

<table>
<tr><th colspan="2">구 분</th><th>1－2학년</th><th>3－4학년</th><th>5－6학년</th></tr>
<tr><td rowspan="7">교과(군)</td><td>국 어</td><td rowspan="7">국 어 448
수 학 256
바른생활 128
슬기로운 생활 192
즐거운 생활 384</td><td>408</td><td>408</td></tr>
<tr><td>사회/도덕</td><td>272</td><td>272</td></tr>
<tr><td>수 학</td><td>272</td><td>272</td></tr>
<tr><td>과학/실과</td><td>204</td><td>340</td></tr>
<tr><td>체 육</td><td>204</td><td>204</td></tr>
<tr><td>예술(음악/미술)</td><td>272</td><td>272</td></tr>
<tr><td>영 어</td><td>136</td><td>204</td></tr>
<tr><td colspan="2">창의적 체험활동</td><td>272</td><td>204</td><td>204</td></tr>
<tr><td colspan="2">학년군별 총 수업시간 수</td><td>1,680</td><td>1,972</td><td>2,176</td></tr>
</table>

① 이 표에서 1시간 수업은 40분을 원칙으로 하되, 기후 및 계절, 학생의 발달 정도, 학습내용의 성격 등과 학교 실정을 고려하여 탄력적으로 편성·운영할 수 있음.
② 학년군 및 교과(군)별 시간 배당은 연간 34주를 기준으로 한 2년간의 기준수업시수를 나타낸 것임.
③ 학년군별 총 수업시간 수는 최소 수업 시수를 나타낸 것임.
④ 3－4학년의 국어과 기준수업시수는 주5일 수업에 따라 감축된 시간 수이므로 학교에서는 442시간을 기준수업시수로 운영할 수 있다.
⑤ 실과의 수업 시간은 5－6학년 과학/실과의 수업시수에만 포함된 것임.

(3) 교육과정 편성·운영의 중점

① 학교는 1학년 학생들의 입학초기 적응교육을 위해 창의적 체험활동의 시수를 활용하여 자율적으로 입학초기 적응프로그램 등을 편성·운영할 수 있다.

② 학교는 모든 교육활동을 통해 학생의 인성과 기본생활습관을 형성할 수 있도록 교육과정을 편성 · 운영한다.

③ 각 교과의 기초적 · 기본적 요소들이 체계적으로 학습되도록 계획하고, 정확한 국어 사용 능력을 신장할 수 있도록 배려한다. 특히, 기초적 국어사용 능력과 수리력이 부족한 학생들을 위해 별도의 프로그램을 편성 · 운영할 수 있다.

④ 학교의 특성, 학생 · 교사 · 학부모의 요구 및 필요에 따라 학교가 자율적으로 교과(군)별 20% 범위 내에서 시수를 증감하여 운영할 수 있다.

⑤ 학교의 여건과 교과(군)별 특성을 고려하여 학년 · 학기별로 집중 이수를 통해 학기당 이수교과 수를 감축하여 편성 · 운영할 수 있다.

⑥ 정보통신활용교육, 보건교육, 한자교육 등은 관련 교과(군)와 창의적 체험활동 시간을 활용하여 체계적인 지도가 이루어질 수 있도록 한다.

⑦ 전입학생이 특정 교과목을 이수하지 못할 경우 교육청과 학교에서는 '보충학습과정' 등을 통해 학습결손이 발생하지 않도록 한다.

⑧ 학년을 달리하는 학생을 병합하여 복식학급을 편성 · 운영하는 경우에는 교육내용의 학년별 순서를 조정하거나 공통주제를 중심으로 교재를 재구성하여 활용할 수 있다.

⑨ 학교는 학생이 학년군별로 이수해야 할 학년별 · 학기별 교과목을 편성하여 안내한다.

⑩ 예술(음악/미술)은 음악과 미술 교과를 중심으로 편성 · 운영한다.

나. 중학교

1) 중학교 교육목표

중학교의 교육은 초등학교교육의 성과를 바탕으로 학생의 학습과 일상생활에 필요한 기본능력을 배양하며, 다원적인 가치를 수용하고 존중하는 민주시민의 자질함양에 중점을 둔다.

(1) 심신의 건강하고 조화로운 발달을 추구하며, 다양한 분야의 경험과 지식을 익혀 적극적으로 진로를 탐색한다.

(2) 학습과 생활에 필요한 기초능력과 문제해결력을 바탕으로 창의적 사고력을 기른다.

(3) 자신을 둘러싼 세계에 대한 경험을 토대로 다양한 문화와 가치에 대한 이해를

넓힌다.

(4) 다양한 소통능력을 기르고 민주시민으로서의 자질과 태도를 갖춘다.

2) 편제와 시간 배당 기준

(1) 편제

가) 중학교 교육과정은 교과(군)와 창의적 체험활동으로 편성한다.

① 교과(군)는 국어, 사회(역사 포함)/도덕, 수학, 과학/기술 · 가정, 체육, 예술(음악/미술), 영어, 선택으로 한다. 선택은 한문, 정보, 환경, 생활 외국어(독일어, 프랑스어, 스페인어, 중국어, 일본어, 러시아어, 아랍어), 보건, 진로와 직업 등 선택 과목으로 한다.

② 창의적 체험활동은 자율 활동, 동아리 활동, 봉사 활동, 진로 활동으로 한다.

(2) 시간 배당 기준

<표 4－5> 2009 개정 교육과정의 중학교 시간배당 기준표

구 분		1~3학년
교과(군)	국 어	442
	사회(역사 포함)/도덕	510
	수 학	374
	과학/기술 · 가정	646
	체 육	272
	예술(음악/미술)	272
	영 어	340
	선 택	204
창의적 체험활동		306
총 수업 시간 수		3,366

① 이 표에서 1시간 수업은 45분을 원칙으로, 기후 및 계절, 학생의 발달 정도, 학습 내용의 성격 등과 학교 실정을 고려하여 탄력적으로 편성 · 운영할 수 있다.

② 학년군 및 교과(군)별 시간 배당은 연간 34주를 기준으로 한 3년간의 기준수업시수를 나타낸 것이다.

③ 총 수업시간 수는 3년간의 최소 수업 시수를 나타낸 것이다.

3) 중학교 교육과정 편성 · 운영의 중점

(1) 학교는 학생들이 이수해야 할 3년간의 교과목을 학년별, 학기별로 편성하여 안내한다.

(2) 교과(군)의 이수 시기와 수업 시수는 학교가 자율적으로 결정할 수 있다.

(3) 학교의 특성, 학생 · 교사 · 학부모의 요구 및 필요에 따라 학교가 자율적으로 교과(군)별 수업 시수를 20% 범위 내에서 증감하여 운영할 수 있다.

(4) 교육 효과를 높이기 위해 학생의 학기당 이수 교과목 수를 8개 이내로 편성하도록 한다.

(5) 예술(음악/미술)은 음악과 미술 교과를 중심으로 편성 · 운영한다.

(6) 선택과목을 개설할 경우, 학교는 2개 이상의 과목을 개설함으로써 학생들의 선택권이 보장되도록 한다.

(7) 학교는 필요한 경우 새로운 선택 과목을 개설할 수 있다. 새로운 과목을 개설하여 운영하고자 할 경우에는 시 · 도 교육청의 교육과정 편성 · 운영 지침에 의거하여 사전에 필요한 절차를 거쳐야 한다.

(8) 학교는 학생의 직업 및 진로에 대한 탐색과 선택을 돕기 위해 진로 교육을 강화한 교육과정을 편성 · 운영한다.

(9) 전입 학생이 특정 교과목을 이수하지 못할 경우, 교육청과 학교에서는 '보충 학습 과정' 등을 통해 학습 결손이 발생하지 않도록 한다.

다. 고등학교

1) 고등학교 교육목표

고등학교 교육은 중학교 교육의 성과를 바탕으로, 학생의 적성과 소질에 맞는 진로 개척 능력과 세계 시민으로서의 자질을 함양하는데 중점을 둔다.

(1) 성숙한 자아의식을 토대로 다양한 분야의 지식과 기능을 익혀 진로를 개척하며 평생학습의 기본 역량과 태도를 갖춘다.

(2) 학습과 생활에서 새로운 이해와 가치를 창출할 수 있는 비판적, 창의적 사고력과 태도를 익힌다.

(3) 우리의 문화를 향유하고 다양한 문화와 가치를 수용할 수 있는 자질과 태도를 갖춘다.

(4) 국가 공동체의 발전을 위해 노력하며, 세계 시민으로서의 자질과 태도를 기른다.

2) 편제와 단위 배당 기준

(1) 편제

가) 고등학교 교육과정은 교과(군)와 창의적 체험활동으로 편성한다.

나) 교과는 보통 교과와 전문 교과로 한다.

① 보통 교과 영역은 기초, 탐구, 체육 · 예술, 생활 · 교양으로 구성하며, 교과(군)는 국어, 수학, 영어, 사회(역사/도덕 포함), 과학, 체육, 예술(음악/미술), 기술 · 가정/제2외국어/한문/교양으로 한다.

② 전문 교과는 농생명 산업, 공업, 상업 정보, 수산 · 해운, 가사 · 실업, 과학, 체육, 예술, 외국어, 국제에 관한 교과로 한다.

다) 창의적 체험활동은 자율 활동, 동아리 활동, 봉사 활동, 진로 활동으로 한다.

(2) 단위 배당 기준

<표 4-6> 2009 개정 교육과정의 고등학교 단위배당 기준표

구분	교과 영역	교과(군)	필수 이수 단위		학교자율과정
			교과(군)	교과 영역	
교과(군)	기 초	국어	15 (10)	45 (30)	학생의 적성과 진로를 고려하여 편성
		수학	15 (10)		
		영어	15 (10)		

<표 4-6> 계속

<table>
<tr><th rowspan="2">구분</th><th rowspan="2">교과 영역</th><th rowspan="2">교과(군)</th><th colspan="2">필수 이수 단위</th><th rowspan="2">학교자율과정</th></tr>
<tr><th>교과(군)</th><th>교과 영역</th></tr>
<tr><td rowspan="8">교
과
(군)</td><td rowspan="2">탐 구</td><td>사회
(역사/도덕 포함)</td><td>15
(10)</td><td rowspan="2">35
(20)</td><td rowspan="7">학생의 적성과 진로를
고려하여 편성</td></tr>
<tr><td>과학</td><td>15
(10)</td></tr>
<tr><td rowspan="2">체육 · 예술</td><td>체육</td><td>10
(5)</td><td rowspan="2">20
(10)</td></tr>
<tr><td>예술
(음악/미술)</td><td>10
(5)</td></tr>
<tr><td>생활 · 교양</td><td>기술 · 가정/
제2외국어/
한문/
교양</td><td>16
(12)</td><td>16
(12)</td></tr>
<tr><td colspan="2">소 계</td><td colspan="2">116(72)</td><td>64</td></tr>
<tr><td colspan="3">창의적 체험활동</td><td colspan="3">24</td></tr>
<tr><td colspan="3">총 이수 단위</td><td colspan="3">204</td></tr>
</table>

① 1단위는 50분을 기준으로 하여 17회를 이수하는 수업량이다.

② 1시간의 수업은 50분을 원칙으로 하되, 기후 및 계절, 학생의 발달 정도, 학습 내용의 성격 등과 학교 실정을 고려하여 탄력적으로 편성 · 운영할 수 있다.

③ 필수이수단위의 교과(군) 및 교과 영역 단위 수는 해당 교과(군) 및 교과 영역의 '최소 이수 단위'를 가리킨다.

④ 필수이수단위의 ( ) 안의 숫자는 전문교육을 주로 하는 학교, 예체능 등 교육과정 편성 · 운영의 자율권을 인정받은 학교가 이수할 것을 권장한다.

⑤ 총 이수 단위 수는 교과(군)과 창의적 체험 활동의 이수 단위를 합한 것으로, 고등학교 졸업에 필요한 '최소 이수 단위'를 가리킨다.

(3) 보통 교과

<표 4-7> 2009 개정 교육과정의 고등학교 보통교과

교과 영역	교과(군)	과 목
기초	국어	국어*, 화법과 작문Ⅰ, 화법과 작문Ⅱ, 독서와 문법Ⅰ, 독서와 문법Ⅱ, 문학Ⅰ, 문학Ⅱ
	수학	수학*, 수학의 활용, 수학Ⅰ, 미적분과 통계기본, 수학Ⅱ, 적분과 통계, 기하와 벡터
	영어	영어*, 영어Ⅰ, 영어Ⅱ, 실용 영어 회화, 심화 영어 회화, 영어 독해와 작문, 심화 영어 독해와 작문
탐구	사회 (역사/도덕 포함)	사회*, 한국사*, 한국 지리, 세계 지리, 동아시아사, 세계사, 법과 정치, 경제, 사회 · 문화
		도덕*, 생활과 윤리, 윤리와 사상
	과학	과학*, 물리Ⅰ, 물리Ⅱ, 화학Ⅰ, 화학Ⅱ, 생명과학Ⅰ, 생명과학Ⅱ, 지구과학Ⅰ, 지구과학Ⅱ
체육 · 예술	체육	체육*, 운동과 건강 생활, 스포츠 문화, 스포츠 과학
	예술 (음악/미술)	음악*, 음악 실기, 음악과 사회, 음악의 이해
		미술*, 미술과 삶, 미술 감상, 미술 창작
생활 · 교양	기술 · 가정/ 제2외국어/ 한문/ 교양	기술 · 가정*, 농업 생명 과학, 공학 기술, 가정 과학, 창업과 경영, 해양 과학, 정보
		독일어Ⅰ, 독일어Ⅱ, 프랑스어Ⅰ, 프랑스어Ⅱ, 스페인어Ⅰ, 스페인어Ⅱ, 중국어Ⅰ, 중국어Ⅱ, 일본어Ⅰ, 일본어Ⅱ, 러시아어Ⅰ, 러시아어Ⅱ, 아랍어Ⅰ, 아랍어Ⅱ
		한문Ⅰ, 한문Ⅱ
		생활과 철학, 생활과 논리, 생활과 심리, 생활과 교육, 생활과 종교, 생활 경제, 안전과 건강, 진로와 직업, 보건, 환경과 녹색성장

① 각 과목의 기본 단위 수는 5단위이며, 각 과목별로 1단위 범위 내에서 증감 운영이 가능하며, 가능한 한 한 학기에 이수하도록 한다.

② *표 한 과목은 교과(군)별 학습의 위계를 고려하여 선택할 수 있도록 지도한다. 이 과목은 4단위 범위 내에서 증감하여 운영할 수 있다.

③ 위 표에 제시된 과목 이외에 전문교과의 과목을 편성 · 운영할 수 있다.

(4) 전문 교과

<표 4-8> 2009 개정 교육과정의 고등학교 전문교과

교 과	과 목				기준 학과
농생명 산업	농업 이해	농업 기초 기술	농업 정보 관리	농업 경영	식물 자원과
	생물 공학 기초	재배	작물 생산 기술	숲과 인간	동물 자원과
	산림 자원 기술	원예	생활 원예	생산 자재	농업 토목과
	원예 기술 Ⅰ	원예 기술 Ⅱ	동물 자원	사육 기술 Ⅰ	식품 가공과
	사육 기술 Ⅱ	누에와 비단	조경	조경 기술 Ⅰ	농업 기계과
	조경 기술 Ⅱ	농업과 물	농촌과 농지 개발	농업 토목 기술 Ⅰ	조경과
	농업 토목 기술 Ⅱ	농업 기계	농업 기계 공작	농업 기계 기술 Ⅰ	농산물유통정보과
	농업 기계 기술 Ⅱ	식품 과학	식품 위생	식품 가공 기술 Ⅰ	환경 · 관광 농업과
	식품 가공 기술 Ⅱ	농산물 유통	농산물 유통 관리 Ⅰ	농산물 유통 관리 Ⅱ	생물 공학과
	환경 보전	환경 관리 Ⅰ	환경 관리 Ⅱ	농업과 관광	
공업	공업 입문	기초 제도	정보 기술 기초	전문 제도	기계과
	기계 일반	전기 일반	공업 영어	기계 설계	전자 기계과
	기계 공작법	원동기	유체 기기	공기 조화 설비	금속 재료과
	기계 기초 공작	공작 기계 Ⅰ	공작 기계 Ⅱ	산업 설비	전기과
	금형 제작	전자 기계 이론	전자 기계 회로	전자 기계 공작	전자과
	전자 기계 제어	로봇 기초	로봇 제작	재료 일반	통신과
	금속 제조	재료 가공	주조	금속 처리	컴퓨터 응용과
	전기 응용	전기 회로	전기 기기	전력 설비 Ⅰ	토목과
	전력 설비 Ⅱ	전기 · 전자 측정	자동화 설비	전자 기기	건축과
	전자 · 전산 응용	전자 회로	계측 제어	통신 일반	디자인과
	정보 통신	통신 시스템	컴퓨터 구조	시스템 프로그래밍	화학 공업과
	프로그래밍	디지털 논리 회로	측량	역학	환경 공업과
	토목 설계	토목 일반	토목 재료 · 시공	수리 · 토질	세라믹과
	지적 전산	지적 실무	건축 구조	건축 계획 일반	식품 공업과
	건축 목공	건축 시공 Ⅰ	건축 시공 Ⅱ	디자인 일반	섬유과
	색채 관리	조형	제품 디자인	공예	인쇄과
	시각 디자인	컴퓨터 그래픽	공업 화학	단위 조작 · 공정 제어	자동차과
	제조 화학	분석 화학	기능성 세라믹	세라믹 원리 · 공정	조선과
	구조 세라믹	세라믹 디자인	발효 공업	식품 제조 기계	항공과
	식품 분석	식품 공업 기술	섬유 재료	방적 · 방사	컴퓨터 게임과
	제포 · 봉제	염색 · 가공	인쇄 일반	인쇄 · 사진 재료	만화 · 애니메이션과

<표 4-8> 계속

교 과	과		목		기준 학과
공업	평판 인쇄	특수 인쇄	사진 · 전자 제판	사진	영상 제작과
	자동차 · 건설 기계	자동차 기관	자동차 섀시	자동차 전기 · 전자 제어	
	건설 기계 구조 · 정비	자동차 차체 수리	선박 이론	선박구조	
	선박 건조	항공기 일반	항공기 기체	항공기 기관	
	항공기 장비	항공기 전자 장치	환경 공업 일반	수질 관리	
	대기 · 소음 방지	폐기물 처리	컴퓨터 게임 기획	컴퓨터 게임 프로그램	
	컴퓨터 게임 그래픽	만화 · 애니메이션 기초	애니메이션 제작	만화 창작	
	영화 · 방송 제작	촬영 · 조명	방송 시스템		
상업 정보	상업 경제	컴퓨터 일반	회계 원리	기업과 경영	경영 정보과
	경영과 법	마케팅과 광고	경영 정보 시스템	기업 자원 관리	회계 정보과
	커뮤니케이션 실무	원가 회계	기업 회계	전산 회계	무역 정보과
	세무 회계	금융과 생활	국제화와 기업 경영	무역 영어	유통 경영과
	전자 무역과 국제 상무	유통 정보 관리	물류 관리	자료 처리	정보 처리과
	프로그래밍 실무	소프트웨어 개발	사무 관리 실무	멀티미디어 일반	멀티미디어과
	멀티미디어 기획	멀티미디어 실무	웹 프로그래밍	전자 상거래 일반	전자 상거래과
	인터넷 쇼핑몰 관리	전자 상거래 실무	인터넷 마케팅	창업 일반	응용디자인과
					관광경영과
수산 · 해운	수산 일반	해사 일반	해양 일반	수산 · 해운 정보처리	해양 생산과
	수산 생물	수산 경영 일반	해양 생산 기술	수산 양식	수산 양식과
	양식 생물 질병	수산 가공	수산물 유통	해양 환경	자영 수산과
	해양 오염	냉동 일반	냉동 기계	냉동 공조 실무	수산 식품과
	열기관	선박 보조 기계	선박 전기 · 전자	기계 설계 · 공작	해양 환경과
	잠수 기술	항해	선박 운용	해사 법규	냉동 공조과
	해사 영어	선화 운송	전자 통신 공학	전자 통신 기기	동력 기계과
	전자 통신 운용	생선회 실무	해양 레저 · 관광	항만 물류 일반	항해과
	해양 정보 관리				전자 통신과
					해양 레저과
					항만 물류과
					해양 정보과
가사 · 실업	인간 발달	식품과 영양	급식 관리	한국 조리	조리과
	동양 조리	서양 조리	제과 제빵	의복 재료 · 관리	의상과
	패션 디자인	한국 의복 구성	서양 의복 구성	자수와 편물	실내 디자인과

<표 4-8> 계속

교 과	과	목			기준 학과
가사 · 실업	주거	실내 디자인	가구 디자인	디스플레이	유아교육과
	영 · 유아 교육 원리	영 · 유아 교육 프로그램	영 · 유아 놀이 교육	영 · 유아 생활 지도	관광과
	관광 일반	관광 경영 실무	관광 서비스 실무	관광 외식 · 조리	간호과
	관광 영어	관광 일본어	관광 중국어	간호의 기초	복지 서비스과
	보건 간호	기초 간호 임상 실무	기초 복지 서비스	노인 생활 지원	미용과
	헤어 미용	피부 관리	메이크업	공중 보건	
과학	물리 실험	화학 실험	생명 과학 실험	지구 과학 실험	
	과학사	전자 과학	정보 과학 Ⅰ	정보 과학 Ⅱ	
	고급 수학	고급 물리	고급 화학	고급 생명 과학	
	고급 지구 과학	과제 연구 Ⅰ	과제 연구 Ⅱ	환경 과학	
	현대 과학과 기술	원서 강독	워크숍	과학 철학	
체육	스포츠 개론	스포츠 경기 과학	체육과 진로 탐구	육상 운동	스포츠경기과
	체조 운동	수상 운동	개인 · 대인 운동	단체 운동	체육지도과
	투기 운동	빙상 · 설상 운동	표현 · 창작 운동	체력 운동	
	전문 스포츠 경기 체력	전문 스포츠 경기 초급	전문 스포츠 경기 중급	전문 스포츠 경기 고급	
	전문 스포츠 경기 실습	스포츠 교육	코칭론	건강 관리	
	스포츠 경영 · 행정	전공 실기	전공 실습		
예술	음악 이론	음악사 · 감상	시창 · 청음	음악 전공 실기	음악과
	합창	합주	연주	컴퓨터와 음악	미술과
	교양 실기				무용과
	미술 이론	미술사	소묘	기초 회화	문예창작과
	기초 조소	기초 디자인 · 공예	미술 전공 실기	영상 매체와 미술	연극영화과
	미술 감상과 비평				사진과
	무용의 이해	기초 한국 무용	기초 발레	기초 현대 무용	
	무용 전공 실기	무용 음악	안무	무용 감상과 비평	
	문학의 이해	문장론	고전 문학의 감상과 비평	현대 문학의 감상과 비평	
	시 창작	소설 창작	희곡 창작	매체와 문학	
	연극의 이해	무대 기술	연기	연극 제작 실습	
	연극 감상과 비평	영화의 이해	영화 기술	영화 창작과 표현	
	영화 제작 실습	영화 감상과 비평			
	사진의 이해	기초 촬영	중급 촬영	암실 실기	
	사진 편집	디지털 사진 촬영	디지털 사진 표현 기법	사진 감상과 비평	

<표 4-8> 계속

교 과	과 목				기준 학과
외국어	심화 영어	영어 청해	영어 회화 Ⅰ	영어 회화 Ⅱ	영어과
	영어 독해	영어 작문	영어권 문화 Ⅰ	영어권 문화 Ⅱ	독일어과
	영어 문법				프랑스어과
	기초 독일어	독일어 청해	독일어 회화 Ⅰ	독일어 회화 Ⅱ	스페인어과
	독일어 독해	독일어 작문	독일어권 문화 Ⅰ	독일어권 문화 Ⅱ	중국어과
	독일어 문법				일본어과
	기초 프랑스어	프랑스어 청해	프랑스어 회화 Ⅰ	프랑스어 회화 Ⅱ	러시아어과
	프랑스어 독해	프랑스어 작문	프랑스어권 문화 Ⅰ	프랑스어권 문화 Ⅱ	아랍어과
	프랑스어 문법				
	기초 스페인어	스페인어 청해	스페인어 회화 Ⅰ	스페인어 회화 Ⅱ	
	스페인어 독해	스페인어 작문	스페인어권 문화 Ⅰ	스페인어권 문화 Ⅱ	
	스페인어 문법				
	기초 중국어	중국어 청해	중국어 회화 Ⅰ	중국어 회화 Ⅱ	
	중국어 독해	중국어 작문	중국 문화 Ⅰ	중국 문화 Ⅱ	
	중국어 문법				
	기초 일본어	일본어 청해	일본어 회화 Ⅰ	일본어 회화 Ⅱ	
	일본어 독해	일본어 작문	일본 문화 Ⅰ	일본 문화 Ⅱ	
	일본어 문법				
	기초 러시아어	러시아어 청해	러시아어 회화 Ⅰ	러시아어 회화 Ⅱ	
	러시아어 독해	러시아어 작문	러시아 문화 Ⅰ	러시아 문화 Ⅱ	
	러시아어 문법				
	기초 아랍어	아랍어 청해	아랍어 회화 Ⅰ	아랍어 회화 Ⅱ	
	아랍어 독해	아랍어 작문	아랍 문화 Ⅰ	아랍 문화 Ⅱ	
	아랍어 문법				
국제	영어 강독	독일어 강독	프랑스어 강독	스페인어 강독	
	중국어 강독	일본어 강독	러시아어 강독	아랍어 강독	
	국제 정치 Ⅰ	국제 정치 Ⅱ	국제 경제 Ⅰ	국제 경제 Ⅱ	
	세계 문제	비교 문화 Ⅰ	비교 문화 Ⅱ	정보 과학	
	국제법	지역 이해	인류의 미래 사회	한국의 전통 문화	
	한국의 현대 사회	한국어	과제 연구 Ⅰ	과제 연구 Ⅱ	
	예능 실습				

① 전문 교육을 주로 하는 고등학교에서는 [표 3]에서 필요한 전문 과목을 80단위 이상 이수한다.
② 전문 교육을 주로 하는 고등학교에서는 다음 과목을 필수로 이수한다.
㉮ 농생명 산업 계열 : 농업 이해, 농업 기초 기술, 농업 정보 관리
㉯ 공업 계열 : 공업 입문, 기초 제도, 정보 기술 기초
㉰ 상업 정보 계열 : 상업 경제, 회계 원리, 컴퓨터 일반
㉱ 수산 · 해운 계열 : 해양 일반, 수산 · 해운 정보 처리, 수산 일반 (수산 계열), 해사 일반 (해운 계열)
㉲ 가사 · 실업 계열 : 인간 발달, 컴퓨터 일반
㉳ 체육, 외국어, 국제계열은 시 · 도교육감이 정한 지침에 따르되, 과학, 예술 계열은 필수 이수과목을 별도로 정하지 않는다.

3) 고등학교 교육과정 편성 · 운영의 중점

(1) 공통 지침

1) 고등학교 교육과정의 총 이수 단위는 204단위이며 교과(군) 180단위, 창의적 체험활동 24단위로 나누어 편성한다.

2) 교과의 이수 시기와 단위는 학교에서 자율적으로 편성 · 운영할 수 있다.

3) 교육 효과를 높이기 위해 학생의 학기당 이수 과목 수를 8개 이내로 편성하도록 한다.

4) 선택 과목 중에서 위계성을 갖는 과목의 경우 계열적 학습이 되도록 편성한다. 단, 학교의 실정 및 학생의 요구, 과목의 성격에 따라 탄력적으로 운영할 수 있다.

5) 선택 과목은 학교의 실정과 학생들의 요구를 반영하여 편성하되, 학교는 필요에 따라 이 교육과정에 제시되어 있는 과목 외에 새로운 과목을 개설할 수 있다. 새로운 과목을 개설하여 운영하고자 할 경우에는 시 · 도 교육청의 교육과정 편성 · 운영 지침에 의거하여 사전에 필요한 절차를 거쳐야 한다.

6) 일정 규모 이상의 학생이 이 교육과정의 편제에 있는 특정 선택 과목의 개설을 요청할 경우, 학교는 이를 개설해야 한다.

7) 학교에서 개설하지 않은 선택 과목 이수를 희망하는 학생이 있을 경우 그 과목을 개설한 다른 학교에서의 이수를 인정하도록 한다.

8) 학교 및 학생의 필요에 따라 지역 사회의 학습장에서 행하는 학습을 이수 과목으로 인정할 수 있다. 다만 이 경우 시 · 도 교육청이 정하는 지침에 따른다.

9) 학교는 필요에 따라 대학과목 선이수제의 과목을 개설할 수 있고, 국제적으로 공인받은 교육과정과 과목을 선택 과목으로 인정할 수 있다. 다만, 이와 관련된 구체적인 사항은 시 · 도 교육청의 지침에 따른다.

10) 학교는 필요에 따라 교과의 총 이수 단위를 증배 운영할 수 있다. 단, 전문교육을 주로 하는 학교는 전문 교과에 한하여 증배 운영할 수 있다.

11) 학교는 학생이 3년간 이수해야 할 학년별, 학기별 과목을 편성하여 안내해야 한다.

(2) 일반계 고등학교

1) 교과(군)의 이수 단위 180단위 중 필수 이수 단위는 116단위 이상으로 한다.

2) 학생의 진로 과정을 고려하여 교과(군)별 최소 필수 이수 단위 수로 편성할 수 있으나, 교과 영역별로 제시된 단위 수를 편성 · 운영하여야 한다.

3) 일반계 고등학교에서 체육, 음악, 미술 등의 과정을 개설하거나 자율 학교로 지정된 학교의 경우 교과(군) 최소 이수 단위인 72단위로 편성 · 운영할 수 있다.

4) 학교는 학생의 요구 및 흥미, 적성 등을 고려하여 진로를 적절히 안내할 수 있는 진로 집중 과정을 편성 · 운영하도록 한다. 이를 위해 학교는 이 교육과정에 제시하는 '학교자율과정'에서 진로 집중 과정과 관련된 과목의 심화학습이 이루어질 수 있도록 편성 · 운영한다.

5) 과학, 수학, 사회, 영어, 예술, 체육 등 교과를 중심으로 중점 학교를 운영할 수 있으며 이 경우, 학교자율과정의 50% 이상을 관련 교과목으로 편성할 수 있다.

6) 체육, 음악, 미술 등의 과정을 개설하는 학교의 경우, 필요에 따라 지역 내 중점 학교 및 지역 사회 학습 장 등을 활용할 수 있다.

7) 일반계 고등학교에서 직업에 관한 과정을 운영할 수 있으며, 이와 관련된 세부 지침은 시 · 도교육청에서 정한다.

8) 학교에서 제2외국어 과목을 개설할 경우, 2개 이상의 과목을 동시에 개설하도록 노력해야 한다.

(3) 전문교육을 주로 하는 고등학교

1) 교과(군)의 이수 단위 180단위 중 보통 교과 필수 이수 단위는 72단위 이상으로 편성 하며, 전문 교과의 과목은 80단위 이상 편성한다.

2) 전문 교과의 각 과목에 대한 이수 단위는 시 · 도 교육감이 정하되, 외국어와 국제에 관한 교과의 각 과목별 이수 단위는 5단위를 기본으로 하되, 3단위 범위 내에서 증감 편성할 수 있다.

3) 전문 교과의 기초가 되는 과목을 선택하여 이수할 경우, 이를 해당 보통 교과의 이수로 간주할 수 있다.

4) 내용이 유사하거나 관련되는 보통 교과의 과목과 전문 교과의 과목은 교체하여 편성 · 운영할 수 있다.

5) 농 · 생명산업, 공업, 상업정보, 수산 · 해운, 가사 · 실업 계열의 고등학교는 다음과 같이 편성 · 운영 할 수 있다.

① 전문 교과는 필요한 경우 다른 계열의 전문 과목을 선택하여 편성 · 운영할 수 있다.

② 학과별 필수 과목은 필요한 경우 학교장이 정할 수 있으며, 2개 이상의 계열을 운영하는 경우, 해당 학과가 속한 계열의 필수 과목을 이수한다.

③ 교육과정 내용과 관련이 있는 현장 실습을 운영하여야 한다. 이 경우 다양한 형태로 운영할 수 있으며, 이와 관련된 구체적인 사항은 시 · 도 교육청이 정한 지침에 따른다.

6) 국제계열 고등학교는 전공 관련 교과군과 외국어에 관한 교과의 과목에서 80단위 이상 이수하되, 전공 관련 교과군에서 50% 이상 편성한다.

7) 외국어 계열 고등학교에서는 전문 교과 총 이수 단위의 60% 이상을 전공 외국어로 하고, 전공 외국어 포함 2개 외국어로 전문 교과를 편성해야 한다.

8) 이 교육과정에 명시되지 아니한 계열의 교육과정은 유사 계열의 교육과정에 준한다. 부득이 새로운 계열의 설치 및 그에 따른 교육과정을 편성할 경우와 학교의 실정에 따라 새로운 과목을 설정하여 운영하고자 할 경우에는 시 · 도 교육청의 교육과정 편성 · 운영 지침에 의거하여 사전에 필요한 절차를 거쳐야 한다.

라. 학교급별 공통 사항

1) 편성 · 운영

(1) 학교는 이 교육과정을 바탕으로 학교 실정에 알맞은 학교 교육과정을 편성 · 운영한다.

(2) 학교는 학교 교육과정 편성 · 운영 계획을 바탕으로 학년 및 교과목별 교육과정을 편성할 수 있다.

(3) 학교 교육과정은 모든 교원이 전문성을 발휘하여 참여하는 민주적인 절차와 과정을 거쳐 편성 · 운영한다.

(4) 교육과정의 합리적 편성과 효율적 운영을 위하여 교원, 교육과정(교과 교육) 전문가, 학부모 등이 참여하는 학교 교육과정 위원회를 구성하여 운영하며, 이 위원회는 학교장의 교육과정 운영 및 의사 결정에 관한 자문의 역할을 담당한다.

(5) 학교 교육과정을 편성 · 운영함에 있어서는 교원의 조직, 학생의 실태, 학부모의 요구, 지역 사회의 실정 및 교육 시설 · 설비 등 교육 여건과 환경이 충분히 반영되도록 노력한다.

(6) 학교는 동학년 모임, 교과별 모임, 현장 연구, 자체 연수 등을 통해서 교사들의 교육 활동 개선이 이루어지도록 한다.

(7) 학교가 종교 과목을 개설할 때에는 종교 이외의 과목을 포함, 복수로 과목을 편성하여 학생에게 선택의 기회를 주어야 한다.

(8) 각 교과의 기초적, 기본적 요소들이 체계적으로 학습되도록 계획하고, 이를 일관성 있고 지속성 있게 지도한다.

(9) 각 교과목별 학습 목표를 모든 학생이 성취하도록 지도하고, 능력에 알맞은 성취가 가능하도록 다양한 학습의 기회와 방법을 제공하며, 이를 위한 계획적인 배려와 지도를 하여 학습 결손이 누적되거나 학습 의욕이 저하되지 않도록 노력한다.

(10) 공통 교육과정에서는 학생의 능력과 적성, 진로를 고려하여 교육 내용과 방법을 다양화 한다. 특히 국어, 수학, 사회, 과학, 영어 교과에서는 수준별 수업을 권장한다.

(11) 수준별 수업 운영을 위한 학습 집단은 학교의 여건이나 학생의 특성에 따라 다양하게 편성할 수 있으며, 학습 결손을 보충할 수 있도록 '특별 보충 수업'을 운영할 수 있다. 특별 보충 수업의 편성 · 운영에 관한 제반 사항은 학교가 자율적으로 결정한다.

(12) 교과 수업은 탐구적인 활동을 통하여 개념 및 원리를 이해하고, 이를 새로운 사태에 적용하는 기회를 많이 가지게 한다. 특히 여러 가지 자료를 활용한 정보 처리 능력을 가지도록 하는 데 힘쓴다.

(13) 개별적인 학습 활동과 더불어 소집단 공동 학습 활동을 중시하여 공동으로 문제를 해결하는 경험을 많이 가지게 한다.

(14) 각 교과 활동에서는 학습의 개별화가 이루어지도록 하고, 발표 · 토의 활동과 실험, 관찰, 조사, 실측, 수집, 노작, 견학 등의 직접 체험 활동이 충분히 이루어지도록 유의한다.

(15) 학교는 창의적 체험활동이 실질적 체험학습이 되도록 지역사회의 유관기관과 적극적으로 연계 · 협력해서 프로그램을 운영해야 한다.

(16) 교과와 창의적 체험활동의 효율적인 운영을 위하여 지역 사회의 인적, 물적 자원을 계획적으로 활용한다.

(17) 창의적 체험활동에 배당된 시간 수는 학생의 요구와 학교의 실정에 기초하여 융통성 있게 배정하여 운영할 수 있다.

(18) 교과와 창의적 체험활동의 내용 배열은 반드시 학습의 순서를 의미하는 것이

아닌 예시적인 성격을 지니고 있으므로, 필요한 경우에 지역의 특수성, 계절 및 학교의 실정과 학생의 요구, 교사의 필요에 따라 각 교과목의 학년별 목표에 대한 지도 내용의 순서와 비중, 방법 등을 조정하여 운영할 수 있다.

(19) 심신 장애 학생을 위한 특수 학급을 설치, 운영하는 경우, 학생의 장애 정도와 능력을 고려하여 이 교육과정을 조정 · 운영하거나, 특수학교 교육과정 및 교수 · 학습 자료를 활용할 수 있다.

(20) 학습부진아, 장애를 가진 학생, 귀국 학생, 다문화 가정 자녀 등이 학교에서 충실한 학습 경험을 누릴 수 있도록 특별한 배려와 지원을 하도록 한다.

(21) 교육 활동 전반을 통하여 남녀의 역할에 관한 편견을 가지지 않도록 지도한다.

(22) 범교과 학습 주제는 관련되는 교과와 창의적 체험활동 등 교육 활동 전반에 걸쳐 통합적으로 다루어지도록 하고 지역 사회 및 가정과의 연계 지도에도 힘쓴다.

민주 시민 교육, 인성 교육, 환경 교육, 경제 교육, 에너지 교육, 근로 정신 함양 교육, 보건 교육, 안전 교육, 성 교육, 소비자 교육, 진로 교육, 통일 교육, 한국 정체성 교육, 국제 이해 교육, 해양 교육, 정보화 및 정보 윤리 교육, 청렴 · 반부패 교육, 물 보호 교육, 지속 가능 발전 교육, 양성 평등 교육, 장애인 이해 교육, 인권 교육, 안전 · 재해 대비 교육, 저출산 · 고령 사회 대비 교육, 여가 활용 교육, 호국 · 보훈 교육, 효도 · 경로 · 전통 윤리 교육, 아동 · 청소년 보호 교육, 다문화 교육, 문화 예술 교육, 농업 · 농촌 이해 교육, 지적 재산권 교육, 미디어 교육, 의사소통 · 토론 중심 교육, 논술 교육, 한국 문화사 교육, 한자 교육, 녹색 교육 등

(23) 학교에서는 교육과정에 제시되지 않은 사회 현안에 대해 학생들의 올바른 이해를 돕기 위하여 계기 교육을 실시할 수 있으며, 이 경우 계기 교육 지침에 따른다.

(24) 교과용 도서 이외의 교수 · 학습 자료는 교육청이나 학교에서 개발한 것 등을 사용할 수 있다.

(25) 각 교과의 특성에 맞는 다양한 학습이 이루어질 수 있도록 교과 교실제 운영을 활성화 한다.

(26) 실험 · 실습이나 실기 지도에 있어서는 시설 및 기계 · 기구, 약품 사용의 안전에 유의하도록 한다.

(27) 학교는 학생과 학부모의 요구를 바탕으로 방과 후 학교 또는 방학 중 프로그램을 개설할 수 있으며, 학생들의 자발적인 참여를 원칙으로 한다.

2) 평가 활동

(1) 학교는 학교 교육과정 편성과 운영의 적합성, 타당성, 효과성을 자체 평가하여 문제점과 개선점을 추출하고, 다음 학년도의 교육과정 편성 · 운영에 그 결과를 반영한다.

(2) 학교에서 실시하는 평가 활동은 다음과 같은 사항을 고려해서 이루어지도록 한다.

가) 평가는 모든 학생들이 교육 목표를 성공적으로 달성하기 위한 교육의 과정으로 실시한다.

나) 학교는 다양한 평가 도구와 방법으로 성취도를 평가하여 학생의 목표 도달도를 확인하고, 수업의 질 개선을 위한 자료로 활용한다.

다) 교과의 평가는 선택형 평가보다는, 서술형이나 논술형 평가 그리고 수행 평가의 비중을 늘려서 교과별 특성에 적합한 평가를 실시하도록 한다.

라) 실험 · 실습의 평가는 교과목의 성격을 고려하여 합리적인 세부 평가 기준을 마련하여 실시한다.

마) 정의적, 기능적, 창의적인 면이 특히 중시되는 교과의 평가는 타당한 평정 기준과 척도에 의거하여 실시한다.

바) 학교와 교사는 학교에서 가르친 내용과 기능을 평가하도록 한다. 학생이 학교에서 배울 기회를 마련해 주지 않고, 학교 밖의 교육 수단을 통해서 익힐 수밖에 없는 내용과 기능은 평가하지 않도록 유의한다.

사) 창의적 체험활동에 대한 평가는 창의적 체험활동의 내용과 특성을 감안하여 평가의 주안점을 학교에서 작성, 활용한다.

4. 학교 교육과정 지원

가. 학교 교육과정 편성 · 운영 지원

1) 국가 수준 지원 사항

이 교육과정의 원활한 편성 · 운영을 위하여 국가 수준에서는 다음과 같이 평가하고 지원한다.

가) 시 · 도 교육청의 교육과정 지원 활동과 단위학교의 교육과정 편성 · 운영 활동이 상호 유기적으로 이루어질 수 있도록 행 · 재정적 지원을 한다.

나) 이 교육과정의 질 관리를 위하여 국가 수준에서는 주기적으로 학업 성취도 평가, 학교와 교육 기관 평가, 교육과정 편성 · 운영에 관한 평가를 실시한다.

(1) 학업 성취도를 평가하기 위하여 교과별, 학년(군)별 학생 평가를 실시하고, 평가 결과는 교육과정의 적절성 확보와 그 개선에 활용한다.

(2) 학교의 교육과정 편성 · 운영과 교육청의 교육과정 지원 상황을 파악하기 위하여 학교와 관련 교육청에 대한 평가를 주기적으로 실시한다.

(3) 교육과정 편성 · 운영과 지원 체제의 적절성과 실효성을 평가하기 위한 연구를 수행한다.

다) 국가 수준에서는 학교에서 교육과정의 정신을 구현한 평가 활동이 원활히 이루어질 수 있도록 다양한 방안을 강구해서 학교 현장에 제공해 주어야 한다.

(1) 교과별로 '평가 기준'을 개발, 보급하여 학교가 교과 교육과정의 목표에 부합되는 평가를 실시할 수 있도록 한다.

(2) 교과별 평가 활동에 활용할 수 있는 다양한 평가 방법, 절차, 도구 등을 개발하여 학교에 제공한다.

2) 교육청 수준 지원 사항

이 교육과정의 원활한 편성 · 운영을 위하여 교육청은 다음과 같은 사항을 지원한다.

(1) 교육과정의 편성 · 운영에 관한 조사 연구와 자문 기능을 담당할 위원회를 구성하여 운영한다. 이 위원회에는 교원, 교육 행정가, 교육학 전문가, 교과 교육 전문가, 학부모, 지역 사회 인사, 산업체 인사 등이 참여할 수 있다.

(2) 지역의 특수성, 교육의 실태, 학생 · 교원 · 주민의 요구와 필요 등을 반영하여 교육 중점을 설정하고, 교육과정 편성 · 운영 지침을 작성한다.

(3) 교육과정 편성 · 운영의 개선을 위한 연구학교를 운영하고, 수업 개선을 위한 연구 교사를 두어 교과별 연구회 활동을 적극적으로 지원한다.

(4) 학년군, 교과군 도입을 통한 단위학교 교육과정 자율 편성과 창의적 체험활동의 효율적인 운영을 위한 교육과정 컨설팅 등 지원 기구를 조직하여 교육과정 편성 · 운영을

위한 각종 자료를 연구, 개발하여 보급한다.

(5) 교원의 학교 교육과정 편성 · 운영 능력 향상과 교과와 창의적 체험활동에 대한 지도 능력 제고를 위하여 각급 학교 교원에 대한 연수 계획을 수립, 시행한다.

(6) 각급 학교가 새 학년도 시작에 앞서 교육과정 편성 · 운영에 관한 계획을 세울 수 있도록 교육과정 편성 · 운영 자료를 개발 · 보급하고, 교원의 전보를 적기에 시행한다.

(7) 학교 교육과정 편성과 운영을 위한 교육 시설, 설비, 자료 등의 정비 확충에 필요한 행 · 재정적인 지원을 한다.

(8) 학교가 지역사회의 유관기관과 적극적으로 연계 · 협력해서 교과, 창의적 체험활동을 내실 있게 운영할 수 있도록 지원하며, 관내 학교가 활용 가능한 '지역 자원목록'을 작성하여 제공하는 등 구체적인 지원 방안을 마련한다.

(9) 수준별 수업을 효율적으로 운영하도록 지원하며, 학습 결손을 보충할 수 있도록 '특별 보충 수업'을 운영하는 데 필요한 행 · 재정적인 지원을 한다.

(10) 개별학교의 희망과 여건을 반영하여 지역내 학교간 개설할 집중과정을 조정하고, 그 편성 · 운영을 지원한다. 특히, 소수 학생이 지망하는 집중과정을 개설할 학교를 지정하고, 원활한 교육과정 편성 · 운영을 위한 행 · 재정적 지원을 한다.

(11) 특정 분야에서 탁월한 재능을 보이는 학생과 학습 장애가 있는 학생들을 위한 교육 기회를 마련하고 지원한다.

(12) 귀국자 및 다문화 가정 자녀의 교육 경험의 특성과 배경을 고려하여 이 교육과정을 이수하는 데 어려움이 없도록 지원한다.

(13) 전 · 입학, 귀국 등에 따라 공통 교과를 이수하지 못한 학생들이 해당 교과를 이수할 수 있도록 다양한 기회를 마련해 주고, 학생들이 지역 사회의 공공성 있는 사회교육 시설을 통해 이수한 과정을 인정해 주는 방안을 마련한다.

(14) 지역 사회와 학교의 여건에 따라 초등학교 저학년 학생을 학교에서 돌볼 수 있는 기능을 강화하고, 이에 대해 교육청은 특별한 배려와 지원을 하도록 한다.

(15) 교육과정에 제시되지 않은 교과목을 설치, 운영하는 경우에 대비하여, 교육청은 관련 지침을 학교에 제시해 주고, 학교로 하여금 필요한 사전 절차를 밟도록 지원한다.

(16) 복식 학급 운영 등 소규모 학교의 정상적인 교육과정 운영을 지원하기 위해서 교원의 배치, 학생의 교육받을 기회의 확충 등에 필요한 행 · 재정적인 지원을 한다.

(17) 학교 교육과정의 효과적 운영을 위하여 학생의 배정, 교원의 순회 및 수급, 학교

간 시설과 설비의 공동 활용, 자료의 공동 개발 활용에 관하여 학교 간 및 인접 교육청 간의 협조 체제를 구축한다.

(18) 학생의 교육활동에 필요한 교과용 도서의 인정, 개발, 보급을 위해 노력한다.

(19) 전문교육을 주로 하는 고등학교는 개설 전공과 유사한 산업체와 협력하여 특성화된 교육과정과 실습과목을 편성 · 운영할 수 있으며, 학생의 현장 실습이 내실 있게 운영될 수 있도록 행 · 재정적 지원을 한다.

(20) 학교에 대한 교육과정 운영 지원 실태와 각급 학교의 교육과정 편성 · 운영 실태를 정기적으로 파악하고, 효과적인 교육과정의 운영과 개선 및 질 관리에 필요한 적절한 지원을 한다.

(21) 학교의 교육과정 편성 · 운영에 대한 질 관리 및 교육과정 편성 · 운영 체제의 적절성과 실효성을 높이기 위하여 학업 성취도 평가, 교육과정 편성 · 운영 평가 등을 실시할 수 있다.

나. 특수한 학교에서의 교육과정 편성과 운영

1) 초 · 중 · 고등학교에 준하는 학교의 교육과정은 이 교육과정에 따라서 편성 · 운영한다.

2) 국가가 설립 운영하는 학교의 교육과정은 해당 시 · 도 교육청의 편성 · 운영 지침을 참고하여 학교장이 편성한다.

3) 공민학교, 고등 공민학교, 고등기술학교, 근로 청소년을 위한 특별 학급 및 산업체 부설 학교, 기타 특수한 학교는 이 교육과정을 바탕으로 학교의 실정과 학생의 특성에 알맞은 학교 교육과정을 편성하고, 시 · 도 교육감의 승인을 얻어 운영한다.

4) 야간 수업을 하는 학교의 교육과정은 이 교육과정을 따르되, 다만 단위 수업 시간을 40분으로 단축하여 운영할 수 있다.

5) 방송 통신 고등학교는 이 교육과정에 제시된 고등학교 교육과정을 따르되, 시 · 도 교육감의 승인을 얻어 이 교육과정의 편제와 단위 배당 기준을 다음과 같이 조정하여 운영할 수 있다.

(1) 편제와 단위 배당 기준은 고등학교 교육과정에 준하되, 162단위 이상 이수하도록 한다.

(2) 교육은 방송 통신에 의한 수업, 출석 수업 및 첨삭 지도의 방법에 의한 수업으로 한다.

(3) 학교 출석 수업 일수는 연간 20일 이상으로 한다.

6) 특성화 학교, 자율학교 등 법령에 의거하여 교육과정 편성 · 운영의 자율성이 부여되는 학교의 경우에는 학교의 설립 목적 및 특성에 따른 교육이 가능하도록 교육과정 편성 · 운영의 자율권을 부여하고, 이와 관련한 구체적인 사항은 시 · 도교육청의 지침에 따른다.

7) 교육과정의 연구를 위해 새로운 방식으로 교육과정을 편성, 운영하고자 하는 학교는, 교육과학기술부 장관의 승인을 받아 이 교육과정의 기준과는 다르게 학교 교육과정을 편성 · 운영할 수 있다.

참고 문헌

bibliography

교육과학기술부(2009). 2009 개정교육과정 총론(2009. 12. 23 고시).

교육과학기술부(2009). 2009 개정교육과정 창의적 체험활동 시안 개발 연구.

교육과학기술부(2010). 2009 개정교육과정 적용을 위한 학교교육과정 편성운영 매뉴얼(초, 중, 고).

전라북도교육연구정보원. 2009 개정교육과정의 비전과 논란. 전북교육, 2011, Vol.50, 여름호.

형성평가

4.1 다음 중 2007 개정 교육과정의 주요 개정 내용으로만 묶여진 것은?

가. 초등학교 1학년부터 고등학교 1학년까지 10년 간 국민공통기본교육과정을 편성 · 운영한다.
나. 주요 교과에 한해서 7차 교육과정에서 도입한 수준별 교육과정을 편성 · 운영한다.
다. 과학 · 역사 교육을 강화하는 등 국가 · 사회적 요구를 반영한다.
라. 주5일 수업제 월 2회 실시에 따라서 수업시수를 연간 34시간 이내에서 감축한다.
마. 고등학교 2, 3학년은 재량활동과 선택중심교육과정을 편성 · 운영한다.

① 가, 다, 라 ② 나, 다, 라 ③ 가, 다, 마
④ 나, 다, 마 ⑤ 나, 라, 마

4.2 다음 중 2007 개정 교육과정의 개정 중점 사항으로 맞지 않는 것은?

① 제7차 교육과정의 기본 철학 및 체제를 유지하였다.
② 고등학교 2, 3학년의 경우 선택과목군을 5개에서 6개로 확대 조정하였다.
③ 고등학교 1학년의 국사와 과학 과목 시간을 각각 1시간 증대하였다.
④ 초등 1학년부터 고교 3학년까지의 교육과정의 편제는 교과, 재량, 특별활동으로 한다.
⑤ 7차 교육과정에서의 '수준별 교육과정'을 '수준별 수업'으로 개념을 바꿨다.

4.3 2007 개정 교육과정에서는 주5일 수업제 월 2회 실시에 따라 수업시수를 감축하도록 했다. 수업시수 감축 방안으로 올바른 것은?

① 초등학교와 중학교는 연간 32시간, 고등학교는 연간 34시간 이내에서 감축한다.
② 초등학교와 중학교는 학교 자율로 교과에서 감축한다.
③ 중학교와 고등학교 1학년은 교과재량활동에서 감축한다.
④ 초등학교와 중학교는 연간 34시간 감축하되, 고등학교는 감축하지 않는다.
⑤ 고등학교는 교육감의 승인을 받아 연간 34시간 감축한다.

4·4 다음 중 2007 개정 교육과정의 초등학교 편제 및 운영방법에 맞지 <u>않는</u> 것은?

① 1학년 교과는 국어, 수학, 바른생활, 슬기로운 생활, 즐거운 생활, 우리들은 1학년 등이다.
② 2학년 교과는 국어, 수학, 바른생활, 슬기로운 생활, 즐거운 생활 등이다.
③ 교육과정은 교과활동, 재량활동, 특별활동 영역으로 편성한다.
④ 재량활동은 교과재량활동과 창의적 재량활동으로 편성 · 운영한다.
⑤ 특별활동은 자치활동, 적응활동, 계발활동, 봉사활동, 행사활동으로 한다.

4·5 다음 중 2007 개정 교육과정의 중학교 편제 및 운영방법에 맞지 <u>않는</u> 것은?

① 교육과정은 교과활동, 재량활동, 특별활동 영역으로 편성한다.
② 국어, 사회, 수학, 과학, 영어 교과에서는 수준별 수업을 권장한다.
③ 사회과는 사회와 역사로 구분하여 과목명을 제시하였다.
④ 재량활동은 교과재량활동과 창의적 재량활동으로 편성 · 운영한다.
⑤ 특별활동은 자치활동, 적응활동, 계발활동, 봉사활동으로 한다.

4·6 다음 중 2007 개정 교육과정의 고등학교 편제 및 운영방법에 맞지 <u>않는</u> 것은?

① 1학년의 국민공통기본교육과정은 교과활동, 재량활동, 특별활동 영역으로 편성한다.
② 국어, 수학, 영어 교과에 한해서 수준별 수업을 권장한다.
③ 사회와 역사로 구분하여 과목명을 제시하였다.
④ 1학년의 교과재량활동은 선택중심교육과정의 선택과목 학습 또는 국민공통기본교과의 심화 · 보충학습으로 운영한다.
⑤ 특별활동은 자치활동, 적응활동, 계발활동, 봉사활동, 행사활동으로 한다.

4·7 2009 개정 교육과정의 특징을 바르게 반영한 학교만을 〈보기〉에서 모두 고른 것은? ['11 중]

보 기

ㄱ. A중학교는 1학년 1학기에 학생들이 이수하는 과목을 8개 이내로 편성 · 운영한다.
ㄴ. B중학교는 학교의 특성과 학부모의 요구에 따라 교과(군)별 수업시수를 20% 범위 내에서 증감 운영한다.
ㄷ. 일반계인 C고등학교는 보통교과의 경우 각 과목을 4단위로 편성하고 각 과목별로 2단위 범위 내에서 증감 운영한다.
ㄹ. 일반계인 D고등학교는 학생의 요구와 적성 등을 고려하여 학교자율과정에서 진로집중과 정과 관련된 과목의 심화학습이 이루어질 수 있도록 편성 · 운영한다.

① ㄱ, ㄴ　　② ㄴ, ㄷ　　③ ㄱ, ㄴ, ㄹ
④ ㄱ, ㄷ, ㄹ　　⑤ ㄴ, ㄷ, ㄹ

4.8 2009 개정 교육과정의 특징을 바르게 이해하고 있는 교사만을 〈보기〉에서 모두 고른 것은?

> **보 기**
>
> A교사 : 초등학교 1학년부터 고등학교 1학년까지 10년간의 국민공통기본교육과정을 중학교 3학년까지의 9년으로 단축하고 명칭을 '공통교육과정'으로 바꿨다.
> B교사 : 선택교육과정이 고등학교 1학년부터 적용됨에 따라 고등학교 선택과목에 '진로와 직업' 과목을 신설했다.
> C교사 : 학교의 교육과정 편성 · 운영의 자율성을 강화하여 교과목별로 20%범위 내에서 수업시 수를 자율적으로 증감할 수 있게 했다.
> D교사 : 학교 단위에서 각 교과목의 이수 시간을 최종 결정하도록 기존의 '기준수업시수' 개념 대신에 '최소수업시수' 개념을 사용하게 되었다.

① A, B　　② A, C　　③ B, C
④ C, D　　⑤ B, D

4.9 2009 개정 교육과정의 특징을 바르게 반영한 학교만을 〈보기〉에서 모두 고른 것은?

> **보 기**
>
> A중 학 교 : 교과별 수업시수 20% 증감 방침에 따라서 도덕과 2개 단원의 수업을 생략했다.
> B중 학 교 : 1학년과 2학년을 하나의 학년군으로 묶어 교과수업의 학년 간 연계성을 높이고 집중 이수가 가능하게 했다.
> C초등학교 : '학기당 이수과목수를 8과목 이내로 편성할 수 있다.'라는 임의규정에 따라서 학생과 학부모의 희망을 반영하여 9개 과목을 편성했다.
> D고등학교 : 고등학교 교양과목 성격을 갖는 "생활과 교육" 과목은 '학기당 이수 과목 수를 8개 이내로 편성' 대상 과목에서 제외시켰다.
> E특성화고등학교 : 학기당 8개 과목 이내 편성 조항은 유지하되, 실습중심의 교과는 학기당 과목 수에서 제외시켰다.

① A, B, C　　② A, C, D　　③ B, D
④ C, E　　⑤ D, E

4.10 2009 개정 교육과정은 종래의 재량활동과 특별활동을 통합하여 '창의적 체험활동'이 교육과정 편제에 등장했다. 이 교육과정 편성 및 운영에 대한 설명으로 올바른 것은?

① 창의적 체험활동 영역은 동아리활동, 봉사활동, 진로활동, 탐구활동 등이다.
② 학기당 수업시수 20% 증감 운영 대상 교육과정이다.
③ 학교 밖에서 수행한 장애인 봉사활동에 대한 평가를 '학생 상호평가'로 '우수', '보통', '미흡' 등 3단계로 실시했다.
④ 고등학교에서는 초등학교나 중학교보다 많은 주당 4시간을 운영해야 한다.
⑤ 중학교는 1-3학년 3년 간 306시간을, 고등학교는 3년 간 12단위를 이수해야 한다.

4.11 2009 개정 교육과정에서는 지역의 여건, 학교의 실태, 혹은 담당 학년의 교육과정적 요구분석 등을 통하여 단위 학교의 필요에 의해 소신 있게 교과별 수업시수 20% 증감을 할 수 있도록 했다. 이에 대한 견해를 밝혀보라.

4.12 2009 개정 교육과정에서는 2-3개 학년을 하나의 학년군으로 묶어 주고 성격이 유사한 교과목을 교과군으로 묶어 기준시수를 제시해줌으로써 집중이수가 가능하도록 했다. 이 제도에 대한 견해를 밝혀보라.

Chapter 05

교육과정 개발모형

개 요

1. 교육과정 개발이란 교육활동에서 사용할 교육과정을 만드는 일이다. 즉, 학교 교육활동 계획 중 교육목표를 설정하고, 교육내용과 학습경험을 선정 및 조직하고, 교수-학습활동을 계획하고, 교육과정 평가 방법을 구안하여 이들 교육과정 구성 요소들 간의 유기적인 관련성을 맺도록 구조화하는 일이다. 개발과 관련된 다양한 용어들이 사용되고 있으며, 각 용어들의 고유한 의미가 있기 때문에 구분할 필요가 있으나, 용어 사용상의 혼란을 최소화하기 위해 '개발'로 표현한다.
2. 교육과정을 개발할 때는 어떤 절차나 활동의 개요로서 모형을 적용하기 마련이다. 이들 모형에는 목표중심 모형, 예술적 모형, 순환적 모형, 역동적/상호작용적 모형 등이 있다. 이들 모형은 교육과정 개발의 과정, 개발활동의 중요한 요소들, 각 활동 요소들의 조직 방식, 그리고 장·단점을 지닌다. 그러므로 교육과정 개발자는 각 모형들의 특성을 이해한 바탕 위에서 실제 교육과정 개발에서 어떤 모형을 적용할 것인가를 결정하여야 한다. 실제로 교육과정 개발 현상을 들여다 보면 단일 모형의 적용보다 여러 모형들을 혼합한 통합적인 방식을 취한다.
3. 일반적으로 학교단위의 교육과정 개발은 단계적으로 이루어지는 것으로 기술하는 것이 이해하기 쉬우며 보다 체계적인 과업 수행방식이다. 학교 교육과정 개발(SBCD)의 대략적인 절차는 (1) 교육과정위원회 조직과 편성 계획 수립 (2) 상위 교육과정 기준과 지침의 내용 분석 (3) 상황분석 (4) 학교 교육과정의 기본 방향 설정 (5) 학교 교육과정 시안 작성 (6) 시안의 심의 및 확정 (7) 학교교육과정 운영 (8) 학교교육과정 평가와 개선 등으로 기술할 수 있다. 따라서 교육과정 개발 활동에는 교육과정 운영 및 평가와 개선 등까지 포괄적으로 이해해야 하며, 8단계가 1단계로 순환 피드백되는 방식을 취한다.

> 1. 여러분이 중학생을 대상으로 '정서지능'을 개발하기 위한 단시간의 프로그램 하나를 개발하는 책임을 맡았다고 가정해 보자. 당신은 어떤 일부터 착수하여 어떤 과정을 따라 하나의 프로그램 패키지를 만들겠는가? 이 프로그램에는 어떤 사항들, 어떤 내용들이 어떤 방식으로 포함될 것으로 생각하는가?
> 2. 고등학교 교사인 당신이 학교의 연간 교육과정을 개발하는 책임을 맡았다고 가정하자. 무슨 일부터 시작하게 될 것이며, 어떻게 개발하려고 하겠는가? 가장 먼저 부딪치는 어려움은 무엇인가?

교육과정 개발모형은 교육과정 실체 속의 요소들을 조사하고, 그러한 요소들이 어떤 모양으로 상호 관련되어 있는가를 이해, 조사, 연구하기 위한 개념적 틀이다. 이 모형은 이론의 한 부분이기도 하며, 이론을 개발할 때 모형이 유용하게 이용된다. 교육과정 개발모형은 개발의 '접근방법'으로 표현되기도 한다(박현주, 2005 : 56).

교육과정 개발 작업이나 활동에 포함되는 요소들이 무엇이며, 각 활동 요소들 간의 관계가 어떻게 되는가를 축약적으로 표현해 주는 개발모형은 매우 다양하다. 교육과정 개발모형의 다양함은 교육에 대한 시각만큼이나 다양하다(이귀윤, 1996 : 187). 박현주(2005 : 56-57)는 여러 학자들의 교육과정 개발모형 혹은 개발접근을 크게 체계적 접근과 비체계적 접근으로 구분하여 13개의 모형을 제시하기도 하였다.

이를 하나의 연속선상에 그려 보면 다음과 같은 [그림 5-1]로 표현할 수 있다. 물론, 이들 모형의 절충형이나 변형들은 얼마든지 있을 수 있으나, 이들을 유사한 것으로 묶으면 네 가지 모형으로 대별할 수 있다(이는 이경섭(1997 : 28)이 제시한 모형에 Eisner모형을 추가한 것이다).

목표중심 모형	예술적 모형	순환적 모형	역동적/상호작용적 모형
Tyler, Taba	Eisner	Wheeler, Nicholls	Walker, Skilbeck

[그림 5-1] 교육과정 개발모형의 연속성

제1절 목표중심 모형

이 모형은 종종 합리적 모형, 목적–수단모형, 고전적 모형 등으로 불리는데, 교육과정 개발에 대한 접근법으로서 목표로부터 시작하여 내용, 방법, 평가에 이르기까지 하나의 연속선적 계열을 따른다. 이 모형은 교육과정 개발 작업은 활동 요소들이 고정된 계열을 따라서 이루어지는 것으로 본다. 합리적 모형이라는 이름은 누구나 이해하기 쉬운 단계와 절차를 간명하게 밝히고 있어 우리의 상식이나 사고의 습관과 일치한다는 점에서 붙여진 것이다. 그리고 고전적 모형이라는 이름은 이 모형이 가장 오래전에 개발되어 다른 모형의 개발을 위한 기초를 제공해 주고 다른 모형개발에 영향을 크게 미쳤다는 점에서 붙여진 이름이다. 이 모형의 대표적인 학자는 Ralph R. Tyler와 Hilda Taba이다.

1. Ralph R. Tyler의 견해

Tyler는 1949년에 「교육과정과 수업의 기본 원리」(Basic Principles of Curriculum and Instruction)라는 조그마한 분량의 저서를 통하여 그의 교육과정 개발에 대한 입장을 간명하게 밝혀 놓았다. 이 소책자는 그 후의 교육과정 개발에 대한 연구와 실제에 매우 중요한 영향력을 행사하여 오늘에 이르고 있다. 그는 교육과정을 개발하는데 있어서(수업과정을 포함하여) 다음의 네 가지 기본적인 문제를 다루어야 한다고 제안하였다.

[1] 학교는 어떤 교육목적을 달성하려고 노력해야 하는가?(교육목표)

[2] 이 목표를 달성하기 위하여 어떤 교육적 경험이 선정되어야 하는가?(학습경험의 선정)

[3] 선정된 학습경험은 어떻게 조직해야 교육목표를 달성하는 데 도움이 되는가?(학습경험의 조직)

[4] 설정한 교육목표가 어느 정도 달성되었는가를 어떻게 확인할 수 있는가?(학습성과의 사정과 평가)

Tyler는 유명한 '8년 연구'의 리더로서 활동한 경험과 자신의 교육과정에 관한 학문적 배경을 기초로 이러한 교육과정 개발모형을 제시함으로써 지난 50여 년 동안, 그리고 오늘날까지도 교육과정 개발자들과 학자들에게 중요한 영향을 미쳐 왔다. 교육과정 개발과정에 대한 그의 모형을 좀 더 구체적으로 제시하면 [그림 5–2]와 같다.

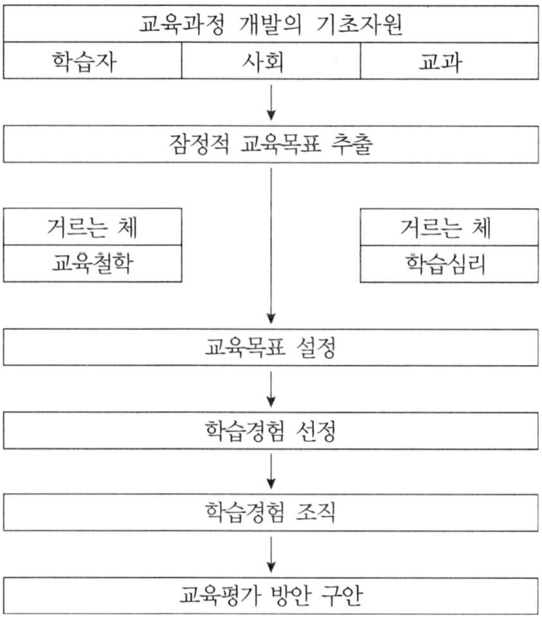

[그림 5-2] Tyler의 교육과정 개발모형

이 모형에 따르면, Tyler는 교육과정 개발의 과제를 네 가지 문제에 대한 논리적이고 계열적인 해결책으로 보았다. 일단 목표가 결정되면, 그러한 목적 혹은 목표를 달성하는 데 최적이라고 생각할 수 있는 교육적 경험의 선정문제가 해결되어야 한다. 그 다음에 선정한 학습경험을 조직하는 문제가 해결되어야 하며, 마지막으로 처음 단계에서 설정한 목표가 얼마나 잘 달성되었는가를 평가하는 방안이 마련되어야 한다.

Tyler는 교육과정을 개발할 때, 목적(목표)을 명확히 규정하는 것이 절대적으로 필요하고 중요하다고 하였다. 목표 설정시 현대사회에 대한 연구, 학습자의 심리에 대한 연구, 교과전문가의 견해 등에 기초하여 교육목표가 설정되어야 한다고 지적한다. 교육목표가 드러나면, 교육철학과 학습심리라는 틀(체)에 의하여 걸러지고 우선순위를 밝히게 된다. 그리고 목표는 가능한 한 구체적으로 설정되어야 한다고 주장한다(Tyler의 교육과정 개발모형에 대한 상세한 내용은 진영은(1996)이 번역한 Tyler의 「교육과정과 수업의 기본 원리」를 참고).

이와 같은 Tyler의 교육과정 개발모형은 개발의 어떤 요소들보다 목표를 우선시한다는 점에서 목표우위모형이며, 목표가 평가할 바가 무엇인가를 안내한다는 점에서 평가중심모형이며, 개발의 단계가 목표 설정에서부터 평가 방법 구안으로 직선적인 계열을 따라 진행하는 것으로 본 점에서 직선적 모형이며, 모형을 누구나 쉽게 이해할 수 있고 적용할 수 있다는 점에서 합리적 모형이며, 교육과정 개발자가 각 단계에서 수행해야 할 바가 무엇인가를 구체적으로 알려준다는 점에서 처방적 모형이며, 전체로부터(전체 교과) 부분으로(각 교과의 단원으로) 진행된다는 점에서 연역적 모형이라고 할 수 있다.

2. Hilda Taba

Taba는 「교육과정 개발 : 이론과 실제」(Curriculum Development ; Theory and Practice, 1962)라는 그녀의 저서에서 교육과정 개발과정에 대한 접근 방법을 제시함으로써, 학교수준에서의 교육과정 개발에서 고전적 모형이라고 할 수 있는 Tyler의 교육과정 개발모형을 수정했다.

접근 방법에 있어서는 Tyler와 마찬가지로 여전히 단선적(單線的)인 반면, Taba는 교육과정 개발 과정의 각 단계에서 보다 많은 정보들이 투입되어야 한다고 보았다. Taba는 [그림 5-3]과 같이 7가지 계열적 단계를 제시하였다.

학습자의 요구 진단	: 학습자가 필요로 하고 요구하는 바를 조사 분석한다.
교육목표의 구체화	: 요구진단에 기초하여 달성할 교육목표를 구체적으로 기술한다.
내용의 선정	: 목표달성에 적합한 교육내용을 선정한다.
내용의 조직	: 선정한 교육내용을 체계적으로 조직한다.
교수-학습 방법 설계	: 내용의 교수-학습방법을 설계한다.
학습활동의 조직	: 학습자를 염두에 두고 전개할 학습활동 방법을 결정한다.
교육평가 방안 구안	: 교육목표 달성도 평가방안을 계획한다.

[그림 5-3] Taba의 교육과정 개발모형

Taba 모형은 근본적으로 Tyler모형과 동일하다. 단지 Tyler모형을 보다 구체적으로 기술하는 모형을 제시하였을 뿐이다. 특히, 학습자의 요구 진단으로부터 교육과정이 개발되어야 한다는 주장은 그녀의 캘리포니아에서의 학교 교육경험에서 비롯된 것이다. 교사들과 함께 활동하면서, Taba는 교사란 미래의 중요한 교육과정 개발자들이며 체계적이고 논리적인 모형이 교사들에게 있어서 매우 가치 있다고 생각한 것이다. 따라서 Taba모형은 '세목적 단계'를 강조하고 있다.

3. 목표중심 모형의 장점과 단점

가. 장점

1) 목표중심 모형은 교육과정 개발 과정을 단순하고 단계적으로 접근하는 방법을 제시함으로써 우리의 상식에 부합하며 이해가 용이하다.

2) 시간-효능의 접근 방법을 제공해 주고 있다. 교육과정 개발과정을 매우 체계적이고 순차적인 것으로 기술하기 때문에 순서에 따라서 단계적인 활동을 전개해 나가면 시간을 절약할 수 있고 효과적으로 교육과정을 개발할 수 있는 가능성이 커진다는 것이다.

3) 교육목적 혹은 목표를 강조함으로써 교육과정 개발의 방향을 명확히 하고 개발상의 혼란을 막을 수 있다.

4) 교사들이 학교 현장에서 용이하게 적용할 수 있다.

나. 단점

1) 교육과정 개발 작업이, 합리적 모형이 제시해 주는 것과 같이, 기계적이고 계열적 순시대로 진행되는 것만은 아니다. 따라서 역동적으로 사고하는 사람들에게는 오히려 어려움을 느낀다.

2) 설정한 목표와 교수-학습 상황이 일치하지 않을 수 있으며, 이 문제를 이 모형은 적절하게 다루지 못하고 있다. 교수-학습은 항상 예측 가능한 것이 아니다.

3) 목표중심 모형은 교육목표의 행동적 진술을 지나치게 강조함으로써 목표의 행동적 진술이 어렵거나 불가능한 경우가 있음을 간과하고 있다. 또 교사들로 하여금 목표설정에 너무 많은 시간을 투입하도록 함으로써 상대적으로 다른 교육과정 개발 요소를 소홀히 다루도록 만들 가능성이 있다.

제2절 Eisner의 예술적 모형

1. 모형의 개관

Eisner의 교육과정 개발모형은 근본적으로 Tyler의 합리적 모형과 유사하다. 다만, 교육과정 개발이 학습자의 요구나 필요 등을 조사하여 객관적으로 교육목표를 추출하는 것과 같은 행동과학적 접근을 문제삼았다. 그에 의하면, 교육과정 개발이란 부단한 의사결정 과정이며, 교육과정에 대하여 의사결정을 하는 사람은 실재에 대한 다양한 시각을 표현하는 예술가와 같은 사람이라고 주장한다(박현주, 2005 : 90). 미술교사로서의 교직 경험과 미술 교육과정 프로젝트에 참여한 경험을 통하여 교육과정이란 객관적인 방식으로 기계적으로 개발될 수 있는 대상이 아니라 예술가적 상상력이 동원되는 교육적 상상력의 발휘 없이는 제대로 된 교육과정 개발은 불가능하다고 생각하였다.

에이즈너의 예술적 교육과정 개발모형은 [그림 5-4]와 같다(Marsh & Willis, 1995 : 24 ; 홍후조, 2002 : 260-264).

교육목표 추출과 우선순위 결정	: 일반적이고 보편적인 방식의 교육목표 설정
교육과정의 내용 선정	: 표면적 교육과정 + 영교육과정
교수-학습활동 계획	: 교사의 교육적 상상력이 가장 잘 발휘된다.
학습기회의 조직	: 계단식 모형과 거미줄 모형 등 학습자 중심의 학습기회 조직
내용영역의 조직	: 학습자에게 의미 있는 경험을 줄 수 있는 내용을 다양하고 통합적 방법으로 조직
내용의 제시방식과 표현양식의 다양화	: 다양한 방식으로 가르치고 학습하며, 표현하는 능력을 구안
교육평가 방안 구안	: 예술적 평가방법에 기초한 교육평가 방안 구안

[그림 5-4] Eisner의 교육과정 개발모형

2. 개발의 절차(Marsh & Willis, 1995 : 25 – 27)

가. 교육목표 추출과 우선순위 결정

Eisner(1985)는 구체성의 정도에 따라서 교육목적, 교육목표, 수업목표를 구별하고, 교육과정 개발에서는 교육목표를 설정하기를 권장하였다. Eisner는 교육목표의 우선순위를 결정하는 요소로서 교육과정이 적용되는 **상황**과 **목표 달성 가능성**을 들었다. 그러나 교육목표의 우선순위를 정하고 설정하는 역할은 교육과정 결정자의 교육에 관한 가치관이라고 하였다.

Eisner는 교육과정에 행동적 목표와 같은 구체적인 목표를 포함시키는 것은 부적절하며, 일반적이고 종합적인 목표, 학습활동이 끝난 후에 드러날 표현적 목표(expressive objectives) 혹은 잠재적 목표의 중요성을 강조하면서, 목표가 반드시 교수–학습 이전에 설정될 필요는 없으며 교수–학습 과정에서도 설정될 수 있다고 주장한다.

나. 교육과정의 내용 선정

Eisner는 교육과정의 내용을 선정할 때에는 **교육목표 달성**에의 **적합성**과 **학습자**에의 **유의미성**이라는 기준이 중요하다고 하였다. 그는 전통적인 주지주의 교과들만으로 구성되는 교육과정을 비판하면서 학습자들에게 의미 있는 경험을 제공할 수 있는 대중문화나, 전통적으로 교육과정에서 배제되어 온 영(零, null)교육과정에 관한 고려의 필요성을 지적하였다.

다. 교수–학습활동 계획

교육과정 개발자들이 **교육적 상상력**을 발휘해야 할 중요한 과정이 바로 학생들에게 의미 있고 만족스러운 다양한 학습경험을 어떻게 제공해 줄 것인가라는 '교수–학습활동 계획' 과정이라고 주장한다. 동일한 학습경험 요소라고 하더라도 교육과정 개발자의 상상력에 의해 학습자에게 주어지는 경험의 양과 질이 달라진다는 것이다.

라. 학습기회의 조직

학습기회의 조직이란 학습자들이 교육과정을 직접 실현해 가는 절차를 처방하는 것으로 **교육과정 계열화**라고 할 수 있다. 교육과정을 계열화하는 방법은 '계단식 모형'과 거미줄 모형 등 두 가지가 있다(박현주, 2005 : 92). 전자가 선형적 절차모형이라면, 후자는 하나의 주제나 내용을 학습하기 위한 과정, 기회가 열려 있는 확산적 모형이다. 에이즈너가 강조하는 학습기회 조직 방식은 **거미줄 모형**이다.

학습기회 조직으로서 확산적 모형을 택할 경우, 학습자의 위치와 교사의 역할은 Tyler 모형에서와는 사뭇 달라진다. 학습자는 자신의 학습기회를 선택할 권리를 갖게 되며, 과정이 다르기 때문에 학습의 결과도 획일적으로 나타나지 않는다. 또 교사는 내용이나 경험의 전달자 혹은 지시자라기보다는 학습자의 학습기회에 대한 참여를 동기화하고 안내하는 안내자 역할이 강조된다.

마. 내용영역의 조직

Eisner는 전통적인 방식의 학문에 근거한 교과교육과정과 같은 내용 조직방식에 대하여 비판적인 입장을 취한다. 그 이유는 학습자의 실제 생활과 괴리될 수 있어서 생활상의 문제해결 능력을 기를 수 없으며, 학습자들을 획일화시킨다는 것이다. 따라서 그는 내용 조직은 획일적 방식에서 벗어나 다양화를 추구하면서 동시에 통합적인 경험을 할 수 있도록 조직되기를 요구한다.

바. 내용의 제시방식과 표현양식의 다양화

Eisner는 학습내용을 제시하는 방식과 학습자가 학습한 바를 그려내는 양식은 학습자에 따라서 매우 다양함에도 불구하고, 그리고 이와 같은 양식들을 존중해야 함에도 불구하고 전통적인 교과중심 혹은 학문중심 교육과정은 학습내용을 제시하는 방식이 매우 제한적이며, 학습자가 학습한 바를 표현하는 방식은 강화를 받을 수 있는 목록이 제한되어 있기 때문에 제한된 범주에서만 표현하는 제한적인 양식을 습득한다는 것이다. 그래서 그는 교육과정을 개발할 때는 같은 내용이라도 다양한 방식으로 제시해야 하며(학습과정의 평등성), 학습자가 그 내용을 학습한 결과도 다양하게 표현할 수 있는 길을 열어두어야 한다고 주장한다. 그렇지 않으면 학습결과의 평등성, 즉 학습자의 균등한 교육기회를 빼앗는 것이라고 지적한다.

사. 교육평가 방안 구안

Eisner는 교육평가라는 용어를 사용하고 있기는 하지만 전통적인 의미의 교육평가라기보다는 교육과정 평가를 강조하였다. 그의 교육과정 개발모형을 '예술적 모형'이라고 표현하는 데에서 시사되듯이 교육과정 평가란 교육적 감식안이나 비평과 같은 예술적 평가방법이 적용되어야 한다고 주장한다. 그러므로 평가자는 단순히 교육과정에 반영되어 있는 내용의 학습결과를 평가하는 데 그쳐서는 안 되며, 다양한 반응을 평가할 수 있어야 할 뿐만 아니라 교육이 일어난 상황을 잘 읽을 수 있는 능력, 학습자의 다양한 반응에 민감성을 지닐 것을 요구하고 있다.

3. Eisner의 예술적 모형의 장점과 단점

가. 장점

1) Tyler의 목표중심 모형에 비하여 교육과정 개발과정의 융통성과 신축성을 강조하고 인정함으로써 보다 역동적으로 파악하였다.
2) 교육과정 개발과정에서 영교육과정의 실체에 대하여 계속 주목하도록 하였다.
3) 교육과정 개발에서 교사의 전문성 발휘를 강조하였다.

나. 단점

1) 목표중심 모형의 문제점을 잘 파악하고 있으나, 그 대안을 구체적으로 제시하지 못하였으며, 그의 모형을 학교 현실에서 적용하기에 쉽지가 않다.

2) 학습과정과 학습활동 후에 드러나는 '표현적 목표'를 주장하면서, 교수활동이 전개되고 난 후에 종합적이고 일반적인 용어로 표현되는 목표를 설정해야 한다고 하였으나, 교육목표란 학습활동이 이루어지기 전에 설정되어야 한다는 근거의 대안으로는 부적절하다.

제3절 순환적 모형

1. Wheeler, Nicholls & Nicholls의 순환적 모형

합리적 모형의 연장이라고 할 수 있으나, 교육과정 개발을 상황의 변화, 새로운 정보나 실제에 따라서 항상 변화하는 하나의 지속적 순환적 활동으로 간주한다. 또 합리적 모형에서와 같이, 교육과정 개발활동 요소들 간의 차이점이나 단계가 명확하지 않으며, 상호 관련적이고 의존적인 관계로 파악한다. 예컨대, 교육과정 개발자들은 내용을 검토하면서 동시에 교수-학습방법을 구상하게 된다.

가. D. K. Wheeler

서호주대학교의 교수였던 Wheeler는 Tyler, Taba의 아이디어를 더욱 확장시키는데 기여하였다. Wheeler(1974)는 「교육과정 개발과정」이라는 저서에서 교육과정의 각 요소들은 상호 관련되어 있고, 상호 의존적이며, 순환적 형태를 띠고 있다고 주장한다. 그러나 여전히 각 단계들은 계열적으로 진행되므로 합리적 형태를 띠고 있다. 그의 모형은 [그림 5-5]와 같다.

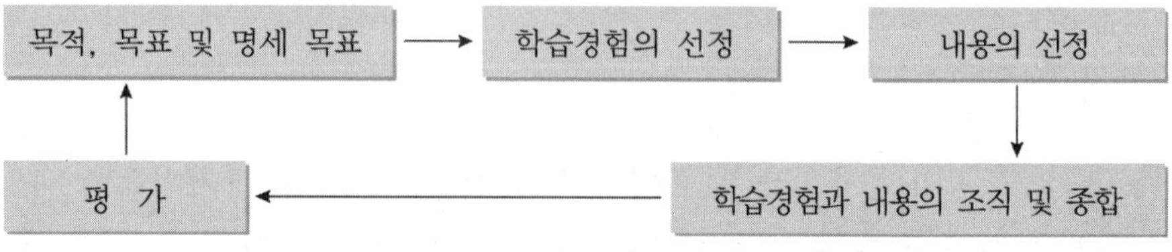

[그림 5-5] Wheeler의 교육과정 개발 과정 모형

이들 단계들은 Tyler, Taba가 밝히고 있는 필수적 요소들을 통합해 놓고 있는데, 그 표현 양식은 약간 다르다.

나. Nicholls and Nicholls

이들은 「교육과정 개발 : 하나의 실제적인 지침」(Developing a Curriculum : A practical guide, 1978)이라는 책에서 새로운 순환적 접근 방법을 제안하였다. 이들은 교육과정 개발의 순환적 성질과 예비단계, 즉 상황분석을 강조함으로써 Tyler, Taba, Wheeler의 아이디어를 더욱 확장 세련시켜 놓았다.

이들이 제시하고 있는 교육과정 개발과정은 다음의 5단계가 연속성을 지니면서 각 단계가 상호의존적으로 이루어진다(그림 5-6).

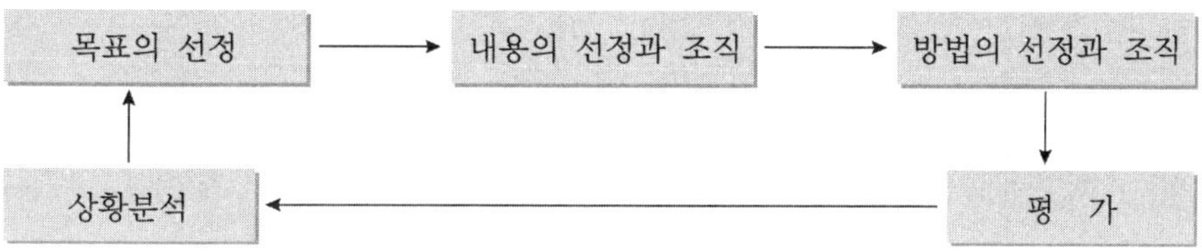

[그림 5-6] Nicholls and Nicholls의 교육과정 개발모형

이들 상호의존적 단계에서 가장 특징적인 것은 '상황분석'이다. 각 학교의 교육과정 개발자들이 주위환경, 특히 학습자의 요구에 보다 잘 대처하기 위해서는 우선 상황분석이 이루어져야 한다는 것이다. 상황분석으로부터 표출된 지식과 통찰을 활용하여 전체적 상황을 구성하고 있는 요인들을 신난, 분석할 수 있는 보다 포괄적인 접근 방법을 제시한 것이다.

2. 순환적 모형의 장점과 단점

가. 장점

1) 목적, 목표, 명세목표의 역할을 강조함으로써 교육과정 개발자로 하여금 개발과정

이 진행되기 이전에 그 과제들을 개념화하도록 요구한다. 이것은 합리적 사고를 촉진시켜 보다 효과적인 교육과정을 개발할 수 있는 확률을 높여 준다.

2) 상황분석을 하나의 출발점으로 삼기 때문에 효과적인 목표가 설정될 수 있는 기초자료를 제공해 준다.

3) 상황분석은 교육과정 개선상황이 일어나면 항상 신축성 있게 변화하는 것을 전제로 하므로 상황의 변화에 능동적으로 대처할 수 있는 가능성을 확대시켜 준다.

4) 모형에 대한 이해가 용이하기 때문에 학교 교사들이 적용하기가 쉽다.

나. 단점

1) 순환적 모형은 상황분석으로부터 개발 작업이 시작된다는 것을 가정한다. 그러나 상황분석이 일단 이루어지고 난 뒤에는 어느 교육과정 요소에서라도 변화를 야기할 수가 있다.

2) 효과적인 상황분석을 위해서는 매우 많은 시간이 소요된다. 이는 귀찮고 힘든 일이므로 많은 교사들은 '경험에서 생긴' 직관에 의존하는 경향이 있다.

제4절 역동적 상호작용 모형

교육과정 개발의 역동적 상호작용 모형은 Walker와 Skilbeck에 의해 제안된 것으로 그 특성과 개발과정은 다음과 같다(이경섭, 1997 : 43－52).

Walker와 Skilbeck은 교육과정을 개발할 때 나타내 보이는 교사와 개발자들의 행동을 직접 관찰한 후, 그 관찰로부터 이 모형을 도출한 것이다. 이들의 관찰에 의하면, 실제로 교육과정 개발이란 직선적이며 계열적인 형태를 따르는 것이 아니라는 것이다. 이들은 학교 현장에서의 교육과정 개발은 어느 교육과정 요소로도 시작하기도 하고, 어떠한 순서로 진행되어도 무방하다는 점을 관찰하였다. 또 교육과정 계획에 있어서 획득해야 할 것으로 미리 결정된 정보가 중요한 것이 아니라 학습자의 요구가 더 중요하다고 강조한다.

1. Decker Walker의 자연주의적 모형

Walker는 자신의 연구에 따라서 다음 [그림 5-7]과 같은 교육과정 개발모형을 제시하였다.

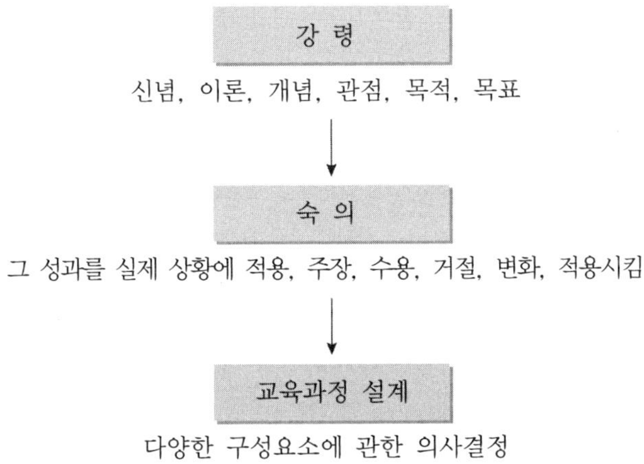

[그림 5-7] Walker의 교육과정 개발 과정 모형

첫 번째 단계에서 교육과정 개발자들은 '강령(綱領)'(출발점 다지기) 단계로부터 활동을 전개한다. 이 과정에는 교육과정에 관한 아이디어, 선호성, 관점, 신념, 가치 등의 갖가지가 포함된다. 교육과정 개발자들은 '공백의 상태'에서 출발하지 않으며, 자신들이 기존에 지니고 있는 아이디어, 가치, 신념 등 선행경향성을 지니고 있기 마련이며, 이것이 교육과정 개발의 기초 다지기 혹은 강령 만들기 과정이 된다.

일단 개개인의 상호작용을 통하여 전체적인 방향이 삽히번, 그들은 숙의의 단계로 들어간다. 이 과정에서 다양한 의견들이 제시되고 서로 갈등하거나 상치되는 의견들을 조정하며 주장 → 수용 → 거절 → 변화 → 적응 → 대안 모색 등의 과정들을 거쳐 명료성을 이루어내는 결과를 얻는다.

Walker모형의 마지막 단계는 소위 '설계' 단계이다. 이 단계에서 교육과정 개발자들은 개발과정의 여러 구성요소에 대하여 결정을 내리게 된다. 그런 뒤에 어떤 합의가 이루어지면 결정사항을 기록하고, 이것을 교육과정 문서 혹은 구체적인 교육과정 자료로 삼는다.

Walker 모형과 고전적/목표 모형과의 차이점은 목표와 평가의 역할을 상이하게 파악하는데 있다.

2. Malcolm Skilbeck

호주 교육과정 개발센터의 前 원장이었던 Malcolm Skilbeck은 학교중심 교육과정 개발(SBCD) 모형을 창안하였다. 역동적 혹은 상호작용 모형에 의하면, 교육과정 개발자는 어떤 교육과정요소로부터 개발활동을 시작할 수도 있고, 어떠한 수준의 계열성을 따라 진행할 수도 있다. 그의 교육과정 개발모형은 다음 [그림 5-8]과 같다.

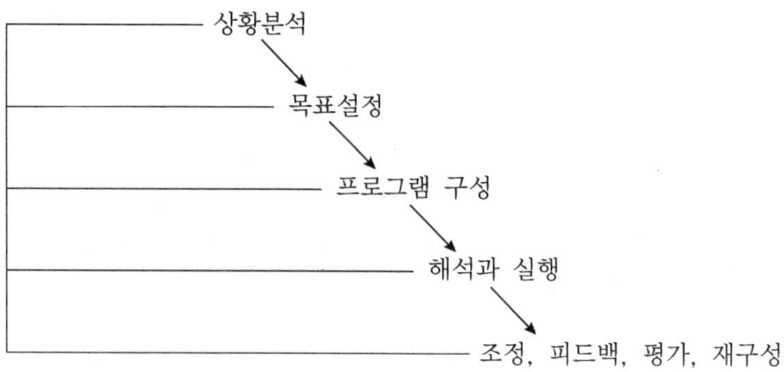

[그림 5-8] Skilbeck의 교육과정 개발 모형

3. 상호작용 모형의 장점과 단점

가. 장점

1) 행동목표 진술에 어려움과 회의를 갖는 교사들이 현실적으로 적용 가능한 모형이다.

2) 융통성 있는 모형으로서 개발자들의 자율성과 창의성을 인정하며 이를 교육과정 개발과정에서 발휘할 수 있다.

3) 학교 교육과정 개발의 실제를 잘 반영한다. 학교 교육적 상황을 잘 반영하고 있으므로 교육과정 개발과제를 학습하는 사람들에게 매우 적절하다.

나. 단점

1) 교육과정 개발 작업의 나아가는 방향이 뒤섞여 있어 방향감이 부족하다.

2) 운영실제에 있어서 개발자들의 역할상 혼란이 야기될 가능성이 크며, 전체를 충분히 반영하지 못하게 된다.

3) 목표를 설정해 두는 일을 소홀히 하므로 어디로 나아가고 있는가를 분명하게 이해하기 곤란하다.

4) 시간낭비가 클 가능성이 크다. 특히 숙의(熟義) 단계에서 시간을 많이 소요하게 될 수 있다.

제5절 학교교육과정 개발의 일반모형

이상과 같은 교육과정 개발의 각 수준을 고려하면서 학교 교사들에 의하여 적용할 수 있는 학교교육과정 개발(SBCD)의 일반모형(단계와 각 단계의 활동요소들의 체계)을 다음과 같이 제시한다.

❖1단계 : 학교 교육과정위원회 조직과 편성 계획 수립

1. 위원회 구성
2. 교육과정 편성 계획 수립
   - 2.1 교육과정 편성의 목적
   - 2.2 교육과정 편성 내용
   - 2.3 교육과정 개발 절차
   - 2.4 일정
   - 2.5 예산
3. 인적 조직과 임무, 역할의 구체화

❖ 2단계 : 교육과정 기준과 지침의 내용 분석

1. 교육부 고시 교육과정 기준 분석
   1.1 교육과정의 성격
   1.2 추구하는 인간상
   1.3 교육과정의 구성 방침
   1.4 학교급별 교육목표
   1.5 편제와 시간 배당 기준
   1.6 교육과정 편성의 기본 지침
   1.7 교육과정의 평가와 질 관리 지침
2. 시 · 도 교육과정 편성지침의 분석 : 교육부 고시 내용과 동일
3. 관계 법령, 교육시책, 교육지표, 교육적 과제의 분석
   ⇒ 학교 교육과정에 반영할 시사점 추출

❖ 3단계 : 각종 실태 조사 및 분석(상황분석)과 시사점 추출

1. 교직원, 학교, 학생과 학부모 실태, 지역사회의 특성 조사 분석
2. 교원, 학생, 학부모의 요구 사항 조사 분석
3. 학생들의 교육적 필요(educational needs) 조사 분석
4. 교과활동, 특별활동, 재량활동의 운영 실태와 개선점 추출
   ⇒ 학교교육과정에 반영할 시사점 추출

❖ 4단계 : 학교교육과정의 기본 방향 설정

1. 학교장의 학교 경영 방침 및 학교 교육 목표 설정
   1.1 학교 경영상의 주안점
   1.2 해당 연도 교육의 특색
   1.3 학교 교육목표 체계
2. 교과별, 교육활동 영역별, 학년별 교육 중점 제시
   ⇒ 학교 교육과정 편성과 운영의 기본 원칙 결정

❖5단계 : 학교 교육과정 시안 작성

1. 편제와 시간 배당, 수업 일수, 수업 시수 결정
2. 교과, 특별활동, 재량활동의 연간 운영 계획
3. 특별활동의 학교 별도 확보 시간 결정
4. 목표, 내용, 수준, 지도 순서, 시간, 방법의 조정
5. 교육평가 계획
6. 생활지도, 특수학생 지도 및 교육 자료 활용 계획
7. 교과 전담 운영, 특별 교실과 운동장 활용 계획
8. 특별 학급 운영 계획
9. 수준별 교육과정 운영에 따른 특별 보충 과정 운영 계획
10. 영재아, 학습부진학생 지도 계획
11. 복식학급 등 특수한 학습집단 편성 운영
12. 기타 학교 교육활동에 필요한 계획

    ⇒ 학교 특색을 실리는 창의적인 교육활동 계획 수립

❖6단계 : 학교 교육과정 시안의 심의 및 확정

1. 시안의 심의, 검토 분석, 목표 설정
2. 수정 및 보완 사항 추출, 문제점 추출
3. 시안의 수정 보완

   ⇒ 학교 교육과정의 확정

❖7단계 : 학교 교육과정의 운영

1. 지속적인 연수 실시, 교내 자율 장학의 활성화
2. 운영 과정의 문제점에 탄력적으로 대처
3. 교 · 내외 장학 협의를 통한 교육과정의 수정 및 보완

   ⇒ 융통성 있는 운영

   (시간 운영, 장소 활용, 교사 조직, 주제 선정, 집단 편성 등)

❖8단계 : 학교 교육과정의 평가와 개선

1. 교과, 특별활동, 재량활동의 운영 평가
2. 평가 기준에 따른 교육과정 평가
   ⇒ 개선점 추출, 다음 해의 학교교육과정 편성과 운영에 반영

이와 같은 교육과정 개발의 일반모형은 이론적인 논의의 차원과는 달리 학교 교육현장에서 교사들이 적용하는 것을 전제로 제시한 것이다. 그리고 이 일반모형은 앞의 다양한 교육과정 개발모형들, 특히 순환적 모형의 중요한 요소들을 반영하고 있다. 즉, 교육과정 개발이란 교육과정 평가과정을 거쳐 다음에 개발 혹은 개정되는 교육과정의 의사결정을 위한 정보 수집과정임을 나타내고 있다.

참고 문헌

bibliography

강현석 · 주동범(2004). 현대 교육과정과 교육평가. 서울 : 학지사.

곽병선(1987). 교육과정. 서울 : 배영사.

김재춘 외(2005). 예비 · 현직 교사를 위한 교육과정과 교육평가. 서울 : 교육과학사.

김종서 외 3인(1997). 교육과정과 교육평가. 서울 : 교육과학사.

박현주(2005). 교육과정 개발의 모형과 실제. 서울 : 교육과학사.

이경섭(1997). 학교교육과정론. 서울 : 교육과학사.

이귀윤(1996). 교육과정연구. 서울 : 교육과학사.

이성호(2004). 교육과정 개발의 원리. 서울 : 학지사.

진영은(2003). 교육과정 : 이론과 실제. 서울 : 학지사.

홍후조(2002). 교육과정의 이해와 개발. 서울 : 문음사.

Eisner, E. W.(1985). The Educational Imagination : On the Design and Education of School Programs. New York : Macmillan.

Marsh, C., & Wills, G.(1995). Curriculum : Alternative approaches, ongoing issues. Prentice-Hall, Inc.

Nicholls, A., & Nicholls, A. H.(1978). Developing a curriculum : A practical guide. 2nd eds., London : George Allen & Unwin.

Taba, H.(1962). Curriculum Development : Theory and practice. New York : Harcourt, Brace and World.

Tyler, R. W.(1949). Basic Principles of Curriculum and Instruction. Chicago : University of Chicago Press.

Wheeler, D. K.(1974). Curriculum development process. London : University of London Press.

Wiles, J.(2005). Curriculum wssentials : A resource for educators(2nd ed.). Boston : Pearson Education, Inc.

형성평가

5·1 타일러(R. W. Tyler)가 제시한 교육과정 구성요소로서 부적당한 것은?

① 교육목표 설정 ② 교육자료 개발 ③ 교육경험의 선정
④ 교육경험의 조직 ⑤ 교육평가

5·2 〈보기〉중 교육과정에 대한 에이즈너(E. Eisner)의 관점에 해당하는 것은? ['04 초등]

보 기

가. 교육과정 구성과 개발에 있어서 효율성을 우선시해야 한다.
나. 교육과정 개발자는 교육과정 현상에 대한 풍부한 '교육적 상상력'을 가져야 한다.
다. 교육목표는 구체적으로 표현될 수 있는 학습자의 '행동'에 초점을 두어야 한다.
라. 교육과정 평가자는 교육 현상을 보고 교육활동의 질을 판단할 수 있는 '교육적 감식안'을 지녀야 한다.

① 가, 나 ② 가, 다 ③ 나, 라 ④ 다, 라

5·3 다음〈보기〉와 같은 내용을 강조한 학자는? ['00 초등]

보 기

• 영 교육과정(null curriculum)이라는 개념을 사용하였다.
• 교육과정을 평가하기 위한 방법으로 심미안과 비평이라는 개념을 도입하였다.
• 교육과정을 이해하는 데 있어서 의도와 결과 분석의 중요성을 강조하였다.

① 에이즈너(Eisner) ② 슈왑(Schwab)
③ 워커(Walker) ④ 타일러(Tyler)

5·4 교육목표에 관한 에이즈너(E. Eisner)의 관점으로 적절하지 않은 것은?
['06 유치원/초등/특수학교]

① 모든 목표는 관찰 가능한 행동적 용이로 진술하여야 한다.
② 명백한 목표뿐만 아니라 의도되지 않은 목표도 고려해야 한다.

③ 어떤 교육활동에 대해서는 구체적인 목표를 미리 정할 수 없다.
④ 어떤 목표는 교육활동이 전개된 이후에 설정되는 것이 타당하다.

5·5 워커(D. Walker)의 교육과정 개발모형에서 여러 대안 중 가장 현실적인 대안을 찾아내는 단계는? ['06 유치원/초등/특수학교]

① 설계(design) ② 강령(platform)
③ 숙의(deliberation) ④ 평가(evaluation)

5·6 D. Walker가 제안한 '자연주의적 교육과정 개발모형'에서 다음과 같은 활동이 이루어지는 단계는?

(1) 각각의 교육과정 대안이 가져올 결과를 가름한다. (2) 자신이 속한 집단의 이해관계를 반영하기도 한다. (3) 참여자가 공정하고 균형 잡힌 판단에 이르도록 도와준다. (4) 제안된 교육과정 대안들 간의 상호 충돌하는 측면을 제시한다.

① 설계 ② 숙의 ③ 토대구축
④ 통합 ⑤ 실행

5·7 교육과정 학자와 그의 업적이 <u>잘못</u> 연결된 것은? ['06 중등]

① 타바(H. Taba) : 귀납적 탐구과정과 교육과정 개발에서 교사의 역할을 강조하였으며, 사회과의 '단원'구성법을 제시하였다.
② 보빗(F. Bobbitt) : 과학적 관리에 기초한 활동분석법을 활용하여 교육목표를 설정하였고, 전문가에 의한 교육과정 개발을 강조하였다.
③ 워커(D. Walker) : 교육 수요자의 요구 분석에 기초하여 교육목표를 설정하고, 체계적 절차를 따르는 교육과정 개발 모형을 제안하였다.
④ 스펜서(H. Spencer) : 근대 과학의 연구 성과를 교육과정 논의에 적용하였고, 실생활을 향상시키는데 기여하는 지식의 우선순위를 정하였다.

5·8 다음은 어떤 교육과정 개발모형 어떤 모형의 단점에 대한 기술인가?

> 설정한 교육목표를 달성하는 데 부적합한 교수-학습 상황이 벌어질 수 있다. 교수-학습 상황은 항상 예측 가능하지 않다. 이 모형은 교육목표와 교수-학습 상황의 연계성을 충분히 고려하지 못하고 있다.

① 예술적 모형 ② 순환적 모형
③ 상호작용적 모형 ④ 목표중심 모형

5·9 교육과정 개발에서 상황분석을 특히 강조하는 모형은 어느 것인가?

① Taba의 절차적 모형 ② Eisner의 예술적 모형
③ Nicholls의 순환적 모형 ④ Walker의 자연주의적 모형

5·10 에이즈너(Eisner)의 예술적 모형에서 교사의 교육적 상상력이 가장 잘 발휘되는 단계는?

① 내용영역의 조직 ② 교수-학습활동 계획
③ 교육과정 내용선정 ④ 학습기회의 조직

5·11 D. Waker의 자연주의적 교육과정 개발모형에서 선택한 대안을 실천가능한 것으로 구체화하는 단계는?

① 설계 ② 토대구축 ③ 숙의 ④ 실행

5·12 타일러(R. W. Tyler)의 교육과정 개발 모형에 대한 비판으로 볼 수 <u>없는</u> 것은? ['08 중]

① 교육과정 개발을 지나치게 단순화해서 파악한다.
② 교육내용 선정에 대하여 직접적인 답을 제공하지 못한다.
③ 교육과정 개발에 개입되는 정치적 이해관계에 관심을 기울이지 않는다.
④ 학습경험의 조직을 지나치게 강조하여 교육목표의 효율적 달성을 소홀히 다룬다.

5·13 타일러(R. Tyler)의 교육과정 개발 모형과 워커(D. Walker)의 교육과정 개발 모형을 가장 적절하게 설명한 것은? ['09 중]

	타일러 모형	워커 모형
①	처방을 내리기 전에 교육현장에 있는 참여자들의 의견을 수렴한다.	참여자들의 의견을 수렴하기 전에 개발의 순서와 절차를 처방한다.
②	사회, 학습자 및 교과의 필요를 계획적으로 조사하여 교육목표를 미리 설정한다.	실제 상황 속에서 참여자들의 논의를 거쳐 최선의 대안을 자연스럽게 구체화한다.
③	교육과정 개발은 목표 설정에서 도출에 이르기까지 순환하는 공학적 과정이다.	교육과정 개발은 참여자의 교육적 상상력이 발휘되어 의미가 재구성되는 예술적 과정이다.
④	교육과정 개발은 참여자들의 다양한 이해관계가 교차하는 정치적 과정이다.	교육과정 개발은 현실에 대한 다양한 시각을 표현하는 미학적 과정이다.
⑤	교육과정 개발의 계획, 과정 및 결과에 도덕적 고려가 포함되어야 한다.	교육과정 개발 과정에서 생길 수 있는 가치 문제를 의도적으로 배제한다.

5.14 다음은 파이너(W. Pinar)의 쿠레레(currere)방법 4단계이다. (가)와 (나)의 특징을 〈보기〉에서 고른 것은? ['12 중]

(가) → (나) → 분석 → 종합

보 기

ㄱ. 자유연상을 통해 현실화되지 않은 미래의 모습을 상상한다.
ㄴ. 내면의 목소리에 귀를 기울이고, 자기에게 주어진 현재의 의미를 자문한다.
ㄷ. 과거 – 미래 – 현재라는 세 장의 사진을 놓고, 이들 간의 복잡한 관계를 탐구한다.
ㄹ. 자신의 실존적 경험을 회상하면서 기억을 확장하고, 과거의 경험을 상세히 묘사한다.

	(가)	(나)
①	ㄱ	ㄷ
②	ㄴ	ㄱ
③	ㄴ	ㄷ
④	ㄹ	ㄱ
⑤	ㄹ	ㄴ

5.15 〈보기〉는 위긴스와 맥타이(G. Wiggins & J. McTighe)의 백워드 설계(backward design)에서 학교교육의 목표가 되는 6가지 이해에 관한 진술이다. (가) 가장 낮은 수준의 이해와 (나) 가장 높은 수준의 이해를 바르게 짝지은 것은? ['12 중]

설명 - 해석 - 적용 - 관점 - 공감 - 자기지식

보 기

ㄱ. 비판적이고 통찰력 있는 견해(관점)
ㄴ. 의미를 제공하는 서술이나 번역(해석)
ㄷ. 타인의 감정과 세계관을 수용할 수 있는 능력(공감)
ㄹ. 지식을 새로운 상황이나 다양한 맥락에 효과적으로 사용하는 능력(적용)
ㅁ. 사건과 아이디어들을 '왜' 그리고 '어떻게'를 중심으로 서술하는 능력(설명)
ㅂ. 자신의 무지를 아는 지혜 혹은 자신의 사고와 행위를 반성할 수 있는 능력(자기지식)

	(가)	(나)		(가)	(나)
①	ㄴ	ㄱ	②	ㄴ	ㄷ
③	ㄹ	ㅂ	④	ㅁ	ㄷ
⑤	ㅁ	ㅂ			

5.16 학자들이 연구를 통하여 모형(模型, model)을 개발하여 제시하는 이유는 무엇인가? 그리고 현실과 모형과는 불일치하는 경우가 대부분이다. 왜 그런 현상이 일어난다고 생각하는가?

5.17 Tyler를 중심으로 이루어진 8년 연구(eight years study)의 개요를 기술하시오.

Chapter 06

교육과정 개발의 실제 I

개 요

1. 교육과정 개발, 특히 학교교육과정 개발(SBCD)은 매우 다양한 활동 혹은 과정을 거친다. 개발의 과정은 질서정연하게 진행되는 것은 아니며, 역동적으로 이루어지는 것이 보통이다. 그러나 대체적인 과정은 교육과정위원회 구성 ⇒ 상황분석 ⇒ 교육목표 설정 ⇒ 교육내용 혹은 학습경험 선정 및 조직 ⇒ 수업방법 구상 ⇒ 교육과정 평가 방안 설계 등으로 이루어진다.
2. 교육과정위원회 구성 방식은 개발될 교육과정의 모습을 결정짓는 매우 중요한 요소다. 각 위원들은 교육과정 개념 파악 방식이 다를 수 있고, 강조하는 교육과정 기초자원이 다를 수 있으며, 보다 중요시하는 교육과정 형태가 다를 수 있다. 교육과정 개발 과정에서 이와 같은 요소들에 대해 위원회 위원들 간 견해의 차가 있음을 인정하고 협의와 타협점을 찾는 일이 중요하다.
3. 상황분석은 교육과정 개발을 위한 일종의 기초조사로서 학교 내·외적 상황을 체계적으로 조사 분석하기 위한 계획을 수립하고 자료를 수집하여 분석함으로써 교육과정 개발에 활용할 수 있는 정보와 자료를 제공해 준다.
4. 교육목표 설정은 상황분석 자료, 교육목표 분류학이 제시하고 있는 항목들, 또는 상위 수준의 교육과정 기준이나 지침에 근거하여 이루어진다.
5. 교육내용을 선정하는 과정에서는 선정을 위한 원칙(기준)을 밝히고 원칙에 적합하게 이루어져야 한다. 교육내용 선정의 중요한 원칙들에는 타당성, 중요성, 가능성, 참신성, 유용성 원칙 등이 있다.
6. 선정된 내용이나 학습경험은 계속성, 계열성, 통합성의 원칙 및 범위(scope)와 계열(sequence)을 고려하여 체계적으로 조직되어야 한다.

앞 장에서 교육과정의 개발이란 '학교 교육활동 계획 중 교육목표를 설정하고, 교육내용과 학습경험을 선정 및 조직하고, 교수-학습활동을 계획하고, 교육과정 평가 방법을 구안하여 이들 교육과정 구성 요소들 간의 유기적인 관련성을 맺도록 구조화하는 일'이라는 제한적인 의미로 사용함을 밝힌 바 있다.

교육과정 개발이라는 용어를 이처럼 제한적인 의미로 사용한다고 하더라도 교육과정 개발의 실제 모습을 기술한다는 것은 불가능하다. 국가수준, 시 · 도교육청 수준, 각급학교 수준, 교사수준 등 개발될 교육과정의 수준에 따라서 다르며, 학교수준이라고 하더라도 학교에 따라서, 교사 및 교과 혹은 교육프로그램에 따라서 개발 모습은 매우 다르게 기술될 수 있기 때문이다. 따라서 이 장에서 일반적으로 교육과정 개발에서 중요한 요소로 인식되고 있는 교육과정 개발위원회 구성, 상황분석, 교육목표 설정, 교육내용의 선정과 조직의 원칙 등에 관하여 기술해 보고자 한다.

제1절 교육과정 개발팀 구성

1. 개발팀 구성에서 고려해야 할 요소들

어떤 교육과정 개발이건 교육과정 맥락을 공식화하는 절차가 중요한 출발점이다. 특히, 제1단계에서 깊이 고려해야 할 바는 어떤 사람이 교육과정을 개발해야 하는가 하는 인적 조직과 그들의 교육과정관과 그들의 배경을 이해하는 일이다. 참여인사와 관련하여 세 가지 질문을 제기해 보는 것이 도움이 된다.

첫째, 교육과정 개발에 누가 참여하는 것이 바람직한가? 교육과정 개발 참여자들이 대체적으로 정해져 있다면, 그들은 어떤 집단을 대표하고 있는가? 교육행정가 집단인가, 교사집단인가, 학생집단인가, 학부모 집단인가, 그도 아니면 산업체 등 사회집단인가?

우리가 특정 교육과정을 검토하거나, 하나의 교육과정을 개발해 내기 이전에 먼저 그 교육과정의 개발에 참여하는 개인들을 인식해야 한다. 주지주의적 교사와 인간주의적 교사, 교육과정 전문가, 초등학교 · 중학교 · 고등학교의 교사들 간에 어떤 차이가 있을까를 면밀히 검토하여야 한다.

또 학교교육과정 개발(SBCD)의 경우, 교장의 교육철학은 무엇이며, 교육과정 개발에 참여할 교사들의 교직경력이나 연령과 성, 관심 분야 등을 고려해야 하며, 학교 교사들만으로 개발팀을 구성할 것인가, 학부모나 교육과정 전문가를 참여시킬 것인가 등을 신중하게 결정해야 한다.

둘째, 교육과정 개발자들이 지니고 있는 교육과정관과 중요하게 생각하는 교육과정 유형은 무엇인가?

교육과정 개발자들이 지향하거나 처방하려는 방향은 무엇인가? 기본적인 학습기능의 습득과 육성에 주안점을 두려고 하는가, 아니면 학문지향적인가? 교과교육에 치중하는가, 아니면 인성교육에 보다 비중을 두려는 성향을 지니고 있는가? 등 그들이 교육의 무게중심을 어디에 두고 있는가를 인식할 필요가 있다.

또 그들의 교육과정관은 교과중심 교육과정, 경험중심 교육과정, 학문중심 교육과정, 인간중심 교육과정, 사회재건주의적 교육과정, 통합교육과정 등과 같은 여러 유형 중에서 어느 유형을 보다 강조하는가를 파악해야 한다. 교육과정 개발자들이 지니고 있는 교육과정관은 최종적으로 산출될 교육과정의 모습에 매우 큰 영향을 미치기 때문이다.

셋째, 교육과정 개발자의 생각에 영향을 미친 근본 힘이나 배경, 즉 교육과정 개발의 기초자원으로서 무엇을 특히 중요시 여기는가? 즉, 교육과정 개발자들의 사고방식에 영향을 미치는 세력이나 교육과정 개발에서 중요시 여기는 기초적인 자원은 무엇인가?

이와 같은 사항을 미리 검토하여야 하는 일의 중요성은 교육과정 개발팀에 참여하는 사람들의 사고방식은 개발될 교육과정의 모습을 결정하는 데 결정적인 영향을 미치기 때문이다.

2. 교육과정 개발의 기초 자원

교육과정을 개발한다는 말은(설계, 계획, 구성, 조직, 개정, 개선 등의 용어들은 서로 의미가 약간씩 다르기는 하지만 여기서는 서로 구분하지 않고 혼용한다) 교수-학습과정에서 실행되고 실천될 자료를 만들어 낸다는 의미이다. 이러한 자료를 만들어 내는 일은 실로 방대하고 어려운 작업이다. 그러므로 많은 사람들 간의 논의와, 다양하고 의미 있는 정보와 자료에 바탕하여 만들어 내지 않으면 안 된다. 교육과정 구성이란 학습자라는 한 인간의 형성 작업임과 동시에 국가의 미래를 결정하는 작업이기 때문이다.

교육과정을 개발할 때는 제1장에서 살펴본 교육과정 구성요소 각각의 성격에 따라서 고려해야 할 자원(요소)과 각 자원의 비중이 다를 수 있다. 그러나 교육과정 구성요소 중에서 교육목표가 어떻게 되느냐 하는 것에 따라서 다른 요소들의 성질과 모습이 결정되는 것이므로 교육과정 개발의 기초자원이란 주로 교육목표 설정과, 교육내용 및 학습경험의 선정 조직과정에서 무엇을 고려해야 하는가 하는 문제로 이해하는 것이 적절할 것이다. 여러 학자들의 견해를 종합해 보면, 교육과정 개발의 기초 자원으로 ① 교육철학적 기초 ② 교육심리적 기초 ③ 교육사회적 기초 ④ 학문적 기초 등으로 대별된다.

가. 교육철학적 기초

교육철학은 교육에 관한 관점, 사고, 판단, 지혜의 학문이다. '교육'이란 어떤 의미를 지니는 개념이며, 훈련이나 훈육, 교화(敎化) 등과는 어떻게 다른가? 이성을 도야하고 인격을 함양하는 교육과 생활문제 해결능력을 기르는 교육 중 어느 교육이 더 중요한가? 교육을 통하여 어떤 인간을 길러낼 것인가? 열린교육은 어떤 장점과 단점이 있는가? 등은 교육철학이 답하는 질문들의 몇 가지다.

교육과정을 개발하는 일은 다양한 집단의 성원들의 사고와 가치관과 교육철학들의 각축과정을 거치게 되어 있다. 한두 사람이나 특정 소수집단에 의해서 교육과정이 구성되는 전체주의 사회가 아닌 이상 교육과정 구성 과정은 협의와 토론의 과정을 거쳐 이루어지게 된다. 많은 사람들이 모여서 토론을 하거나 특정 교육기관에서 사용할 교육과정을 만들어 내고자 할 때, 서로의 관점이 다르고 교육관이 다를 수밖에 없다. 교육과정에 포함되는 지식이 진리인가, 진리후보인가 하는 논쟁이 있거니와 교육과정은 문화유산의 전승에 초점을 둘 것인가, 아니면 학생들의 탐구력과 발견력, 실험정신의 육성에 초점을 둘 것인가 하는 문제는 철학의 문제요 가치관의 문제이다. 교육을 통하여 달성해야 할 목적이나 목표는 어떤 것이어야 하며, 그들 간의 우선순위는 어떻게 되어야 하는가 하는 문제는 다름 아닌 구성원의 교육철학의 문제이다.

학교교육은 어느 방향으로 나가야 하는가, 지식과 경험의 비중은 어떻게 되어야 하며, 교과교육과정과 특별활동교육과정의 비중은 어떻게 되어야 하는가 등 일체의 의사결정과 판단과정이 곧 철학인 것이다. 교육과정 개발에서 교육철학의 고려 혹은 교육철학적 기초란 사회구성원 모두의 철학 혹은 교육관을 반영할 수는 없는 일이며, 대체로 구성원들 생각의 공통점이나 공통분모를 추출하고 이를 충족시키는 방향에서 이루어질 수밖에 없다.

교육철학은 교육의 통사로 볼 때 전통적인 교육철학, 현대 교육철학, 금세기의 교육철학 등으로 나눌 수 있다. 전통적인 교육철학에는 이상주의, 자연주의, 실재주의, 실용주의 등이 해당되며, 현대의 교육철학에는 진보주의, 본질주의, 항존주의, 재건주의 등이 포함된다. 그리고 금세기의 교육철학에는 실존주의, 인간주의, 구조주의, 구성주의, 초현대주의 등이 포함된다. 이들 다양한 교육철학은 '교육' 개념 규정 방식, 강조하는 교육목적, 중시하는 교육내용과 방법, 교사와 학생 간의 관계 규정 방식 등에서 서로 차이가 있으며, 결국 교육과정의 모습을 결정하는 데 커다란 영향을 미친다.

또한 문화적 편향과 교육과정과의 관계를 염두에 두고 교육과정을 개발하여야 한다. 전 국민이 교육과정 개발에 참여한다 할지라도 문화적 편향문제를 완전히 해결하는 것은 불가능하다. 사회는 나름대로의 문화적 편향이 존재하기 마련이기 때문이다. 하물며 소수의 개발자들이 참여하여 교육과정을 개발하는 경우 개발팀 구성원들의 가치에 따른 문화적 편향은 존재하기 마련이다. 교육과정에서 성(姓)의 균형을 유지한다든지, 도시와 농촌, 수도권과 지방, 지방 중에서도 도시와 농촌, 어촌 간의 균형 문제, 성역할, 직업, 우리나라의 문화와 외국 문화의 올바른 관계 정립 등 모든 것을 형평성을 유지하도록 교육과정을 구성할 수 없는 일이다. 여기에 개발자들의 문화적 균형감각과 합의의 도출과정의 민주화가 요구된다. 교육과정 개발자는 개발의 수준이 무엇이든지 자기가 속한 사회의 문화의 산출자이며 그들이 내린 결정이 문화와 관련을 맺고 있다는 사실을 명심해야 한다.

나. 교육심리적 기초

교육은 복잡하여 이해하기 어려운 심리적 특성을 지닌 사람들 간의 활동이다. 특히, 교육의 대상인 학습자의 심리는 부단히 변하며 집단적으로 볼 때 각 특성의 발달상태는 천차만별이다. 그들을 가르쳐 내기 위해 구성되는 교육과정이 그 상태를 고려하지 않거나 관련짓지 않는다면 그러한 교육과정은 타당하지도 생산적이지도 않게 된다.

교육과정 개발의 교육심리적 기초란 교육과정을 만들 때 그 교육과정을 실행하고 습득 · 내면화할 당사자인 학습자의 처지와 입장과 의견에 대한 고려를 한다는 의미이다.

엄밀한 의미에서 교육과정은 학습자들의 것이다. 그러므로 학습자들의 성장 발달 상태를 주도면밀하게 파악 분석하여 학습자의 상태에 적합시켜야 한다. 동시에 학습자들이 바라는 바, 흥미로워하는 것, 교육적 요구(educational needs : 교육을 통하여 달성해야 할 상태와 현재 상태간의 간격), 발달과업, 능력, 체력 등을 사실대로 규명하고 이러한 사실들에 기초하여 교육과정이 구성될 때 교육적 성취가 극대화될 수 있다. 이 말은 학생들이 바라는 것, 흥미로워하는 것을 조사하여 그것들만으로 교육과정을 개발해야 한다는 의미가 아니다. 오히려 교육과정은 그것과는 반대로 구성되어야 할 경우도 있다. 그러나 할 수만 있다면 학습자들의 심리적 특성에 기초하여 구성되어야 효과적인 교육과정이 될 가능성은 높다.

학습자들은 공통적이면서 동시에 독특한 정보처리시스템과 학습양식, 학습전략, 동기화 방략, 기억전략을 발달시키고 있다. 그리고 학습속도가 다르고, 자아개념이 차이가 있으며, 자아효능감이 다르다. 이러한 학습자의 심리적 특성을 고려하지 않은 교육과정은 겉모습은 그럴 듯 하게 보일는지 모르나 효과적일 수 없다.

학습자들은 교육내용이나 학습경험이 어떻게 조직될 때 보다 잘 학습해 내는가에 대한 학습이론도 교육과정 구성에서 고려해야 할 자원의 하나이다. 어떤 내용이나 경험은 행동주의 학습이론에 바탕하여 교수-학습하도록 특정 연령 대에 편성하여야 하며, 어떤 내용이나 경험은 인지이론에 의해 교수-학습되도록 구성되어야 한다.

한편, 교육과정이 학습자의 것이 되어야 한다는 지극히 당연한 말은, 교육과정을 올바로, 그리고 효과적으로 실행 실천할 수 있는 교사의 자질, 능력, 심리적 특성에 적합해야 한다는 것을 전제하는 것이다. 아무리 훌륭한 교육과정이라고 하더라도 교사에 의하여 실행 실천되지 않거나 실행 실천하는 과정에서 비효율이 초래된다면 훌륭한 교육과정이라고 할 수 없다. 교사의 현직연수니 수업장학을 통하여 교육과정의 실행 실천력을 향상시킨다는 일은 다른 차원의 문제이며, 교육과정을 개발할 때는 반드시 그것을 다룰 교사들의 심리학적 특성을 고려하여야 하는 것이다.

다. 교육사회적 기초

학교와 사회는 둘이 아닌 하나다. 학교는 그 자체가 작은 사회임과 동시에 큰 사회 속에서 작용한다. 사회는 교육에 영향을 미치며, 교육은 사회변화에 작용한다. 전통적인 사회에서는 교육이 사회변화를 주도하는 힘이 강했으나, 오늘의 사회는 학교교육을 끌어간다. 현대 학교교육은 사회변화를 반영하지 못하거나 사회에의 적응력이 약한 경우 그 의미를 상실하게 되었다.

교육과정 개발의 교육사회적 기초란 교육과정이 전개되는 사회의 이념, 사회가 교육에 요구하는 바, 사회문제 해결에 요구되는 능력, 예견되는 미래사회에 대비할 수 있는 인간능력과 특성이 반영된 교육과정을 만들어야 한다는 의미이다. 전통적인 사회에서의 교육과정과 현대사회의 교육과정이 매우 다른 모습을 띠는 것은 앞의 두 가지 기본적인 고려 사항과 더불어 교육과정 개발의 사회적 기초에 기인한 것이다.

교육을 사회화(社會化, socialization)와 동의어로 이해하는 경우, 혹은 교육이란 그 사회가 유지해 온 축적된 문화유산을 보존 전승하는 기능을 수행한다고 주장할 때, 그리고 교육내용이란 곧 문화유산이라는 주장 등은 교육과정 개발의 기초로서 교육사회적 기초를 설명하는 셈이다. 교육은 국가사회 발전의 원동력을 제공한다는 주장이 있듯이, 교육이 정치의 발전, 경제의 발전, 사회문화의 발전에 기여할 수 있도록 교육과정이 구성되어야 한다는 것이다.

발전의 성격을 어떻게 규정하느냐에 따라서 우리 사회의 모습을 설명하는 방식이 다를 수 있으나, 현대사회는 많은 발전과 진전이 이루어져 온 것만은 사실이다. 민주주의는 좀 더 성장했으며, 경제는 큰 발전을 이루었다. 사회문화는 개방적으로 변해 가고 있으며, 물질적 풍요로움과 생활의 편리는 더 진전되어 가고 있다. 이러한 사회의 진전과 발전의 원동력으로 교육을 꼽는다. 교육이 자라나는 세대에게 정치적 역량, 경제발전을 가능케 하는 인간자본 육성, 문화적 다원주의에 적응하고 창조적인 문화생산력을 길러낸 결과라고 할 수 있다. 즉, 정치사회와, 경제사회화, 문화사회화 역할을 교육이 담당했다는 것이다. 마찬가지로 교육과정은 이와 같은 교육의 역할을 충실하게 수행할 수 있도록 구성하여야 한다.

오늘날의 학교교육과정에 정보화 능력을 육성하려는 목표와 내용, 공해문제를 해결하는데 요구되는 지식과 태도를 기르려는 목표와 내용, 사회의 비인간적인 현상을 해결하는데 필요한 교육목표와 교육내용이 강조되는 것은 곧 교육과정 구성의 기초자원으로 사회적 기초의 좋은 예라고 볼 수 있다.

교육과정 구성의 사회적 기초는 사회의 편에서 학교교육에 기대고 요구하는 바를 교육과정에 포함시켜야 한다는 의미와 더불어, 반대로 학교교육의 편에서 사회에 요구하는 바를 교육과정에 반영해야 한다는 의미가 내포되어 있다. 사회의 비교육적 영향을 제거하거나 해결하는 방법, 사회가 교육의 발전에 기여하고 도움을 줄 수 있는 내용 등이 교육과정 구성에서 고려되어야 하는 것이다.

그리고 교육과정은 간단없이 다가오는 미래사회를 예견하면서 밝은 미래사회를 극대화하고, 어두운 미래사회를 극소화하는 방향에서 구성되어야 한다. 특히, 미래의 사회적 특성과 직업세계에 관한 체계적인 연구와 검토를 통하여 학생들로 하여금 미래를 대비할 수 있는 능력과 태도를 육성할 수 있는 교육과정을 개발하도록 노력해야 한다.

라. 학문적 기초

어떤 형태의 교육과정이건 교육과정은 크게 교과과정과 교과 외 과정으로 나룰 수 있다. 여기서 교과과정은 학생들이 배우고 익힐 교과들의 체계이며, 교과들이란 다름 아닌 학문들을 일컫는다. 국어 과목은 국어국문학의 다른 명칭이며, 수학 과목은 곧 수학이다. 이와 같은 초 · 중등학교 교과들은 학문의 분류에 따라서 가르치고 배울 가치가 있다고 판단하여 정선한 것들이며, 각 학문의 세계에서 탐구를 통해 발견해 놓은 내용을 학습자의 수준으로 번역하거나 해석한 것이다.

그런데 각 학문은 내용과 방법과 진리여부를 판단하는 방식이 정체되어 있는 것이 아니라 학문공동체에 의하여 부단히 변화를 거듭해 가고 있다. 교육과정을 이루는 커다란 부분이 교과과정이라면, 그리고 교과과정이란 국어, 수학, 영어, 과학, 사회 등과 같은 학문의 분류와 동일한 것이라면, 교육과정을 개발할 때 각 교과에 대응하는 학문의 발전 동향과 흐름을 치밀하게 파악 분석하여 이를 교육과정에 반영해야 하는 것은 당연하다.

국가수준이라면 몰라도, 현실적으로 학교 교사들에 의하여 개발되는 교육과정(SBCD)의 경우에는 학문적 기초자원을 적극적으로 발굴하여 활용하기란 쉽지 않다. 그러나 보다 타당한 교육과정을 개발하기 위해서는 어느 수준의 교육과정이건 교육과정 개발의 학문적 기초의 중요성을 간과해서는 안 된다.

제2절 상황분석

교육과정 개발팀이 구성되면, 이 팀에서 수행해야 할 업무, 일정계획, 소요 예산의 산출, 외부로부터 협력과 지원받을 사항 등을 결정하게 된다. 이러한 구체적인 개발계획 수립에 이어서 교육과정 개발자들이 착수해야 할 작업은 상황분석이다. 박현주(2005)는 요구사정(need assessment)이나 요구분석(need analysis)을 상황분석과 구분하여, 전자가 기술공학적 접근을 선호하는 교육과정학자들이 강조하는 방법으로, 후자를 학교중심 교육과정 개발을 옹호하는 사람들이 주로 사용한다고 하였다.

그러나 필자는 상황분석을 요구사정에 비하여 보다 넓은 의미를 지니는 용어나 활동으로 보고자 한다. 즉, 요구사정은 '교육을 통하여 여러 특성들이 도달되어 있어야 할 바람직한 상태 혹은 최소한의 도달수준과 학습자의 현 수준(상태)과의 격차'로 정의한다. 그리고 상황분석은 '요구사정을 포함하여 교육과정 개발에 필요한 교육 내·외적 자원과 자료와 상태를 파악 분석하는 활동'을 일컫는 개념으로 사용한다.

상황분석을 Hilda Taba(1962)는 '요구의 진단'이라고 표현했으며, Tyler(1949)는 교육과정 기초자원의 조사라고 기술하였다. 상황분석이란 "교육과정이 적용될 상황을 세밀하게 분석 검토해서 개발되는 교육과정에 그 분석 결과를 적절히 적용하는 것"이다. 이러한 상황분석은 어떤 종류의 교육과정을 개발하는 과정에서도 반드시 필요한 과정이기는 하지만 특히 학교중심 교육과정개발(SBCD)의 예비단계로 간주되고 있다. 이는 학생들의 요구와 필요, 문제점을 정확하게 규명하여 교육과정 개발에 반영함으로써 학습자중심의 교육과정을 개발하려는 목적을 충족시키려는 것이다.

상황분석은 학교의 위치와 성격, 학생들의 특성 등에 따라서 신축성 있게 이루어지는 작업이기 때문에 어떤 정형화된 모형을 제시하기란 곤란하다. 이는 상황의 복잡성, 교사집단의 교육과정관이 교사에 따라서 서로 다르기 때문이다. 따라서 교육과정 개발자들은 각각의 상황에 가장 적합한 상황분석모형을 염두에 두고 실행할 수 있어야 한다. 이는 탁상공론식의 교육과정 개발이나, 개인적 경험에 바탕한 교육과정 개발 등이 지양되어야 함을 강조하는 것이기도 하다.

1. 상황분석의 필요성

가. 학생과 학부모의 교육적 요구와 필요를 파악하여 이에 기초한 교육과정을 개발한다.

나. 지역사회의 요구를 교육과정에 반영함으로써 교육과정의 지역화를 추구할 수 있다.

다. 당해 학교의 인적 · 물적 자원의 배분과 동원 역량을 파악하여 교육과정의 실현가능성을 높인다.

라. 교육과정 계획과 그에 따른 교육과정 개발을 촉진시킨다.

마. 교육과정 목적과 목표, 내용을 설정하고 추출하기 위한 체계적인 토대와 자료를 제공한다.

바. 개발될 교육과정에 대한 신뢰성과 친숙성을 제고한다.

2. 상황분석의 실행과 주요 고려 요인들

가. 상황분석 요인에 대한 Skilbeck(1984)의 견해

1) 학교 내적 요인

① **학생의 특성** : 학생의 교육적, 생활상의 요구와 필요, 지적 정의적 신체기능적 발달상의 특성들

② **교사의 특성** : 교과 및 교과 외 활동 수업 부담(주당 수업 시수 및 시간확보 가능성 등), 교수 스타일, 열의, 교직관, 장 · 단점 등

③ **학교풍토**

- 학교장의 리더십 스타일, 권력 분배 및 사무분장의 형태, 학교운영 방식 등
- 교사들 간 협력 정도, 교사들의 책무성 이해 수준
- 학생들의 문화적 특성 : 학구열, 수업분위기

④ **시설 및 자료** : 현재의 여건, 필요한 것, 사용 정도, 재정 여건 등

⑤ **지각된 문제들** : 교육과정 개발과 운영상 예상되는 문제들

⑥ **학교 구성원의 교육철학** : 교육목적관, 교육내용관, 교육방법관 등

2) 학교 외적 요인

① 문화적, 사회적 변화와 기대, 필요
② 교육체제상의 요건과 문제점
③ 사회가 요구하는 교육내용의 변화
④ 교사 충원 체제
⑤ 자료 : 외부 시설과 설비의 구비의 가능성, 이용 가능성
⑥ 학문(교과)의 발전과 변화에 대한 요구

나. Brady의 상황분석 요소들

Brady는 앞의 Skilbeck(1984)이 제안한 상황분석의 요소들을 더욱 구체화 하여 제시한 바 있다(박현주, 2005 : 109 - 112). 필자는 Brady의 제안 중에서 학교 교육과정 개발에서 활용 가능한 요소들을 발췌하여 다음과 같이 제시하고자 한다.

1) 학교 외적 요소

(1) 문화적 사회적 변화와 기대

① 재학 중인 학생들의 부모의 직업
② 지역 주민의 생활 상태, 소득 수준, 자녀 교육에의 관심도, 학교 교육활동에의 참여도, 학교 교육에 대한 기대
③ 상급학교 진학 상황

(2) 국가와 시 · 도 교육청 수준의 교육과정 개발 요구상의 변화

① 개발될 교육과정 유형에 대한 요구
② 내용 조직 방식에 대한 상위수준의 요구
③ 교육방법 및 교육평가 방법에 대한 상위수준의 요구

(3) 교사 지원체제의 조건

① 지역의 선 · 후 교육기관의 실태

② 교육과정 개발에 협력을 구할 수 있는 전문 인적 자원 상황

③ 교사를 대상으로 도움을 받을 수 있는 연수과정, 연수 프로그램 실태

④ 교육과정 운영을 위한 각종 자료와 전문 서적의 확보 가능성

(4) 인적 · 물적 자원의 활용 가능성

① 교육과정 운영을 위한 재원의 정도, 확보 가능성

② 학부모의 보조교사 활용 가능성

③ 지역사회의 교육공간, 교육지원 인력 현황

2) 학교 내적 요소

(1) 학생

① 학생의 학습 능력

② 학생의 교육적 필요와 요구

③ 학생의 학습태도와 동기(의욕)

④ 학교생활 만족과 불만족 요인

⑤ 표준화 검사에 의한 학생 이해 자료들

(2) 교사

① 교사의 장점과 미흡한 점

② 교사의 수업부담, 활용 가능한 시간

③ 교육과정 개선 및 혁신에 대한 태도

④ 교사의 교직수행 유형

(3) 학교풍토

① 학교장의 지도성 유형

② 학교장의 학교경영에 대한 교사, 학생, 학부모의 신뢰도

③ 교사 상호 간 협력과 지원 정도

④ 교사 친밀성

(4) 물리적 지원

① 학교 내의 시설, 설비, 교육활동 공간, 자료 등의 구비 상태

② 각종 시설 설비의 활용가능성

③ 교과교육 지원센터나 교수개발센터, 교육자료센터 등의 지원받을 가능성

④ 새로운 자료와 설비 구축 가능성

(5) 인식된 현 교육과정의 문제들

① 교육과정 목표 설정의 적절성

② 교육과정 내용의 양과 수준의 적절성

③ 교수－학습 방법의 개선점

④ 교육평가 방법의 개선점

⑤ 교육과정 운영을 위한 인적 조직상의 개선점

3. 상황분석의 절차

가. 문제의 확인

1) 어느 수준과 영역의 교육과정 개발인가? 교과과정인가, 특별활동인가, 재량활동인가, 선택과정인가? 아니면 이들 모두인가?

2) 특정 학년의 교육과정 개발인가, 전 학년의 교육과정 개발인가?

3) 국민공통 기본교육과정인가, 학교의 특성화 교육과정 개발인가? 아니면 양자를 통합한 교육과정 개발인가?

나. 적절한 요인의 선정

앞에서 Skilbeck과 Brady가 제안한 요인을 참고하여 중요하다고 판단되는 요인 혹은

새로운 요인을 추가하여 선정한다.

다. 자료수집 및 분석

1) 자료수집의 기법

자료수집의 기법은 개발할 교육과정의 성격과 규모에 따라서 적절한 방법이 선정되거나 새로 개발되어야 한다. 대체로 활용할 수 있는 기법을 정리하면 다음 〈표 6-1〉과 같다(이경섭, 1997 : 113).

<표 6-1> 자료수집의 기법들

요 소	기 법	수집된 자료
학생	면접 각종 기록물 체계적인 관찰 질문지 외부시험 심리적 환경 자기보고 척도	학생의 정보 및 태도 배경과 성취자료(성적) 행동패턴 태도, 의식구조, 필요 성적의 비교 학급풍토에 대한 지각 태도
교사	일화기록 각종 프로파일 질문지	교사의 태도와 행동에 관한 정보 능력 및 기능에 관한 기록 태도, 의견, 의식구조, 필요
학교풍토	체계적 관찰 심리적 환경 면접	학교풍토에 대한 인상 축적된 학급풍토 학생, 교사, 학부모, 지역사회인의 태도
자원	목록 작성 첵크리스트 체계적 관찰	학교자원 일람표 학교의 제 자원에 대한 인상

이 표에 제시된 것은 자료수집을 위한 기법 혹은 방법들이 망라된 것은 아니며, 필요에 따라서 새로운 기법이 창안되어 활용될 수 있다. 예컨대, 학교가 그간에 누가적으로 기록해 놓고 있는 자료목록이나 표준화된 검사지를 이용하여 학생들의 심층적인 심리적

구조를 파악할 수도 있는 것이다.

2) 자료의 분석과 정리

일단 자료가 수집되면 자료를 의미 있게 분석하고 정리하여야 한다. 이 분석은 복잡한 통계적 분석기법이 적용되는 것이라기보다는 어떤 경향과 주류를 발견하려는 것이 목적이므로 이러한 목적에 적합하게 분석 정리하면 충분하다. 공통적인 조사 항목인 경우에는 학생과 교사, 학부모 등 집단들 간의 비교, 학생의 경우에는 학년별, 성별, 학업성취도별로 비교를 할 수 있도록 조사문항별 사례수와 백분율(%)을 구하는 것으로 충분할 것이다.

라. 권고안의 작성

자료의 분석 정리가 끝나면, 이에 바탕하여 교육과정 개발을 위한 권고안을 작성한다.

[예]

(1) 초등학교 4학년 영어교과는 희망자에 한하여 이수하도록 할 필요가 있다.
(2) 성교육프로그램은 필요하기는 하지만 보다 현실적인 프로그램을 개발해야 한다.
(3) 교직원은 학생들의 진로지도 및 상담에 관한 보다 전문적인 지식을 지녀야 한다.
(4) 교직원 년 1회 교육학에 대한 연수를 요한다.
(5) 주 5일제 시행에 따라서 토요일은 전교생을 대상으로 다양한 프로그램을 개발하여 운영할 필요가 있다.
(6) 수행평가는 학부모들의 신뢰감이 매우 부족한 실정이므로 꼭 필요한 단원이나 내용에 한하여 실시하고, 점진적으로 그 비율을 확대해 나가야 한다.
(7) 글쓰기에 대한 기초능력을 향상시키기 위하여 국어 시간뿐만 아니라 전 교과 수업시간에서 교육이 이루어지도록 해야 한다.
(8) 학생들은 특별활동 운영에 관해서 불만족도가 높으므로 학생들의 의견에 기초하여 유익하고 흥미 있는 소재를 개발하여 운영할 필요가 있다.

권고안은 원래 진술한 교육목적 혹은 목표를 기반으로 한 일련의 권장된 행동의 목록이라고 할 수 있다. 또 상황분석에 바탕한 권고안은 교육과정 개발팀에게 목표, 명세목표, 내용, 교수-학습활동, 평가방략을 개발하기 위한 지침과 방향을 제공해 준다.

제3절 교육목표 설정

앞에서 살펴본 바와 같이, 교육과정 개발모형, 특히 역동적 상호작용 모형에 의하면 교육과정 개발활동의 요소들이 일정한 계열을 따르는 것은 아니며 어떤 요소나 순서로 시작해도 문제가 없다고 주장하기도 한다. 그러나 교육과정 개발이 시작하는 단계나 일정한 활동계열을 따르지 않음을 상정할 수는 없다. 예컨대, 교육목표에 대한 구상과 설계 없이 교육내용이나 학습경험의 선정부터 착수한다고 가정해 보자. 이럴 경우, 그러한 내용이나 경험의 적절성은 무엇을 기준으로 평가할 수 있을 것인가? 이 평가기준은 아무래도 교육목표가 담당해야 할 것이며, 따라서 교육과정 개발의 가장 첫 작업은 교육목표를 밝히는 일이 된다고 봐야 한다. 그러므로 상황분석 결과에 따라서 교육과정이 달성하려는 목적과 목표를 밝히는 과정을 밟는 것은 교육과정 개발에서 자연스러운 절차이다.

Ragan(1963 : 85-87)은 **교육목표의 기능**을 (1) 학습자의 바람직한 성장이 이루어져 나아갈 방향을 제시해 주며, (2) 어떤 교육내용이나 학습경험을 선정할 것인가를 안내해 주고, (3) 교육평가를 위한 근거를 제공한다는 등 3가지를 제시하였다. 이와 같은 교육목표의 기능에 비추어 볼 때에도 교육목표의 설정은 이를 위한 선행 활동으로서 설정할 목표를 추출 설정하기 위한 과정을 거쳐야 하며, 어떤 교육목표가 설정되느냐에 따라서 후속하는 교육과정 개발활동들의 모습이 달라짐을 알 수 있다.

1. 교육과정 목표의 위치 : 목적, 목표, 명세목표

교육과정 개발의 중심적 영역 혹은 출발점은 교육목적과 목표를 선정하고 진술하는 것이다. 교육과정 목표 체계에서 국가 교육이념이나 교육목적은 매우 추상적으로 진술되어 교육이 지향해야 할 바를 밝히는 것으로서 모든 학교 교육은 이러한 이념과 목적을 달성하도록 교육과정을 계획하고 구성하게 된다. 그러나 이러한 이념과 국가 교육목적은 일반적으로 교육과정 목표에 포함시키지는 않는다.

따라서 보통 교육과정 목표란 [그림 6-1]에서 보는 바와 같이, 학교급별 교육목적 설정에서부터 각 교과의 단원별 목표 진술에 이르기까지의 과정을 일컫는다.

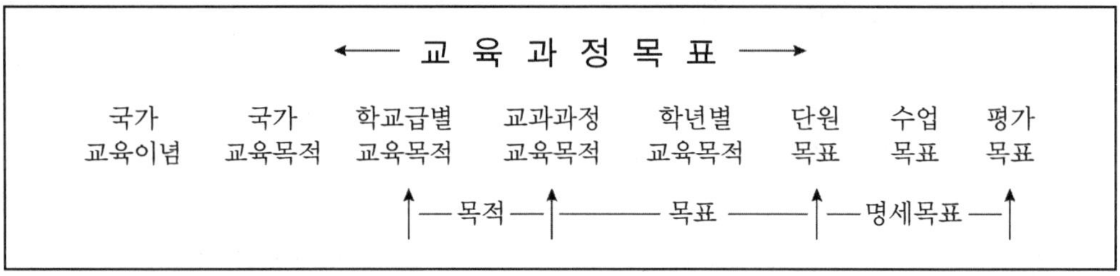

[그림 6-1] 교육과정 목표들의 위치

[그림 6-1]은 국가의 교육이념이 학교교육과정 목표를 진술하기 위한 가장 근본적인 방향을 안내하는 역할을 하며, 교육이념에 기초하여 국가의 교육목적이 진술되고, 이에 바탕하여 학교급별(초등학교, 중학교, 고등학교 등) 교육목표가 위계적으로 진술된다는 교육목표 설정의 위계성과 계열성을 나타내 주고 있다. 물론, 학교급별 교육목적과 교육목표는 국가수준의 교육과정 고시문에 밝혀져 있다. 그러므로 학교교육과정을 개발할 때에는 특별히 신경 쓰거나 고려할 필요가 없다고 생각하기 쉽다. 그리고 각급 학교별 교과 교육목표, 교과의 학년별 교육목표, 특정 학년의 특정 교과의 단원목표 등도 국가의 교육과정 고시에 밝혀 두고 있다는 점에서 같은 생각을 할 수 있다.

그러나 교육과정 개발에서는 고시문으로서의 교육목표가 어떤 의미를 지니고 있으며, 어떤 요소들로 표현되고 있는가, 학교는 어떤 목표에 우선점을 둘 것이며, 보다 보완되고 강화해야 할 목표가 무엇인가를 치밀하게 검토하고 재해석하여 재 진술할 필요가 있는 것이다. 국가수준에서 고시한 교육과정은 요지부동의 원칙이 아니라 큰 방향을 밝히고 있는 것이어서 이를 상황분석 자료에 기초하여 수정할 가능성을 열어 두고 있다고 보아야 한다. 이 점은 교과 교육목표 뿐만 아니라 특별활동과정이나 재량활동 혹은 특별한 학교 교육프로그램에도 동일하게 적용된다.

2. 교육목적과 목표 설정의 원천

교육과정을 개발해야 하는 입장에서 교육과정의 개발, 특히 교육목적과 목표를 설정할 때 무엇을 고려해야 하는가 하는 문제는 매우 막연할 수 있다. 이 때 고려할 수 있는 원천(자원)은 다음과 같다.

① 국가수준의 교육과정 고시(기준)에 제시되어 있는 교육목적과 목표
② 교사들의 교직 경험을 통하여 중요시하는 교육목적과 목표
③ 현대 교육철학들이 중요시하는 교육목적들
④ 교과 교육목적과 목표들
⑤ 상황분석 결과가 시사하는 교육목적과 목표들
⑥ 교육목표분류학

특히, **교육목표분류학**은 Bloom과 그 동료들이 교육을 통하여 변화시키기를 바라는 행동(내재적 행동과 외현적 행동을 포괄하는 용어임) 영역을 지적 영역(cognitive domain), 정의적 영역(affective domain), 심리운동적 영역(psycho-motor domain) 등에 따라서 다음과 같이 체계적으로 분류한 것을 일컫는다.

1) **지적 영역**(Bloom et al., 임의도 외, 1966) : 복잡성, 복합성의 수준에 따라서 지식, 이해력, 적응력, 분석력, 종합력, 평가력 등 6개 영역

2) **정의적 영역**(Krathwall, et al., 임의도 외 공역, 1990) : 내면화의 정도(수준)에 따라서 감수 혹은 주의, 반응, 가치화, 조직화, 인격화 등 5개 영역

3) **운동기능적 영역**(Harrow; 김종선 · 김기웅, 1978) : 기능이 복잡성에 따라서 반사적 운동, 초보적 기초 동작, 운동지각 능력, 신체적 능력, 숙련된 운동기능, 동작적 의사소통 등 6개 영역

3. 교육목표 설정의 준거

교육목표를 설정할 때는 다음과 같은 준거에 적합하게 설정해야 한다.

① **일관성** : 교육목표들 간 상치되지 않고 철학적 교육적 일관성을 지니도록 설정해야 한다.

② **달성 가능성** : 교육목표는 학습자들이 달성 가능한 것이어야 한다.

③ **적합성** : 학습자의 요구와 필요, 사회적 적합성을 가져야 한다.

④ **타당성** : 중요한 목표가 누락되지 않도록 설정해야 한다.

⑤ **명세성** : 교육내용 혹은 학습경험 선정에 명확한 시사를 줄 수 있도록 구체성과 명료성을 지녀야 한다.

⑥ **포괄성** : 학습자의 넓은 행동특성들을 포괄하도록 설정되어야 한다.

제4절 교육내용의 선정

1. 교육내용 선정의 의미

현재 제7차 개정 교육과정은 교과활동과 특별활동, 재량활동으로 편성되어 있다. 이는 무수한 교육내용과 학습경험 중에서 어떤 기준에 의해 선정한 것이다. 그리고 국민공통기본교육과정의 교과과정을 국어, 도덕, 사회, 수학, 과학, 체육, 음악, 미술, 실과, 외국어(영어) 등 10개 과목으로 편성한 것도 가르칠 가치가 있는 많은 교과들 중에서 선정한 것이다. 마찬가지로 특별활동을 자치활동, 적응활동, 계발활동, 봉사활동, 행사활동 등으로 규정한 것도 다름 아닌 선정이며, 재량활동을 교과재량활동과 창의적 재량활동으로 정한 것도 선정한 것이다. 이 점은 중학교 국어과, 수학과, 과학과 등의 교과에 포함되어 있는 세부적인 내용들에 대해서도 마찬가지로 설명할 수 있다.

이처럼 교육과정의 최종적인 내용과 경험은 그것의 전집(全集) 혹은 모집단(母集團, population)이 있어서 모집단으로부터 어떤 기준을 가지고 선정(標集)하는 과정을 거쳐 도출된 표본이라고 할 수 있다. 이와 같은 교육내용과 학습경험의 표본이 교육과정의 핵심을 이룬다. 어떤 내용이며 무슨 경험이냐에 따라서 교육받은 사람의 모습이 결정되기 때문이다.

2. 교육내용의 선정 원리(기준)

앞에서 기술한 바와 같이, 학생에게 가르쳐야 할 내용은 무수히 많은 양으로 존재한다. 교육과정 개발자가 상황분석을 비롯한 다양한 자원에 기초하여 교육목적과 교육목표를 설정하고 나면, 이들을 달성하는 데 가장 적합하거나 적절한 교육내용을 선정하는 과제에 직면하게 된다. 어떤 내용을 선정해야 하는가는 매우 어렵고 복잡한 사고를 요한다. 어떤 교육과정 개발자는 교육철학자를 비롯한 이론가들이 제시하고 있는 내용을 선정할 수도 있을 것이며, 교육과정 개발자들 간의 토론과 협의과정을 통하여 선정할 수도 있을 것이다. 그러나 어느 경우든지 교육내용을 선정할 때 적용되는 일반적인 기준(원칙)이 있다.

그와 같은 기준으로서 Pring 등(1978 : 140 - 142)은 사회적 유용성, 사회적 책임감, 공통문화, 개인적 만족, 인지적 관심, 부모와 사회적 압력, 정신능력 등 7가지를, Brady(1992 : 111 - 116)는 타당성, 중요성, 흥미, 학습가능성, 사회적 실재와의 일치성, 유용성 등 6가지 기준을 제시하였다. 그리고 Miller & Seller(1990 : 185 - 189)는 철학적 준거, 심리학적 준거, 사회학적 준거, 학생흥미 준거, 학생 준비도 준거, 공리적 · 실제적 준거 등 6가지를 강조하였다(박현주, 2005 : 137 - 138에서 재인용).

이경섭(1997), 강현석과 주동범(2004 : 156 - 160)은 중요성, 타당성, 사회적 적절성, 유용성, 학습가능성, 흥미 등 6가지를, 그리고 길형석과 손충기(1998)는 교육내용과 학습경험을 구분하여 교육내용 선정의 원칙으로 중요성, 생존성, 유용성, 흥미, 사회발전의 원칙 등을, 학습경험의 원칙으로 타당성, 만족, 가능성, 동경험 다목적, 동목적 다경험의 원칙 등을 제안하였다.

또 이성호(2004)는 내용의 유의미성, 타당성, 유용성, 학습 가능성, 경제성, 내적 · 외적 관련성, 균형성, 사회가치에의 적합성 등 8가지를 들었다. 이 중 내용의 경제성 기준이란 적은 시간과 노력과 비용을 들여 가르치고 학습해 낼 수 있는 내용을 선정해야 한다고 하였다. 또 그는 내용 선정의 내적 · 외적 관련성 기준이란 내용을 선정할 때 학문분야의 다른 내용들과 상 · 하 - 좌 · 우 - 전 · 후 간, 그리고 인접 학문간 유기적인 관련성을 지니도록 선정해야 함을 의미한다고 하였다.

또한 이경섭(1990 : 402)은 내용 선정의 준거를 내적 준거(교과 자체가 지닌 내용의 특성을 내용 선택의 기준으로 삼는 것)와 외적 준거(내용 자체가 아닌 그것의 활용,

학습자에의 관련성, 사회 및 목표와의 관계 등을 내용 선정의 기준으로 삼는 것)로 구분하여 여러 학자들의 견해를 정리한 바 있다.

이와 같은 여러 교육과정학자들의 의견을 종합하여 여기서는 다음과 같은 교육내용 선정의 기준(원칙)을 제시한다.

가. 타당성의 원칙

교육내용은 교육목표를 달성하는 데 가장 적합한 것들을 선정해야 한다. 교육내용은 교육목표를 달성하기 위한 방편으로 선정되는 것이므로 교육목표와 일치되도록 선정해야 한다는 것이다. 아무리 훌륭한 교육내용이라고 하더라도 설정한 교육목표 달성에 기여할 수 없는 내용이라면 교육과정을 개발하기 위하여 선정할 수 없다는 것이다. 또한 교육내용의 타당성이란 진실한 내용, 참으로 인정되는 내용이라는 의미를 지닌다. 그러므로 교육내용으로 선정되어야 할 바는 참(眞)으로 밝혀진 내용이어야 할 것이다.

교육내용 선정의 원칙으로서 타당성 기준과 관련된 것이 '기회의 원칙'이다. 이는 교육목표 달성을 위한 경험을 직접해 볼 수 있는 것을 선정해야 한다는 것이다. 예컨대, 교육목표로서 '수영의 여러 가지 유형을 익힌다' 라고 설정하고 교실에서 수영의 여러 가지 형태를 그림이나 기술된 인쇄 자료로만 가르치도록 선정했다면, 수영장에서 여러 가지 수영 유형을 익히는 기회를 선정하지 않은 것이 되는 것이다.

이러한 내용 선정의 타당성 기준에 대하여 이성호(2004 : 373)는 반드시 가르치고 배워야 할 모든 내용을 고르게 포함시키는 것, 혹은 전문가들이 입증하고 확인하는 내용의 선정이나 내용의 깊이와 폭의 균형이 확보될 수 있는 내용의 선정이라고 하였다.

나. 중요성의 원칙

교육내용이 중요하다는 것은 해당 분야(교과 혹은 경험)의 기본 기초적인 내용(Bruner의 표현을 빌리면, 교과의 기본적인 개념, 원리, 아이디어들로서 지식의 구조이다)이라는 의미이다. 그리고 교육내용의 중요성이란 그 내용을 학습한 결과의 전이가(轉移價)가 크다는 것을 뜻한다. 하나를 가르치면 넷 혹은 다섯을 깨우칠 수 있는 내용이 하나나 둘만을 깨우치는 내용보다 중요한 것이다. 이 기준을 이성호(2004 : 372)는 '내용의 유의미성'으로 표현하고 있다.

이와 같은 중요성의 원칙을 반드시 교과내용 선정의 원칙으로만 이해할 필요는 없다. 교육내용이 학생들의 현재와 미래의 삶에 보다 중요한 가치를 지닌다고 판단하여 선정한다면 이도 중요성의 원칙을 적용한 것이다.

다. 생존의 원칙

이 원칙은 교육내용으로 선정해서 가르쳐야 할 것은 오랜 교육의 역사를 통하여 지속적으로 가르쳐야 할 가치를 인정받아 교육내용으로 선정해 온 것을 선정해야 한다는 것이다. 이 원칙은 특히, 문학이나 미술, 음악과 같은 교과에서 적용되고 있다. 예컨대, 교육과정에 포함되어 있는 문학작품이나 고전음악의 어떤 것은 수십 년 동안 교육내용의 자리를 차지하고 있는데, 이런 내용은 몇 세대를 두고 높이 평가되어 있다는 정평에 의해서 가치를 인정받은 것이다. 그러나 오랜 세월 동안 전승해 왔다는 사실만으로 가치 있는 것이라고 보는 것은 적절하지 않다. 그것은 또 다른 내용 선정 원칙에도 부합해야 하는 것이다.

라. 유용성의 원칙

이 원칙은 교육내용이 학습자의 현재와 미래생활에 얼마나 유용하게 활용될 수 있느냐를 고려하여 선정되어야 한다는 것이다. 이 원칙에 입각한 교육과정 내용 선정의 원칙은 생활영역 교육과정 구성에 가장 잘 들어맞는 것으로, Herbart와 Spencer에 의해서 강조된 것이다. 또 Bobbitt이나 Frederick 등에 의해서 유용성의 원칙이 주창되기도 하였다. 이들은 교육내용이란 사회생활에 유용해야 하며, 유용성을 높이기 위해서는 인간의 생활을 조사 분석하여 생활영역을 추출하고, 그와 같은 생활영역에 활용할 수 있는 내용이 선정되어야 한다고 주장한다.

이러한 유용성의 원칙을 적용하여 교육내용을 선정하는 경우, 유의할 바는 그 유용성이란 학습자의 현재생활의 유용성인가, 미래생활의 유용성인가를 고려해야 하며, 이를 조화시키거나 어느 한쪽을 강조하는 근거를 분명하게 파악해야 한다는 점이다. 또한 유용성이라는 기준이 타당성이나 중요성 기준보다 우선할 수 없음을 잘 인식해야 한다.

마. 학습자의 필요와 만족과 흥미의 원칙

이 내용 선정 원칙은 교육내용은 학습자가 필요로 하는 바를 충족시킬 수 있는 내용, 그 내용을 학습함으로써 만족감을 느낄 수 있는 것, 내용을 학습하는 과정에서 흥미를 느낄 수 있는 것을 선정해야 한다는 것이다. 이러한 교육내용 선정의 원칙은 학생들이 필요로 하거나 만족감을 느끼거나 흥미로워하는 내용이나 학습경험들을 조사하여 그러한 항목들로 교육과정을 구성한다는 의미만은 아니다(물론, 교과 외에는 그런 내용이나 경험도 있을 수 있을 것이다). 오히려 교육내용이 그럴 가능성이 있는가를 염두에 두고 내용을 선정해야 함을 강조하는 기준이다.

학습자는 자신이 만족감을 느끼거나 흥미로워하는 내용이나 활동을 잘 학습해 낼 수 있기 마련이다. 그러므로 한편에서는 생성교육과정(또는 현성교육과정)을 주장하는 사람들처럼, 교육과정을 사전에 구성할 것이 아니라 교육이 이루어지는 장에서 직접 학생들과의 협의를 통하여 교육과정을 구성한다면 학습자의 필요, 만족감, 흥미의 원칙이 잘 지켜질 수 있다. 그러나 이러한 방식으로 구성되는 교육과정의 문제점도 있을 수 있다. 따라서 또 하나의 접근은 의미 있는 교육과정이 학습자의 필요와 흥미와 어떻게 결합되고 결부될 수 있는가를 고려하여 교육내용을 선정하는 것이다.

바. 가능성의 원칙

이 교육내용 선정의 원칙은 학습자의 준비성과 관련되는 것으로 학습자의 능력, 발달 수준, 경험 등에 비추어 노력하면 학습해 낼 수 있는 것을 선정하라는 요청이다. 아무리 훌륭한 교육내용이라고 하더라도 학습자가 학습해 낼 수 없는 것이라면 교육내용으로서 의의를 지닐 수 없다. 물론 학습해 내기 위한 시간이 충분하고 많은 인력이 투입되며 적절한 환경만 조성할 수 있다면 어떤 내용이라도 학습해 내는 것이 가능할 것이나 현실은 많은 제약 속에서 교육활동이 전개될 수밖에 없다. 이 원칙을 쉬운 내용을 선정한다는 것으로 이해하는 것은 부적절하다. 교육내용은 현재의 능력과 발달 수준 혹은 경험에 비추어 보아 어느 정도 도전감을 불러일으킬 수 있도록 적정 수준의 난점을 지녀야 한다. 현재의 수준에 비추어 지나치게 쉬운 내용을 선정하게 되면 학습에서의 무기력감을 기르게 되며, 지나치게 어려운 것일 경우 좌절감과 부정적인 학습 자아개념을 형성하게 될 가능성이 크다.

사. 동경험(同經驗) 다목적(多目的)의 원칙

예컨대, 하나의 내용을 학습하게 되면 2-3개의 목표를 달성하는 데 도움을 주는 것과, 한 가지 내용을 학습하는 것이 하나의 목표 달성에만 도움을 주는 것이 있다고 가정할 때, 이 원칙은 전자의 교육내용을 선정하라는 요청이다. 즉, 같은(하나의) 경험을 하더라도 그것으로 여러 가지 목적(예 : 지적 목적+정의적 목적+기능적 목적)을 달성하는 데 도움이 되는 그와 같은 내용이나 경험을 선정한다는 것이다.

이 원칙은 교육과정 개발자 혹은 교사들에게 매우 중요한 시사를 하고 있다. 즉, 교육내용은 선정하기에 따라서 둘 이상의 교육목표에 관련되어 있는 것이 있으며, 교육목표와의 연관성이 매우 제한적인 교육내용도 있기 때문에 다양한 교육목표와 관련되는 교육내용, 여러 교육목표를 동시에 달성할 수 있는 교육내용을 선정해야 한다. 그러므로 잘 구성된 교육과정이란 바로 하나의 내용이나 경험으로 여러 목표를 달성할 수 있도록 내용이나 경험을 잘 선정했는가에 달려 있다고 할 수 있다. 학습자가 암기해야 할 내용에 비하여 직접 과제를 해결하고, 토론하고, 발표하는 내용이나 경험, 풍부한 내용, 다양한 학습활동을 필요로 하는 내용, 독립적인 사고를 촉진할 수 있는 내용 등을 선정할 경우에 이 원칙을 잘 적용하는 것으로 볼 수 있다.

아. 동(同)목표 다(多)경험의 원칙

교육내용 선정을 위한 이 원칙은 하나의 교육목표를 달성하는 경우에라도 목표 달성을 위한 내용과 경험은 다양하게 선정하는 것이 바람직하다는 것이다. 하나의 교육목표를 달성하는 데에는 여러 가지 유용한 내용이나 경험이 있을 수 있기 때문에 어느 교육목표 달성을 위해 하나의 내용만을 선정하기보다는 타당하기만 하다면 신축성 있게 여러 가지 적절한 내용과 경험을 선정할 것을 요구한다.

예컨대, 오염의 폐해를 인식하도록 하는 교육목표가 설정되었다고 가정하자. 이러한 목표 달성을 위한 교육내용은 오염실태 보고서, 사진자료, 비디오, 현장 견학 등 다양한 내용과 경험을 선정할 수 있는 것이다.

이 원칙은 교사, 교육과정 구성자에게 동일한 교육목표 아래 두 교사, 두 학교, 두 지역이 서로 다른 학습 경험을 선정할 수 있는 이론적 근거를 제시해 주며, 학교의 여건이나 학습자의 필요와 요구 등에 알맞은 교육내용을 선정하면서 의도하는 교육목표를 달성할 수 있다는 가능성을 시사해 주고 있다. 또 이 내용 선정의 원칙은 하나의 교육목표가 다양한 내용이나 경험을 통하여 달성되는 경우 보다 충실하게 성취하게 된다는 점을 지적하는 것이기도 하다. 그러므로 교육과정 개발자는 어떤 교육목표를 달성하기 위한 교육내용의 선정에는 상당히 넓은 범위와 가능성이 있다는 점을 인식할 필요가 있다.

자. 내용의 균형성 원칙

교육내용 선정 원리의 하나로 내용의 균형성은 두 가지 의미로 쓰인다. 하나는 내용의 폭과 깊이의 균형성이며, 다른 하나는 어느 하나의 집단, 어느 하나의 시간대, 어느 하나의 사회, 개인－지역사회－국가－세계에 관련된 내용 등 어느 한쪽으로 치우치지 않는 균형성이다.

먼저, 교육내용은 내용에 따라서 넓은 범위에 걸쳐 가르쳐야 할 것이 있는가 하면, 어떤 내용은 깊이 있게 다루지 않으면 교육내용으로서의 가치가 상실되는 것이 있다. 넓은 범위로 가르쳐야 할 내용을 선정하게 되면 다른 내용의 깊이의 문제가 발생하고, 깊이 있게 가르쳐야 할 내용을 선정하게 되면 다른 내용의 넓이 문제가 발생할 수 있다. 그러므로 교육과정 개발자가 교육내용을 선정할 때는 내용이 다루어지는 넓이와 깊이를 잘 고려하여 균형을 이루도록 노력해야 한다. 이러한 문제는 초등학교인가, 중학교인가, 고등학교인가, 고등학교 중에서도 인문계 고등학교인가, 전문계 고등학교인가에 따라서 서로 다른 구성비를 지니게 된다. 일반적으로 저학년의 경우에는 깊이보다 넓이를 강조하게 되고, 고학년으로 갈수록 넓이로부터 깊이로 지향할 것이다.

또 교육내용은 지식과 태도 육성의 균형, 학습자의 필요나 사회의 필요, 학문적 필요 등 어느 하나에 치우침이 없이 균형을 이루어야 하며, 현재뿐만 아니라 미래에 관련한 혹은 미래 준비에 필요한 내용의 균형, 문화의 특수성과 보편성 간의 균형도 필요하다. 다양성을 추구하는 다문화주의 사회에서는 어느 한쪽에 치우친 내용 선정은 적절할 수 없다.

차. 사회발전에의 기여도

교육은 개인의 자아실현을 돕고 유능한 생활인으로 발달해 나가도록 조장하는 활동임과 동시에 사회를 발전시키는 역할도 수행한다. 그러므로 교육과정은 개인적 발달과 사회의 발전 양자를 추구할 수 있도록 구성되어야 하는 것이다. 이 점에서 내용 선정의 이 원칙은 학습자가 교육내용을 학습하면 사회를 발전시키는 데도 도움을 줄 수 있는 그런 내용을 선정해야 한다는 것이다. 물론, 이 원칙이 지나치게 강조되면 개인의 성장과 발전이 저해될 수 있으나, 그런 경우가 아니라면 교육내용을 학습한 것이 국가사회 발전에 도움을 줄 수 있는 것으로 선정해야 한다. 민주주의 가치와 원리, 문화적 편향을 줄이는 내용, 정치와 경제의 사회화, 시민사회 단체 활동의 역할 등에 관련된 내용은 이의 몇 가지 예들이다.

타. 창의성, 탐구정신 육성 관련 내용

교육내용을 선정할 때 가능하면 학습자의 창의성을 육성하고 탐구정신, 문제해결력 등을 육성하는 데 도움을 줄 수 있는 내용들을 선정해야 한다는 것이다. 고등정신 기능과 창의성 육성이 어느 때 보다도 강조되고 있는 현대사회에서 습득했다가 바로 잊혀지는 내용, 학교 교육과정이 아니더라도 습득할 수 있는 내용과 같은 것을 선정할 것이 아니라 학교 교육과정을 통하여 창의성, 사고하는 방식, 문제를 해결하는 방법 등 과정을 익히고 체득하는 데 도움을 주는 내용을 선정해야 한다.

이상에서 살펴본 교육과정 개발에서 교육내용 선정을 위한 원칙들은 어느 하나가 적용되거나 중요시되는 것은 아니며 종합적으로 고려해야 할 것들임은 두 말할 나위가 없다.

제5절 교육내용의 조직

교육내용의 선정과 조직이 분리된 작업으로 진행되는 것은 아니며 양자가 동시에 진행되는 교육과정 개발과정이다. 그러나 논리적인 순서는 내용 선정을 한 후 그것들을 조직한다고 보아야 한다. 교육과정 내용 조직은 무계획적으로 혹은 경험에 의해 조직되는 것이 아니라, 내용을 선정할 때 적용되는 원칙(기준)이 있듯이, 어떤 원칙(기준)이 있다. 선정한 교육내용의 조직은 기본적으로 두 가지 측면에서 이루어진다. 하나는 수직적 조직(vertical organization)이며, 다른 하나는 수평적 조직(horizontal organization)이다. 전자를 흔히 **계열**(系列, sequence)이라고 하고, 후자를 **범위**(範圍, scope)라고 부른다.

수직적 조직이란 동일 교과내용 혹은 교육프로그램이 학년이 올라가면서 순차적으로 아래 학년과 다음 학년에서 유기적인 지속성이나 연속성 혹은 관련성을 지니도록 조직하는 것으로 도덕과에서 '개인생활'에 관한 내용이 3학년에서 조직되고, 4학년, 5학년, 6학년 등으로 학년이 올라가면서 계속 조직된다든지, 진로개발과 직업준비 내용이 초등학교, 중학교, 고등학교로 올라가면서 계속적으로 조직되는 것 등이 이에 해당한다.

수평적 조직은 교과들 간의 횡적 연계성과 통합성을 기하는 내용 조직으로서, 예를 들면 중학교의 진로개발 내용이 도덕과, 사회과, 국어과, 기술·가정과 등의 교과들에서 횡적인 관련성을 지니면서 조직되거나 관련되는 교과들을 하나로 통합하여 제3의 교과로 개발하는 것 등이 이에 해당한다.

여기서는 교육내용 조직의 한 측면인 수직적 조직의 기준(원칙)으로서 Tyler(1949)가 제안한 **계속성**과 **계열성**의 원칙을, 수평적 조직의 측면인 **통합성** 기준을 살펴보고자 한다. 이러한 내용 조직의 기준을 이해하기 위한 자료로서 제7차 개정 교육과정의 도덕과 7-10학년의 내용 조직표 〈표 6-2〉를 살펴보자.

<표 6-2> 제7차 개정 교육과정의 도덕과 7-10학년의 내용 조직표

영역	주요 가치덕목	7학년	8학년	9학년	10학년
개인 생활	생명존중 성실 정직 자주 절제	• 삶의 의미와 도덕 • 개성신장과 인격 도야 • 인간다운 삶의 자세 • 청소년기와 중학생 시절		• 삶의 설계와 가치 추구 • 인간의 삶과 가치 갈등 • 도덕문제와 도덕 판단	

<표 6-2> 계속

영역	주요 가치덕목	7학년	8학년	9학년	10학년
가정 이웃 학교 생활	경애 효도 예절 협동 애교애향	• 행복한 가정생활 • 친족간의 예절 • 이웃간의 예절 • 학교생활예절		• 진학과 진로탐색 • 가정친족 이웃생활과 도덕문제 • 학교생활과 도덕문제	
사회 생활	준법 타인배려 환경보호 정의 공동체 의식		• 현대사회와 전통도덕 • 현대사회와 시민윤리 • 민주적 생활태도 • 생활속의 경제윤리		• 공동체 의식문제와 환경문제 • 청소년문화와 청소년 문제 • 도덕공동체의 구현과 공동선의 추구
국가 민족 생활	국가애 민족애 안보의식 평화통일 인류애		• 민족의 발전과 민족문화 창달 • 국가의 중요성과 국가발전 • 올바른 애국애족의 자세 • 남북통일과 통일실현의지		• 민족분단의 원인과 과정 • 남북한의 통일정책과 통일의 과제 • 민족공동체의 번영과 통일 한국의 모습

[출처 : 교육부(1997). 초중등학교 교육과정 : 국민공통기본교육과정. 제7차 교육과정 교육부 고시 제1997-15호, 별책 1, 120쪽]

1. 계속성

교육내용 조직의 계속성 원칙이란 한 교과, 하나의 교육프로그램이 학년이 올라감에 따라서 동일한 내용이 비교적 일정한 기간에 반복 학습할 수 있도록 조직되어야 한다는 원칙이다. 1학년에서 교수-학습할 내용이 2학년에서도, 3학년에서도 반복하여 교수-학습하도록 조직한다는 것이다. 〈표 5-2〉에서 보면, 도덕과의 내용 영역별 주요 가치덕목의 내용들이 7학년과 9학년, 8학년과 10학년에서 반복되어 조직되어 있음을 알 수 있다. 이와 같은 교육내용 조직의 계속성 원칙은 비단 도덕과에만 국한되는 것은 아니며,

영어과에서의 동사의 시제 변화, 수학과에서의 집합, 과학에서의 에너지의 개념이나 물리학에서의 물질의 개념 등 모든 교과에 해당한다.

교육내용으로서 어떤 내용은 한번의 학습으로 끝나기도 하지만, 거의 대부분의 교육내용은 적절한 반복을 통하여 학습의 누적적 효과를 기대하는 것들이므로 학년 증가에 따라 계속적으로 학습하도록 조직해야 한다는 것이다. 물론, 어떤 내용을 어느 기간까지 반복해서 학습하도록 조직해야 하는가의 '기간' 설정 문제는 간단한 것이 아니며 심층적인 연구를 요한다. 그러나 학교 현장에서는 교사들의 풍부한 교직경험에 바탕하여 논의 과정을 거쳐 결정할 수도 있을 것이다.

앞에서 설명한 바와 같이, 교육과정 내용조직의 계속성 원칙은 모든 교과의 내용 조직의 기준이 되지만, 특히 학습 후 망각 현상이 쉽게 일어나는 내용의 교과나 반복 학습이나 연습이 요구되는 내용을 다루는 교과, 그리고 습관적인 행동양식이나 심층적인 심리적 특성(예 : 가치관, 태도, 의지력 등)을 변화시키려는 교육프로그램 등에서 적용되는 원칙이다.

Bruner(1960)에 의하여 제안된 교육내용의 나선형적 조직원리는 계속성의 원칙과 계열성의 원칙이 제시되고 있다. 즉, 학생에게 가르쳐야 할 교과내용은 학년 수준에 관계없이 동일한 것들이 반복되면서 조직한다는 것이다. 그에 의하면, 각 교과에서 가르쳐야 할 내용은 지식의 구조이며, 이 지식의 구조는 학년에 관계없이 동일하다는 것이다.

2. 계열성

교육내용 조직의 원칙으로서 계열성을 Tyler는 "계속성과 관련을 가지지만 거기에서 더 발전한 것"으로 설명하였다. 즉, 계속성은 하나의 교육내용이 학년이 올라가면서 동일한 수준에서 반복 조직되는 것임에 비해 계열성은 학년 수준이 높아지면서 내용의 단순 반복 차원을 넘어서서 점차적으로 그 내용의 깊이와 넓이가 더해 가도록 조직하는 것을 뜻한다.

〈표 6-2〉의 도덕과 내용조직의 예를 보면, 7학년과 9학년 간에는 같은 내용이 동일 수준에서 반복적으로 제시되는 부분도 있지만, 동시에 9학년의 내용은 7학년 내용을 단순 반복하고 있는 것이 아니라 보다 심화되고 확대되도록 조직하고 있는 것이다. 즉, 7학년의 '삶의 의미와 도덕' 내용은 9학년에서 '삶의 설계와 가치 추구'내용으로 조직되면

서, 인간생활에서 도덕적 삶이 주는 가치를 이해하도록 하는 내용의 반복과, 단순 반복 차원을 넘어 좀 더 심화되고 확대되는 방식으로 내용을 조직한 것이다.

교육내용 조직의 계열성은 Taba의 누적학습(累積學習, cumulative learning), Bruner의 교육과정 내용 조직의 나선형(螺旋形)적 조직[흔히 나선형 교육과정(spiral curriculum)]이라는 용어를 사용하고 있으나, 적절한 용어 사용은 아니다.)과 일치한다. 즉, Taba는 Tyler의 계속성을 '누적학습'과 같은 의미로 사용하고 있으나, 자신의 누적학습에 관한 설명, 즉 학년수준이 올라가면서 동일요소의 단순 반복이 아니라 점진적인 심화 확대를 기하도록 특정 개념(내용)에 있어서 더욱 더 깊은 이해, 더 넓은 사태로의 적용, 더 정밀한 분석, 더 의미 있는 종합으로 이끌어 주도록 하는 내용 조직이라고 함으로써(김종서 외, 1999 : 187), 계열성 원칙과 같은 의미로 사용하였음을 알 수 있다.

그리고 Bruner(1966)는 교육내용을 조직하는 방식으로서 나선형적 조직 방식을 제안하였다. 그에 의하면 교과의 지식의 구조는 모든 학년에서 동일하며, 단지 그 내용을 조직할 때 점점 깊이와 폭(넓이)을 더해 가면서 조직해야 한다는 것이다.

교육내용 조직의 원칙으로서 앞의 계속성의 원칙이 망각하기 쉬운 내용, 반복해서 가르쳐야 내면화가 될 수 있는 내용, 기초적인 내용 등에 보다 잘 적용된다면, 계열성의 원칙은 선(先)과 후(後)의 연계성이 강조되는 내용, 적용력, 분석력, 종합력, 판단력과 같은 고등정신을 기르는 데 초점을 두고 있는 내용 조직의 원칙이라고 할 수 있다.

그러면 교육내용 조직의 계열성 원칙은 구체적으로 어떻게 적용되는가? 이 문제에 대하여 지금까지 사용해 온 구체적인 원리는 다음과 같다.

- 단순하고 구체적인 내용으로부터 복잡하고 추상적인 내용의 순으로 조직
- 선수학습 내용을 기초로 점진적으로 확대되는 내용 순으로 조직(예 : 곱하기를 먼저 조직하고 나누기 내용을 조직하는 것)
- 학습자의 생활주변에 관련된 내용으로부터 먼 내용의 순으로 조직
- 사건의 연대기 순으로 조직
- 전체적인 내용으로부터 부분적인 내용으로, 부분적인 내용으로부터 전체적인 내용의 순으로 조직
- 학습자의 구체적인 경험 요소로부터 개념과 원리와 같은 사고를 요하는 내용의 순으로 조직

앞에서 소개한 바와 같이, 교육과정 내용 조직의 원리인 계속성과 계열성을 Sequence라고 한다. 이는 일정 기간에 학습자들이 학습할 내용의 제시와 배열 순서, 혹은 내용을 일정 기간에 걸쳐 교수-학습이 효율적으로 이루어질 수 있도록 순서지우는 것(계열화)을 의미한다.

Sequence를 합리적이고 효과적으로 결정하기 위해서 교육과정 개발자는 다음과 같은 질문을 제기해 보는 것이 도움이 된다(Zais, 1976 : 340).

첫째, 내용의 순서를 정하기 위해서 적용할 수 있는 어떤 원칙이나 기준이 있는가? 그런 기준이 있다면 무엇이며, 어떤 기준이 우선적으로 적용되어야 할 기준인가?(앞에서 제시한 일반적인 기준 참조)

둘째, 어떤 내용 뒤에 와야 할 내용은 무엇인가? 내용들 간의 선과 후의 위치를 정당화하는 논리가 있는가?

셋째, 학습자가 특정 내용을 학습해야 하는 시기는 언제인가?

3. 통합성

교육내용 조직의 통합성 원칙은 교육과정 내용들이 횡적인 연계성과 관련성을 지니도록 조직해야 한다는 것이다. 교육과정은 편의상 교과들과 교육프로그램들로 구성되는 것이며, 각 교과교육활동들이 상호 유기적으로 관련 맺으며 통합될 때 효과적인 학습과 발달이 이루어질 수 있다. 흔히 '전 교사의 상담 교사화', '전 교사의 윤리 교사화' 등과 같은 말을 하는 것은 교육과정 내용의 통합성 원칙을 지적하는 것이다.

제7차 개정 교육과정에는 중학교와 고등학교 교육목표가 5개 항으로 설정되어 있다. 이들 교육목표는 항목에 따라서 특정 교과활동이나 교육프로그램에 의해 보다 잘 달성될 수 있는 것이 있는가 하면, 모든 교과나 교육프로그램들이 공통적으로 달성하기 위한 교육목표들이 있다. 그리고 교육목표들은 대부분 모든 교과를 통하여, 모든 교육프로그램들이 동시에 달성하도록 요구하는 것들이다. 예컨대, 학생들의 진로개발을 위한 능력의 육성이란 도덕, 국어, 사회, 과학, 기술 · 가정, 외국어 등 거의 모든 교과가 관련된 교육목표이며, 언어교육이 국어과 교육과정을 통해서만 이루어지는 것은 아니다. 읽기, 말하기, 쓰기 능력을 기르는 것이 국어과 교육만의 몫이 아니며, 모든 교육과정 운영과정에서 통합적으로 이루어지도록 내용을 조직해야 한다.

교육내용 조직의 통합성 원칙에 따라서 교육과정을 개발하려는 시도는 다양하게 전개되어 왔다. 분과주의적 교과중심 교육과정의 폐단을 해결하기 위하여 상관형, 융합형, 광역형, 통합형 교육과정 개발이 시도되고 개발 적용되고 있는 것은 이의 예들이다.

어떤 교육내용이 어느 교과들이나 교육프로그램에서 언제, 어느 정도의 비중으로 조직되어야 하느냐를 설정하는 문제는 매우 어려운 과제이다. 그러나 분절된 내용 조직으로서는 학습자의 균형잡힌 사고방식, 전체를 조망할 수 있는 안목, 앎과 실천을 결합시킬 수 있는 인간을 길러내는 데 한계가 있을 수밖에 없으며, 이 과제를 해결하기 위한 노력이 경주되어야 한다.

통합성의 원칙에 관한 핵심적인 개념이 범위, 즉 스코프(Scope)이다. 교육과정 내용 조직의 Scope란 교육과정 구성에서 특정 시점에 학습할 내용의 폭(범위)과 깊이를 의미한다고 하였다. 이는 교육과정 내용의 수평적 조직 또는 횡적 통합 조직 방식에 해당한다. 예컨대, 제7차 개정 교육과정에서는 10년간의 국민공통 기본교육 기간에 학생들이 학습할 교과를 10개(초등학교 1, 2학년의 경우 6개) 과목을 배우도록 되어 있다. 이들 교과를 횡적으로 열거해 본다면 제6차 개정 교육과정에 비해 배워야 할 교과의 수가 크게 줄어들었다. 이는 Scope, 즉 각 학년에서 학습할 내용의 폭(범위)을 줄이면서 깊이를 강조하는 내용 조직 방식이다.

Scope 개념 이해를 위한 다른 예는 제7차 개정 교육과정에서 교육과정은 교과활동과정, 특별활동과정, 재량활동과정 등 3대 영역으로 편성하고, 각 과정에 투입해야 할 시간량이 정해져 있다. 과정의 종류와 각 과정 내에서의 과목이나 교육프로그램의 숫자가 늘어나면(폭) 그만큼 깊이는 줄어들게 되는 것이다. 그러므로 교육과정을 개발할 때 Scope의 결정은 매우 중요한 의사결정 대상이다.

내용의 스코프에 관련된 문제들을 제시하면 다음과 같다.

첫째, 모든 학생들이 알아야만 하는 공통의 교과나 내용이 있는가?

둘째, 특정시기에 학생들은 어떤 교과를 배워야 하고, 어떤 학습경험을 해야 하는가?

셋째, 각 교과들은 어떤 내용을, 얼마만큼 학습하도록 해야 하는가?

넷째, 선택과정이 설정될 필요가 있는가? 필요가 있다면 어떤 점에서 그러한가?

다섯째, 현재의 교육과정에서 제외해야 할 내용이 있는가? 제외해야 하는 객관적이고 타당한 근거가 있는가?

여섯째, 선택된 교과나 교육프로그램들은 특정 시기에 어느 정도 깊이 있게 학습하도록 해야 하는가?

이와 같은 내용의 스코프 결정은 주어진 현실 여건을 고려할 수밖에 없다. 아무리 이상적인 Scope 결정이라고 하더라도 그것을 실현할 수 있는 조건이 갖추어져 있지 않다면 그 결정을 수용할 수 없기 때문이다. Scope 결정에서 고려할 수 있는 사항은 다음과 같다(이경섭, 1997 : 152 - 153).

첫째, 시간은 내용의 스코프를 결정하는데 중요한 제약조건이다. 학교 교육이란 한정된 시간 안에서 이루어지는 것이므로(한 학기는 17주라든지, 7학년은 연간 수업시간 수가 1,156시간이라든지 등) 주어진 시간에 가르칠 필요가 있다고 해서 많은 교과나 교육프로그램을 가르치거나 운영할 수 없다.

둘째, 중핵 또는 공통과목(내용)은 교육과정에서 항상 존재하기 마련이다(예 : 도덕, 국어, 수학, 영어, 사회, 과학, 음악, 미술, 체육, 기술 · 가정 등). 이것은 교사나 교육과정 전문가, 교육정책 입안자, 일반 국민 등의 대체적인 합의가 이루어진 것으로 볼 수 있다. 이처럼 중핵 혹은 공통내용이 정해지면 다른 내용이 교육과정에 포함될 여지는 줄어들 수밖에 없다.

셋째, 교육과정 내용의 스코프는 학교교육이 학습자의 욕구와 필요(공통적인 것과 개인적인 것들)를 충족시켜야 한다는 점에 영향을 받는다. 이와 같은 욕구가 많아지고 이를 충족시키려는 압력이 커지면 다른 내용이 포함될 영역은 줄어들게 된다.

넷째, 교과 자체의 교육적 가치에 대한 합의를 도출하기 곤란하다. 때로는 교과의 통합이 주장되기도 하는데, 통합이 오히려 교육적 가치를 훼손할 수 있다.

다섯째, 교육과정에 포함되어야 할 내용, 제외시켜야 할 내용, 사회가 요구하는 내용을 결정하기가 어려우며, 학교교육에 대한 사회적 압력(정치분야, 경제분야, 국제분야 등)이 점차 거세지고 있다. 예컨대, 보건당국에서는 보건과를 신설해야 한다고 주장하며, 경제 부처에서는 생활경제와 같은 과목을 교육과정에 포함시켜야 한다고 주장한다.

여섯째, 교육내용의 적정화 판단 기준이 모호하다. 교육내용의 적정화는 교육내용의 양과 난이도 문제와 관련된 것으로(소경희, 2005 : 50), 내용의 학년별 스코프와 시퀀스를 결정하는 데 매우 중요한 고려 사항이다.

이러한 고려 사항 외에도 교사 운용 조건, 교사양성 조건, 교육환경 조건 등을 고려하지 않으면 안 된다. 이상적인 스코프 결정이란 현재 주어진 조건의 범주 안에서 구현이 가능한 교육과정을 개발하는 일이라고 할 수 있다.

참고 문헌

강현석 · 주동범(2004). 현대 교육과정과 교육평가. 서울 : 학지사.
교육부(1997). 제7차 교육과정(교육부 고시 제1997-15호[별책 1] 초 · 중등학교 교육과정 -국민공통 기본교육과정-.
길형석 · 손충기(1998). 교육과정과 교육평가. 서울 : 동문사.
김재춘 외(2005). 예비 · 현직 교사를 위한 교육과정과 교육평가. 서울 : 교육과학사.
김종서 외(1999). 개정판 교육과정과 교육평가. 서울 : 교육과학사.
김종선 · 김기웅 역(1978). 교육목표분류학 : 심리운동적 영역. 서울 : 동화문화사.
박현주(2005). 교육과정 개발의 모형과 실제. 서울 : 교육과학사.
소경희(2005). 교육과정 개발 : 주요 쟁점 및 새로운 접근. 서울 : 교육과학사.
이경섭(1990). 교육과정 유형별 연구. 서울 : 교육과학사.
______(1997). 학교교육과정론. 서울 : 교육과학사.
이성호(2004). 교육과정 개발의 원리. 서울 : 학지사.
이홍우(1999). 교육내용으로서의 지식. 김종서 외. 교육과정과 교육평가. 서울 : 교육과학사.
임의도 외 공역(1966). 교육목표분류학 : 지적 영역. 서울 : 교육과학사.
임의도 외 공역(1990). 교육목표분류학 : 정의적 영역. 서울 : 교육과학사.
Brady, L.(1992). Curriculum development(4th ed.). New York : Prentice-Hall.
Bruner, J. S.(1966). Toward of theory of instruction. Cambridge, MA : Harvard University Press.
Miller, J. P., & Seller, W.(1990). Curriculum : Perspectives and Practice. Toronto : Copp Clark Pitman Ltd.
Pring, et al.(1978). Theory and practice of curriculum studies. London : Routledge & Kegan Paul.
Ragan, W. B.(1963). Modern elementary curriculum. New York : Holt Rinehart and Winston Co.
Skilbeck, M.(1984). School-based curriculum development. London : Harper & Row.
Taba, H.(1962). Curriculum Development : Theory and Practice. N. Y. : Harcourt. Tyler(1949). Basic Principles of Curriculum and Instruction. Chicago : University of Chicago Press.
Zais, R.(1976). Curriculum : Principles and Foundations. New York : Harper and Row.

형성평가

6.1 교육과정 개발의 일반적 절차에 따를 때, 교육목표를 진술한 다음 단계에서 해야 할 일은? ['00 초보]

① 수업자료의 제작 ② 평가 계획의 수립 ③ 교육 내용의 조직
④ 수업 방법의 설계 ⑤ 교육 내용의 선정

6.2 성취 행동의 관점에서 볼 때 가장 적절하게 진술된 수업 목표는? ['02 초등]

① 수질 오염 방지 대책에 대해 토론한다.
② 비례대표제의 장점과 단점을 열거할 수 있다.
③ '오빠 생각' 노래를 피아노 반주에 맞춰 연습한다.
④ 광합성 작용의 절차를 실험을 통해 파악하게 한다.

6.3 다음 〈보기〉의 내용 중 타일러(Tyler)가 제시한 행동적 수업목표 진술의 3가지 특징은? ['01 초등]

보 기

가. 수업목표 진술은 학습자의 행동으로 진술하여야 한다.
나. 행동과 함께 내용도 진술하여야 한다.
다. 기대되는 학습자 행동은 충분히 세분화하여야 한다.
라. 학습자의 도착점 행동과 그 상황도 제시하여야 한다.

① 가, 나, 다 ② 가, 나, 라
③ 가, 다, 라 ④ 나, 다, 라

6.4 〈보기〉의 진술 중, 타일러(R. Tyler)가 『교육과정과 수업의 기본원리』(1949)에서 제시한 교육목표에 관한 주장들로만 묶인 것은? ['07 중]

보 기
ㄱ. 교육목표에 기초하여 교육경험(학습경험)을 선정, 조직해야 한다. ㄴ. 교육목표는 인지적 영역, 정의적 영역, 심동적 영역으로 구분되어야 한다. ㄷ. 타당한 교육목표 설정을 위해서 계속성, 계열성, 통합성의 원리를 준수해야 한다. ㄹ. 교육목표에는 학생이 성취해야 할 행동, 그리고 삶의 내용 또는 영역이 포함되어야 한다.

① ㄱ, ㄴ ② ㄱ, ㄹ ③ ㄴ, ㄷ ④ ㄷ, ㄹ

6.5 Mager에 의하면, 수업목표를 진술할 때에는 조건, 도달기준, 행동의 종류가 명시되도록 하는 것이 바람직하다. 다음 중 이런 요소를 모두 충족시킨 진술은?

① 지층과 화석의 형성과정을 알 수 있다.
② 운동장의 200미터 트랙을 빨리 달릴 수 있다.
③ 환경오염의 직접적인 원인 세 가지를 알 수 있다.
④ 독일통일 당시의 역사적 사실을 나열할 수 있다.
⑤ 나눗셈 문제 30개가 제시되면, 40분 동안 25문제 이상 풀 수 있다.

6.6 블룸(Bloom)의 교육목표 분류체계에 따를 때, 다음 중 가장 상위 수준의 교육목표에 해당하는 것은? ['03 초등]

① 삼투압의 원리를 설명한다. ② 삼투압의 원리를 암송한다.
③ 삼투압의 원리를 이해한다. ④ 삼투압의 원리를 실생활에 적용한다.

6.7 블룸(Bloom)의 수업목표 분류체계에 따를 때, "속성, 특징, 관계 등을 밝힘으로써 전문 술어를 정의한다."는 목표와 관련되는 것은? ['03 초등]

① 지식 ② 이해 ③ 적용
④ 분석 ⑤ 평가

6.8 학생들에게 금연교육 프로그램을 실시할 때 변화시켜야 할 가장 중요한 학습자의 정의적인 특성은? ['00 중등]

① 불안 ② 태도 ③ 사회성 ④ 인간관계

6.9 정의적 영역의 수업목표에 대한 설명이다. 바르게 연결된 것은?

① 인격화–가치관이 일관성 있게 내면화됨
② 가치화–서로 다른 가치들을 비교하고 연관시켜 통합함
③ 수용–어떤 자극이나 활동에 적극 참여하여 만족감을 얻음
④ 조직화–특정대상이나 활동에 대해 의의와 가치를 추구하고 행동으로 나타냄

6.10 비판적 사고력 향상, 학교활동에의 적극적 참여 등 여러 가지 교육목표를 달성하기 위하여 '모의법정' 활동을 실시하기로 하였다. 이 경우에 적용한 교육내용 선정 원리는? ['03 중등]

① 기회의 원리　② 가능성의 원리
③ 동목표 다경험의 원리　④ 동경험 다성과의 원리

6.11 학습경험의 선정 원칙 중 "독서에 대한 폭넓은 흥미의 함양을 지향하는 목표가 있다면 다양한 분야의 책을 읽어볼 수 있는 경험을 제공해야 한다."는 원칙은?

① 기회의 원칙　② 만족의 원칙　③ 협동의 원칙
④ 가능성의 원칙　⑤ 사회적 유용성의 원칙

6.12 학년 간 교육내용의 반복성을 강조하는 교육과정 조직의 원리는?
['06 유치원/초등/특수학교]

① 통합성　② 균형성　③ 계속성　④ 계열성

6.13 다음은 동물에 관한 학년별 교육내용을 배열한 것이다. 여기에 적용된 내용 조직 원리는?
['06 중등]

- 1학년 : 동물
- 2학년 : 포유류, 조류, 양서류, 어류
- 3학년 : 개의 소화기관, 참새의 사계절, 뱀의 겨울잠, 연어의 한살이

① 계속성, 통합성　② 계열성, 계속성
③ 계열성, 복잡성　④ 통합성, 균형성

6.14 교육과정이 교육내용을 단순하고 구체적인 것으로부터 점차 복잡하고 추상적인 것으로 조직하는 원리는? ['01 중등]

① 계열성의 원리　② 계속성의 원리

③ 통합성의 원리　④ 균형성의 원리

6.15 다음 〈보기〉에 제시된 교육 상황과 관련 있는 원칙들을 맞게 결합시킨 것은? ['00 초등]

보 기
가. 인체의 기본 소화기관의 이름과 기능을 초등학교와 중학교에서 반복하여 가르친다. 나. 고려왕조 설립 과정에 대하여 초등학교에서는 진행된 사실만을, 중 · 고등학교에서는 사실과 역사적 의미를 함께 가르친다.

	가		나
①	계속성의 원칙	---	계열성의 원칙
②	계속성의 원칙	---	통합성의 원칙
③	일관성의 원칙	---	계열성의 원칙
④	일관성의 원칙	---	통합성의 원칙

6.16 그림은 학교 교육과정의 내용조직에 관한 특정한 관점을 제시한 것이다. 이 그림이 나타내는 것은? ['05 초등]

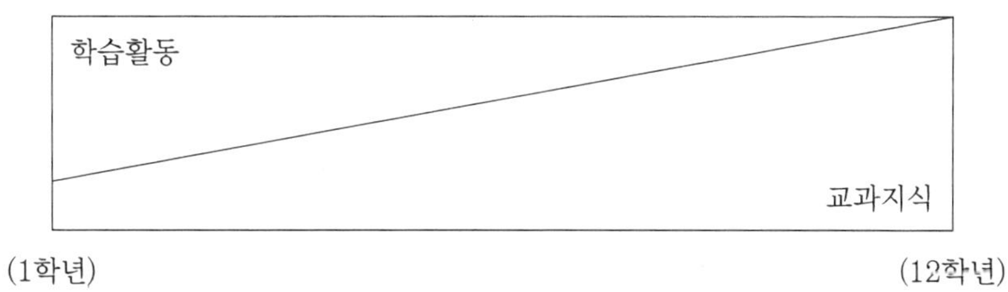

① 저학년일수록 분과적 접근이 강조된다.

② 저학년일수록 추상적 과제의 학습이 강조된다.

③ 고학년으로 갈수록 활동 주제 중심의 학습이 강조된다.

④ 고학년으로 갈수록 지식 획득 중심의 학습이 강조된다.

6.17 〈보기〉에서 교육과정의 수직적 내용 조직의 특징을 나타내는 예를 골라 바르게 묶은 것은? ['05 초등]

> **보 기**
>
> 가. 아동 문학을 바탕으로 읽기, 쓰기, 말하기, 듣기를 함께 가르친다.
> 나. 수학 교과서에서 비율의 개념을 가르친 후 사회 교과에서 축척의 개념을 가르친다.
> 다. 사회 교과에서는 정치, 경제, 사회, 문화, 지리, 역사 등을 균형 있게 가르친다.
> 라. 초등학교 6학년 과학 교과에서 가르친 에너지 개념을 중학교 1학년에서 심화하여 다룬다.

① 가, 나 ② 가, 다 ③ 나, 라 ④ 다, 라

6.18 관악기의 종류에 관한 음악과 수업계획안을 작성할 때, 범위(scope), 계열성(sequence), 중요성의 원리, 기회의 원리 등의 교육내용 선정 · 조직 준거 중 '범위'와 가장 관련이 깊은 것은? ['04 중등]

① 학습 자료들이 구비되어 있는지 확인한다.
② 본시의 수업내용이 전이가치가 높은지 검토한다.
③ 관악기의 종류 가운데 어떤 것까지 다룰 것인지 검토한다.
④ 음 높이의 순서로 제시할 것인지, 크기의 순서로 제시할 것인지 결정한다.

6.19 다음과 같은 교육과정의 관점을 반영하여 교육내용을 가장 적절하게 조직하는 방법은?

> 어떤 교과든지 그 교과를 특징적으로 교과답게 해 주는 골간(骨幹)으로서 구조가 있다. 교과의 구조란 각 교과가 모태로 삼고 있는 학문분야의 기본적인 아이디어나 개념 및 원리를 말한다. 이러한 구조는 기본적이고 일반적이므로 단순하다. 그래서 어린 나이에도 지식의 구조학습이 가능하며 나아가서는 새로운 문제에 대한 적용범위도 넓다. 그리고 구조학습을 통해 초보수준의 지식과 고등수준의 지식 간의 간극을 좁힐 수 있다.

① 구안법을 통하여 활동중심으로 내용을 조직한다.
② 교과의 논리보다 학습자의 심리를 우선하여 조직한다.
③ 작업단원법에 따라 생활영역을 중심으로 내용을 조직한다.
④ 사회의 주요문제를 중심으로 핵심 및 주변과정을 조직한다.
⑤ 기본개념을 반복하면서 폭과 깊이를 확대 · 심화시켜 조직한다.

6.20 다음 교사들이 교육과정 설계에 관하여 문제를 제기한 것이다. 이를 해결하기 위한 가장 적합한 전략을 올바르게 짝지은 것은? ['11 중등]

> 김 교사 : 시(詩) 수업에서의 행동목표는 너무 구체적이고 명세적이기 때문에 문학의 의미를 가르치는데 많은 한계가 있다.
> 이 교사 : 중학교 3년 동안 배워야 할 교과목 수가 너무 많아 학생들의 학습부담이 크다.
> 박 교사 : 어떤 교과목은 중학교 3학년과 고등학교 1학년 간의 교육내용 수준의 차가 크다.
> 최 교사 : 내가 가르치고 있는 교과목의 내용이 너무 분과적이고 중복이 심하다.

	김 교사	이 교사	박 교사	최 교사
①	학습과제 분석	계열(sequence)조정	연계적 조직	통합
②	표현목표 설정	범위(scope)조정	연계적 조직	통합
③	표현목표 설정	계열(sequence)조정	중핵적 조직	압축
④	문제해결목표 설정	범위(scope)조정	중핵적 조직	통합
⑤	문제해결목표 설정	계열(sequence)조정	연계적 조직	압축

6.21 교육과정 내용 선정과 조직의 원리에서 '수평적 내용 조직'의 특징을 가장 잘 보여주는 것은? ['09 중등]

① 고등학교 1학년에서는 국사 교과를, 2학년에서는 세계사 교과를 배울 수 있도록 조직한다.
② 중학교 도덕 교과에서 다루었던 전통윤리의 내용을 고등학교 전통 윤리 교과에서 반복하여 제시한다.
③ 고등학교 수학 교과에서는 수학과 내용을, 사회 교과에서는 사회과 내용을 각각 독립적으로 다룬다.
④ 중학교 1학년에서 환경을 주제로 과학 교과 내용과 기술 · 가정 교과 내용을 서로 긴밀히 관련지어 조직한다.
⑤ 중학교 1학년 국어 교과에서 시의 운율을 배운 후에, 2학년에서는 시에서 화자의 역할을 배우도록 배열한다.

6.22 왜 국어, 수학, 과학, 사회, 영어 등의 과목들이 중핵 혹은 공통과목이 되어야 하는가? 어떤 근거인가?

6.23 교육과정 개발에서는 교육철학이 중요한 기초자원의 하나로 고려되고 이를 반영하기 마련이다. 이 점을 염두에 두고, 다음 빈 칸에 적절한 내용을 기술해 보라.

구 분	교육철학	교육내용	교육방법	교육평가
이상주의				
본질주의				
진보주의				
실존주의				
초현대주의				

6.24 중요하고 기초적인 교육내용과 실용적 가치가 큰 교육내용 중 하나를 선정해야 한다면, 어떤 것을 선정해야 하는가? 그렇게 판단하는 이유는 무엇인가?

6.25 교육내용과 학습경험을 통합한다는 것은 구체적으로 무슨 뜻인가?

Chapter 07

교육과정 개발의 실제 Ⅱ

제1절_ 수업방법의 구상

제2절_ 교육과정 평가방안 설계

개 요

1. 교육과정의 개발은 조직된 교육내용을 가르치고 학습하기 위한(교수-학습, 또는 수업) 방법에 대한 구상과 교육과정 평가방안을 수립하는 활동을 포함한다.
2. 교육내용과 수업방법은 개념상 분리가 가능하나, 교육과정 개발에서는 교육내용 따로, 수업방법 따로 일 수 없으며, 내용을 선정하고 이를 조직하는 사람에 의하여 그 성격에 충실한 수업방법이 구상되어야 한다. 양자가 통합되지 않으면 내용을 선정 조직한 사람의 의도가 실제 교육활동에서 구현되기 어렵기 때문이다.
3. 교육과정 개발에 교육과정 평가 방안이 모색되어 밝혀져야 하는 이유도 마찬가지로 설명할 수 있다. 교육과정 평가란 학습자의 학력을 포함하여 교육과정의 구성 요소 각각의 적절성과 효과성을 체계적으로 평가하여 개선점을 찾고 다음 교육과정 개발에 필요한 정보를 제공하는 교육과정 개발의 순환과정을 전제로 하는 것이다.

제1절 수업방법의 구상

지금까지 살펴본 교육목표 추출과 설정, 교육내용의 선정 및 조직 등 까지를 일반적으로 '교육과정 편성'으로 부르고, 이를 구체적인 교육의 장에서 전개 실천하기 위한 방안들을 모색하고 구상하는 것을 '교육과정 운영'으로 표현한다. 즉, 국가수준 교육과정, 시·도 교육청 수준 교육과정, 지역 교육지원청 수준 교육과정, 그리고 각급 학교에서 개발하는 학교 교육과정(교육계획서) 등에는 주로 '교육과정 운영'이라는 명칭으로 제시하고 있다.

교육과정 운영 방법 개발이란 매우 포괄적인 의미와 요소들을 포함한다. 교육과정을 운영하기 위한 교사운용 방식과 연수 계획, 교과별 교육프로그램별 시간 배정의 융통성과 조정 방법, 교육과정 운영을 위한 교원 외의 인적 지원 방식, 재원의 확보 및 배분 방식, 교수-학습 자료의 연구·개발·확보·보급 방식의 결정, 수준별 수업 운영 방안, 특수한 배경을 지닌 학습자의 학습과정 개발, 다양한 선택과목의 개설과 운영 방법, 특별활동 운영 방법, 재량활동과정 운영 방법, 그리고 각 교과별 교육목표를 최대한 성취할 수 있는 수업방법 등 편성한 교육과정을 구체적으로 실행에 옮기기 위한 방안들이 모색되어야 하는 것이다.

이와 같은 교육과정 운영의 다양한 측면의 방법들을 개발한다는 것은 실로 방대한 작업임과 동시에 교육과정의 개발 수준에 따라서, 각급 학교의 특수한 사정에 따라서 매우 다른 모습으로 기술할 수 있기 때문에 그 범위를 좁히는 것이 불가피하다. 따라서 교육과정 개발에서의 수업방법 구상이란 교육과정 운영 방안의 중핵적인 하위 요소라고 할 수 있기 때문에 수업방법에 한정하여 기술하고자 한다.

1. 교육과정과 수업과의 관계

James Macdonald(1965)는 교육과정, 수업, 교수, 학습 등의 용어를 구분하는 논의를 한 바 있다. 그는 교육과정은 "활동을 위한 계획"으로, 수업은 "계획을 행동으로 옮기는 것"(Tyler와 유사하다)으로, 교수는 "교사의 행동으로"(Taba와 비슷하다), 그리고 학습은 "학습자가 원하는 반응"(Tyler와 Taba 양자와 유사하다)으로 정의하였다. 수업은 네 개의 용어 가운데 독특한 개념으로서 발탁된 것으로, 기본적으로 교육과정의 "실행"

단계라고 할 수 있으며, Macdonald는 수업에 관해 더 많은 연구가 필요하다고 주장한다.

또 Harry Broudy 등(1964)은 교육과정을 전체적인 체제로, 수업과 교수는 하위체제로 파악함으로써 양자의 관계를 규명하는 일은 그렇게 중요한 것이 아니라고 하였다.

또 Tanner와 Tanner(1980)는 교육과정과 수업 간에는 차이가 있다고 주장하기는 하지만, 동시에 이 양자를 서로 분리되는 요소로 기술하는 것은 잘못일 뿐만 아니라 교육과정을 교실이나 학교수준에서 실행할 때 이분법적으로 분리하는 것이기 때문에 불가능하다고 주장한다. Tanner와 Tanner는 교육과정과 수업을 하나의 문제로 통합할 필요가 있으며, 그것들을 분리된 문제로 분석하지 말아야 한다고 결론짓고 있다. 이러한 관점은 Tyler와 일치한다.

다른 극단적인 관점을 취하는 사람으로 Zais(1976)가 있다. 그는 Broudy와 Taba의 견해를 따라 교육과정과 수업을 분리하고 있다. 그는 교육과정을 넓은 개념으로, 수업을 특수한 현상 또는 하위체제(덜 중요한)로 보았다. 수업은 교육과정의 연속선상의 어느 지점에 위치한다는 것이다.

대부분의 현대 교육과정 전문가들은 Tanner & Tanner와 Zais 사이의 중간입장을 취한다. 그들은 논의의 편의를 위하여 교육과정과 수업을 분리시키고 있으나 서로 다른 쪽이 없으면 불완전한 것으로 본다. 두 개의 요소는 동시에 융합되거나 동시에 일어난다. 그러나 이 둘은 여전히 원래의 성격이나 독자성을 유지한다. 이러한 생각은 Bruner와 Macdonald와 유사하다.

Saylor 등(1981)은 “이 두 용어는 Romeo와 Juliet이라는 이름처럼 분리될 수 없도록 결합되어 있다. 교육과정이나 교육을 위한 계획 없이는 효율적인 수업이 있을 수 없으며, 수업 없이는 교육과정이란 의미가 없다.”고 주장한다. 그러나 교육과정과 수업 양자는 서로 분리하여 규정한다. 그는 수업을 “교육과정 계획의 실행”으로 정의하였다.

그리고 Oliva(1992)는, 교육과정과 수업은 “다른 하나가 없이는 다른 하나도 기능할 수 없도록 서로 결합되어 있는 쌍둥이처럼 두 개의 존재”로 본다. 그는 양자의 관계는 순환적이며, 그들은 “연속적인 원형관계이다. 교육과정은 수업에 영향을 미치며, 마찬가지로 수업은 교육과정에 영향을 미친다”는 점을 지적하였다.

대부분의 경우 두 개의 요소는 결합되어 있거나 순환적인 관계(Oliva의 용어)로 보며, 교육과정은 수업을 안내하기 위해 쓰여진 계획 또는 프로그램으로 규정한다. 일단 교육과정이 작용하거나 조작 속으로 들어가면 계획은 실행과 방법론을 포함한 수업으로 바뀐다.

Ornstein & Hunkins(1993 : 199)가 지적했듯이, 두 요소가 분리된 것으로 보는 사람들은 하나가 다른 것이 하위체제라든지, 다른 것에 선행하여 일어난다고 주장하는 것이 너무 단순하고 경직된 사고라는 것을 인식하지 못한다. 한 요소를 다른 요소로부터 분리시키면 양자 모두 완전치 못하게 된다. 양자를 분리하려는 교육과정 전문가들은 교육과정을 지나치게 강조함으로써 수업을 희생시키고 있으며, 수업이론가와 교육심리학자들은 수업을 지나치게 강조함으로써 교육과정을 희생시키고 있다. 사실 이러한 사고방식은 교육과정이나 수업의 어느 하나에 강한 관심을 지니고 있는 사람들 사이에 갈등과 분리를 일으킬 잠재성을 가지고 있는 것이다.

교육과정과 수업은 개념상 구분이 가능할지 모르나 결코 이원론적 관계로 볼 수 없다. 교육과정 학자는 물론이요 교사, 장학사, 학교행정가 등 교육과정의 세계에서 활동하고 있는 사람들은 교육과정과 수업에 관한 분명하고 보다 구체적인 견해를 취할 필요가 있다.

2. 수업방법의 구상

교육과정 개발에는 수업방법의 구상이 포함됨을 여러 번 강조한 바 있다. 이는 국가수준 교육과정이나 시 · 도 교육청 수준 혹은 지역 교육지원청 수준에서 개발되는 교육과정 기준이나 지침, 장학자료 등에도 밝혀져 있으며, 학교중심 교육과정을 개발할 경우에도 반드시 선정 및 조직한 교육내용을 어떤 방법을 통하여 교수-학습할 것인가가 사전에 구상되어야 한다.

교육과정 개발자가 수업방법을 구상할 때는 어떤 기준(준거)을 적용할 필요가 있다. 일반적으로 적용할 수 있는 준거는 교육목표 또는 교과의 단원목표나 교육프로그램의 목표 및 교육내용의 성격, 학습자에의 적절성, 자원의 이용가능성, 그리고 교수-학습의 제약 요인 등이다(이경섭, 1997 : 179). 이들 준거에 교사의 특성을 추가하여 5가지의 준거를 제시하고자 한다.

첫째, 수업방법은 달성하려는 교육목표 혹은 수업목표 및 교육내용의 성격에 따라서 결정되어야 한다. 이를 **수업방법 결정의 타당성 원칙**이라고 할 수 있다. 이른바 교육목표-교육내용-수업방법 간의 일관성 혹은 체계성이 유지되어야 한다. Bloom 등의 교육목표 분류학에 의한 지식이나 이해력과 같은 교육목표 혹은 이에 관련된 교육내용의 교수-학습방법은 교사주도의 방법이, 종합력이나 평가력과 같은 교육목표나 이에 관한 교육내용의 수업방법은 학생주도의 방법이, 그리고 학생들의 정의적 특성을 변화시키는 데 초점을 둔 교육목표나 교육내용의 수업방법은 교수자와 학습자의 상호작용적 수업방법이, 그리고 심체운동 기능의 변화를 의도하는 교육목표나 교육내용의 경우에는 시범-연습-강화에 기초한 수업방법이 보다 효과적일 것이다. 이와 같은 교육목표 혹은 교육내용과 수업방법 간의 관계를 이성호(2004)는 다음과 같이 제시하고 있다〈표 7-1〉.

<표 7-1> 교수방법의 유형

목적 및 내용/주체	교수자 주도	학습자 주도	교수자-학습자 상호작용
행동적 변화	• 강의식 지시적 교수법 • 수사학 교수법	• 완전학습법 • 개별화 교수법 • 프로그램 교수법 • 컴퓨터 보조수업	
인지적 사고	• 유의미 수용학습 • 과학탐구 교수법 • 사회탐구 교수법	• 개념성취 교수법 • 개념 개발 교수법	• 인지적 도제 교수법 • 발문교수법 • 대화교수법 • 시넥틱스법
사회적 관계 개발	• 법리적 교수법	• 집단 조사법 • 소집단 협동학습법 • 토의식 교수법 • 회의식 교수법	• 역할극법
인본적 자아이해		• 비지시적 교수법 • 자아이해의 방법	• 계약학습법 • 생애 개발법

출처 : 이성호(2004). 교육과정 개발의 원리. 서울 : 학지사. p. 435.

둘째, **학습자들의 수준**에 적합하게 결정되어야 한다. 어떤 형태의 수업방법이건 교수자와 학습자의 상호작용에 의하여 구성 전개되기 마련이다. 따라서 학습자들이 수업방법에 적응할 수 있는가를 고려하여야 하며, 가능한 한 학습자들이 보다 흥미를 느끼고 만족감을 느낄 수 있는 수업방법이 결정되어야 한다. 이는 다양한 교육평가를 통하여 얻을 수 있는 정보이며, 교사의 수업에 대한 학생들의 평가 결과가 도움을 줄 수 있다.

셋째, 수업방법은 교수-학습에 **이용 가능한 자원** 여부에 따라서 결정되어야 한다. 교육의 사태는 어떤 수업방법을 결정하더라도 이용 가능한 모든 자원이나 설비를 지니고 있지 못한 경우가 많다. 그리고 이 점은 학교마다 매우 차이가 심하다. 아무리 이상적인 수업방법이라고 하더라도 수업에서 이용하려는 자원이 충족되지 않으면 현실성 있는 혹은 의미 있는 수업이 될 수 없다.

넷째, 수업방법은 해당 교육활동 단위에서의 **제약 요인**을 고려하여 결정할 수밖에 없다. 수업방법을 결정할 때 고려해야 할 제약 요인으로는 교육과정 운영에 주어진 시간, 학부모들의 압력, 재원 등이다. 물론 이들 제약 요인의 극복 방법만 적절하다면, 그리고 극복할 수만 있다면 이 기준은 큰 중요성을 갖지는 못한다.

다섯째, 수업방법은 **교수자의 특성**을 고려하여 결정되어야 한다. 학습자 주도의 수업방법이라고 하더라도 여전히 수업은 교수자에 의하여 이끌려지는 활동이다. 그러므로 다른 교수자가 효과적인 수업방법이라고 해서 수동적으로 따라갈 수는 없으며 교수자의 능력, 선호하는 방법, 자신의 독특한 방법 등을 염두에 두고 결정되어야 한다.

이상에서 제시한 수업방법 결정의 기준은 첫째부터 순차적으로 중요도 순을 기술한 것으로 이해할 필요가 있다. 동시에 수업방법 결정은 이러한 기준의 어느 하나만을 고려하여 결정될 수 있는 것이 아니며 여러 기준을 동시에 고려해야 할 성질의 것임을 유의할 필요가 있다.

제2절 교육과정 평가방안 설계

교육과정 개발은 교육과정의 편성 및 운영을 평가하기 위한 방안을 포함한다. 따라서 교육과정 평가란 교육과정 편성의 적절성, 운영(일반적인 의미의 교육평가를 포함하여)의 적절성을 체계적으로 평가하여 교육과정에 관한 의사결정을 하기 위한 정보 수집과정으로 정의할 수 있다. 이는 교육과정 개발의 수준에 따라서, 교과에 따라서, 교과 외 교육프로그램에 따라서, 그리고 평가의 목적과 기능에 따라서 평가방안이 다를 수 있다. 여기서는 학교중심 교육과정 개발을 염두에 두고 평가방안 설계의 주요 측면을 살펴보고자 한다.

1. 학교교육과정 평가의 기준과 영역

교육과학기술부가 고시한 제7차 개정 교육과정에 의하면(교육부 고시 제1997-15호,

1997) 국가수준 교육과정에 '교육과정의 평가와 질 관리' 기준을, 각 시 · 도 교육청 수준의 교육과정 편성 · 운영 지침과 지역 교육지원청 수준의 교육과정 편성 · 운영을 위한 장학자료에 같은 내용을 제시하고 있다. 그리고 각 학교 교육과정에도 교육과정 평가와 질 관리에 관한 사항이 기술되고 있다.

먼저 국가수준 교육과정에 기술되는 교육과정 평가 영역은 학생 학력평가, 학교와 교육기관 평가, 교육과정 편성 · 운영 등 3대 영역에 대하여 평가하는 것으로 밝혀 놓고 있다. 이는 시 · 도 교육청 수준이나 지역 교육지원청 수준, 그리고 각급 학교의 교육과정 평가의 핵심 영역을 밝혀 놓은 것으로 이해할 수 있다. 그러면, 국가수준에서의 교육과정 평가의 기준은 어떻게 제시되고 있는가, 그리고 학교에서의 교육과정 평가의 고려 사항은 무엇인가를 살펴보고자 한다.

가. 국가수준에서의 교육과정 평가 기준

1) 학업성취도 평가

학업성취도를 평가하기 위하여 교과별, 학년별 학생 평가를 실시하고, 평가 결과는 교육과정의 적절성 확보와 그 개선에 활용한다.

2) 학교와 관련 교육청에 대한 평가

학교의 교육과정 편성 · 운영과 교육청의 교육과정 지원 상황을 파악하기 위하여 학교와 관련 교육청에 대한 평가를 주기적으로 실시한다.

3) 교육과정 평가 연구 수행

교육과정 편성 · 운영과 지원체제의 적절성 및 효율성을 평가하기 위한 연구를 수행한다. 이 교육과정이 적용되는 첫 해부터 다양한 절차를 거쳐 해당 학교, 학년, 학생에게 적절한지를 조사하여 평가하되, 교육과정 평가 연구는 교육과정의 편제, 시간(단위) 배당, 편성 · 운영 지침의 적절성과 그 적용효과에 중점을 둔다.

4) 다양한 방안을 강구해서 학교 현장에 제공

(1) 교과별로 '절대평가 기준'을 개발, 보급하여 학교가 교과 교육과정의 목표에 부합하는 평가를 실시할 수 있도록 한다.

(2) 국가 수준의 평가 문항 은행을 구축하여 에듀넷 등 컴퓨터 통신망을 통해 학교가 평가에 이용할 수 있도록 한다.

(3) 교과별 평가 활동에 활용할 수 있는 다양한 평가 방법, 절차, 도구 등을 개발하여 학교에 제공한다.

나. 교육과학기술부가 제시한 학교 수준에서의 교육과정 평가 기준

1) 평가는 모든 학생들이 교육목표를 성공적으로 달성하기 위한 교육의 과정으로 실시한다.

2) 학교는 다양한 평가도구와 방법으로 성취도를 평가하여 학생의 목표 도달도를 확인하고, 수업의 질 개선을 위한 자료로 활용한다.

3) 교과의 평가는 선다형 일변도의 지필 검사를 지양하고, 서술형 주관식 평가와 표현 및 태도의 관찰 평가가 조화롭게 이루어지도록 한다.

4) 실험 · 실습의 평가는 교과목의 성격을 고려하여 합리적인 세부 평가 기준을 마련하여 실시한다.

5) 정의적, 기능적, 창의적인 면이 특히 중시되는 교과의 평가는 타당한 평정 기준과 척도에 의거하여 실시한다.

6) 학교와 교사는 학교에서 가르친 내용과 기능을 평가하도록 유의한나. 학생이 학교에서 배울 기회를 마련해 주지 않고, 학교 밖의 교육 수단을 통해서 익힐 수밖에 없는 내용과 기능은 평가하지 않도록 유의한다.

7) 초등학교의 교과활동 평가는 학생의 활동 상황과 특징, 진보의 정도 등을 파악하여, 그 결과를 서술적으로 기록하는 것을 원칙으로 한다.

8) 재량활동에 대한 평가는 교과 재량활동과 창의적 재량활동의 특성과 학생의 특성을 감안하여 평가의 주안점을 학교에서 작성, 활용한다. 다만, 창의적 재량활동의 평가는 그 결과를 문장으로 기록하도록 한다.

이상의 국가에서 정한 교육과정 평가의 기준을 보면, 종래의 교육평가와는 판이하게 다른 교육과정 평가요 교육과정의 질 관리에 초점을 둔 평가임을 확인할 수 있다.

2. 교육과정 평가의 영역

앞에서 살펴본 교육과정 평가의 기준을 보면, 교육과정 평가의 영역이 어느 정도 드러나 있다. 교육과정 편성 및 운영과정, 운영 결과 등을 평가하기 위한 틀은 대영역, 중영역, 세부평가 항목 등으로 분류할 수 있다. 여기서는 배호순(1997)과 유한구(1997)가 제시한 학교 교육과정 평가 영역 분류를 중심으로 몇 개 항을 추가하여 제시하면 다음과 같다〈표 7-2〉.

<표 7-2> 학교 교육과정 평가 영역

평가영역	평가 준거
1. 학교 교육과정 연구 개발의 적절성	1) 학교교육과정 위원회 구성과 활동의 적절성 2) 학교교육과정 개발을 위한 연구활동의 적절성 3) 학교교육과정 개발 관련 연수 및 자율장학의 적극성
2. 학교 교육과정 계획의 적절성	1) 학교 교육목표의 적절성과 체계성 2) 학교 교육과정 편제의 타당성과 적법성 3) 학교 교육과정 계획의 실현 가능성
3. 교과교육활동의 적절성	1) 교과 교육활동 계획의 충실성 2) 교과 수업의 충실성 3) 교사의 교과 수업 개선 노력 4) 교과학습 성취도 5) 교과 교육활동 계획과 실천의 일치성
4. 특별활동 및 방과 후 활동 계획의 충실성 및 성취도	1) 특별활동 운영계획의 충실성 2) 특별활동 운영의 충실성 3) 특별활동 개선 노력 4) 방과 후 교육활동의 효율성
5. 생활지도 계획 및 성과	1) 생활지도 계획의 충실성 2) 생활지도 계획의 실천도 3) 생활지도 방법 개선 노력
6. 학교의 교육과정 편성 및 운영상의 특성[특성화]	1) 교육과정 특성화 계획의 충실성 2) 교육과정 특성화의 실현 정도
7. 학교교육과정 지원체제	1) 교육과정 운영에 대한 학교 지원의 적설성 2) 교육과정 내실화를 위한 학교지원 개선 노력

이 표에 제시한 학교 교육과정 평가 영역은 고정된 틀은 아니며, 창의적으로 필요한 영역과 평가 준거 항목을 추가하거나 줄일 수 있다. 참고로 최명표(1995)가 제시한 학교 교육과정 평가모형을 제시하면 다음 〈표 7-3〉과 같다.

<표 7-3> 학교 교육과정 편성 · 운영 평가 기준(예시)

<table>
<tr><th rowspan="2">평 가 항 목</th><th colspan="3">평 가</th></tr>
<tr><th>가</th><th>나</th><th>다</th></tr>
<tr><td>■ 실태 분석과 시사점 추출</td><td rowspan="2"></td><td rowspan="2"></td><td rowspan="2"></td></tr>
<tr><td>1. 교육부 고시 교육과정, 시 · 도 교육과정 편성 · 운영 지침 도교육청과 지역 교육청 교육 지표의 기본 취지를 충분히 파악하였는가?
2. 학생의 학력, 능력, 관심, 교육적 요구 등을 제대로 조사 · 분석하였는가?
3. 학부모 및 지역 사회의 특성과 요구를 고려하였는가?
4. 교사들이 제시한 의견을 제대로 수렴하였는가?
5. 학교의 시설, 설비 등의 조건을 충분하게 고려하였는가?</td></tr>
<tr><td>■ 교육과정 지원 행정</td><td rowspan="2"></td><td rowspan="2"></td><td rowspan="2"></td></tr>
<tr><td>1. 학교의 제반 교육 활동을 효율적으로 지원할 수 있을 만큼 지원 체제는 합리적으로 조직되었는가? 또 없애거나 새로 만들어야 할 체제가 없는가?
2. 조직된 지원 체제는 효율적으로 운영되었는가? 효율적으로 운영되었다면 그 성과는 무엇이며, 비효율적이었다면 그를 개선할 수 있는 방안은 무엇인가?</td></tr>
<tr><td>■ 학교 교육과정 편성</td><td rowspan="2"></td><td rowspan="2"></td><td rowspan="2"></td></tr>
<tr><td>1. 연간 학사일정과 월별 세부 학사 일정이 교육과정의 합리적 운영에 적합한가?
2. 학교 교육과정의 운영에 대하여, 교사, 학생, 학부모에게 충분히 홍보하였는가?
3. 교육과정의 연간 시간 운영 계획은 연간 시수의 효율적인 확보에 적절한가?
4. 연간 총 수업 시수가 제대로 확보되었는가?
5. 교사는 학교 교육과정의 창의적 운영을 위하여 각종 교육변인들을 효과적으로 통제하고, 적절히 활용하였는가?
6. 교과와 특별 활동 학교재량시간의 평가는 적절하게 이루어졌는가?
7. 교육과정의 운영에 학교의 지원 체제가 제대로 뒷받침되었는가?</td></tr>
<tr><td>■ 학교 교육과정 운영</td><td rowspan="2"></td><td rowspan="2"></td><td rowspan="2"></td></tr>
<tr><td>1. 연간 학사일정과 월별 세부 학사 일정이 교육과정의 합리적 운영에 적합한가?
2. 학교 교육과정의 운영에 대하여, 교사, 학생, 학부모에게 충분히 홍보하였는가?
3. 교육과정의 연간 시간 운영 계획은 연간 시수의 효율적인 확보에 적절한가?
4. 연간 총 수업 시수가 제대로 확보되었는가?</td></tr>
</table>

<표 7－3> 계속

<table>
<tr><th rowspan="2">평 가 항 목</th><th colspan="3">평 가</th></tr>
<tr><th>가</th><th>나</th><th>다</th></tr>
<tr><td>■ 학교 교육과정 운영
5. 교사는 학교 교육과정의 창의적 운영을 위하여 각종 교육변인들을 효과적으로 통제하고, 적절히 활용하였는가?
6. 교과와 특별 활동 학교재량시간의 평가는 적절하게 이루어졌는가?
7. 교육과정의 운영에 학교의 지원 체제가 제대로 뒷받침되었는가?</td><td></td><td></td><td></td></tr>
<tr><td>■ 교과 교육과정 편성
1. 교과별 지도 계획의 체제가 적절한가?
2. 교과별 교육과정의 편성에 실태 분석에 따른 시사점이 충분히 반영되었는가?
3. 각 교과 교육 내용의 재구성, 지도 순서의 조정 등이 적절한가?
4. 각 교과의 연간 학습 지도 계획은 교육과정의 효율적인 운영에 적합한가?
5. 지도 및 평가 상의 유의점을 적절하게 진술하였는가?</td><td></td><td></td><td></td></tr>
<tr><td>■ 교과 교육과정 운영
1. 학습 지도안은 교과 지도 계획에 의거하여 적절하게 작성하였으며, 수업에 충분히 활용되었는가?
2. 학습 자료와 기기 및 교재를 충분히 개발, 확보하였으며, 수업에 적절하게 활용하였는가?
3. 교과별 지도 계획에 의거하여 교과별 진도가 제대로 나아갔는가?
4. 학생들의 지적, 신체적, 정서적 발달이 제대로 이루어졌으며, 학습 부진아와 학습 속진아에 대한 고려가 이루어졌는가?</td><td></td><td></td><td></td></tr>
<tr><td>■ 특별 활동 교육과정 편성
1. 특별 활동 교육과정 편성시 실태 분석에 따른 시사점을 충분히 반영하였는가?
2. 학급 활동 계획에 각 학급의 특성을 반영하여 충실하게 수립하였는가?
3. 학교 행사 활동 계획을 적절하게 수립하였는가?
4. 클럽 활동 부서는 학생의 관심과 흥미를 충분히 고려하여 선정하였는가?</td><td></td><td></td><td></td></tr>
<tr><td>■ 특별 활동 교육과정 운영
1. 특별 활동의 운영 과정에 학교 및 외부의 인적 · 물적 자원을 효율적으로 활용하였는가?
2. 또한 각 특별활동의 운영에 학생들의 자발적이고 능동적인 참여를 허용하였으며, 그 과정에서 나온 학생들의 건의를 제때에 해결하였는가? 안은 무엇인가?
3. 교과 수업에서 터득한 지식과 기능을 특별 활동 시간에 적절히 활용하도록 지도하였는가?
4. 특별 활동은 배당된 시간을 지켜 운영하였는가? 또 계획에 의거하여 충실하고 내실 있게 운영하였는가?
5. 특별 활동 전반에 관한 평가가 적절하게 이루어졌는가?</td><td></td><td></td><td></td></tr>
</table>

<표 7-3> 계속

<table>
<tr><th rowspan="2">평 가 항 목</th><th colspan="3">평 가</th></tr>
<tr><th>가</th><th>나</th><th>다</th></tr>
<tr><td>■ 학교재량시간 교육과정 편성
1. 학교재량시간 교육과정에 대한 교육 수요자(학생, 학부모, 지역사회)의 요구를 충분히 반영하였는가?
2. 학교의 물적 · 인적 교육 환경과 기초 실태를 면밀히 고려하여 편성하였는가?
3. 학교재량시간의 취지를 존중하여 학교의 창의적 교육 활동을 통한 건전한 활동과 전통 수립에 타당한 계획인가?
4. 지도 교사 및 교재의 확보, 지도내용, 학습 조직, 시간과 공간 활용의 극대화를 도모한 편성인가?</td><td></td><td></td><td></td></tr>
<tr><td>■ 학교재량시간 교육과정 운영
1. 학교의 교육 가용자원을 최대한 활용할 수 있는 계획인가?
2. 시간과 장소, 지도 교사, 학습 조직의 융통성 있는 운영을 고려하였는가?
3. 교육과정상의 배당 시수를 준수하고 설정 취지를 살려서 운영하였는가?
4. 연간 지도 계획은 충실히 이수되었는가?
5. 지도 자료와 기기 및 교재는 충분히 확보하여 유효하게 활용하였는가?
6. 학교재량시간 교육 활동에 관한 평가가 적절히 이루어졌는가?
7. 교과 및 특별활동에서 학습한 지식을 효율적으로 활용하도록 지도하였는가?</td><td></td><td></td><td></td></tr>
<tr><td>■ 생활 지도
1. 각종 생활 지도 계획의 체계는 합리적이며, 부서간 상호 협력 및 연계 지도의 필요성을 고려하여 작성되었는가?
2. 또한 그 계획은 학생들이 스스로 자기가 갖고 있는 문제의 해결 방안을 찾는 것을 돕는 조력자의 입장에서 작성되었으며, 그대로 실천하였는가?
3. 학생들의 가치와 태도가 학년 초에 비하여 바람직한 방향으로 개선 자발적으로 참여하였는가?
4. 생활 지도 활동은 지속적으로 이루어졌으며, 전 교직원이 활동에 되었는가?
5. 가정 및 지역 사회와의 연계 지도가 잘 이루어졌는가?</td><td></td><td></td><td></td></tr>
<tr><td>특기
사항</td><td colspan="3"></td></tr>
</table>

이상과 같은 학교교육과정 평가 영역과 평가체제가 개발된 후에는 누가, 언제, 어떤 과정을 따라서 실제로 평가를 수행하며, 그 결과를 어떻게 활용할 것인가에 관한 구체적인 계획이 교육과정 개발에서 수립되어야 한다.

참고 문헌

bibliography

배호순(1997). 초 · 중 · 고등학교 교육과정 평가 방안 및 도구 개발 연구. 한국교육과정평가연구회.

유한구(1997). 초등학교 교육과정평가 방안 연구. 서울교육대학교.

이경섭(1997). 학교교육과정론. 서울 : 교육과학사.

이성호(2004). 교육과정 개발의 원리. 서울 : 학지사.

이홍우(1992). 증보 교육과정탐구. 서울 : 박영사.

최명표(1995). 학교교육과정 편성 운영의 실제. 전주 : 신아출판사.

Macdonald, J. B.(1965). Educational models for instruction introduction. in James B. Macdonald & Robert R. Leeper(eds). Theories of instruction. Washington D.C. : Association for Supervision and Curriculum.

Ornstein, A. C., & Hunkins, F.(1993). Curriculum : Foundations, Principles, and Theory(2nd ed.). Allyn and Bacon.

Saylor, J. G., Alexander, W. M., & Lewis, A. J.(1981). Curriculum planning for better teaching and learning(4th ed.). New York : Holt, Rinehart, and Winston.

Taba, H.(1962). Curriculum Development : Theory and practice. New York : Harcourt, Brace and World.

Tanner, D., & Tanner, L. N.(1980). Curriculum development : Theory into practice. New York : Macmillan Publishing Co.

Zais, R.(1976). Curriculum : Principles and Foundations. New York : Harper and Row.

형성평가

7.1 교육과정 개발자가 수업방법을 구상할 때 가장 우선적으로 고려해야 할 기준은?

① 학습자들의 흥미와 만족감 ② 이용 가능한 자원
③ 수업목표와 교육내용의 성격 ④ 수업방법 적용상의 제약요인

7.2 교육과정 개발자가 "인지적 사고력" 육성에 관한 목표와 내용의 수업방법을 학습자 주도 방법으로 결정하려고 한다. 다음 중 어떤 수업방법이 가장 적합한가?

① 개별화 교수법 ② 탐구식 교수법
③ 소집단 협동학습법 ④ 개념성취 교수법

7.3 교육과정평가의 주요 목적은?

① 학생들의 학업성취도 확인
② 학생들의 학습상의 곤란점 확인 및 교정
③ 학교간 교육과정 편성 및 운영 실태의 비교
④ 교육과정 계획과 운영상의 문제점 확인 및 개선을 위한 정보 수집
⑤ 지역사회 혹은 국가의 교육력을 측정 평가하고 제도와 정책개발의 기초자료 수집

7.4 교육과정을 개발하고 있는 상황을 전제로, 당신은 교육과정과 '수업'과의 관계를 어떻게 보는가? 그렇게 생각하는 이유를 기술해 보라.

7.5 흔히, 교육목표나 내용에 따라서 적용해야 할 수업방법이 달라야 한다고 주장한다. Bloom 등의 교육목표 분류에 따른 적절한 수업방법에 ✓표 해 보라.

구 분	지식	이해력	적용력	분석력	평가력	태도육성	기능개발
설명식 수업							
상호작용적 수업							
소집단 수업							
탐구식 수업							
개별화 수업							

7.6 제7차 개정 교육과정의 평가는 "교육과정 질 관리 중심의 평가"로 규정하고 있다. 이와 같은 평가의 성격에 충실한 교육과정 평가 문항을 10개씩 제시해 보라.

7.7 중 · 고등학교 중 1개 학교를 직접 방문하여 다음 사항을 조사, 정리해 보라.

(1) 학교 교육과정 개발 과정
(2) 학교 교육과정의 목차
(3) 학교 교육과정 개발의 난점(어려움)
(4) 학교 교육과정의 적용(활용) 방식
(5) 학교 교육과정 개발의 개선점

Chapter 08

잠재적 교육과정과 영교육과정

개 요

1. 교육과정을 학문의 대상으로 삼건, 교육실천의 대상으로 삼건 일반적으로 표면적 교육과정을 전제한다. 그러나 실제로 잠재적 교육과정과 영교육과정이 존재한다. 이와 같은 교육과정 개념은 그 실체가 올바로 파악될 때 교육의 모습을 올바로 볼 수 있게 된다.
2. 잠재적 교육과정이란 표면적 교육과정에 포함되지도 않았고 교사가 의도적으로 가르치지도 않았음에도 불구하고 학생들이 학교생활 과정에서 습득하거나 획득한 행동특성들을 일컫는다. 이러한 잠재적 교육과정을 발생시키는 자원(원천)은 학교조직의 특수성(군집성, 부단한 평가와 경쟁, 또래집단의 특성과 문화 등), 학교 제도의 특수성, 그리고 교사 특성 등이다.
3. 잠재적 교육과정은 주로 부정적인 행동특성에 관련되며, 교사의 교육적 책무성 범위를 크게 확장시키고 있다.
4. 영교육과정은 학교가 가르칠 가치가 있는 교육목표나 교육내용임에도 불구하고 표면적 교육과정에서 제외된 것들을 일컫는 개념이다. 영교육과정은 교육과정 개발자들로 하여금 진정으로 가치있는 교육과정 목표나 내용이 무엇인가에 대한 숙고를 요구하며, 교육과정을 운영하는 교사들에게 계획된 교육과정 내용 외에 가르쳐야 할 것을 선택하는 것이 어떤 의미를 주는가를 시사하고 있다.

제1절 잠재적 교육과정(latent curriculum)

우리는 제1장의 교육과정 개념을 파악한 부분에서 '잠재적 교육과정'의 의미를 살펴본 바 있다. 이는 공식적 표면적 형식적 교육과정과의 관계를 통하여 그 의미가 드러나며, 보통 일컬어지는 교육과정의 또다른 측면 혹은 통상 교육과정이라는 이름으로 간과되거나 소홀히 하는 교육과정의 하나로 이해될 수 있다. 그러므로 학교교육의 사태를 올바로 파악하기 위해서는 표면적 교육과정 뿐만 아니라 잠재적 교육과정의 실체를 제대로 볼 수 있어야 하며, 교육과정을 편성 · 운영하는 사람들은 잠재적 교육과정의 개념과 성격, 출현의 기제, 그리고 이것이 특히 교육과정을 실천에 옮기는 사람들에게 주는 시사점이 무엇인가를 올바로 이해할 필요가 있다.

1. 잠재적 교육과정 개념

> 학생들은 학교에 입학하는 순간에는 어렵게 느껴졌던 과목 수업시간에는 좀 더 집중력을 가지고 흥미를 붙여 공부하려고 결심하며, 공부 잘 하는 친구들과 잘 어울리면서 서로 돕고 상대를 배려하는 마음과 방법을 배우려고 한다. 학교에서 공부할 과목들을 열심히 해서 학교와 선생님들이 기대하는 좋은 학생이 되고자 결심한다. 그러나 그러한 생각도 잠시뿐 경제적 격차로 인한 비애를 경험하며, 법을 지키는 것은 결국 손해 보는 일이라는 점을 배우고, 실력보다는 돈과 배경이 출세하는 데 더 큰 힘을 발휘한다는 사실을 학습하게 된다. 때로는 거짓말을 해야 따돌림을 당하지 않으며, 정직하고 조용히 자기 일만 열심히 하는 친구보다는 힘세고 어울려 다니기 좋아하는 친구들과 가깝게 지내는 것이 현명하다는 점을 배우게 된다.

잠재적(潛在的) 교육과정의 의미는 잠재적이라는 용어를 어떻게 해석하느냐에 따라 다르게 파악될 수 있다.

잠재적 교육과정이라는 용어는 초등학교 아동들의 학교생활을 집중적으로 관찰, 연구했던 Phillip W. Jackson이 「교실에서의 생활, Life in the Classroom」이라는 저서에서 처음으로 'Hidden Curriculum'이라고 표현한 것을 번역한 것이다. Jackson은 아동들의 교실생활이 교사의 수업을 통해서 학습되는 공식적인 교육과정 외에도 이와는 다르거나 의도한 바와는 다른 많은 것을 학습하고 있다고 지적하고, 이 학습내용, 즉 공식적 교육과정 외의 것을 학습하는 것을 '잠재적 교육과정'이라고 명명하였다.

한국의 경우 잠재적 교육과정에 관한 관심을 불러일으킨 대표적인 학자가 김종서이다. 김종서는 1987년도에 「잠재적 교육과정의 이론과 실제」라는 저서를 출간함으로써 교육과정학자들에게 교육과정을 중심으로 한 학교교육 사태를 보는 관점에 큰 변화를 가져오게 하였다. 그는 잠재적 교육과정을 "학교의 물리적 조건, 제도 및 행정적 조직, 사회적 및 심리적 상황을 통하여 학교에서는 계획한 바 없으나, 학교생활을 하는 동안에 학생들이 은연중에 가지게 되는 경험"으로 정의하였다(김종서, 1987).

이와 같은 잠재적 교육과정 개념 정의에 대하여, 김안중(1987)은 교육과정을 의도성, 계획성, 공공적 체계 등의 성격이나 그 성립 기준을 한정하는 경우에는 잠재적 교육과정이란 성립하기 어려운 개념이라고 지적하였다. 이와 같은 문제가 있기 때문에 잠재적 교육과정이라는 용어보다는 '부수적인 학습 결과'로 표현하는 것이 적절하다고 지적하였다.

잠재적 교육과정으로 표현할 것인가, 아니면 부수적인 학습 결과로 표현할 것인가는 교육과정 개념을 파악하는 방식에 달려 있다. 물론 필자는 교육과정의 범주를 매우 포괄적으로 파악하지 않으면 학교교육 사태의 많은 부분을 간과하거나 왜곡시키는 잘 못을 저지를 수 있다는 점에서 잠재적 교육과정이라는 개념으로 파악하고자 한다.

2. 잠재적 교육과정의 성격과 원천

잠재적 교육과정에 관한 논의는 미국의 경우 1970년대에, 우리나라는 1980년대에 활발하게 이루어졌다. 이에 대한 논의의 배경은 아동중심 교육사상, 교육의 인간화, 학생중심 교육 운동 등이다. 즉, 학교교육은 의도적으로 순기능을 수행하도록 계획되고 전개되지만, 항상 순기능만이 수행되는 것은 아니며 역기능적 작용이나 생태를 지니고 있기 때문에, 이 부분을 교육과정이라는 범주에 포함시켜야만 학교교육의 올바른 모습을 파악할 수 있다는 시각으로부터 전개된 것이다.

잠재적 교육과정의 의미를 좀 더 다양한 시각에서 살펴보고, 그 성격을 파악하기 위해서 잠재성이 지닌 의도성과 그 깊이에 대한 학자들의 생각을 두 가지 다른 관점, 즉 기능론적 관점과 갈등론적 관점에서 살펴볼 필요가 있다. 그리고 이들 관점은 잠재적 교육과정을 만들어 내는 원천을 무엇으로 파악하는가를 살펴보고자 한다.

가. 기능론적 관점

1) Jackson(1968)의 잠재적 교육과정 논의

Jackson은 장기간에 걸쳐 초등학교 아동들과 함께 생활하면서 소위 '교실의 생활'을 이해하고자 하였다. 그 결과, 그는 교실의 생활이 종래 알고 있던 대로의 교육과정이 배우도록 요구하는 교과와는 대조되는 잠재적 교육과정을 배우도록 요구하는 측면이 있음을 발견하였다.

Jackson은 학교에서 많은 아동들이 어울려서 배우게 되는 것은 **군집성**(群集性, crowds), 여러 가지 형태의 평가를 통해서 배우게 되는 것을 **상찬**(賞讚, praise), 그리고 조직의 권위관계를 통해서 배우게 되는 것을 **권력**(power)이라는 세 가지 개념으로 다음과 같이 설명하였다.

첫째, 학교는 많은 학생들이 집단생활 속에서 배우는 곳이다. 학교의 이러한 특징은 학생들에게 남과 어울리는 것을 배우도록 하는가 하면 많은 사람 속에서 자기 일에만 열중하는 태도를 배우도록 하며, 질서를 지키기 위하여 식당 입구에서 또는 화장실 앞에서 기다려야 하는 것을 배우도록 하고, 교사를 비롯한 통솔자의 명령에 복종하는 것 등을 배우도록 요구한다.

둘째, 학교는 계속해서 여러 가지 형태로 쉴새없이 평가가 이루어지는 곳이다. 학생들 상호간에 또는 교사에 의하여 계속해서 어떤 평가를 받는다. 성격이 좋다느니 성격이 비뚤어졌다느니, 음악에 대한 소질이 있다거나 섬세한 손놀림의 적성이 있다거나, 머리가 좋다 혹은 글쓰기 지능이 우수하다, 학력이 향상되고 있다거나 보살 것이 없다거나, 성실하다거나 게으름뱅이 등의 평가를 비롯해서 학습활동은 말할 것도 없고 노는 시간에 있었던 사소한 행동까지도 잘잘못을 늘 평가받는다. 이러한 평가를 통해서 학생들은 경쟁, 시기, 질투 등의 방법을 배우기도 하고 긍정적 또는 부정적 자아개념을 형성하기도 한다.

셋째로, 학교의 특징은 권력관계에서 찾아볼 수 있다. 학생들에게 있어서 교사의 권위는 거의 절대적이다. 학생들은 학교생활에 적응하기 위하여 교사의 권위에 순종하는 것, 교칙을 준수하지 않으면 손해 본다는 것을 배운다. 다시 말하여 조직이 갖는 권위에 적응하는 방법을 배운다는 것이다.

잭슨에 의하면, 학교생활의 특징인 이러한 군집, 상찬, 권력은 학생들이 학교생활을 성공적으로 수행하기 위해서는 반드시 배워야만 하는 잠재적 교육과정을 구성한다. 이러한 잠재적 교육과정은 일반적으로 교육의 목적이나 목표에 명시적으로 나타나 있지는 않지만, 매우 효과적으로 학교에서 학습되고 있다.

2) Dreeben(1970)의 잠재적 교육과정 논의

Dreeben에 의하면, 학교가 수행하는 사회화의 기능 중에 '독립심'과 '성취감'이라는 규범의 학습과 '성인 권위의 수용'이 가장 중요한 잠재적 교육과정을 형성한다.

학생들은 학교생활을 하는 동안 사회생활에 필요한 독립심과 성취감 등의 사회 규범을 배우게 된다. 즉 학생들은 학교에서 자신의 일을 독립적으로 수행하고 자신의 의무를 다하는 것을 배운다. 학생들은 학교생활을 통하여 또한 성인의 권위를 수용하는 방법을 배우게 된다. Dreeben에 의하면, 학교는 친화적인 인간관계로 특징지워지는 가정과 권위적인 관계로 특정지워지는 사회의 중간에 위치하며, 사회에 나가기 전의 학생들에게 사회생활에 필요한 규범, 가치, 태도 등을 잠재적 교육과정을 통하여 학습시키는 장이다.

3) 김종서(1987)의 잠재적 교육과정 논의

김종서는 잠재적 교육과정의 원천으로 학교의 목적성, 강요성, 군집성, 위계성을 지적하였다.

첫째, 학교의 **목적성**은 학교교육이 표방하고 달성하려는 목적과 학생의 교육받는 목적과 괴리를 보일 때 잠재적 교육과정의 원천으로 작용한다.

둘째, **강요성**은 학교의 건물과 시설 사용의 규칙, 학생신분으로 지켜야 할 교칙, 일정한 절차를 따라 이수해야 할 교육과정, 학년제도 등에 맞추어 생활하는 가운데서 학생들로 하여금 잠재적 교육과정을 경험하게 된다.

셋째, **군집성**은 개인적 특질이 다르고 가정배경이 다른 학생들이 모여서 생활하는 가운데 잠재적 교육과정을 경험하게 한다.

넷째, **위계성**은 사회 조직으로서의 학교에 교사와 학생 간, 학생과 학생 간에 존재하는 위계질서 속에서 생활하는 가운데 잠재적 교육과정을 경험하게 한다.

잠재적 교육과정에 관한 기능론적 관점은 교육과정 개념을 표면적 교육과정에 국한시키는 것은 부적절하며, 경험중심 교육과정에서의 교육과정 개념 정의 방식, 즉 교육과정이란 '학교생활을 하는 동안에 학습자들이 겪는 모든 경험'으로 규정하면서 교육의 역기능적 요소도 인생을 살아가면서 익힐 가치 있는 것으로 본다.

나. 갈등론적 관점

1) Illich(1970)의 잠재적 교육과정 논의

학교교육이 갖는 잠재적 교육과정의 부정적인 측면을 가장 먼저 극단적으로 드러낸 사람은 흔히 탈학교론자로 알려진 일리치이다. 일리치는 학생들을 가르치는 것이 바로 배우는 것으로, 상급학년으로의 진급을 교육으로, 졸업증서를 능력으로, 언어의 유창성을 창의적인 사고의 표현력으로 혼동하도록 교육되고 있다고 주장한다(Illich, 1970 : 1).

일리치는 좀 더 근본적으로 학생들이 학교에 다니는 동안 무엇을 배우는지에 대한 의문을 제기하고 있다. 그는 우리들이 알고 있는 대부분은 학교 밖에서 배운 것이며, 학생들은 그들 학습의 대부분을 교사 없이 때로는 교사의 가르침과 관계없이 배우게 된다고 말하고 있다. 결국, 학교가 학생에게 무엇인가 의미 있는 것을 가르치는 것은 거의 없다는 것이다. 그래서 그는 '학교가 없는 사회(Deschooling Society)'를 건설해야 한다는 주장을 하기도 하였다.

Illich의 잠재적 교육과정 관점은 잠재적 교육과정의 개념 정의와는 관계없이, '진정으로 학교가 학생을 가르쳐야 할 것이 무엇인가?' 라는 매우 근본적인 질문과 연결되어 있다. 그에 의하면, 학교가 정말 가르쳐야 할 것은 가르치지 않고 의미 없는 것들을 잡다하게 가르친다고 주장함으로써 오히려 '영교육과정' 쪽에 관심의 무게를 두고 있다.

2) Bowles와 Gintis(1976)의 잠재적 교육과정 논의

이들은 잠재적 교육과정을 학교교육의 숨겨진 기능으로 규정하고, 미국의 학교 교육사를 경제적 관점에서 분석하면서 잠재적 교육과정의 기제(機制)를 밝혀내려 시도했다. 학생들은 학교의 '숨겨진' 교육과정을 통해 자본주의 사회에 필요한 특정 가치 규범,

예컨대 돈이면 무엇이든지 해결할 수 있다든지, 사회적 지위는 학업성적과 관계되어 있다든지, 사회경제적 지위를 획득하기 위해서는 기존의 경제체제를 비판하거나 비리를 드러내는 일보다는 거기에 순응하는 행동양식을 배우게 된다는 것이다. 이러한 숨겨진 교육과정의 기제를 통해서 현재의 불평등한 사회 구조는 효과적으로 재생산된다.

이들은, 학교는 자본주의 사회의 유지 및 발전에 필요한 가치관과 인간 특성을 주입시키는 기능을 수행한다고 주장한다. 학교는 학생의 출신 계층 배경에 따라 서로 다른 교육을 제공함으로써 자본가와 노동자를 길러낸다. 즉 학교교육은 잠재적 교육과정이라는 숨겨진 기능을 통하여 사회의 불평등 구조를 재생산하고 정당화하는 역할을 수행한다. 이들은 잠재적 교육과정의 원천을 표면적 교육과정으로 보고 있다.

3) Apple(1979)과 Giroux(1983)의 잠재적 교육과정 논의

Apple(1979)의 잠재적 교육과정에 관한 논의의 특이한 점은 지식 영역에서 작용하는 잠재적 교육과정의 기제를 밝히고자 시도했다는 점이다. 그에 의하면, 특정 의미나 실천은 학교의 공식적인 지식으로 선택되어 강조되고, 다른 의미나 실천은 무시되거나 배제된다는 것이다. 공식적인 지식으로부터 배제되는 예가 바로 전통음악이나 대중음악, 연애소설, 대중만화 등이다.

학교의 잠재적 교육과정은 갈등의 특성이나 갈등의 유용성에 관한 기본 규칙을 강화하는 역할을 한다. 학교가 학생들에게 제공하는 지식은 특정한 방식으로 정당성이나 합법성의 경계를 형성한다.

잠재적 교육과정을 통하여 학생들이 갈등의 기본 규칙을 학습하는 방식은 갈등에 대한 부정적인 측면을 적극적으로 배움에 의해서라기보다는 교과 내용에서 지적 및 규범적 갈등이 지니는 가치와 중요성을 나타내 주는 내용을 학습할 수 있는 기회를 배제시킴으로써 표면적 교육과정이 아닌 잠재적 교육과정을 통해서 학습하는 것이다.

Giroux(1983)는, 잠재적 교육과정에 대한 분석이 교육과 교육학의 새로운 관심 대상이 되기 위해서는 숨겨진 교육의 결과에 대한 단순한 기술(記述)에 머물러서는 안 되며, 지배적인 헤게모니(특정 주의나 주장)에 대하여 비판을 전개하면서 대항 헤게모니를 형성할 필요가 있다고 주장하였다.

Apple과 Giroux에 의하면, 우리가 학교교육의 잠재적 교육과정을 폭넓고 깊이 이해할 때 우리는 학교에서 편향된 이데올로기의 확대 재생산을 중단시키고, 보다 민주적이고 정의로운 사회를 선설할 수 있는 가능성을 지니게 된다. 우리가 잠재적 교육과정을 포함하여 학교 현실을 올바로 이해할 수 있는 관점을 형성하게 될 때 우리는 학생들에게 자신의 현실을 새로 구성하는데 필요한 정치적이고 개념적인 도구를 제공해 줄 수 있다는 것이다.

> 잠재적 교육과정에 관한 갈등론적 관점은 정작 학교 교육을 통하여 가르쳐야 할 필요가 있는 것과 가르치지 않아도 좋은, 혹은 가르치지 말아야 할 것이 구분되어야 한다고 주장한다. 현재의 교육과정은 성적이 곧 학력으로 인식하도록 조건화 시킨다든지, 특정 지배계급의 이데올로기를 교화시킨다든지, 정의로운 사회에 관한 편향된 시각을 기르도록 하는 것 등 '진정으로 교육을 잘 받은 사람의 모습'에 대한 고민보다는 사람들 간 갈등구조를 심화시키는 데 작용하는 교육과정이 편성되고 운영된다고 본다.

이상의 잠재적 교육과정에 관한 여러 학자들의 관점들은 결국 잠재적 교육과정을 정의하는 방식과 그 성격 파악 방식의 차이를 드러내고 있다. 바로 이러한 잠재적 교육과정의 성격을 파악하는 방식의 차이점 때문에 잠재적 교육과정을 생성시키는 원천을 설명하는 방식도 상당히 차이가 있다.

잠재적 교육과정의 원천으로서 **기능주의적 관점**은 주로 학교의 생태적 특성, 즉 여러 사람이 모여서 집단생활을 하면서 받아들이기 어려운 규칙이나 질서, 위계적 관계 등을 배우고 느끼고 경험하는 것과 같은 학교사회의 특성, 부단히 타인으로부터 주어지는 평가를 통하여 우월감이나 무기력감, 자신감과 패배의식 등 무엇인가를 경험하는 것, 학생사회의 독특한 문화(다양한 소집단이 형성되고, 서로 경쟁하며 자신의 우월성을 과시하거나 드러내려는 사고나 행동들)를 통하여 집단 따돌림이나 집단폭력을 행사하기도 하고 당하기도 하는 것, 그리고 부단한 경쟁상황 하에서 생활해야 하는 생활로 인해 비인간적 특성을 학습하게 되기도 한다.

갈등론적 관점은 잠재적 교육과정의 원천을 다름 아닌 표면적 교육과정 자체에서 찾고 있다. 기능론적 관점이 표면적 교육과정을 일단 가치 있고 유익한 내용과 경험들로 구성된다는 점을 기정사실로 받아들이는 것과는 달리, 갈등론자들은 표면적 교육과정이 제대로 구성되지 못하고 올바로 가르쳐지지 못하기 때문에 학습의 왜곡과 비교육적 결과가 초래된다고 주장한다. 평등과 정의를 가르친다고 하여 내용을 구성하고 가르치고 있으나, 실은 평등과 정의의 올바른 의미와 모습을 표면적 교육과정에서는 제대로 다루지 않고 있다고 지적한다.

3. 표면적 교육과정과 잠재적 교육과정과의 관계

표면적 교육과정과 잠재적 교육과정은 학생에게 실현된 교육과정의 양대 축이다. 어떤 경우든지 표면적 교육과정과 잠재적 교육과정의 양대 교육과정 구도는 피할 수가 없다. 그러면, 두 가지 교육과정의 관계를 어떻게 설명할 수 있는가? 이 질문에 대하여 김종서 등(1999 : 112－121)은 다음과 같이 기술하고 있다.

가. 의도성 여부

표면적 교육과정은 학교에 의하여 의도적으로 조직되고 가르쳐지는 반면에, 잠재적 교육과정은 학교에 의하여 의도되지 않았지만 학교생활을 하는 동안에 은연중에 배운 것이다. 즉, 전자는 의도한 교육과정이요 전개한 교육과정이라면, 후자는 실현된 교육과정의 일부분이다.

나. 학습내용 영역

표면적 교육과정은 주로 지적인 것과 관련되는 반면에, 잠재적 교육과정은 주로 정의적인 것과 관련이 있다. 물론, 여기서 지적 혹은 정의적이라는 교육과정의 내용은 상대적인 것이다. 지적인 측면에서도 의도적으로 조직되고 가르치지 않았음에도 불구하고 왜곡된 지식을 학습자들은 습득할 수 있기 때문이다. 그러나 잠재적 교육과정을 차지하는 보다 큰 부분은 정의적 영역이라는 점이다.

다. 교육과정 자원

표면적 교육과정이 주로 교과와 관련된다면, 잠재적 교육과정은 주로 학교의 문화풍토와 관련이 있다. 일반적으로 표면적 교육과정의 가장 큰 부분은 교과과정이며, 이는 정신하여 사전에 의도적 체계적으로 조직하여 가르치고 배우게 된다. 물론, 이 과정에서도 의도적으로 계획하거나 가르친 것이 아님에도 불구하고, 혹은 그런 것과는 반대의 결과를 학습자가 지닐 수 있으며, 이를 잠재적 교육과정이라고 할 수 있다. 그러나 잠재적 교육과정은 교과과정보다는 교과 외 활동 혹은 학습자들의 생활 속에서 나타나는 부분이 크다.

라. 실현된 교육과정의 지속 기간

표면적 교육과정은 단기적으로 배우며 어느 정도 일시적인 경향이 있는 반면에, 잠재적 교육과정은 장기적 · 반복적으로 배우며 보다 항구적이다. 학습자의 입장에서 볼 때 표면적 교육과정은 자발성, 흥미, 생활과의 밀접성 등과 거리가 있다. 자발적이며 흥미를 가지고 배우는 것과 그렇지 못한 것은 기억이나 내면화 측면에서 차이가 있을 수밖에 없다. 표면적 교육과정이 그 내용 조직에서 계속성과 계열성이 유지되도록 하기는 하지만 일상적으로 반복되고 자주 경험하는 학습자의 생활사태보다는 덜하다.

마. 교사의 영향

표면적 교육과정은 주로 교사의 지적 기능적인 영향을 받으나, 잠재적 교육과정은 주로 교사의 인격적인 감화에 영향을 받는다. 그리고 교사보다는 학교의 분위기나 친구들의 영향을 크게 받는다.

바. 교육과정의 가치지향

표면적 교육과정이 주로 바람직한 내용인 반면에, 잠재적 교육과정은 대부분 바람직하지 못한 것으로 구성된다. 표면적 교육과정이 모두 바람직한가의 문제는 간단하게 답해질 수 있는 것이 아니다. 앞에서 살펴본 바와 같이 갈등론적 입장을 취하는 사람들의 입장에서 보면 표면적 교육과정은 많은 문제를 지니고 있는 것으로 볼 것이기 때문이다.

그런데 잠재적 교육과정은 거의 대부분 바람직하지 못한 것들로 구성된다. 여기에 바람직한 것이 포함된다고 주장하기도 하지만, 바람직한 것은 모두 표면적 교육과정에 관련되는 것들이다.

사. 조화와 상보적 관계의 중요성

표면적 교육과정과 잠재적 교육과정이 서로 조화되고 상보적인 관계를 지닐 때 학생 학습에 보다 강력한 영향을 미칠 수 있다. 예컨대, 수학에서 낮은 성취를 나타내고 있는 학습자의 경우 내용의 수준을 조절하거나 가르치는 방법을 개선하는 일 보다는 수학 교사와 학생과의 관계를 개선하거나 수학에 대한 흥미를 느낄 수 있는 계기를 마련하는 일이 더 중요하다.

아. 잠재적 교육과정의 생리

잠재적 교육과정을 찾아내어 이를 표면적 교육과정으로 흡수한다 할지라도 표면적 교육과정과 잠재적 교육과정의 구조는 변하지 않는다. 어떤 표면적 교육과정이던지 잠재적 교육과정을 근본적으로 해소시키는 것은 불가능하다.

4. 잠재적 교육과정이 교사에게 주는 시사점

그러면, 잠재적 교육과정이 교육과정을 실천에 옮기는 역할을 수행하는 사람들, 특히 교사들에게 어떤 의의를 주는가? 교사가 잠재적 교육과정을 이해해야 하는 이유는 무엇이며, 표면적 교육과정을 운영할 때 어떤 점을 유의해야 하는가?

첫째, 교사들이 교육과정을 표면적 교육과정에 한정하여 규정하거나 이해하는 것은 매우 협소한 시각이라는 점이다. 이미 지적한 바와 같이, 교육과정을 운영하는 사람은 학습자의 학습 결과에 민감성을 지녀야만 한다. 그리고 이에 대한 책임감을 지니고 있다. 만약에 교사가 표면적 교육과정에 한정한 교육과정적 시각을 지니고 있고, 여기에만 충실하면 된다고 생각하는 것은 너무 안이한 사고이다.

둘째, 교사는 살아 있는 교육과정이다. 표면적이건 잠재적이건 교사의 외현적 행동뿐만 아니라 내재적 행농은 교사의 의도와는 관계없이 모두 학습자의 편에서는 학습의 소재이다. 학생들은 학교에서 단순히 표면적 교과과정만을 통하여 학습하는 것이 아니다. 교과과정 외에 인간이 인간답게 살아가는 법을 배운다. 이것은 단순히 가르침을 주는 것만으로 학습하는 데에는 한계가 있을 수밖에 없으며 교사가 학생들에게 무언가를 보여주고 모범이 되어야 생길 수 있는 배움이다.

셋째, 학교의 풍토와 분위기를 보다 인간적으로 조성하도록 노력해야 한다. 교사집단 간에 갈등과 반목보다는 협동과 협력하는 분위기로, 학생들 간 지나친 경쟁분위기보다는 협력과 상호지원을 조장하는 분위기를 조성하도록 힘써야 하며, 이 일을 학생들과 함께 수행하는 것이 바람직하다.

넷째, 교사는 잠재적 교육과정의 긍정적인 측면을 공적인 교육의 장으로 드러내고 이를 표면적 교육과정으로 전환하는 노력을 기울임과 동시에, 부정적인 측면을 해소하기 위한 노력을 기울여야 한다. 특히 학생들의 자율적이고 개인적인 생활에 보다 관심을 가지고 학생과의 관계성을 증진하도록 해야 한다.

제2절 영교육과정(Null curriculum)

1. 영교육과정의 개념

영교육과정(null curriculum)은 예술의 교육적 가치에 관한 관심으로 교육과정 개발에 대한 생각을 발전시켜 온 Eisner가 1979년에 「The educational imagination : On the design and evaluation of school programs」라는 저서를 통하여 소개된 이후 줄곧 이 방면의 연구를 자극해 오고 있다.

Eisner에 의하면, 학교가 달성하려고 노력해야 할, 그리고 가르쳐야 할 중요한 내용이 있음에도 불구하고 공식적인 교육과정에 포함되지 않은 것을 영교육과정이라고 한다. 예컨대, 일본이 한국을 비롯한 주변국에 엄청난 피해를 입힌 역사를 교과에서 배제시킨 것, 미국의 신자유주의 전개과정, 경제수준과 교육성취도와의 관계 등과 같은 내용은 학생들이 배워야 할 가치가 있음에도 표면적 교육과정에는 포함되어 있지 않은 것들이다. 공식적 교육과정에 포함되어 있지 않기 때문에 가르치지 않으며, 그래서 학생들은 정작 배워야 할 중요한 내용을 배우지 못하게 됨으로써 교육의 위축 현상, 불충분과 왜곡현상이 일어난다는 것이다.

잠재적 교육과정이 교사들로 하여금 학습자들에게 실현된 교육과정에 주목하도록 요구한다면, 영교육과정은 교육을 위한 계획으로서의 교육과정에 관심을 갖도록 요구하는 셈이다. 왜 어떤 내용은 공식적 교육과정에 포함되는데 어떤 내용은 어떤 이유로 배제되는가에 대하여 교육과정 개발자와 운영자가 깊은 관심과 검토를 하라는 요청이요, 가르칠만한 가치가 있음에도 불구하고 공식적 교육과정에 포함되지 않은 것을 어떻게 보아야 하는가, 교사는 이에 대하여 무엇을 해야 하는가에 대한 고민을 해야 함을 지적해 주고 있다.

2. 영교육과정에 관한 논의

이와 같은 영교육과정의 개념에 관한 논의는 크게 세 가지 측면에서 전개할 수 있다.

첫째, 영교육과정이라는 개념이 성립될 수 있는가 하는 것이다. 이 개념은 표면적 교육과정의 실체가 존재하기 때문에 사용되는 개념이기는 하되, 이것까지 교육과정이라는 개념으로 이해하게 되면 교육과정과 비(非)교육과정의 경계를 구분짓기가 불가능해진다는 것이다. 그러나 교육의 세계는 표면적 교육과정이 있으면 응당 영교육과정이 존재하는 것은 분명하다. 그리고 이는 교육과정의 탐구 대상이기도 하다.

둘째, 영교육과정이 발생하는 원천 혹은 이유가 무엇인가 하는 논의이다. 이에 대한 대답은 여러 가지로 제시될 수 있다. 교육과정을 운영할 수 있는 교육기간이 유한하다든지, 교육과정 개발은 부단한 의사결정 과정을 거치면서 내용의 정선과 우선순위를 결정하게 되는 데, 그러한 우선순위에서 밀려난 내용들은 공식적 교육과정에 포함되지 못한다든지, 어떤 내용은 가르칠 가치가 있음을 인정하면서도 가르칠 수 있는 여건이 충족되지 못하여 배제된다든지, 잘 못 가르치면 가르치지 않은 것만 못한 내용이 있다든지와 같은 것이다.

이에 대하여 Giroux, Bowles & Gintis, Illich 등과 같은 갈등론자들은 좀 다른 생각을 하고 있다. 그들은 교육과정의 정치적 이해관계나 교육과정 개발자들의 이해에 따라서 의도적으로 배제한 것이라는 데 관심을 집중한다. 표면적 교육과정은 주로 지배계층의 지위를 유지하는 데 도움이 되는 내용, 사회 질서 유지에 도움이 되는 내용, 고급문화에 익숙한 사람들에게 유리한 내용을 의도적으로 선정하여 구성한다는 것이다.

셋째, 영교육과정이 교육과정 개발자와 실천가에게 주는 시사점이 무엇인가 하는 것이다. 이미 Eisner가 주장한 바 있듯이, 표면적 교육과정이 문자나 숫자 위주의 표현양식만을 강조하고 있고, 시각, 청각, 운동 등 다양한 방식의 표현양식의 개발을 무시하거나 경시한다면 교육의 힘은 그만큼 위축되거나 왜곡될 수밖에 없다. 이러한 점에서 영교육과정은 교육과정을 표면적 교육과정에 한정하여 보아서는 안 된다는 점, 표면적 교육과정에 포함되어 가르쳐야 한다고 주장하는 바의 이유를 되묻고, 더욱 중요한 것이 빠지지는 않았는가를 살펴보도록 교육적 민감성을 지닐 것을 요구한다(김대현 · 김석우, 1999 : 24). 그리고 가르칠 가치가 있다는 충분한 근거가 있다면 영교육과정을 가르쳐야 한다.

그러면, 영교육과정의 관점은 표면적 교육과정에 포함되어 있지 않으나 '가르칠 가치가 있다고 판단되는 교육목표나 내용'이라고 할 때, 그 판단을 누가 하는가의 문제가 제기된다. 이 판단자는 최종적으로 교사일 수밖에 없다. 바로 이 점에서 교육과정의 실천가인 교사의 균형잡힌 판단, 교사집단의 합의를 도출해 내려는 노력, 그리고 교육과정 운영에 주어진 교사의 자율성의 의미를 올바로 해석하고 행사하려는 노력, 바로 이것을 교육과정에 관한 교사의 책무성이라고 할 것이다.

참고 문헌

bibliography

김대현 · 김석우(1999). 교육과정 및 교육평가. 서울 : 학지사.

김안중(1987). 잠재적 교육과정에 대한 비판적 검토. 윤팔중 편. 교육과정 이론의 쟁점. 서울 : 교육과학사.

김종서(1987). 잠재적 교육과정의 이론과 실제. 서울 : 교육과학사.

김종서 외(1999). 개정판 교육과정과 교육평가. 서울 : 교육과학사.

Apple, M. W.(1979). Ideology and curriculum London : RKP, 박부권 역(1985). 교육과 이데올로기. 서울 : 한길사.

Bowles, S. & Gintis, H.(1976). Schooling in capitalist america. New York : Basic Books.

Dreeben, R.(1970). Schooling and Authority. N. V. Overly(ed.). The unstudied curriculum : Its impact on children. Washington, D. C. : ASCD.

Giroux(1983). Theory and resistance in education. Bergin & Garvey Publishers, Inc.

Illich, I.(1970). Deschooling society. New York : Harper & Low.

Jacson, P. W.(1968). Life in classrooms. New York : Holt, Rinehart and Winston Inc.

Schubert, W. H.(1986). Curriculum : Perspective, paradigm, and possibility. New York : Macmillan Publishing Company.

형성평가

8.1 〈보기〉의 내용과 가장 관련이 깊은 교육과정? ['02 초등]

보 기

교사의 인격은 알게 모르게 학생들에게 계속적인 영향을 미친다. 세상을 부정적, 비관적으로 보는 교사 밑에서 배우는 학생들은 자신도 모르는 사이에 세상에 대한 부정적 견해를 가지게 되기 쉬우며, 교사로부터 사랑과 관심을 많이 받은 학생은 따뜻한 마음의 소지자가 될 가능성이 높다. 만약 한 학교의 여러 교사들이 공통적으로 어떤 인간적 특징을 나타낼 때 그렇게 집단화된 교사의 인격적 특징은 학생의 인성 발달에 더욱 강력한 영향을 미치게 될 것이다.

① 영 교육과정
② 표면적 교육과정
③ 잠재적 교육과정
④ 공식적 교육과정

8.2 다음 글에서 밑줄 친 부분과 관계가 있는 과정은?

보 기

학생들을 강력하게 통제하는 경우, 학교의 질서를 유지할 수 있을지는 모르나, 학생들에게 무슨 수단을 써서라도 학교의 통제를 회피하려는 태도를 가지게 하기도 한다.

① 잠재적 교육과정
② 의도된 교육과정
③ 표면적 교육과정
④ 형식적 교육과정
⑤ 명시적 교육과정

8.3 다음 중 잠재적 교육과정에 해당되는 것은?

① 교사의 수업 의도
② 문서화된 교육과정
③ 교사의 학습지도안
④ 학교의 교육계획서
⑤ 교사의 인격적 감화

8.4 표면적 교육과정과 잠재적 교육과정의 차이에 대한 설명으로 옳은 것은?

① 표면적 교육과정이 생활기능과 관련이 있다면, 잠재적 교육과정은 이론 · 지식과 관련이 있다.
② 표면적 교육과정은 장기적 · 반복적인데 비하여, 잠재적 교육과정은 단기적 · 일시적인 경향이 있다.
③ 표면적 교육과정이 주로 비지적인 것과 관련이 있다면, 잠재적 교육과정은 지적인 것과 관련이 있다.
④ 표면적 교육과정이 주로 비교과적인 것에 관련이 있다면, 잠재적 교육과정은 교과적인 것과 관련이 있다.
⑤ 표면적 교육과정이 주로 바람직한 것인데 비하여, 잠재적 교육과정은 바람직한 것과 바람직하지 못한 것을 포함하고 있다.

8.5 잠재적 교육과정에 관한 설명으로 가장 적절한 것은? ['00 중등]

① 수업과 평가에서 고려할 필요가 없는 교육과정의 영역
② 학교에서 소홀히 하거나 공식적으로 가르치지 않는 교과지식
③ 공식적 교육과정을 배우는 동안 놓치게 되는 학습내용
④ 의도되지는 않았지만 학교생활을 통해 얻게 되는 학생들의 경험

8.6 잠재적 교육과정을 설명하는 사례로 가장 적절한 것은? ['06 중등]

① 계발활동에서 문예반을 선택하여 소설을 읽고 현대소설의 특징을 이해하였다.
② 냉전시대 공산주의 국가에서는 시장 경제 체제의 장점을 제대로 가르치지 않았다.
③ 수업시간에 배운 한자를 30번씩 써 오라는 숙제 때문에 한문을 싫어하게 되었다.
④ 국어시간에 일제 강점기 독립운동에 기여한 문학 작품을 조사하여 각각의 특징을 기술하였다.

8.7 〈보기〉 중 잠재적 교육과정에서 강조하는 사항을 모두 고른 것은? ['08 중등]

보 기

ㄱ. 학생들의 교실생활이나 학교의 문화풍토를 중시한다.
ㄴ. 교육과정을 '의도'나 '계획'의 차원에 한정하지 않는다.
ㄷ. 공식적(formal) 교육과정의 부정적 결과에도 관심을 기울인다.
ㄹ. 교육과정은 교사가 해석하여 교육사태에서 재구성하는 것이다.

① ㄱ, ㄹ ② ㄴ, ㄷ ③ ㄱ, ㄴ, ㄷ ④ ㄱ, ㄷ, ㄹ

8.8 두 교사의 대화 내용 중, B 교사가 근거하고 있는 교육과정의 개념은? ['05 중등]

> **보 기**
>
> A 교사 : 고고학은 정말 중요한 학문인데, 우리나라 고등학교에서는 왜 안 가르치는지 모르겠어요.
>
> B 교사 : 어떤 것을 가르친다는 것은 다른 것을 가르치지 않는다는 것을 의미하지요. 제한된 여건 때문에 모든 것을 동시에 다 가르칠 수는 없지요.

① 영 교육과정(Null Curriculum)
② 명시적 교육과정(Explicit Curriculum)
③ 암시적 교육과정(Implicit Curriculum)
④ 현성 교육과정(Emerging Curriculum)

8.9 〈보기〉에서 제시된 A교사의 생각을 가장 잘 설명해 주는 교육과정은? ['03 초등]

> **보 기**
>
> A교사는 평소 학교교육에서 예능 교과가 그 중요성에 비해 소홀히 다루어지고 있다고 생각한다. 지적 기능 못지않게 중요한 감성은 음악이나 미술 교과를 통해서 잘 계발될 수 이으나, 학교에서는 수업시수가 적어 많은 내용이 가르쳐지지 않고 배제되고 있다는 것이다.

① 상관 교육과정 ② 중핵 교육과정
③ 융합 교육과정 ④ 영 교육과정

8.10 다음의 현상을 설명하는 데 가장 적합한 교육과정 유형은? ['02 중등]

> **보 기**
>
> • 일본의 역사교과서에서 한국 침략 내용을 의도적으로 배제
> • 진화론은 가르치나, 성경의 창조론은 배제
> • 사회과 교과서에서 사회적 약자에 대한 논의 배제

① 잠재적 교육과정(Latent Curriculum)
② 공식적 교육과정(Formal Curriculum)
③ 영 교육과정(Null Curriculum)

④ 교사배제교육과정(Teacher-Proof Curriculum)

8.11 "교과서에는 노동운동과 여성 운동에 관한 지식이 포함되어 있지 않다."는 현상을 지칭하기 위해 사용하는 개념은?

① 중핵 교육과정　② 영 교육과정　③ 잠재적 교육과정
④ 형식적 교육과정　⑤ 의도적 교육과정

8.12 다음 (가)와 (나)의 내용에 가장 부합하는 교육과정의 유형을 바르게 짝지은 것은?

['12 중등]

(가) 학생들은 학교에서 교사의 희망 때문에 자기 자신의 욕망을 억누르고 또 공동선 때문에 자기의 행동을 조심하는 것을 배운다. 그들을 둘러싸고 있는 규칙 · 규정 및 관례에 따르는 것을 배운다. 그들은 사소한 좌절감을 극복하고, 권위를 가지고 있는 사람의 계획과 정책이 비합리적이고 불분명할지라도 그것에 따르는 것을 배운다. 다른 사회적 기관의 구성원들과 마찬가지로 학생들도 '세상이 다 그런거야.'라고 말하는 것을 배운다.

－잭슨(P. Jackson), 『아동의 교실생활』－

(나) 왜 대부분의 중등학교에서 영어를 4년, 수학을 2년, 과학을 1－2년, 역사와 사회를 2－3년 동안 의무적으로 가르치는가? 왜 중등학교에서 법학, 경제학, 인류학, 심리학, 무용, 시각예술, 음악은 자주 가르치지 않거나 필수교과로 지정하지 않는가? (중략) 나는 우리가 학교에서 몇몇 교과를 다른 대안적인 교과에 대한 면밀한 검토 없이 그저 전통적으로 가르쳐 온 교과이므로 계속해서 가르치고 있다고 생각한다. 그 과정에서 우리는 종종 학생들에게 매우 유용하다고 입증된 교과를 가르치지 않는다.

－아이즈너(F. Eisner), 『교육적 상상력』－

	(가)	(나)
①	영 교육과정	중핵 교육과정
②	영 교육과정	잠재적 교육과정
③	잠재적 교육과정	영(null)교육과정
④	잠재적 교육과정	중핵 교육과정
⑤	중핵 교육과정	영 교육과정

8.13 다음은 '학교교육과정'을 주제로 두 교사가 나눈 대화 내용이다. 밑줄 친 Ⓐ와 Ⓑ에 해당하는 교육과정 개념으로 가장 적절한 것은? ['09 중등]

> 김 교수 : 저는 어떤 학교에서든지 그 학교에서 실지로 가르치는 내용은 공식적인 문서나 활동만 보아서는 알 수가 없다고 봐요.
> 유 교사 : 그렇죠. 학생들은 학교에서 의도하지 않은 것들도 은연중에 많이 배우게 되죠. 거기에는 학부모나 교사의 입장에서는 결코 기대하지 않았던 생각과 행동, 태도들도 많죠.
> 김 교사 : 그뿐만 아니라 이런 경우도 있어요. 마땅히 가르쳐야 하는데도 불구하고 학교 또는 교사가 의도적으로 가르치지 않아서 학생들이 아예 배우지 못하는 것들도 더러 있죠.
> 유 교사 : 제가 말한 경우는 <u>Ⓐ학교가 의도하지 않았는데 학생의 학습경험이 생기는 것</u>이라면, 김 선생님이 말한 경우는 <u>Ⓑ당연히 발생해야 할 학습경험이 학교의 의도 때문에 일어나지 않은 것</u>으로 해석할 수도 있겠네요.

	Ⓐ	Ⓑ
①	암시적 교육과정	명시적 교육과정
②	비공식적 교육과정	공식적 교육과정
③	잠재적 교육과정	영(null)교육과정
④	활동중심 교육과정	교과중심 교육과정
⑤	아동중심 교육과정	교사중심 교육과정

8.14 잠재적 교육과정에 관한 기능론과 갈등론적 관점을 비교 설명해 보라.

8.15 어떤 교사가 공식적인 교육과정이나 교과서에서 가르쳐야 한다고 밝혀 놓지 않은 어떤 내용을(예 : 이라크 파병 반대, 특정 종교의 지지) 개인의 판단에 따라서 정규 수업시간에 가르치려고 한다. 이에 대하여 어떻게 생각하는가?

8.16 교육과정 편성과 운영에서의 교사의 자율성의 성격과 범위, 혹은 자율성 발휘의 기준이라는 것이 있는가? 이에 대하여 자신의 견해를 기술해 보시오.

8.17 "교사는 그 자체가 교육과정이다" 혹은 "교사는 살아 있는 교육과정이다"라는 명제가 의미하는 바는 무엇이라고 생각하는가?

Section **2**

교육평가

Section 02

Chapter 09

교육평가의 기초

개 요

1. 교육평가란 시험, 검사, 측정, 사정 등의 용어가 갖는 의미를 포괄하며, 특히 가치판단과 나아가야 할 방향을 안내하는 과정을 함의하는 개념이다.
2. 교육평가 모형은 교육평가의 의미와 성격 파악방식에 따라서 Tyler의 목표중심적 모형, Stufflebeam의 의사결정 지원 모형(경영적 접근), Scriven의 가치판단 모형, Parlett과 Hamilton의 조명적 평가 모형, Eisner의 비평적 평가 모형, Cronbach의 연구적 모형 등이 있다. 이들 모형은 교육평가의 서로 다른 측면을 강조하며, 각각 장점과 제한점을 지닌다.
3. 교육평가는 교육목표 달성도 확인 및 교정이나 교수-학습 과정 개선을 위한 정보 제공 등 다양한 순기능을 수행함과 동시에, 현실적인 조건에 의하여 인성을 황폐화시키는 역기능을 나타내기도 한다. 교사는 교육평가의 역기능적 성격을 충실히 인식하여 이를 해결하려는 노력을 기울여야 한다.
4. 교육평가의 영역은 학습자, 교사, 교육과정, 교수-학습 과정, 교육환경 등 교육활동에 관여하는 인적·물적 자원 모두가 포함된다.
5. 교육평가는 근원적으로 해결하기 어려운 난점을 지니고 있다. 그것은 평가대상의 불분명, 평가방법의 불명확성, 간접적인 측정, 수량화 문제 등이다.

제1절 교육평가의 뜻

일반적으로 교육의 과정을 교육목적의 설정, 교육목적을 달성하기 위한 제 조건의 계획 및 설계, 교육활동의 전개, 그리고 평가 등 4단계로 설명하고 있다. 그러나 이 같은 구분은 설명의 형식상 · 편의상의 분류일 뿐 4개 교육과정 요소들은 서로 구분될 수 없는 것이며 교육목적의 설정에서부터 평가에 이르기까지 각 단계가 모두 평가활동을 떠나서는 성립될 수 없는 일이다. 따라서 "평가활동의 평가"라는 말도 성립되는 것이다.

즉, 교육목적이 타당하고 실현 가능성이 있는 것이냐 하는 문제에 대한 탐구 없이 교육목적이나 목표를 설정할 수는 없는 일이며 이러한 탐구가 곧 평가대상이 되는 셈이다. 또 교육의 전체계획이 교육목적을 달성하는 데 적절한지의 문제―교육환경의 구성과 시설의 설치 및 활용, 교육내용의 선정과 조직의 적절성, 인적 구성의 적절성 등―에 대한 탐구도 평가의 범주 속에서 이루어져야 하는 것이다. 또한, 교육실천 관계에 있어서 효과적인 교수-학습과정이 전개되었는가, 그렇지 못했다면 주요 원인은 무엇이며 어떻게 개선할 수 있을 것인가 하는 문제도 결국 평가활동인 것이다. 또 일련의 교육의 과정에 참여한 학생들은 어느 정도 학업성취를 이루고 있으며 어떤 측면이 우수하고 어느 면이 부족한가, 그리고 왜 그러한 결과가 나타났는가 등의 문제에도 적절한 해답을 찾고자 하고 찾아야 할 일이다. 이와 같이 교수-학습의 결과도 평가의 대상이다. 더 나아가 평가는 평가 자체의 평가를 해야 한다. 즉, 평가도구가 제대로 제작되고 평가방법이나 절차가 타당하고 신뢰롭게 계획되어 계획대로 올바른 평가를 했느냐 못했느냐, 앞으로는 어떻게 하는 것이 보다 바람직할 것이냐 하는 문제도 따져 보아야 하는 것이다. 이와 같이 교육평가는 교육과정 전반에 걸쳐 이루어진다. 다음에서 교육평가의 개념과 혼동되고 있거나 유사한 의미를 지니고 있는 몇 가지의 개념을 검토해 보고자 한다.

1. 교육평가의 주변 개념들

교육평가의 개념을 이해하기 위해서는 그 주변 개념들, 즉 시험, 검사, 측정, 사정 등의 의미를 살펴보고, 이들 개념들이 교육평가의 의미와 어떻게 관련되며 어떤 차이점이 있는가를 파악할 필요가 있다. 시험(examination)은 어떤 뜻을 지니고 있고, 검사

(test)나 측정(measurement)의 의미는 무엇인가? 또 사정(assessment)이란 어떤 의미를 갖는 개념인가? 이러한 개념들은 모두 평가라는 개념과 무관하지는 않으나 교육평가를 이러한 개념들과 혼동하거나 한정시키는 오류를 범해서는 안 된다.

가. 시험

점수 부여하기(국어 시험), 자격 인정하기(면허 시험), 당락 결정하기(입사시험) 등 비교적 임의적인 기준, 때로는 절대적인 기준에 의해 문제를 선정하여 구성된 장면에서의 반응의 채점을 통한 점수 확인 과정이다. 고사라는 용어도 동의어로 볼 수 있다.

나. 검사(test)

지능검사, 성격검사, 신체검사, 학력검사 등에서와 같이 어떤 대상에 대한 양화과정 또는 상태의 점검과정을 일컫는다. 대체로 일정한 규칙이나 규정에 의하여 제작된 자(尺)를 이용하여 그 특성에 수치를 부여하는 과정이다.

다. 측정(measurement)

심리측정, 체력측정 등과 같이, 행동증거를 수집하는 활동이나 과정을 일컫는다. 검사와 거의 유사한 용어이지만 교육활동에서는 검사보다도 측정이라는 용어가 보다 광범위하게 사용된다. 교육에서의 측정이란 대체로 학습자의 신체적, 지적, 심리적인 상태를 일정한 규칙에 의하여 만들어진 자(尺)를 이용하여 숫자를 부여하는 일이라고 할 수 있다.

라. 사정(査定, assessment)

입학사정, 졸업사정 등과 같이 시험, 검사, 측정 결과에 기초하여 주로 자격을 결정하는 활동을 지칭한다. 입학사정의 경우, 입학시험 점수와 면접점수, 실기고사 점수 등을 종합하여 몇 점 이상을 합격으로 하거나 커트라인을 몇 점으로 한다는 등과 같이 기준점을 통과했는지 여부를 확인하는 과정을 의미한다. 한국교육평가연구회(1995), 황정규(1998 : 49) 등은 assessment라는 용어를 '총평'으로 사용하고 있다. 즉, 사정이란 다양한 측정결과를 통하여 한 개인의 전체적인 모습을 조명하는 전인적 평가의 의미로 사용하고 있다. 그러나 필자는 이 용어를 평가보다는 좁은 하위개념으로, 평가를 총평(종합적 평가)의 하위개념으로 파악하고자 한다.

2. 교육평가의 의미

그러면 교육평가라는 개념은 어떻게 정의될 수 있는가? 몇 학자들의 견해를 제시하고 종합적으로 정의를 해 보고자 한다.

- R. W. Tyler(1949) : 평가의 과정이란 본질적으로 교육과정 및 수업의 프로그램에 의하여 교육목표가 실지로 어느 정도까지 달성되었는지를 밝히는 과정
- Cronbach(1970) : 어떤 교육 프로그램에 관한 결정을 내리기 위하여 정보를 수집하고 사용하는 과정
- Stufflebeam(1974) : 평가는 의사결정의 대입 안을 판단하기 위해서 필요한 정보를 결정 · 수집 · 제공하는 과정
- 강현석 · 주동범(2004 : 302) : 일정한 기준에 의거하여 일련의 교육활동 속에서 이루어지는 가치를 조사하여 판단하는 행위
- 강봉규 · 박성혜 · 최미리(2006) : 교육과정에서 교육목표를 달성하고자 선정, 조직, 실천된 학습경험들이 실제에서 어느 정도로 그 교육적 목표를 달성하였는지를 평가, 반성, 검토하는 과정
- 강봉규 · 이종성(1986) : 교육적 의사결정을 목적으로 교육활동의 가치와 효과를 결정하는 과정

이상의 몇 학자들은 교육평가라는 개념의 정의를 내리고 있음에 비해, 김재춘 등(2005 : 179 - 181)은 교육평가 개념의 직접적인 정의를 내리기보다는 3가지 정의방식을 소개하고 있다. 그것은, 교육평가란 교육목표가 얼마나 실현되었는지 그 정도를 밝히는 과정이라는 **'목표 달성도 확인'** 정의 방식(Tyler), 교육과 관련된 의사결정을 내리는 데 필요한 정보를 수집하는 활동이나 과정이라는 **'의사결정을 위한 정보 제공'** 정의 방식(Cronbach,

Stufflebeam), 교육과 관련된 어떤 대상의 장점, 질, 가치 등을 판단하는 과정과 그 산물이라는 '**가치판단**' 정의 방식(Scriven, Stake) 등이다. 김재춘 등은 교육평가의 개념 정의를 분명하게 내리고 있지는 않으나 이와 같은 3가지 정의를 포괄하는 종합적인 입장을 취하고 있다.

이상의 여러 학자들의 견해를 종합해 보면, 교육평가란 "교육의 전체과정이나 활동에서(1) 각 과정이나 활동의 적절성, 효율성, 타당성을 확인하고 보다 나은 교육의 과정을 설계하기 위하여(2) 다양한 자료와 정보를 수집, 분석하고(3) 그러한 자료와 정보에 근거하여 질적인 판단을 하는 과정(4)"이라고 정의할 수 있다.

이 정의에는 크게 4가지 요소를 포함하고 있다. 첫째, 교육평가란 특정 시기나 기간에도 이루어질 수 있으나 **계속적이고 장기적인 활동**이라는 점이다. 교육평가가 겨냥하는 시점은 현재이기도 하지만, 과거 – 현재 – 미래를 통관하는 활동이다. 둘째, 교육평가는 기본적인 철학이 개인과 집단의 향상, 진보, 성장, 발달, 발전 등에 두고 있으며, 그 방향을 밝힌다는 점이다. 이를 목적으로 다양한 활동이나 교육의 과정의 적절성, 효율성, 효과성, 타당성 등을 활동의 판단 지표로 삼는다. 셋째는 자료와 정보의 수집 및 분석에 기초하여 상황을 판단하되 단일 자료나 정보 수집 방법보다는 판단에 가장 적절한 다양한 방법이 동원되는 활동이라는 점이다. 그리고 넷째, 구체적인 근거에 바탕한 질적, 가치적인 판단과정이라는 것이다.

참고로 평가라는 개념의 의미를 보다 분명히 하기 위하여 이 개념과 유사한 개념들과를 비교해 보면 다음과 같다〈표 9 – 1〉.

<표 9–1> 평가와 관련된 개념들

비교의 기준	시험 · 검사 · 측정	평 가
1. 대상	학습자	학습자 + 교사 + 교육과정 + 환경
2. 시간대	대체로 현재	과거 + 현재 + 미래
3. 방법	지필검사 또는 일정한 척도에의 반응	정보수집이 가능한 모든 방법
4. 성격	양화	양화 + 질적 판단 + 방향 제시

제2절 교육평가의 모형

교육평가의 모형이란 크게 두 가지 요소를 지닌다. 하나는 '교육평가' 개념을 어떻게 정의하며, 교육평가의 목적과 기능 중 무엇을 특별히 강조하는가 하는 것이다. 다른 하나는 교육평가의 절차를 어떻게 개념화하는가 하는 것이다. 이미 앞 절에서 살펴본 바와 같이, 교육평가는 단일한 개념 정의가 존재하는 것이 아니라, 매우 다양하게 정의되고 있다. 그리고 교육평가의 목적과 기능도 매우 다양하게 제시되고 있다.

여기서 살펴보려는 몇 가지 교육평가 모형들은 미국의 학자들이 제시한 것들을 황정규(1998), 김재춘 등(2005), 강현석과 주동범(2004)이 평가의 목적이나 방법, 교육평가의 주요 요소, 평가 결과로서의 산출물의 강조점, 제한점, 철학적 배경 등에 따라서 분류한 것 중 교육평가에 대한 시각이 다른 것들을 발췌한 것들이다.

황정규(1998)는 교육평가 모형을 Tyler의 목표중심적 모형, Glaser의 수업평가 모형, Scriven과 Stake의 판단모형, Stufflebeam의 의사결정 촉진모형 등 4개를 주요 모형으로 기술하면서, 의사결정 촉진모형에 Stufflebeam과 Guba가 제안한 CIPP 모형, UCLA의 평가연구소 Aikin이 주축이 되어 제안한 UCLA 모형 등을 포함시키고 있다.

김재춘 등(2005)은 Smith가 제안한 일곱 가지의 분류, 즉 목표적 접근, 경영적 접근, 연구적 접근, 정책분석적 접근, 배심원적 접근, 판단적 접근, 다원적 · 직관적 접근 등에 하우스(House)의 사회정의적 접근을 덧붙여 여덟 가지를 제시하였다. 그리고 강현석과 주동범(2004)은 교육과정 평가에 초점을 두고 목표지향 모형, 판단지향 모형, 의사결정 모형, 자연주의 모형 등 네 가지 모형을 제시하였다.

이처럼 교육평가의 모형을 분류하는 방식도 다양하며, 표현방식도 학자들에 따라서 약간씩 다르다. 김재춘 등은 모형이라는 개념 대신에 '접근'으로 기술하였으며, 강현석과 주동범은 이들 모형들이 교육프로그램의 평가 차원에서 제안된 것들로 소개하고 있으나, 필자는 교육평가 모형으로 기술하고자 한다. 다음의 모형은 이론의 위치까지는 가지 못하지만, 각 모형들은 그 내적 구조가 체계화되어 있어서 교육평가 현상을 설명하는 좋은 개념적 틀을 지니고 있다고 판단하기 때문이다. 그리고 교육평가, 교육과정 평가, 교육프로그램 평가 등이 근본적으로는 동일한 성격을 지닌 활동으로 볼 수 있기 때문이다.

1. Tyler의 목표중심적 모형

교육평가 개념의 정의
교육평가란 설정한 교육목표에 따라 적합한 교육내용이 교수되고, 이러한 교육과정을 통하여 교육목표가 실지로 어느 정도 실현되었는지를 밝히는 과정이다.

Tyler(1949)는 교육평가란 궁극적으로 사전에 설정한 교육목표가 어느 정도 달성되었는가를 확인하는 일로 보았다. 그는 교육과정이나 수업 사상은 크게 목표의 설정, 학습경험의 선정, 학습경험의 조직, 학습성과의 평가 등 4대 요소로 구성되며, 학습성과란 결국 의도한 교육목표의 실현 정도로 나타낼 수 있기 때문에 교육평가의 타당성을 입증하는 절대적인 방식이 **교육목표 달성도**를 교육평가가 얼마나 충실하게 따져 내느냐로 보아야 한다는 것이다.

가. 교육평가의 절차

① 교육의 일반적인 목적과 목표의 설정
② 설정된 목적 및 목표의 분류(중요한/덜 중요한)
③ 중요한 교육목표를 행동적인 용어로 정의
④ 교육목표의 성취가 관찰 가능하도록 상황 설정
⑤ 측정 방법의 개발 혹은 선정
⑥ 성취 증거 자료의 수집
⑦ 수집된 자료를 사전에 행동적으로 진술해 둔 목표와 비교

나. 긍정적인 면과 부정적인 면

1) 긍정적인 면

① 교사들이 쉽게 동의할 수 있을 정도로 과학적이며 논리적이다.

② 교육평가에 대한 간편하고 체계적인 논리를 제공해 주었다.

③ 교육에 있어서 목표의 중요성을 강조하였다.

④ 교육프로그램의 개발자나 교사들로 하여금 교육목표 달성도라는 책무성 평가 기준이 분명하다.

⑤ 교육목표－교육내용－교육방법－교육평가 간의 논리적인 일관성을 유지하는데 유용하다.

2) 부정적인 면

① 학습성과 측정에만 관심을 둠으로써 교수－학습의 과정과 의도하지 않은 부수적인 교육효과의 측정을 소홀히 할 수 있다.

② 과학적인 입장에서 기술적인 절차만을 강조함으로써 교육평가를 지나치게 단순화된 기계적인 활동으로 간주하게 만들었다.

③ 행동적인 용어로 진술하기 어려운 교육목표에 대한 평가가 곤란하다.

2. Stufflebeam의 의사결정 지원 모형(경영적 접근)

> 교육평가 개념의 정의
> 평가는 의사결정자에게 의사결정의 대안을 판단하는데 필요한 적절한 정보를 획득, 기술하고 제공하는 과정이다.

Stufflebeam(1974)의 의사결정 지원 모형은 교육평가에 관한 관리지향적 정의 방식을 취한다. 즉, 교육적 의사결정은 계획단계, 구조화 단계, 실행단계, 결과단계 등을 따라 진행되므로, 교육평가는 이와 같은 교육의 관리과정 각 부문에 적절한 의사결정 정보를 제공하는 기능이 강조되어야 한다는 것이다. 한 마디로, 교육체제도 근본적으로는 기업체의 경영체제와 동일하기 때문에 경영의 효율성과 효과성을 높이기 위한 평가체제가 교육에도 적용될 수 있음을 가정한다.

의사결정 지원 모형은 조직체의 의사결정의 단계에 따라서 상황평가(context evaluation), 투입평가(input evaluation), 과정평가(process evaluation), 산출평가(product evaluation)로 나누고 이를 종합적으로 CIPP **모형**이라고 명명하였다.

가. 4개 평가체제

① **맥락평가** : 교육프로그램의 계획단계에서 목표 설정과 조정에 관한 정보를 제공하기 위한 평가이다.

② **투입평가** : 목표 달성을 위해 교육활동에서 사용되어야 할 수단과 절차에 관한 정보를 제공하려는 평가이다.

③ **과정평가** : 계획한 교육프로그램이 실제 교육현장에 투입되었을 때 원래 계획대로 전개되고 있는가에 관련된 정보를 제공하기 위한 평가이다.

④ **산출평가** : 성취 결과의 측정과 해석 및 방향 설정을 위한 의사결정 정보를 제공할 목적으로 하는 평가를 일컫는다.

나. 긍정적인 면과 부정적인 면

1) 긍정적인 면

① 교육프로그램들의 다양한 측면들을 다양한 형식의 평가를 통하여 정보를 제공, 획득하는데 주안점을 둠으로써 평가영역을 확장시켰다.

② 프로그램의 개선을 중시하고, 교육행정가에게 의사결정을 위한 적절한 자료를 제공해 주는 것에까지 평가자의 임무를 확대하였다.

2) 부정적인 면

① 평가자와 의사결정자가 서로 다름으로 해서 교육평가자의 중요한 역할을 제대로 수행하지 못할 가능성이 크다.

② 의사결정자의 철학이나 교육관에 따라서 의사결정이 잘못 내려질 수도 있다.

③ 교육의 과정과 효과를 판단하는 방식은 기업체의 경영과정과는 다르다. 기업체에서 생산품의 생산 계획, 공정관리 방법, 품질관리 방법 등은 교육의 계획, 과정, 산출의

평가와는 매우 다른 접근을 취한다.

의사결정 촉진모형의 또 하나의 예는 UCLA의 평가연구소 Aikin이 주축이 되어 제안한 UCLA 모형이 있다(황정규, 1998 : 69－70). 이 모형은 Stufflebeam의 모형과 근본적으로 동일하다. 그러나, Stufflebeam의 CIPP 4가지 평가 체제와는 달리 UCLA 모형은 요구평가, 프로그램 계획 평가, 실행평가, 진행평가, 산출평가 등 다섯 가지 유형의 평가를 제안한 것이 다르다.

3. Scriven의 가치판단 모형

교육평가의 정의 평가는 다양한 교육적 수단들이 갖는 장점, 진가, 가치 등에 대한 질문에 해답을 추구하는 일이다. 평가는 그 자체가 이러한 가치판단의 결정을 위한 방법론적인 활동이다. 즉, 평가는 가치의 판단 그 자체이지, 그것이 무엇을 위해 쓰이느냐 하는 것은 별개의 문제이다.

Scriven의 교육평가 모형을 흔히 **탈목표평가**(goal free evaluation) 모형이라고 부른다. 그는, Tyler가 주장하듯이, 평가자가 교육목표에 얽매이게 되면 그 목표에 근거해서 모든 것을 판단하려 하기 때문에 평가에 있어 편견이나 비합리적인 사고에 빠질 우려가 있으며, 목표 외의 부수적인 요소나 효과의 평가가 소홀히 된다고 주장한다. 따라서 미리 설정된 목표 이외의 다른 유용한 기준도 반영하여 종합적인 판단이 필요하다. 그러한 준거는 교육프로그램 자체보다는 그 프로그램의 사용자나 수혜자(특히, 학습자)의 입장에서 판단되는 것이어야 한다. 그래서 이 모형을 **수요지중심 평가모형**이라고 부르기도 한다. 교육활동을 학생이나 학부모를 위한 일종의 서비스라고 보기 때문이며, 교사평가는 이러한 평가모형이 적용되는 예라고 볼 수 있다.

가. 평가의 준거

이와 같은 탈목표 평가모형은 목표중심 평가와는 달리 미리 설정된 구체적인 목표라는 준거에 의해서만 판단하는 것이 아니라(**내재적 준거**), 그 외에 중요한 가치판단 기준에 의하여(**외재적 준거**) 판단을 하느냐를 교육평가의 타당성을 결정하는 중요한 요소로 간주한다. 그러므로 평가과정에서 전문가로서의 평가자의 역할이 강조된다(김재춘 외, 2005 : 209).

나. 긍정적인 면과 부정적인 면

1) 긍정적인 면

① 내재적 준거(교육목표 달성도)와 외재적 준거(이차적 또는 부수적 효과, 목표 이외의 교육 효과) 양자에 의한 가치판단을 제안함으로써 평가에서의 가치판단 범위를 확장시켰다.

② 형성평가의 개념을 도입함으로써 결과와 더불어 수업계열, 수업과정을 개선하는 노력을 강조하였다.

③ 탈목표 평가와 목표의거 평가의 차이를 제안하였으며, 이들에 대비하여 의사결정의 가치 판단에 초점을 두었다.

2) 부정적인 면

다양한 개념상의 구분(탈목표 평가, 수요자 중심 평가 등)을 철학적인 측면에서 제안하고 있으나, 교육평가의 실제에서 적용하기가 쉽지 않다.

4. Parlett과 Hamilton의 조명적 평가모형

> 교육평가의 정의
> 평가는 교육의 과정과 절차에 관련된 요소들을 명료화하여 보여줌으로써 교육의 개선을 가져오고자 하는 사람들에게 도움을 주고 빛을 밝혀 주는 일이다.

Parlett과 Hamilton의 조명적 평가 모형은 자연주의 모형에 해당한다(강현석 · 주동범, 2004 : 265). 자연주의 모형은 실증주의 모형과는 달리, 평가의 과정은 조작이나 통제 과정 없이 자연적인 교육장면에서 질적 접근을 통하여 사실대로 기술하고 해석하려는 접근이다.

가. 평가모형의 성격

① 교육평가의 부분적인 요소보다는 전체적이며 요소간의 종합적인 역동성을 규명하는 데 초점을 맞춘다.

② 과정지향적 평가로서, 평가는 교육을 개선하기 위한 연구와 같은 의미를 지닌다. 평가는 단순히 객관적인 자료의 수집을 통해 판단을 내리는 일만이 아니라, 교육활동 그 자체에 도움을 주고 불을 밝혀 주는 활동이다.

③ 개인적 주관성, 현상학, 질적 접근 등의 철학적 배경에서 주창되었다.

나. 긍정적인 면과 부정적인 면

1) 긍정적인 면

① 평가자는 해석학적, 인간주의적 입장에서 교육활동과 평가활동을 보도록 함으로써 교육평가 활동의 범위를 확대하였다.

② 교사의 역할을 단순히 전달받은 교육과정의 전달자가 아니라 자기 나름대로 재해석하고 학생들과 더불어 재구성해 나가는 주체적인 역할을 담당하는 사람이라는 적극적 교사관을 반영하고 있다.

2) 부정적인 면

교육평가자의 역할과 활동을 모호하게 만들 가능성이 있으며, 학교 교육활동 실제에서 적용하기가 쉽지 않다.

5. Eisner의 비평적 평가모형

> 교육평가의 정의
> 평가는 예술가가 예술작품을 비평하는 것과 같이, 교육현상을 보고 교육활동의 질을 비평 판단하는 일이다.

Eisner(1985)의 비평적 평가모형은 감정 · 비평 모형으로 부르기도 한다. 교육평가란 기계적인 절차를 따라서 진행될 수도 없으며, 과학적 · 기술적 접근이 지니고 있는 부작용이나 역기능 혹은 제한점이 있다는 문제의식에서 출발하는 평가모형이다.

가. 평가모형의 성격

① 교육현상이란 일종의 예술작품을 만들어 내는 과정에 비유할 수 있으며, 따라서 교육평가란 작품이 완성되어 가는 과정, 완성된 작품의 감정과 비평 등과 같은 접근이 요구된다.

② 비평적 평가의 과정 : 현상의 기술(감상) → 기술에 따른 해석(비평) → 판단

③ 평가자의 주요 자질 : 교육적 민감성과 교육적 감식안이 요구된다.

나. 긍정적인 면과 부정적인 면

1) 긍정적인 면

① 평가자로서 교사의 역할을 강조한다.

② 교육활동의 개별 현상의 가치를 중시하며, 교육의 개별화와 인간화를 추구한다.

③ 수행평가의 이론적 기초를 제공한다.

2) 부정적인 면

① 교육평가자의 역할과 활동을 모호하게 만들 가능성이 있다.

② 선발과 같이 평가결과가 주요한 의사결정에 이용되는 경우에는 자칫 평가의 주관성 등이 문제될 수 있나.

6. Cronbach의 연구적 모형

> 교육평가의 정의
> 교육평가는 교육프로그램의 개선을 위한 의사결정을 내리는데 필요한 정보를 수집하거나 이용하는 과정이다. 따라서 연구자가 연구를 수행하듯이, 평가에 필요한 자료를 수집 · 분석하여 현상을 이해하고 설명하는 방식으로 평가가 수행되어야 한다.

Cronbach(1977)의 연구적 모형은 의사결정자로 하여금 타당하고 합리적인 의사결정을 내리는 데 도움을 주는 정보나 자료의 제공이 주요 목적이며, 다양한 자료 수집을 강조한다는 점에서 Stufflebeam의 의사결정 모형과 근본적으로 유사하다.

① 평가의 목적은 교육목표의 실현도보다 교육의 과정 자체의 개선이 강조된다.

② 총괄평가보다 형성평가를 중시한다.

③ 평가자의 역할은 의사결정자에게 유용한 정보를 제공하는 것이다.

④ 사례연구 등의 방법을 통한 다양한 자료수집에 의한 현상 이해적인 평가가 강조된다.

⑤ 교육평가자와 의사결정자를 이원적으로 파악함으로써 양자 간의 의견 상충이 발생할 수 있으며, 평가자의 위상이 저하될 가능성이 있다.

제3절 교육평가의 기능

교육평가는 그 목적과 형태에 따라서 다양한 기능을 갖는다. 또 교육평가란 그 자체로서는 개선이나 반성, 방향 제시 등 긍정적 기능 또는 순기능을 응당 지니는 것으로 이해되고 있다. 그러나 시험이나 측정의 결과, 또는 평가자나 주요타자(significance others)의 태도, 행동양식 등에 따라 부정적 기능 또는 역기능을 하기도 한다. 따라서 교육평가의 순기능뿐만 아니라 역기능을 잘 이해하고 그것의 억제방법에 대한 탐구가 요청되고 있다.

학교교육에 관련하여 교육평가의 기능을 살펴보면 다음과 같다.

Remmers와 Gage(1955)는 기준의 유지기능, 선발의 기능, 학습동기화 기능, 학습지도의 조력 기능, 교사 · 교수법 · 교재 · 교과내용 등의 평가 · 판단 기능, 교육경험의 제공기능 등 6대 기능으로 구분하였고, Lindquist(1951)는 학습촉진 기능, 학습지도 개선 기능, 생활지도 기능, 교육정치(教育定置) 기능 등 4가지 기능을 제시하였다. 또 김정권(1987)은 교육평가의 기능을 크게 심리적 기능(비목적 기능)과 교육활동의 효율화 기능으로 나누고, 전자에는 학습자에게 미치는 정적, 부적 영향, 학생의욕의 환기기능, 인간형성적 기능 등으로 세분화하고, 후자에는 학습의 진단과 치료, 생활지도, 상담의 자료제공, 학습촉진, 학습자 자신의 자기평가 기능, 교육과정과 학습 지도법의 개선, 교육정치의 기능, 학교교육의 수준유지의 기능, 기타 기능 등 8개 항목을 포함시켜 설명하고 있다.

이상의 여러 학자들의 견해를 종합하면 교육평가의 기능은 다음과 같이 정리할 수 있다.

첫째, 개개 학생의 학업성취도를 확인하는 기능이다. 즉, 교육목표가 개인적 혹은 집단적으로 어느 정도 달성되었는가, 달성도가 낮다면 주요 원인은 무엇인가 등에 대한 통찰을 얻도록 돕는 기능을 갖는다.

둘째, 첫 번째의 기능과 관련하여 개인차원과 집단차원에서 학습상의 곤란점이 무엇인가를 파악할 수 있는 기회제공의 기능을 갖는다. 교육평가는 어떤 점이 학습을 곤란하게 하며 교육 목표 달성을 어렵게 하고 있는가를 이해하는데 도움을 준다.

셋째, 학습촉진의 기능을 지닌다. 평가는 학생의 학습촉진을 위해 필요한 학습동기유발 기능을 수행한다. 물론 교육평가가 긍정적인 학습촉진 기능을 수행하기 위해서는 자율적이고 자의적인 학습 동기유발을 가능토록 되어야 한다. 그러기 위해서는 학생들의 개인차에 부응하는 평가, 평가자의 투철한 교육평가관의 확립과 이의 실천, 사려깊은 평가방법에 대한 탐구가 요청된다고 하겠다.

넷째, 교육평가는 교육과정, 수업자료, 수업과정, 그리고 학급조직 등의 제 측면에 대해 교육적 효과성을 점검하고 개선할 자료제공 기능을 수행한다.

다섯째, 교육평가는 교육정책 결정을 위한 자료제공의 기능을 수행한다.

여섯째, 교육평가는 생활지도 및 상담을 위한 기초사료 세공기능을 수행한다.

이상의 여러 기능과 더불어 고찰해야 할 것이 교육평가의 역기능(逆機能), 부정적 기능이다. 교육평가란 위에서 살펴본 순기능만을 수행하는 것이 아니라 학생들에게 부정적인 영향을 미치는 측면이 있음을 간과해서는 안 된다. 교육평가의 역기능 측면은 주로 학생들의 정의적 특성을 왜곡시키는 기능으로서 불안감의 조성, 정서적 안정감의 파괴, 부정적 자아개념의 형성, 부적절한 우월의식의 형성, 자포자기 등 다양하게 나타날 수 있다. 물론 이러한 현상들이 교육평가의 본질적 기능은 아니라 하더라도 그 과정에서 나타나는 것이 사실이다. 교육평가는 잠재적 교육과정의 중요한 원천으로 작용하기 때문이다. 이러한 역기능 측면이 나타나는 원인은 매우 다양하다. 교사 1인당 학생 수의 과다, 교육환경의 부실, 국민들의 왜곡된 교육의식, 입학제도의 문제 등 현실적인 원인이 많은 것이 사실이지만 가장 중요한 것은 평가자의 왜곡되거나 부실한 평가관과 평가과정 및 평가결과 해석 등의 부적절성 등을 지적할 수 있다. 평가란 항상 부적절성을 내포하고 있는 것이므로 분류나 선발, 처벌이나 인간규정의 절대적인 기준을 제공해 줄 것으로 기대해서는 안 된다.

제4절 교육평가의 영역과 문제점

1. 교육평가의 영역

교육평가의 영역이란 교육의 세계에서 어떤 것이 평가의 대상이 되느냐 하는 것이다. 교육에 대한 것은 말할 것도 없고 교육에 관한 것은 모두 평가의 영역 속으로 들어오는 것이다. 그러나 교육에 관계되는 것이면 무엇이든 평가의 대상이 될 수 있다고 하여 그것이 모두 평가가 되어야 한다는 주장은 적절치 못하다. 교육은 유목적적이고 계획적이며 체계성을 본질로 하기 때문에 교육의 효과성이라는 기준에 비추어 평가의 대상을 규정하는 것이 바람직하다고 본다.

교육평가의 영역을 일정하게 한정하는 것은 어려운 일이다. 교육정책의 타당성과 교육제도의 적합성, 국민의 교육의식 등을 포함하여 교육의 내연(內緣)은 두말할 나위가 없고, 그 외포(外包)도 교육에 직접 혹은 간접적으로 영향을 미치며, 그리고 교육은 외포에 영향을 미치는 관계에 있기 때문에 교육평가 영역을 매우 다양하게 기술할 수 있다.

따라서 교육의 효과를 결정하는 비교적 직접적인 요소만을 교육평가 영역으로 규정하고자 한다.

가. 학습자에 대한 평가

교육의 주 대상은 학습자이므로 학습자에게 일어난 변화대상으로서의 학습성과—지적 특성, 정의적 특성, 신체기능적 특성 등—의 평가는 교육평가의 1차적인 대상이 된다. 그러나 학습성과의 평가가 교육평가의 핵심적인 영역이라 하더라도 학습성과란 학습자가 지니고 있는 다양한 행동특성의 영향을 받거나 주는 관계에 있으므로 다음과 같은 평가영역을 고려할 수 있다.

(1) 학습성과의 평가
(2) 지능의 평가
(3) 적성의 평가
(4) 인성의 평가
(5) 신체의 평가
(6) 학습습관, 학습태도, 인간관계, 자아개념, 흥미, 동기 등의 평가

그리고, 이들 특성들에 영향을 미치고 있는 요인들은 무엇이며, 그와 같은 요인들의 개선이나 통제방법을 결정하는 것도 중요한 평가의 대상이다.

나. 교사에 대한 평가

교육은 적어도 형식교육의 범주 속에서 교사와 학습자가 어떤 교육 매개물을 가지고 일정한 환경 속에서 상호작용하면서 이루어지는 것이다. 따라서 학습자에게 가장 큰 영향을 미치는 요소는 교사라고 보아도 좋다. 교사가 어떤 철학과 가치관과 행동특성을 가지고 학생과 상호작용하느냐에 따라 학습자의 지적 특성뿐만 아니라 정의적 특성, 신체기능적 특성의 결정이 좌우될 수 있기 때문이다. 일반적으로 교육평가란 학습자의 평가라고 인식되고 있으나 이러한 생각은 지나치게 소극적인 사고방식이다. 교육평가의 주 대상으로서 교사를 포함시킨다는 것은 교육의 성과에 대한 책임을 교사와 학생이 나누어 갖는다는 점 외에 교육의 발전을 위해 필수불가결할 요소가 교사라는 점을 강조

하는 것이다. 교사의 편에서 볼 때 교육평가의 주 대상으로서 교사를 포함시킨다는 것은 교육자로서의 자신에 대한 반성과 검토의 과정이라고 볼 수 있다.

교육평가 영역으로서 교사평가는 다음과 같은 요소를 포함한다.

(1) 교사의 교육관과 교직관, 인성의 평가
(2) 교사의 학생관, 학생과의 상호작용 방법의 평가
(3) 교사의 교육과정 구성과 운영의 적절성 평가
(4) 수업운영 능력, 정보화 능력, 교육자료 제작 및 활용 능력의 평가
(5) 교육행정 능력의 평가
(6) 교사의 인간관계 평가

다. 교육과정 평가

교육평가는 근본적으로 교육과정 평가이다. 그리고 교육과정 평가는 교육평가 영역으로 고려할 수 있는 거의 대부분이 망라되는 것이다. 여기서는 이러한 교육과정의 범주를 비교적 제한적인 의미, 즉 교육과정을 교사와 학생이 교육의 과정에서 학습자에게 어떤 변화를 초래하고자 하는 매개체로 보고자 한다. 교육매개체로서의 교육과정은 절대시할 수 있는 성질이 아니라 부단히 개선, 개정, 발전시켜 나가야 할 대상인 것이다. 교육과정의 평가에서는 교육의 설계, 교육의 운영, 학생들의 학습결과가 평가의 대상 및 내용이 되며, 평가 방법으로서도 형성평가 혹은 과정평가와 총합평가가 함께 활용되어야 한다. 교육과정 평가에는 프로그램(소규모 학습단위)의 평가도 포함된다.

교육과정 평가는 교육과정 편성 측면에서는 국가수준, 시 · 도 교육청 수준, 학교수준 등 3 수준에서 이루어질 수 있다. 이 중에서 교육평가는 학교 수준의 교육평가에 초점을 맞출 필요가 있다. 교육의 기초 단위로서 각급 학교 교육과정 편성의 적절성, 교육과정 운영의 효과성, 교육과정 운영을 위한 인적 · 물적 환경의 적절성과 적합성, 학교에서 이루어지는 각종 평가활동의 타당성과 적절성 등의 평가가 핵심이다.

라. 학교환경에 대한 평가

레빈(Lewin)이 잘 지적한 바와 같이 인간의 행동은 B = f(P · E)라는 공식으로 설명할

수 있다. 즉, 인간의 행동은 개인이 지니고 있는 여러 특성(P)과 그가 처한 환경(E)과의 함수(상호작용)에 의하여 결정된다. 교사와 학생이 어떤 매개체를 가지고 상호작용하는 장으로서의 환경은 교육의 성과를 좌우하는 또 하나의 중요한 요소가 된다. 특히, 학교환경은 학생들이 대부분의 시간을 보내는 생활의 장이기 때문에 학습자에게 미치는 영향이 지대하다. 여기에는 학교의 각종 시설의 적절성, 학습자의 학습을 지원하는 인적 · 물적 자원의 적절성, 학교의 문화풍토와 분위기 등이 평가의 대상이 된다. 또한 학교가 놓여있는 주변 사회환경도 교육평가에서 빼놓을 수 없는 대상이다.

2. 교육평가의 문제점

우리는 이미 앞 절에서 교육평가의 의미와 의의에 대하여 고찰한 바 있다. 이 고찰을 통하여 교육평가는 교육의 효율화를 위하여 필수불가결한 활동이라는 점을 인식하였다. 그런데 문제는 교육평가가 그 중요성이나 필요성에 비추어 제 구실을 제대로 할 수 있느냐 하는 것이다. 우리는 교육평가가 지니고 있는 곤란점이나 본질적인 문제점을 파악해 봄으로써 교육평가의 타당성을 높이기 위한 길잡이로 삼고자 한다.

가. 측정대상의 불분명

교육에서의 평가대상은 겉으로 드러나 객관적으로 장 · 단점을 따진다든지 길고 짧음을 비교한다든지 차고 따뜻함을 설명할 수 있는 그런 대상을 붙들어 씨름하는 것이 아니다. 거의 대부분의 평가대상은 인간의 정신구조나 마음 깊숙이 숨어 있는 것들이다. 물론 신장이나 체중, 턱걸이, 100m 달리기 등 객관적인 측정이 가능한 것도 있을 수 있으나 이러한 대상은 극히 일부분에 지나지 않으며 지식이나 판단력, 응용력, 분석력, 자아개념, 태도, 가치관, 학력 등 눈으로 볼 수도 손으로 만질 수도 없는 것을 대상으로 한다.

예를 들어, 국어 학력평가를 한다고 할 때, 국어 학력의 진짜모습은 국어를 올바로 사용할 줄 알고, 바르게 쓸 줄 알고, 바르게 읽을 줄 알고, 올바로 표현할 줄 알고, 올바로 비평할 줄 알고, 국어사용의 올바른 습관을 지니고 있고, 국어에 대한 적극적인 태도를 지니고 있고, 국어의 다양한 기능을 제대로 알고 발휘할 수 있는 능력이나 행동이다.

그러나 실제 국어 학력평가는 이와 같은 진짜 학력의 모습과는 다른 혹은 그에 비슷한 그 무엇인가를 대상으로 이루어진다.

따라서 평가하고자 하는 대상에 대한 분석을 타당한 이론적 바탕 위에서 실증적으로 규명해 내는 일과 그것을 타당하고 신뢰롭게 측정해 내는 일, 그리고 측정결과의 해석상 제약점을 충분히 이해하는 일 등이 요청되는 것이다. 결과적으로 교육평가에서 무엇을 평가의 대상으로 삼을 것인가의 문제는 어떤 목적으로 평가를 실시하느냐와 그것을 타당하게 측정해 낼 수 있는 방법의 동원이 가능하느냐 하는 문제에 달려 있다.

나. 평가방법의 불명확성

교육에서의 평가방법은 시험 또는 지필검사 방법을 연상하리만큼 시험이나 지필검사는 중요한 위치를 차지하고 있다. 그러나 시험이나 지필검사 방법이 중요한 평가방법이라고 해서 이를 절대시하는 사고방식에도 문제가 있다. 만약 교육을 시험 잘 쳐서 좋은 점수 맞는 학생을 길러내는 일로 생각한다면 이러한 생각이 타당할 수 있으나 어느 누구도 교육을 이런 식으로 만은 생각하지 않는다. 교육은 '보다 나은 인간의 육성'에 관한 활동이고 과정이다. 여기에서 '보다 나은' 이라는 말은 매우 추상적이고 복합적인 인간 특성을 함유하고 있다. 이점에 관한 한 교육평가라는 학문은 별로 발전한 것이 없으며 앞으로 계속 탐구해 나가야 할 과제가 많은 셈이다. 따라서 평가방법은 평가의 목적과 내용과 대상자에 따라서 적절한 선택과 변화가 있어야 하며 다양한 방법을 동원하는 것이 바람직하다.

다. 간접적인 측정

자연과학 분야에서는 온도를 재기 위해서는 온도계를 사용하여 자연의 온도를 측정하고 물의 오염도를 측정하기 위해서는 물을 직접 분석의 대상으로 삼는다. 그러나 교육에서는 지능을 측정하기 위하여 지능검사, 교과 학력을 측정하기 위해서는 시험지를, 그리고 도덕성을 측정하기 위해서는 도덕성 검사지를 사용하는 경우가 대부분이다. 그러나 어떤 지능검사, 어떤 교과 학력검사, 어떤 도덕성 측정검사라 하더라도 지능과 학력과 도덕성을 올바로 측정해 낼 수 있는 것은 없다. 학력을 측정해 내기 위하여 고사를 치루지만 진정한 학력을 재는지의 문제는 여전히 남아 있는 셈이다.

바로 이러한 문제점을 해결하기 위하여 측정하고자 하는 대상에 대한 조작적(操作的) 정의(operational definition)를 한 바로 그 개념으로서의 특성을 측정해 내기 위한 노력을 기울이고 있으나 조작이라는 말이나 조작한 그 만큼 순수하지 못한 간접적이고 우회적인 측정인 것이다.

이와 같은 간접적인 측정의 문제를 해결하거나 최소화하기 위하여 오늘날 수행평가가 강조되고 적용되고 있으나, 수행평가도 간접적인 측정의 문제를 근본적으로 해결하는 것은 아니다. 교육장면과 생활장면을 통합하는 것이 어렵기 때문이다.

이러한 간접적인 측정문제를 해결하기 위해서는 측정대상을 정확히 규정하고 파악할 수 있는 측정과 실증적인 이론의 탐구가 요청된다.

라. 수량화의 문제

교육평가는 측정을 전제하거나 요구하는 활동임은 이미 지적하였다. 측정은 인간행동의 증거를 수량화하는 작업이다. 시험이나 측정의 결과 어떤 수를 부여하는 과정을 통하여 학습자나 교사의 다양한 특성 또는 여러 교육관련 현상을 기술·이해·설명하고, 판단과 의사결정을 위한 정보를 수집하여 발전지향적인 방향을 제시하려는 것이 교육평가이다. 그런데 측정의 결과를 통해 부여되는 수라는 것은 어떤 의미로 사용되느냐에 따라 전혀 다른 의미를 갖는다. 예컨대, 어떤 시험에서 60점을 받았다면 60점이란 매우 다양하게 이해될 수 있는 것이다. 최고점 60점일 수도 있고, 최하점 60점일 수도 있으며 한 집단의 평균치로서 60점일 수도 있는 것이다. 우리는 시험문화에 익숙하다 보니 100점 만점이라는 사고방식이 습관화되어 있다. 따라서 60점이라면 50점 보다는 높지만 별로 좋은 점수는 못 된다고 생각한다. 그러나 그 점수의 구체적인 정체를 파악하지 못하면 이 점수에 대한 이해나 해석은 전혀 엉뚱하게 이루어질 수도 있는 것이다.

또 교육현장에서 여러 교과목들의 점수의 평균치를 계산하여 비교하는 경우가 많은데 평균치라는 것도 분류나 비교의 기준은 될 수 있겠지만, 학습자의 이해와 발달을 위한 자료로서는 매우 큰 문제가 있다. 국어 점수와 음악 점수를 합하여 평균 80이라고 가정할 때 이 두 교과목의 점수를 합쳐서 2로 나눈 평균치 80이라는 것은 마치 신장과 체중의 평균치를 계산해 낸 이상야릇한 이해할 수 없는 숫자와 다를 바가 없는 것이다. 따라서 측정이나 시험의 결과로 나타난 숫자의 해석에는 큰 주의가 요청된다. 또한 인간 특성의 측정치는 정확한 것은 아니며, 항상 어느 정도의 오차(誤差)가 개입되기 마련이다. 국어 성적 80점에는 진짜 성적 얼마와 가짜 성적 얼마가 결합되어 생성된 점수이다. 측정치로서의 숫자 맹신이 문제다.

측정치란 대부분 인간의 이해를 위해 참고하거나 활용할 수 있는 자료에 불과한 것이다. 100점은 인생최고가 아니며, 10점은 인생꼴찌는 아닌 것이다. 100점은 자기주도적 학습환경을 조성해 주고 한 단계 높은 학습과제를 제공하는 것이 도움이 되겠다는 단서일 수 있으며, 10점은 좀 더 따뜻한 격려와 관심과 분발할 수 있는 환경 조성의 필요성에 대한 징조일 수 있다. 측정치로서 숫자로 인간을 규정하는 것이 문제다.

마. 부적절한 평가 상황의 문제

이미 앞에서 지적하였듯이 교육평가란 교육에 관한 제 측면을 검토 확인하여 보다 나은 교육적 성과를 위하여 필요로 하는 바가 무엇인가를 규명하려는 것이다. 그러나 현실은 교사가 제작한 시험지 혹은 구입한 시험지를 통하여 시험을 치루고 성적을 매기고, 성적표에 기재한 후 학생에게 알리고 혹 상벌의 기준으로 삼거나 분류 또는 선발의 기준으로 삼고 서류함 속에 고이 간직되는 것으로 끝나는 것이 보통이다. 이러한 문제는 교사가 평가의 본질적인 목적이나 기능을 잘 몰라서라기보다는 우리의 교육현실이 목적과 기능에 충실한 교육평가가 이루어질 수 없도록 되어 있다는 데 더 큰 문제가 있다.

특히 다인수 학급상황, 입시위주의 교육 분위기, 모자라는 교사 수 등 교육적 상황이 평가의 시작과 과정, 결과의 활용에 이르기까지 많은 곤란점을 안겨 주고 있다.

참고 문헌

bibliography

강봉규 · 이종성(1986). 교육과정 · 교육평가신강. 서울 : 형설출판사.

강봉규 · 박성혜 · 최미리(2006). 교육과정 및 교육평가. 서울 : 태영출판사.

강현석 · 주동범(2004). 현대 교육과정과 교육평가. 서울 : 학지사.

김재춘 외(2005). 예비 · 현직 교사를 위한 교육과정과 교육평가. 서울 : 교육과학사.

김정권(1987). 교육과정 및 교육평가. 서울 : 재동문화사.

황정규(1998). 개정판 학교학습과 교육평가. 서울 : 교육과학사.

Cronbach, L. J.(1977). Essentials of psychological testing(3rd ed.). New York : Rivingston Publishers.

Eisner, E. W.(1985). The Art of Educational Evaluation. Philadelphia : The Falmer Press.

Gronlund, N. E.(1976). Measurement and evaluation in teaching(3rd ed.). New York : Macmillan.

Lindquist, E. F., et al.(1951). Educational measurement. Washington : American Council on Education.

Remmers, H. H., & Gage, N. L.(1955). Educational measurement and evaluation. New York : Harper and Brother.

Stufflebeam, D. L.(1974). Alternative approach to education evaluation. in W. J. Popham(Ed.), Evaluation in education : Current applications. Berkeley, Ca. : McCutchan.

Tyler, R. W.(1949). Basic Principles of Curriculum and Instruction. Chicago : University of Chicago Press.

형성평가

9.1 다음은 어떤 용어에 관한 설명인가?

> S고등학교 교장은 신입생 선발을 위하여 주요 교과목에 대한 학력고사를 실시하고, 고등학교 학업적성검사, 면접 등을 실시한 후 이들 점수들을 종합하였더니 200점 만점 중 182점이 커트라인임을 확인하였다. 이 자료에 근거하여 182점 이상을 합격자로 선발하였다.

① 검사 ② 측정 ③ 사정
④ 평가 ⑤ 진단평가

9.2 교육평가를 올바로 수행하기 위하여 교육목표를 행동적인 용어로 명백하게 진술하기를 요구하는 평가모형은?

① 의사결정 지원모형 ② 조명적 평가모형
③ 가치판단모형 ④ 목표달성 확인모형

9.3 다음은 어떤 교육평가 모형의 특징(장점)에 대한 설명인가?

> 형성평가의 개념을 도입함으로써 결과와 더불어 수업계열, 수업과정을 증진시키기 위한 노력을 상소하였다.

① 의사결정 지원모형 ② 가치판단모형
③ 목표달성 확인모형 ④ 조명적 평가모형

9.4 CIPP모형으로 불리는 평가모형은?

① 의사결정 지원모형 ② 목표달성 확인모형
③ 가치판단모형 ④ 조명적 평가모형

9.5 교육프로그램 평가 모형의 하나인 CIPP 모형에서 맨 처음 실시해야 할 평가는?

① 요구평가 ② 과정평가 ③ 산출평가
④ 투입평가 ⑤ 시행평가

9.6 Stufflebeam의 '의사결정 지원모형'은 교육적 의사결정의 종류에 따라서 ( ), 투입평가, 과정평가, 산출평가 등 4개의 평가활동으로 구분하고 있다. ( )에 해당하는 것은?

① 절차평가 ② 맥락평가 ③ 환경평가 ④ 목표평가

9.7 탈목표평가로 불리는 교육평가 모형은?

① 의사결정 지원모형 ② 가치판단모형
③ 조명적 평가모형 ④ 목표달성 확인모형

9.8 해석학적, 인간주의 철학적 관점에서 발전시킨 평가모형은?

① 의사결정 지원모형 ② 목표달성 확인모형
③ 가치판단모형 ④ 조명적 평가모형

9.9 Scriven의 가치판단모형에 대한 설명으로 적절하지 않은 것은?

① 설정한 목표달성 여부뿐만 아니라 목표와 다른 유용한 판단 기준도 중요시 한다.
② 이 모형의 적절한 적용 예는 '교사평가'이다.
③ 평가의 준거로서 내재적 준거와 외재적 준거가 활용된다.
④ 이 모형을 공급자중심 평가모형으로 부르기도 한다.

9.10 교육평가의 역기능 현상이 나타나는 원인과 그 해결 방안을 기술해 보시오.

9.11 학교 재학 중의 성적과 졸업 후 상급학교 진학 혹은 사회생활에서의 성적 간에 그 관련성이 낮다는 지적이 있다. 그 이유는 무엇이라고 생각하는가?

9.12 교사평가와 교원능력개발 평가의 차이점은 무엇인가? 이러한 평가에 대하여 찬성과 반대 입장을 밝히고, 그러한 입장을 취하는 이유 혹은 근거를 제시해 보시오.

Chapter 10

교육평가의 과정

개 요

1. 교육평가의 과정(절차)은 획일적으로 정할 수는 없으나, (1) 평가의 목적 명료화 → (2) 교육목표의 설정과 분석 → (3) 평가 장면의 결정 → (4) 평가도구의 제작 → (5) 측정(검사)의 실시와 결과의 정리 및 분석 → (6) 결과의 해석 및 활용 등으로 이루어진다.
2. 평가의 목적은 제9장에서 살펴본 평가의 주요 기능과 관련되어 있다. 평가자는 평가하고자 하는 목적이 무엇인가를 명확하게 규정하는 일로부터 교육평가가 이루어진다.
3. 교육목표의 분석은 설정한 주요 교육목표와 평가와의 합치성과 일관성, 교육평가의 타당도를 높이려는 조치이다.
4. 평가 장면의 결정은 평가하려는 목적을 충실히 달성하고, 평가대상의 특성이 가장 잘 드러나는 장면을 설정해야 한다.
5. 평가도구의 제작은 도구가 갖추어야 할 요건으로서 타당도, 신뢰도, 객관도, 실용도가 중요하다. 그리고 평가도구의 형태는 평가의 목적에 따라서 결정되어야 한다.
6. 검사(측정)의 실시과정은 표준화되어 그 과정에 오염요인이 작용하지 않도록 해야 하며, 검사 실시 결과는 평가의 목적에 적합하게 분석되어야 한다.
7. 측정결과의 해석은 정확하게 이루어져야 하며, 결과는 원래의 평가목적과 기능에 적합하게 활용해야 한다.

교육평가의 절차나 과정이 획일적으로 틀지워진 것은 아니라 하더라도 일정한 절차나 과정을 따라 이루어질 수 있을 뿐만 아니라 가능한 한 체계적으로 이루어지는 것이 평가의 제구실을 수행하는데 요구된다. 평가의 목적이나 내용에 따라서 약간의 변화가 있을 수 있으나 가장 일반적으로 따르게 되는 과정이 있다.

교육평가의 과정에 대하여 고전적 입장을 취하고 있는 Tyler는 다음의 5단계로 제시하고 있다(이종승, 1993 : 55－58).

(1) 교육목표의 확인

(2) 평가장면의 선정

(3) 평가도구의 제작

(4) 검사의 실시와 결과 정리

(5) 평가결과의 활용

또 Remmers와 Gage(1955 : 50－51)는 평가절차를 (1) 교육목적과 내용의 기술 (2) 평가도구의 선정과 조직 (3) 평가도구를 통한 행동증거의 수집 (4) 수집된 자료의 해석 (5) 평가도구 자체의 평가 등 5단계로 기술하고 있다.

교육평가의 단계를 권대훈(2005 : 24)은 평가목적 결정, 학습성과 확인, 평가도구 제작, 평가자료 수집, 평가결과 분석, 평가결과 보고, 평가결과 활용 등 7단계로 개념화하였다. 또 강봉규 · 박성혜 · 최미리(2006 : 148－156)는 평가목표의 설정, 평가방식의 구안, 평가도구의 제작, 평가 실시와 결과의 정리, 평가결과의 해석과 활용 등 5단계로 기술하였다. 그리고 김인식과 최호성(1996 : 378－390)은 평가목표의 설정과 교육목표 분석, 평가 장면과 도구의 선정 및 제작, 평가실시 및 결과처리, 평가결과의 해석 및 활용 등 4단계로 좀 더 포괄적인 과정을 제시하고 있다.

김재춘 등(2005 : 248)은 보다 세부적인 절차를 기술하고 있다. 즉, (1) 평가의 목적 확인 (2) 평가영역과 평가할 내용의 선정 (3) 평가방법의 결정 (4) 평가도구의 선정 혹은 개발 (5) 평가시행을 위한 계획 수립 (6) 평가환경의 구축 (7) 자료의 수집 (8) 자료의 분석 (9) 평가결과에 대한 해석 (10) 평가결과의 보고 (11) 평가결과의 활용 (12) 메타평가 등 12단계를 제시함으로써 평가의 실제에서 수행해야 할 활동들을 상세하게 밝히고 있다. 여기서 12번째 단계인 **메타평가**(meta evaluation)란 '평가에 대한 평가', '평가활동들에 대한 종합적인 평가'라는 의미이다. 즉, 교육평가 절차의 (1)단계부터 (11)단계까지 각 단계의 적절성과 타당성을 평가하여 문제점과 개선점을 찾아 다음 단계의 평가활동에 피드백할 정보수집 활동을 뜻한다.

이처럼 교육평가의 절차는 학자들에 따라서 단계를 포괄적인 활동요소들로 나타내는가, 아니면 세부적인 활동들을 구체화하는가에 따라서, 각 단계 활동을 지칭하는 용어를 어떻게 표현하는가, 그리고 교육평가 과정을 포괄적으로 파악하는가, 아니면 교육평가의 보다 본질적인 부분에 초점을 맞추는가에 따라서 다르게 기술하고 있음을 알 수 있다.

여기에서는 여러 학자들이 제시하고 있는 교육평가의 절차 요소 중 비교적 공통적인 요소를 중심으로 다음의 5단계로 기술해 보고자 한다.

(1) 교육평가를 실시하는 목적의 명료화 (2) 교육목표의 확인과 분석 → (3) 평가 장면의 결정 → (4) 평가도구의 제작 → (5) 측정(검사)의 실시와 결과의 정리 및 분석 → (6) 결과의 해석 및 활용

제1절 교육목표의 확인과 분석

교육이란 어떻게 하다 보니까, 또는 시간표대로 수업을 운영하다 보니까 어떤 바람직한 특성이 길러졌다든지 변화되었다든지 하는 무계획적이고 탈 목적적인 활동이 아니다. 어떤 목표를 가지고 그 목표를 달성하기 위한 체계적인 계획을 수립, 시행, 평가하고 그 결과에 비추어 다시 목적을 설정 · 수정해 들어가는 체계적인 활동이다. 교육평가도 마찬가지다. 평가의 1차적인 임무와 기능을 교육목표의 달성도(교육 성취도)의 확인과 점검에 두는 이유가 여기에 있다.

교육목표의 기능 중의 하나는 교육평가에서 무엇이 평가대상이 되어야 하는가를 안내하는 기능임을 밝힌 바 있다. 교육목표란 교육의 전체 과정이 지향해야 할 최종 지점이므로 평가에서는 이 목표가 불분명하고 추상적이면 그만큼 타당한 평가가 이루어지지 못하게 된다. 예컨대, 비판적인 사고방식을 기르는 것이 목표임에도 불구하고 평가에서는 단순 지식의 암기력을 측정하는 것으로 끝난다든지, 건전한 태도를 기르려고 목표를 설정했음에도 평가는 지식의 소유 정도를 측정하게 되는 것과 마찬가지다. 따라서 평가를 올바르고 타당하게 하기 위해서는 애초에 설정해서 달성하고자 노력했던 교육목표를

명확히 밝혀 평가하고자 하는 바를 구체화할 필요가 있다. 즉, 교육목표와 교육평가 간에 일관성, 합치성, 연계성을 유지하기 위해서는 교육목표들 중에서 무엇을 평가할 것인가에 대한 체계적인 분석이 요구된다.

교육평가의 대상인 교육목표를 구체화하기 위한 여러 가지 방법 중에서 일반적으로 활용되는 것이 **교육목표 이원분류표(二元分類表)**를 작성 · 활용하는 것이다. 교육목표 이원분류표란 교육목표를 설정하거나 교육평가를 수행할 경우 중요한 지침 역할을 하는 것으로 교육목표의 이원성, 즉 내용면과 행동면으로 이원화시켜 놓은 일련의 표를 일컫는다. 교육목표의 내용분류는 각 교과를 구성하고 있는 내용이 된다. 그리고 교육목표의 행동분류는 심리학적 개념으로서의 행동을 말하는 것으로 이 속에는 인지적 영역의 지식, 이해력, 적용력, 분석력, 종합력, 평가력과 정의적 영역의 적응, 감상력, 표현력, 태도, 습관 등이 모두 포함되며, 또 심리운동적 영역의 기능, 수공능력 등도 포함된다. 말하자면 교육의 구체적인 성과로서의 내 · 외적 행동을 포괄한다. 그러므로 교육목표의 진술에는 반드시 내용과 행동의 이원적 기술이 요구된다. 예컨대, 교육평가 과목에서 교육목표를 진술하기 위하여 다음 〈표 10-1〉과 같이 이원분류표를 작성할 수 있다.

<표 10-1> 교육평가 교과의 교육목표 설정을 위한 이원분류표의 예

행 동 / 내 용	지 식	이 해	적 용	분 석	종 합	평 가
평가의 개념과 모형	✓	✓				
평가유형별 특징	✓	✓		✓		
수행평가	✓		✓	✓	✓	
평가문항 제작의 실제	✓		✓			
교사평가				✓		✓

즉, 종축은 내용차원으로 5개의 내용을 기술하고, 횡축에는 학생들이 나타내 보이기를 바라는 행동특성으로서 Bloom등의 교육목표분류학 중 지적 영역의 6개 하위 영역에 해당하는 행동요소들을 기술하였다. 그리고 '✓'는 교육내용이 어느 행동요소로 나타나야 하는가를 판단하여 표시한 것이다. 이러한 표시가 된 칸이 실제로 교육목표를 진술할 구체적인 대상이 되는 셈이다. '✓'표시가 된 칸 모두가 교육목표로 진술되는 것은 아니며, 목표를 진술하는 사람의 전문적인 판단에 따라서 우선순위를 정하여 진술하게 된다.

그리고 이렇게 진술된 교육목표 중에서 실제 평가를 통하여 그 달성도를 확인하려는 목표를 최종적으로 선정하게 된다. 평가를 위하여 최종적으로 선정된 교육목표를 흔히 '**평가목표**'라고 칭한다.

다음의 예는 교육목표 진술 방법의 적절성을 살펴보기 위한 것이다.

a. 기온의 변화를 이해한다.
(내용) (행동)

b. 민주주의의 기본원리를 설명할 수 있다.
(내용) (행동)

c. 교과의 특정 단원을 제시하면 교육목표 이원분류표를 20분 이내에 작성할 수 있다.
(내용) (행동)

등으로 나타낼 수 있다.

그런데 위의 세 가지 예에서 생각해 봐야 할 문제가 있다. 즉, a의 예에서 행동요소를 나타내는 "이해하기"란 어떤 상태를 나타내느냐 하는 것이다. 이 경우는, 어떤 학습자의 행동을 이해한 상태로 볼 것인가를 포착하기가 어렵다. 사실상 "이해한다"라는 말은 대단히 추상적이고 애매한 행동이다. 암기한 상태인지, 설명할 수 있는 상태인지, 그것도 아니면 여러 가지 예를 열거할 수 있는 상태인지가 분명하지 않다. 따라서 교육평가에서는 무엇을(what) 평가할 것인지를 구체적으로 기술해야 함을 강조하게 되는 바, 교육목표의 설정 · 분석 · 달성도의 확인 과정에서 사용하기를 기대하는 행위 동사를 몇 가지 제시하면 다음과 같다.

- 기술하기
- 구분하기, 차이점을 제시하기
- 지적하기
- 미래를 예측하기
- 계산하기
- 열거하기
- 설명하기
- 연결짓기

그러나 이러한 동사가 교육목표를 진술할 때 사용할 수 있는 행동요소로서 언제나 충분하며 바람직한가 하는 문제는 남아 있다. 교육목표는 이렇게 구체적인 동사로 표현할 수 있는 것도 있고 그렇지 못하고 모호하게 진술될 수밖에 없거나, 오히려 추상적으로 진술하는 것이 바람직한 것도 있다. 인간의 고등정신 능력이나 정의적 특성은 아직까지

타당하게 평가할 수 있는 적절한 방법이 개발되지 못한 상황이다. 이 점과 관련하여 우리가 고려해야 할 바는 평가가 타당하게 이루어지기 위해서는 보다 분명한 평가대상을 포착해야 한다는 점이다.

또 위의 예 c를 보면, b에 비하여 지나치게 구체적으로 교육목표를 기술하고 있다. 이러한 교육목표 진술방식은 특히 Mager에 의해 제안된 것으로서 교육목표의 구체적 진술이라는 요건(학습자의 도달점 행동, 그 도달점 행동이 일어나는 상황이나 조건, 도달점 행동이 어느 정도 달성되어야 하는가를 판단할 수 있는 수락기준 등 3요소)을 충족시킬 수는 있으나, 지나치게 지엽적인 목표 혹은 너무 세부적인 목표에 치중한 나머지 중요한 목표, 좀 더 포괄적이고 통합적인 인간 특성을 겨냥한 목표가 간과될 가능성이 크다.

제2절 평가장면의 결정

평가의 대상, 즉 무엇을(what) 평가할 것인가가 분명해 졌으면 두 번째로 해야 할 일은 그것을 어떻게(how) 평가할 것인가, 어떤 상황에서 어떤 방법과 절차를 따라서, 그리고 특정한 행동의 증거를 수집할 수 있는 적합한 기회와 검사상태를 어떻게 설정할 것인가를 결정하는 것이다. 즉, 분류된 행동의 학습 정도가 가장 잘 나타날 수 있는 상황을 설정하고 실천할 때 타당한 평가가 가능하다. 예컨대, 국어 과목의 학업 성취도는 시험문항을 제작한 시험지를 가지고 지필검사를 하는 것이 적절한 반면에, 수업 중의 태도를 평가하기 위해서는 지필검사보다는 관찰법이나 체크리스트 평정 장면이, 배영의 올바른 동작을 평가하기 위해서는 지필평가보다는 수영장에서 실제로 배영을 해 보는 장면이, 그리고 실험의 절차를 올바로 수행할 수 있는가를 평가하기 위해서는 실험실에서 실제로 실험을 수행하는 장면의 설정이 더 적절한 것이다.

교육평가의 장면은 물리적인 기구에 의한 직접적인 측정이 가능한 신체검사의 경우보다 훨씬 더 복잡하고 다양하다. 그리고 교육평가의 장면은 평가자의 능력에 따라서 보다 적절하게 설정될 수도 있고, 부적절하게 설정될 수도 있다. 예를 들어, '자동차를 운전할 수 있는 능력'을 측정한다고 할 때 운동장에서 실제로 자동차를 이용하여 측정할 수도 있고, 실내에서 모형 자동차를 이용하여 측정할 수도 있으며, 필기시험이나 구두시험을 통하여 측정할 수도 있다.

따라서 교육평가에 있어서는 평가자가 측정하려고 하는 행동의 학습 정도가 가장 잘 노출될 수 있는 검사장면을 설정해야만 타당하고 신뢰로운 결과를 얻을 수 있다. 그리고 이와 같은 검사장면 설정의 적절성 정도는 평가자의 평가역량에 따라 좌우된다.

교육평가는 측정대상이 인간이라는 점에서 물리학적인 측정이나 다른 동물들을 대상으로 한 측정에 비하여 많은 제한점을 가지고 있음을 앞 장에서 살펴보았다. 특히 많은 경우에 있어서 교육목표의 이원적 요소 중 행동면이 불명확하고 대개 간접적인 측정과정을 거쳐야 하기 때문에 평가장면 설정에 고도의 전문적인 기술을 필요로 한다. 특히 **수행평가**의 경우에서처럼, 학습자가 나타내 보여야 할 행동의 종류와 그 수준이 가능한 한 직접적으로 드러날 수 있는 평가장면 결정이 핵심적인 요소이다.

제3절 평가도구의 제작

평가장면을 설정한 다음에 해야 할 일은 실제로 평가에 사용할 도구를 제작하는 것이다. 즉, 교육의 궁극적 목표인 행동의 증거를 수집하는 데 이용할 도구를 제작하는 것이다. 물론 평가장면을 설정하는 일과 평가문항을 제작하는 단계는 아주 밀접한 관계를 가지고 있고, 시간적으로 거의 동시에 이루어질 수도 있다.

평가도구(학력을 측정하기 위한 시험지, 학업적성을 측정하기 위한 학업적성검사지, 학습태도를 측정하기 위한 학습태도 질문지, 학습행동을 측정하기 위한 학습행동 관찰목록이나 체크리스트 등)는 그 질에 따라 측정결과의 타당성과 신뢰성이 좌우되며 평가목적의 충족 여부가 좌우된다는 점에서 매우 중요하다. 평가문항의 제작 및 검사의 구성에 관한 이론과 실제에 관해서는 제13장에서 자세히 살펴보기로 한다.

제4절 검사의 실시와 결과의 정리 및 분석

1. 검사의 실시

지금까지 설명한 여러 단계, 즉 교육목표의 확인과 구체적 분석, 검사장면의 설정, 검사도구의 제작은 검사를 실시하기 위하여 이루어진 준비단계에 속한다. 이러한 준비작업이 모두 완료되면 교육목표로 제시된 행동의 증거를 수집하는 활동이 이루어지는데 이것이 검사의 실시단계이다.

검사의 실시단계에서는 피검사자들이 충분히, 그리고 솔직하게 있는 그대로의 행동을 발현시킬 수 있는 상황을 조성하는 일이 무엇보다 중요하다. 따라서 이 단계에서는 검사 실시의 횟수 및 시기, 검사장의 물리적 조건, 검사의 지시, 피검사자의 동기유발 등 검사 실시에 따른 제반 문제가 검토되어야 하는 바, 다음과 같은 점에 특별히 유의해야 한다.

첫째, 일반적으로 검사의 실시시기는 검사의 목적이나 종류에 따라서 결정된다. 예를 들면, 학력검사는 흔히 학기 초, 학년 초, 학기 말 혹은 학년 말에 실시하고, 지능검사는 특별한 이유가 없는 한 입학 초나 졸업을 하기 직전에 실시하며, 또 성격검사는 특별한 시기를 지정할 수는 없으나 가급적 피검사자의 신체적 · 정서적 조건이 안정된 시기를 택하는 것이 바람직하다.

둘째, 검사장의 물리적 조건이 통제되어야 한다. 통풍이나 채광이 되지 않거나 소음이 심한 물리적 조건하에서는 정상적인 검사결과를 기대하기 어렵다. 특히 속도검사의 경우에는 이러한 조건들이 측정치의 신뢰도에 크게 영향을 미친다.

셋째, 검사의 지시는 간결하고 명확해야 한다. 검사의 지시가 복잡하거나 불명확한 경우에는 피검사자들을 당황하고 혼란스럽게 만들어 검사의 신뢰도가 저하된다.

넷째, 피검사자들의 검사에 대한 동기를 유발시켜야 한다. 피검사자들이 검사의 지시를 이해하고 또한 그에 따라 최선을 다하겠다는 동기가 없다면 그 검사결과의 신뢰도 및 타당도는 그만큼 낮아질 것이다. 따라서 검사자는 피검사자들이 동기를 유발하고 이를 적정수준으로 유지시킬 수 있는 기법을 터득하고 있어야 한다. 또한 검사자는 동기 문제와 관련하여 피검사자들의 검사에 대한 불안의 정도에도 신경을 써야 한다. 일반적으로 누구나 검사에 대하여 어느 정도의 불안을 가지고 있다. 이를 검사불안이라고 하며, 특히 시험상황에서의 불안감을 '**시험불안**'이라고 칭한다. 일반적으로 적정수준의 불안은 학습활동이나 검사활동에 긍정적인 영향을 미친다. 그러나 어떤 학생들은 검사에 대한 공포나 불안이 아주 심하여 검사에 제대로 반응하지 못하는 경우가 있다. 이러한 경우에 검사자는 적절한 방법을 동원하여 그러한 피검사자의 공포나 불안을 경감시켜 줌으로써 그들이 정상적인 심리상태에서 검사를 치를 수 있도록 해야 한다.

2. 검사결과의 정리

검사가 끝나면 학생들이 반응한 결과, 즉 행동의 증거를 정리해야 된다. 이 단계에서는 검사결과를 채점하고 채점한 점수를 기록하여 평가의 기초 자료를 만들어 낸다.

채점은 대학수학능력시험의 객관식 답안과 같이 컴퓨터에 의하여 이루어지는 경우도 있고, 교사나 검사 제작자가 채점을 용이하게 하기 위하여 고안한 채점판을 이용하는 경우도 있으며, 전적으로 수작업에 의하여 이루어지는 경우도 있다. 교사에 의하여 수작업으로 채점하는 경우에는 편견이나 오류가 개재(介在)되지 않도록 유의하여야 한다.

그러나 컴퓨터나 채점판 등을 이용하여 아무리 객관적으로 그리고 정확하게 채점을 했다고 할지라도 채점결과에는 거의 언제나 고정적 오차(constant error)와 변산적 오차(variable error)가 포함되어 있다는 사실에 유의해야 한다. **고정적(固定的) 오차(誤差)**란 인간행동의 측정이 직접적이 아니고 간접적이기 때문에 초래되는 오차를 말한다. 거의 대부분의 인간 행동특성을 측정하기 위한 지필검사는 피검사자의 독해력에 의하여 영향을 받을 가능성이 많다. 고정적 오차는 검사의 시기나 횟수에 관계없이 누구에게나 공통적으로 작용한다는 특징을 갖고 있다. **변산적(變散的) 오차(誤差)**란 검사실시 및 채점과정에 있어서 원하지 않은 요인이 작용하여 검사 점수에 변화를 초래함으로써 야기되는 오차를 말한다. 변산적 오차에는 평가자의 부주의 혹은 훈련 부족으로 인하여 배점이나 채점에 있어서의 일관성이 결여됨으로 인하여 발생하는 오차도 포함된다.

측정의 오차를 줄이고 검사의 객관성과 신뢰성을 높일 수 있는 방법 중의 하나는 채점방법을 개선하는 것이다. 예를 들면, 동일한 논문형 검사의 답안지를 몇 사람이 공동으로 채점하여 그 평균치를 구한다든가, 논문형 검사의 문제들을 몇 개의 하위영역으로 나누어 각기 부분적으로 채점한다든가 하는 방법을 시도해 볼 수 있을 것이다.

채점과정에서의 오차를 줄일 수 있는 또 하나의 방법은 채점결과를 검산하는 것이다. 흔히 검산은 귀찮은 일거리로 간주되기 쉬우나, 신뢰성 있는 검사결과를 얻으려면 반드시 검산의 과정을 거쳐야 한다. 피검사자의 수가 너무 많아서 전체에 대한 검산이 불가능한 경우에는 일부를 표집해서라도 검산을 해 보아야 할 것이다.

3. 결과의 분석, 기록 및 보존

검사의 결과는 많은 시간과 노력을 들여서 얻어진 것이므로 체계적으로 기록되고 보존되어야 한다. 또한 검사의 결과는 두고두고 활용할 수 있는 학생 이해 자료이므로 활용하기에 편리하도록 기록하고 관리해야 한다. 일반적으로 검사 결과를 기록하고 보존하는 데는 행정적 목적과 지도적 목적의 두 가지가 있다. 행정적 목적은 문서의 형태로 보관하는데 있지만 지도적 목적은 학생들의 학업지도 및 생활지도에 수시로 활용하는데 있다. 검사결과를 기록하고 보존하는 데 있어서의 어려움은 이 두 가지 목적을 모두 충족시켜야만 하는 데서 비롯된다.

우리나라의 학교현장에서는 모든 검사결과를 학생생활기록부에 일원화하여 기록하고 이를 영구보존하는 데 치중하고 있는 반면에 검사결과를 지도적 목적으로 활용하는 경우는 많지 않은 실정이다. 검사결과는 학생들의 학업지도 및 생활지도에 수시로 활용될 수 있는 학생 이해자료라는 점을 감안해 볼 때 앞으로는 검사결과의 기록 및 관리에 있어서 행정적 목적뿐만 아니라 지도적 목적도 충족할 수 있도록 노력해야 할 것이다. 그러기 위해서는 우선 검사결과의 기록을 행정적 목적의 기록과 지도적 목적의 기록으로 이원화해야 할 것이다. 그리고 지도적 목적의 기록양식은 학생 개개인에 대한 각종 검사결과 및 여타 정보를 구체적이고 분석적으로 그리고 누가적으로 기록할 수 있도록 설계되어야 할 것이며 지속적인 개선이 요구된다. 현재 NEIS(국가교육정보망)가 구축되어 활용되고 있으나, 교사들이 적은 시간을 들이면서 쉽게 활용하도록, 그리고 학생들의 교육적 지도 자료로 활용할 수 있도록 개선되어 나가야 할 것이다.

특히, 교육현장에서 여러 가지 검사 및 고사가 이용되고 있는데 이들 고사의 결과로 얻은 점수는 동간성(同間性)을 지니고 있으며, 또 점수의 증가와 교육적(혹은 심리적) 양(educational quantity)의 증가는 서로 상응한다고 가정한다. 이 가정이 성립되지 않으면 이 점수로 처리한, 혹은 비교하는 통계적 결과는 아무런 의미를 지니지 못한다. 이러한 예를 몇 가지 들어 보자.

예를 들어, 어떤 학생이 국어교과 성적이 87이며, 과학교과 성적이 70이라고 가정해 보자. 이 두 교과 성적은 도대체 어떤 의미를 지니는 점수인가? 이 두 점수만으로는 과학보다는 국어성적이 우수하다고 할 수 있다. 그런데 과연 그런가? 또 어떤 학생의 국어 80점과 과학 80점은 두 교과 성적이(실력이라고 하면 더 말할 나위가 없다) 같다고 할 수 있을까? 국어 87점은 55명 중 50등에 해당하는 점수이며 과학 70점은 5등에 해당하는 점수라면 사정은 전혀 달라진다. 또 국어 87점은 부적 편포를 나타내는 집단의 점수이고 과학 70점은 정적 편포 집단의 점수라면 어떻게 해석해야 하는가? 집단이 다르고, 고사 문항의 성격이 다르고, 점수를 도출해 낸 과정이 다른 경우라면 이들 점수를 비교하는 것도 곤란할 뿐만 아니라 합하여 평균을 구하는 등의 통계적 분석은 의미가 없게 된다.

이러한 문제를 해결하기 위해서는 검사에서 얻은 점수 곧 원점수(原點數, raw score)를 의미 있고 비교가 가능한 어떤 척도로 전환하여 분석하고 해석해야 한다. 원점수를 의미 있는 어떤 점수 또는 척도로 전환하는 방법에는 등위점수, 백분위와 백분점수, 그리고 표준점수 등이 있다.

등위점수(等位點數)는 원점수의 크기에 따라 순위 또는 석차, 서열을 낸 점수이다. 원점수를 등위점수로 전환하는 것은 비교적 쉽다. 그러나 동점자의 순위 결정 문제가 제기될 수 있는데 결국 동점자의 중간 등위를 부여하는 것이 바람직하다. 예를 들어, 어떤 고사에서 76점을 얻은 사람이 두 명이고 이들의 서열은 15위와 16위에 해당한다면 이 두 순위의 중간인 15.5라는 순위를 부여한다(또는 두 사람 모두 15등을 부여하고, 16등을 건너 뛸 수도 있다). 또 3명이 역시 76점을 얻었다면 15, 16, 17위의 중간인 16을 세 사람 모두에게 부여한다.

이러한 순위점수는 동일 교과 또는 검사결과의 순위를 곧장 나타내 준다는 이점이 있다. 그러나 그 점수가 도출된 대상 집단의 사례수가 서로 다른 경우에는 의미를 상실하게 된다. 즉, 동일한 5등이라도 10명 중 5등과 100명 중 5등이 같은 교육의 양(실력)을 나타내는 것이 아니다. 그러므로 집단의 크기가 서로 다른 경우에는 등위점수를 비교할 수가 없게 된다. 더군다나 순위점수는 소위 서열척도에 해당하므로 의미 있는 통계적 분석에 제한이 따른다.

이러한 난점을 해결할 수 있는 방법의 하나로 백분위와 백분점수가 있다. 이 점수체제는 어떤 사람의 집단 내 위치를 항상 100명의 집단을 기준으로 파악하려는 것이다. 실제로 개인이 속하고 있는 집단이 50명이건 300명이건 혹은 1,000명이건 이 집단들을 100명의 집단으로 하여 100명 중에 어떤 사례가 몇 등인가를 알려주는 점수체제이다. 예컨대, 대학입시를 위한 내신 등급을 석차를 가지고 백분율을 구한 다음 이 백분율에 해당하는 백분점수를 구하는 것이 이에 해당한다. **백분위**란 어떤 점수 아래에 있는 사례의 백분율(%)을 일컫는다. 어떤 학생이 256명 중에서 7등을 했다면, 이 학생의 백분위는 97.27이 된다. 이것은 이 학생보다도 성적이 낮은 사람이 전체의 97.27%에 이르며, 우수한 사람은 2.73%라는 것을 의미한다. **백분점수**란 이러한 위치에 있는 사람의 원점수이다. 그러므로 백분위와 백분점수는 동일한 척도상의 대응되는 점수이다.

이 백분위나 백분점수는 100%를 기준으로 현상을 이해하려는 우리의 사고방식과 잘 부합한다는 점에서 매우 큰 이점을 지닌다. 50%는 중간 정도이며, 75%는 상집단의 중간 정도라고 할 수 있다. 그러나 이러한 점수표시 방법도 점수의 가감승제나 총점을 계산한다든지 평균을 계산하는 것은 의미가 없다는 난점을 지닌다. 이러한 난점을 해결해 보고자 고안된 것이 표준점수이다.

표준점수는 흔히 Z점수라고 부르며, 그 계산방법은 원점수에서 평균치를 뺀 후 이 값을 표준편차로 나누어 계산한다.

즉, $$Z=\frac{X-M}{S}$$

(여기서 Z는 표준점수를, X는 개인의 원점수를, M은 평균치를, S는 표준편차를 나타냄)

어떤 특성을 측정하고 있는 점수이건 간에 이 점수의 출발점 혹은 의거점은 0이 된다. 따라서 Z점수란 개인의 점수를 집단의 평균치와 표준편차를 고려하여 전환한 점수라고 할 수 있다. 어떤 학생의 국어성적이 85이고 수학성적이 67점이라면 이 원점수 만으로 두 교과 성적의 우열을 판단하는 것은 불가능하다고 하였다. 이 경우 이 원점수들을 Z점수로 전환하면 집단에서의 두 교과 성적의 위치를 판가름할 수 있다. 여기에서 알 수 있듯이 표준점수는 필히 평균치와 표준편차가 계산되어야 한다. 그리고 표준점수(Z)를 기초로 하여 집단 내 개인의 위치를 파악하기 위해서는 정상분포곡선의 원리에 대한 이해가 필요하다.

그런데 이 Z점수는 보통 소수점 첫째자리까지 계산하는 경우 소수점이 발생한다는 점, 개인의 원점수가 평균치보다 작은 값인 경우 −부호가 나타난다는 점, 그리고 100점 만점의 사고에 익숙해 있는 우리의 사고체계에 잘 맞지 않는다는 점 등의 문제점이 있다. 이러한 문제를 해결하기 위해 고안된 표준점수체계로 T점수가 있다.

이 T점수는 평균이 50, 표준편차가 10인 표준화된 척도를 일컫는다.

즉, $T=10Z+50$으로 계산한다.

따라서 학생들의 시험성적이나 각종 검사 결과를 Z점수나 T점수로 전환시켜 놓고 보면 이러한 점수들 간 비교는 물론이고 가감승제가 자유스러워진다. 이 점은 절대평가체제보다는 상대평가체제에서 매우 중요한 점수표기 방식이 된다.

이 외에도 각종 점수들을 가지고 통계적 분석을 하고 현상을 올바로 이해하기 위하여 다양한 통계적 분석이 이루어질 필요가 있다. 집단의 교과 성적이나 검사결과를 다른 집단과 비교하거나(학급별 비교, 혹은 학년 간 비교) 교과 성적 간(국어 교과 성적과 수학 교과 성적 간) 혹은 두 가지 이상의 인간특성간의 관계를 규명하는 일(예 : 교과 성적과 인성발달과의 관계), 또는 일정한 기간에 투입한 어떤 프로그램의 효과를 검증하는 것 등이 필요한 경우가 있다. 그러한 통계적 방법은 전문서적을 참고하기 바란다.

제5절 결과의 해석 및 활용

앞 절에서는 검사를 실시하고 채점하여 그 결과를 정리하고 기록하는 일련의 과정을 살펴보았다.

흔히 여기까지의 절차로써 교육평가 활동이 종료되는 것으로 오해하는 사람들이 있다. 그러나 사실은 여기까지의 절차로써 교육평가의 핵심적인 활동을 할 수 있는 기초 자료가 마련되었을 뿐이다. 이 기초 자료를 근거로 하여 교육목표의 달성도를 평정하고 그에 대한 해석을 할 때 교육평가 활동의 본연의 기능이 발휘되는 것이다.

교육평가 활동의 결과는 일차적으로 교육목표의 달성도라는 측면에서 해석된다. 그러나 부차적으로 교육과정의 전 국면과 관련하여 해석될 수 있다. 즉 교육평가 활동의 결과는 교육목적의 설정, 학습경험의 선정 및 조직, 학습지도 및 평가 등 교육과정의 제 국면의 적절성과 효율성에 대한 정보를 제공해 줄 뿐만 아니라 각 국면의 개선에 활용될 수 있는 것이다.

여기에서는 학교현장에서 교육평가 활동의 결과를 직접적으로 활용할 수 있는 방안을 몇 가지 제시하기로 한다.

첫째, 교육평가 활동의 결과는 교육적 정치(定置, placement)를 위한 자료로 활용할 수 있다(교육평가의 정치적 기능).

둘째, 교육평가 활동의 결과는 학생들의 학습결손을 진단하고 이에 대한 교정지도 계획을 수립하는 데 활용할 수 있다(교육평가의 진단적 기능).

셋째, 교육평가 활동의 결과는 수업과정에서 학생들이 당면하는 학습곤란을 극복하고, 학습지도 방법을 개선하는 데 활용할 수 있다(교육평가의 형성적 기능).

넷째, 교육평가 활동의 결과는 생활지도를 위한 자료로 활용될 수 있다(교육평가의 총괄적 기능).

다섯째, 교육평가 활동의 결과는 학생 개개인의 성적을 평정하는 자료가 된다(교육평가의 총괄적 기능).

지금까지는 주로 교육평가 활동의 결과를 학교현장의 교육문제의 해결이나 교육실제의 개선, 또는 학생 개개인의 문제해결에 활용하는 데 관하여 살펴보았다. 그러나 한 학기 동안 또는 한 학년 동안의 수업이 종결되었을 때 개개 학생의 학업성취도를 종합적으로 평가하여 성적을 매겨 주는 것도 교육평가의 주요한 기능 중의 하나이다.

흔히 성적은 100점 만점제에 의한 점수나 '수, 우, 미, 양, 가' 또는 '몇 명 중 몇 등'이라는 석차로 표시된다. 이와 같이 학생 개개인에 대하여 일정 기간의 수업이 종결되었을 때 학업성취를 평정하는 일은 앞에서 언급한 교육평가의 여러 기능 못지않게 중요하다. 왜냐하면 어떤 학생이 일정기간의 수업이 종결되었을 때 어느 정도의 학업성취를 보였느냐 하는 것은 학급 담임교사나 교과 담임교사의 관심사일뿐더러 학부모의 지대한 관심사 중의 하나이기 때문이다. 뿐만 아니라 학업성취도는 학생들의 학교생활에의 적응 정도를 나타내 주는 개괄적인 지표로서의 의미를 가진다는 면에서 그 자체가 중요한 학생 이해자료 중의 하나가 된다. 한 마디로 교육측정 및 시험결과는 앞 장에서 살펴본 교육평가의 기능을 충실히 수행할 수 있도록 하는 것이 최선의 활용방법이라고 할 것이다.

참고 문헌

bibliography

강봉규 · 박성혜 · 최미리(2006). 교육과정 및 교육평가. 서울 : 태영출판사.

권대훈(2005). 교육평가. 서울 : 학지사.

김인식 · 최호성(1996). 최신 교육과정 및 교육평가. 서울 : 교육과학사.

김재춘 외(2005). 예비 · 현직 교사를 위한 교육과정과 교육평가. 서울 : 교육과학사.

이종승(1993). Tyler 교육과정과 수업의 원리. 서울 : 교육과학사.

Remmers, H. H., & Gage, N. L.(1955). Educational measurement and evaluation. New York : Harper and Brother.

형성평가

10.1 교육평가 절차 중 가장 먼저 이루어지는 활동은?

① 평가의 목적 확인
② 평가영역과 평가할 내용의 선정
③ 평가방법의 결정
④ 평가도구의 선정 혹은 개발
⑤ 평가시행을 위한 계획 수립

10.2 다음은 어떤 평가활동에 대한 설명인가?

> 교육평가는 평가에 대한 평가, 평가활동들에 대한 종합적인 평가가 요구된다. 평가의 첫 번째 과정에서부터 마지막 절차에 이르기까지 각 과정들의 적절성을 확인하고, 문제점이나 개선점을 밝혀 교육평가 활동에 피드백하기 위한 정보의 수집이 요구된다.

① 진단평가
② 총괄평가
③ 측정자료의 수집 및 분석
④ 메타평가

10.3 교육목표와 교육평가 간의 관계에 대한 진술로 가장 적절한 것은?

① 모든 교육목표는 평가되어야 하므로, 평가가 가능하도록 목표가 진술되어야 한다.
② 평가의 타당성이 중요하므로 모든 교육목표는 행동적인 용어로 진술되어야 한다.
③ 교육평가가 타당하기 위해서는 교육목표를 가능한 한 분명하게 진술해야 한다.
④ 평가를 할 수 없는 교육목표는 교육목표로서의 의미를 지니지 못한다.

10.4 교육평가 과정 중 교육목표를 분석하는 일의 가장 중요한 이유는 무엇인가?

① 교육평가의 신뢰도를 높이기 위하여
② 교육평가를 보다 체계적으로 수행하기 위하여
③ 교육평가의 타당성을 높이기 위하여
④ 교육목표와 교육내용의 관련성을 파악하기 위하여

10.5 교육목표 이원분류표란?

① 교육목표를 교육목적과의 관련 속에서 설정하는 일이다.
② 교육목표의 내용과 기능을 분석 분류하는 일이다.
③ 교육목표를 내용과 행동 차원으로 분석 분류하는 일이다.
④ 교육목표를 학생이 나타내 보일 행동으로 구체화하는 일이다.

10.6 교육평가 과정 중 교육목표 이원분류표를 작성 활용해야 하는 이유로 가장 적절한 대답은?

① 무엇이 평가되어야 하는가를 구체적으로 결정하기 위하여
② 중요한 교육목표가 평가에서 누락되지 않도록 하기 위하여
③ 교육평가의 객관성과 신뢰성을 높이기 위하여
④ 교육평가의 타당성을 제고하기 위하여

10.7 교육평가의 절차 중 "평가 장면의 결정"에 대하여 가장 올바르게 설명한 것은?

① 평가가 언제, 어디서 실시되어야 하는가를 결정하는 것
② 평가하려는 학습자의 행동 특성이 가장 잘 드러나는 평가상황을 결정하는 것
③ 교육목적과 평가내용에 가장 적합한 평가방법을 결정하는 것
④ 교육목표 달성도 평가에 초점을 두고 평가할 장소를 결정하는 것

10.8 평가장면의 결정으로 가장 적절한 것은?

① 말하기 능력을 평가하기 위하여 주장하기 논술문을 작성하는 시험을 치른다.
② 성실성을 평가하기 위하여 청소하는 행동을 관찰한다.
③ 도덕성 발달 수준을 평가하기 위하여 Rest의 DIT 검사를 실시한다.
④ 수업에 대한 태도를 평가하기 위하여 질문지를 제작하여 응답하도록 한다.

10.9 다음 중 측정 또는 측정결과의 채점에서 드러날 수 있는 오차를 가장 잘 설명하고 있는 것은?

① 고정적 오차란 측정에서 물리적 환경과 같이 고정된 요인에 의해 측정결과가 차이가 나타나는 것을 일컫는다.
② 고정적 오차는 검사의 시기나 횟수에 따라서 검사결과와 실제 상태가 왜곡되는 것을 뜻한다.

③ 변산적 오차란 배점이나 채점의 일관성이 결여되어 나타나는 것으로 근본적으로 줄이기가 어렵다.

④ 변산적 오차는 선다형 평가도구보다 서답형 평가도구의 경우에 더 문제가 될 수 있다.

10.10 기말고사에 영수가 백분위 60에 해당할 경우, 영수의 집단(150명) 내 위치를 잘못 설명하고 있는 것은?

① 영수의 점수는 집단의 중간에서 약간 높은 수준에 해당한다.

② 영수보다 우수한 점수를 받은 사람은 전체의 40% 정도이다.

③ 영수보다 낮은 점수를 받은 사람은 90명이다.

④ 영수보다 높은 점수를 받은 사람은 전체의 반이 좀 넘는다.

10.11 스태나인(stanine) 척도에 대한 설명으로 적절한 것은? ['06 유치원/초등/특수학교]

① 9개의 등급으로 나누어진 척도이다.

② 준거지향평가에서 주로 사용한다.

③ 평균을 50, 표준편차를 10으로 표준화한 척도이다.

④ 동일 등급 내 상대적 서열에 대한 자세한 정보를 제공한다.

10.12 다음은 한 학생의 기말고사 점수와 과목별 학교(전체 시험응시집단)의 평균과 표준편차를 제시한 자료이다. 과목별 성적분포가 모두 정상분포를 이루고 있다고 가정할 때, 제시된 자료를 해석한 진술로 적절하지 않은 것은? ['06 중등]

과 목 명	점 수	평 균	표준편차
국 어	80점	63	8.0
영 어	85점	85	6.0
수 학	77점	72	10.0
과 학	79점	70	12.0

① 네 과목 중 개인차가 가장 큰 과목은 과학이다.

② 영어점수를 백분위점수로 변환하면 백분위 50이 된다.

③ 수학점수를 9등급 점수(9간척도, stanine점수)로 변환하면 1등급이다.

④ 이 학생의 성적을 집단 내에서 비교하면 국어가 가장 우수하다.

10.13 위 문항 [10.12]에서 네 과목의 점수를 표준점수(T점수)로 변환하면 각각 얼마인가?

10.14 다음은 한 중학생의 1학년 교과 성적을 분석한 자료이다. 자료를 해석한 것으로 가장 적절한 것은?

과 목 명	점수(학년말)	평균(학년)	표준편차
수 학	85	80	8.0
영 어	81	81	5.5
과 학	90	85	12.0
사 회	80	85	13.0

① 1년 동안의 시험성적이 가장 안정적인 과목은 사회이다.
② 1년간의 성적을 교과별로 상대적으로 비교해 보면 과학이 가장 우수하다.
③ 1년간 성적을 교과별로 비교해 볼 때 과학보다 수학성적이 안정적이다.
④ 영어 성적의 백분위는 50으로서 네 과목 중 중간 정도이다.

10.15 위 문항 [10.14]에서 4과목의 표준점수(T점수)를 구하고 상대적인 서열을 매겨 보라.

10.16 다음과 같은 교육목표가 얼마나 달성되고 있는가를 평가하려고 한다고 가정하고, 각각의 적절한 평가장면을 결정해 보시오.

(1) 자기주도적인 학습습관의 형성
(2) 이타적인 행동의 육성
(3) 학습하는 방법의 학습능력 육성
(4) 창의력 증진
(5) 사실적 정보의 정확한 암기
(6) 문제해결 과정의 내면화

Chapter 11

교육평가의 유형

개 요

1. 교육평가의 유형은 판단의 기준, 즉 우수한 정도의 판단이나 적절성 정도의 판단기준에 따라서 임의평가, 규준지향평가, 준거지향평가, 능력참조평가, 성장참조평가 등으로 나눌 수 있다. 임의평가란 평가자의 임의적인 기준에 의하여 잘잘못을 판단하는 것이며, 규준지향평가란 집단 속에서 설정한 규준에 비추어 개인의 위치를 판단하는 평가방식이다. 그리고 준거지향평가란 도달하기를 바라는 일정한 성취목표를 사전에 정해 두고, 이의 도달 정도를 기초로 잘잘못을 판단하는 평가방식이다. 또 능력참조평가란 피평가자가 지니고 있는 능력의 발휘 정도를 기준으로 평가하는 방식이며, 성장참조평가란 앞 단계의 수준(위치)에 비추어 얼마나 진보와 향상이 이루어졌는가에 의해 평가하는 것을 일컫는다.
2. 교육평가 유형은 평가 실시 시기와 평가 결과의 활용 목적에 따라서 진단평가, 형성평가, 총괄평가 등으로 분류한다. 진단평가란 본격적인 수업이 이루어지기 전에 학습을 성공적으로 수행해 낼 수 있는 준비도를 평가하는 것이며, 형성평가란 수업의 진행과정에서 수업목표 달성도를 극대화하기 위한 평가이다. 그리고 총괄평가란 일련의 교수-학습활동이 종결된 시점에서 일정 기간 동안의 학습의 충실성을 종합적으로 확인하고 성적을 부여하기 위한 평가를 일컫는다.
3. 교육평가 유형들은 모두 고유한 목적과 기능, 장점과 약점을 지니고 있기 때문에 평가의 목적과 용도, 시기 등을 고려하여 선택해야 한다.

교육평가를 실시하기 위하여 개발 활용되어 온, 그리고 개발하기 위하여 노력하고 있는 유형은 매우 다양하다. 김재춘 등(2005)은 교육평가의 유형을 평가대상에 따라서 학생평가, 교사평가, 교육과정평가, 학교평가, 정책평가, 교육프로그램평가 등으로, 평가영역에 따라서 지적 영역의 평가, 정의적 영역의 평가, 심동적 영역의 평가로, 성취목표 수준에 따라서 최소필수 학력평가와 최대 성취 학력평가로, 평가기능에 따라서 진단평가, 형성평가, 총괄평가로, 평가기준에 따라서 규준지향평가, 준거지향평가로, 평가방법에 따라서 양적 평가와 질적 평가로, 시간제한 여부에 따라서 속도검사와 역량검사로 분류하는 포괄적인 교육평가 유형 구분 방식을 취하고 있다.

이처럼 교육평가 유형을 다양한 기준에 의하여 세분화할 수 있으나, 여기서는 교육평가의 유형을 크게 세 가지 기준에 의하여 분류하는 방식을 취하고자 한다. 먼저, 학습자의 학습결과 혹은 행동변화 상태가 양호한지 불량한지, 어느 특성의 습득이나 소유 정도가 우수한지 열등한지의 여부를 어떤 기준에 의하여 판가름 하느냐에 따라 임의평가, 규준지향평가, 준거지향평가로 나눌 수 있으며 평가이론의 발달은 이 순서로 진행되고 있다. 둘째는, 학교교육의 핵심적 부분이라고 할 수 있는 수업을 중심으로 어느 시기에 평가를 실시하며, 평가의 중요한 목적(기능)을 무엇으로 보느냐에 따라 진단평가(수업 전), 형성평가(수업 중), 총괄평가(수업종결 후)로 나누는 방식이 있을 수 있다.

제1절 판단의 기준에 의한 유형

교육평가의 유형을 임의평가, 규준지향평가, 준거지향평가 등 셋으로 분류하는 방식은 측정－판단－방향 설정의 기준이 교사의 임의적인 기준이냐, 집단 내의 상대적 위치냐, 사전에 설정해 둔 목표 달성도냐에 따라서 구분하는 것이다.

1. 임의평가(任意評價, discretion evaluation)

임의평가는 비교적 교육평가 이론이 체계적으로 정립되기 이전에 활용된 교육평가

유형이다. 그러나 오늘날 이론적으로 규준지향평가나 준거지향평가 등의 평가유형이 논의되고 있고 실제로 활용되고 있기는 하나 기실 대부분의 평가는 여전히 임의평가 형태를 크게 벗어나고 있지 못한 것이 사실이다.

한 마디로 임의평가란 평가기준(잘함 또는 잘 못함, 우수함 또는 열등함, 학력수준이 높음 또는 낮음 등)이 평가자의 주관적이고 개인적인 판단에 의해 임의로 설정되어 이루어지는 평가를 말한다(허형, 1983; 30).

교사 개인의 주관적인 판단이 기준의 역할을 한다는 것이 어떤 의미로는 전문가로서의 타당성을 인정할 수도 있으나 근본적으로 교사 개인의 임의기준에 지나지 않는 것이며, 객관적이고 체계적인 평가를 가능하게 하는 어떤 공통된 절대기준을 형성하기는 어려울 것이다. 극단적인 경우 이러한 임의기준은 교사에 따라 상이할 뿐만 아니라 동일한 교사에 있어서도 때에 따라, 학생에 따라 임의일 수도 있어 평기기준이 교사 개인의 임의에 의하여 높아질 수도 있고 낮아질 수도 있는 것이다.

흔히 100점 만점 식으로 학생들의 성취도가 표시되었던 이 임의평가의 형태는 60점 이상 급제, 60점 미만 낙제라는 방식으로 판단되고 사용되었다. 그러나 이러한 처리방식에서 나오는 60점이라는 점수의 구성내용도 피험자가 실제로 고사 속의 어떤 문항에 정답을 했느냐에 따라서 크게 달라질 수도 있다. 60점이라는 점수는 사실상 교사의 주관에 의하여 임의로 변동될 수 있는 점수에 지나지 않는 것이다.

이처럼 임의평가의 가장 큰 약점은 그 평가기준이 교사에 따라 타당한 근거가 빈약한 임의에 의하여 설정되어 있다는 사실에서 찾아볼 수 있다. 우발적이며 임의에 의한 기준이란 다름 아닌 임의평가 자체의 불안정과 의거점의 결여를 의미하며 이는 그대로 교육기준 의식의 결여, 학생을 보는 시각의 불안정 또는 교육목적 의식의 불투명을 반영한다. 이러한 사실은 교육의 기본적인 성격인 유목적성과 계획성이 생명력을 지닐 수 없게 만든다. 때와 장소와 학생에 따른 즉흥적 평가가 성행되는 상황 속에서 교육의 계획성이 유지되거나 교육목적의 달성도를 종합적으로 판단할 도리가 없기 때문이다.

이와 같이 임의평가는 평가기준이 결여되어 있으므로 여기에서 나온 점수에 대하여 어떤 절대적인 해석이나 특수한 의미를 부여할 수 없다. 그럼에도 불구하고 교육의 세계에서는 가장 자주 적용하고 있는 평가 유형이 임의평가이다. 교사는 매일, 매 시간 학생에 대하여 모종의 평가를 하며 교직을 수행한다. 교사의 주관적인 판단에 따라서 유능한 학생, 무능한 학생, 우수한 학생, 열등한 학생, 보통 수준의 학생, 가능성이 큰 학생,

별로 기대하기 어려운 학생 등 판단을 하기 마련이다. 그리고 교사의 이와 같은 학생에 대한 판단은 알게 모르게 학생의 삶에 영향을 미치고 있다. 교사가 교육평가에 관한 분명한 철학과 관점과 이해가 필요한 것은, 어느 면에서, 임의평가 형태의 적용 때문이라고 해도 과언이 아니다.

2. 규준지향평가(norm-referenced evaluation)

규준지향평가 또는 흔히 상대평가(혹은 상대기준평가)는 평가 결과에 대한 개인의 위치 혹은 우수함과 열등함의 판단의 기준을 집단 내의 상대적 위치에서 찾는 평가 방법이다. 즉, '규준(norm)'은 개인의 점수와 같은 측정치를 집단이 지니고 있는 잣대에 비추어 볼 수 있는 비교할 표준을 일컫는다. 예컨대, 어떤 학생의 수학 시험점수가 70점이라면 70점이 어느 정도의 위치나 수준인가를 알 수가 없다. 따라서 집단 내 학생들의 개인 성적을 석차(순위)로 표시하여 비교하거나(석차규준), 백분위를 산출하여(백분위 규준), 혹은 표준점수(Z점수 혹은 T점수)로 표기하여(표준점수 규준) 개인의 집단 내 위치를 파악하게 된다. 상대적 위치를 결정짓는 기준은 일반적으로 어떤 집단의 측정치를 대표하는 성격을 지니고 있는 '평균'이 된다.

규준지향평가에서는 해당집단에서 얻은 평균치를 기준으로 하여 평가 결과를 해석한다. 즉 학생 개개인의 성적은 이 평균치에 비하여 높은 쪽인가 낮은 쪽인가, 또는 평균치보다 얼마나 높고 낮은가에 의하여 학생의 성취수준을 판단한다. 즉 규준지향평가체제란 자료의 수집과 해석의 기준을 집단에 두는 방법으로서 학급 또는 학년, 경우에 따라서는 전국 등의 집단에 있어서 다른 학생의 성적과 비교하여 상대적으로 어떤 성적의 위치를 차지하고 있는가의 방식으로 평가하는 체제이다. 다양한 평가 유형이 개발되어 활용되고 있으나 지금도 학업성적 평가가 주로 이 방법에 의하여 이루어지고 있으며, 또한 지능이나 학력의 표준화검사에 의한 평가도 바로 이러한 입장에 있는 평가법이라고 할 수 있다. 이 평가체제에서는 평가의 기준점을 집단의 평균치로 보고 있기 때문에 개인의 점수는 어디까지나 그가 속하는 집단의 평균치와 표준편차에 비추어 결정되고 해석하게 된다. 또한 이 체제에서는 검사점수의 분포가 정상분포곡선이 되는 것을 전제로 하고 있으며, 개인의 상대적인 비교를 기초로 하고 있다. 따라서 규준지향평가체제는 학생들의 상대적인 능력이나 기술을 비교해 보고 그것에 대한 어떤 결정을 내리는 학생

선발이나 우열을 가려내는 평가기능이 크게 강조되고 있는 평가체제라고 할 수 있다.

이러한 규준지향평가는 다음과 같은 장점을 갖는다.

첫째, 개인차의 변별이나 교육평가의 선발적 기능 수행에 유용하다.

둘째, 경쟁을 통하여 학생들의 외현적(外顯的) 동기유발을 꾀하는데 유리하다.

이상의 장점과 더불어 규준지향평가 방법이 갖는 문제점을 지적하면 다음과 같다.

첫째, 규준지향평가는 학교교육에서 지적 우월감 또는 지적 패배의식을 은연중에 형성시킬 수 있다.

둘째, 규준지향평가는 인간의 발전성에 대한 신념이나 교육의 힘에 대한 신념을 흐리게 할 우려가 있다.

셋째, 규준지향평가는 참다운 학력의 평가가 불가능하다.

넷째, 규준지향평가에서는 경쟁의식의 조장을 통하여 학생들이 외현적 동기유발에 치중함으로써 정신건강을 해칠 우려가 있다.

다섯째, 규준지향평가는 교수-학습의 개선이라는 기능을 약화시킬 우려가 있다.

3. 준거지향평가(criterion-referenced evaluation)

앞의 규준지향평가에서는 집단의 평균치나 다른 학생과의 비교를 전제로 한 상대적 위치가 평가의 기준이라면, 준거지향평가체제는 평가의 기준을 교육과정을 통해 달성시키려고 하는 각 교과별 · 학년수준별 교육목표 내지는 변화시키고자 하는 행동특성으로서의 학습목표에 둔다. 따라서 준거지향평가 도구를 제작할 때에는 평가도구가 진술된 성취목표에 대응되어야 한다는 점이 특히 중요하다. 그렇게 되어야만 교사는 학생들의 특수한 학습곤란점을 정확하게 발견 · 교정할 수 있고 효과적인 지도를 할 수 있기 때문이다. 준거지향평가는 선행학습이 후속학습의 기초가 되고 가장 크게 영향을 미치며, 그러한 학습은 누가적(累加的)이고 위계적이라는 전제를 받아들인 '체계적 평가'라고 할 수 있다.

즉, 첫 번째의 학습과제가 충분하게 학습되지 않았다면 학생은 그 과목을 배우는 기초가 빈약하므로 두 번째 학습과제인 후속학습에서 학습결과의 결핍을 필연적으로 나타내게 될 것이라는 전제를 받아들이고 있다.

이런 전제하에서 본다면 교사의 책임은 준거지향평가를 실시하기 전 · 중 · 후의 내용에 기초가 되는 학습요소를 파악하고 선행학습 요소의 결핍된 부분을 교정하는데 주어지게 된다. 단원수준에서 준거지향평가의 원리에 따라 자료수집과 분석의 체계적인 절차가 잘 지켜진다면 교수-학습이 개선될 가능성이 커지고, 그에 따른 적절한 의사결정이 용이해질 것이기 때문이다. 준거지향평가는 교육개선의 방향과 전략을 결정할 수 있는 자료를 마련해 주는 '교수과정 개선'을 위한 평가라고 할 수 있다. 즉 준거지향평가는 구체적인 수업절차 · 자료 · 교수과정을 개선해 나가는 데 필요한 자료를 모으는 과정으로 이해할 수 있다. 이 점은 교수-학습 과정에서 교사의 위치와 역할을 보다 강조하는 것이기도 하다.

만일 교사가 학생을 위한 수업을 불충분하게 준비했거나, 부정확한 정보를 마련했거나 수업의 구체적인 계통이 서지 않게 진행했다면 그 결과는 학생의 학업 실패를 가져오게 할 것이고, 교사는 학생들과의 수업을 개선하는 것이 어려울 것이다. 준거지향평가에 의해 교수과정의 의사결정을 위한 정보가 마련되지 않으면 수업개선은 불가능해진다. 다시 말해서 준거지향평가를 통해서 필요한 자료를 수집 · 분석 · 활용할 수 있을 때 수업의 개선이 가능해진다.

이처럼 준거지향평가란 잘잘못, 우수함과 열등함 등의 판단과 교수-학습과정의 개선방안 모색 등 평가의 준거를 교육을 통해 달성하려고 하는 수업목표에 두는 것으로서 교수-학습 활동을 촉진 · 개선시키기 위해 학습장애의 진단, 학습된 행동의 정착 및 심화, 교수-학습 방법의 개선방향을 밝혀주는 평가체제라고 할 수 있다.

준거지향평가의 특징을 규준지향평가와 비교하여 설명하면 다음과 같다.

첫째, 준거지향평가는 인간의 성장 · 발달 가능성과 교육의 진보적 효과에 대한 신념을 기초로 하고 있다.

둘째, 준거지향평가는 측정치들의 부적 편포를 전제로 하고 있다.

셋째, 준거지향평가의 결과로서 얻어진 점수는 다른 사람과 비교하거나, 집단 내의 위치 등과는 관계없이 그 점수 자체로서 절대적인 의미를 갖는다.

넷째, 준거지향평가에서는 타당도의 개념이 강조된다.

다섯째, 준거지향평가는 학생들 사이의 경쟁심을 제거하고 협동적인 학습을 가능하게 해 준다.

여섯째, 준거지향평가는 학생들에게 보다 많은 성취감 또는 성공감을 갖게 해준다.

일곱째, 준거지향평가는 진정한 의미의 학습결과에 대한 강화를 해준다.

여덟째, 준거지향평가는 학생들의 정신위생을 크게 저해시키지 않는 방법이다.

아홉째, 준거지향평가는 불필요하고 비합리적인 지적 능력의 분류를 배제해 줄 가능성이 크다.

결국 준거지향평가는 인간의 무한한 가능성과 교육효과에 대한 신념을 기초로 하고 있으며, 교육의 성취도의 진전에 대한 계속적인 판단을 가능하게 해준다. 또 '교육의 장'으로부터 경쟁의 해독을 추방해 줄 가능성을 지니며, 교육에 필요한 구체적이고 의미 있는 정보를 수집함으로써 명확한 교육개선의 방향과 전략을 결정해 주는 데에 그 의의가 있다.

한편, 이러한 장점을 지니고 있는 준거지향평가체제도 규준지향평가가 지니고 있는 장점을 갖기가 어렵다는 문제점이 있다. 즉, 당락의 결정, 합격과 불합격의 결정 등 개인차를 변별하여야 하는 평가의 기능이나 외발적 학습동기 유발 요소의 부족 등은 준거지향평가가 지니는 단점이 될 수 있다.

또 준거지향평가의 가장 핵심적인 문제점은 평가의 기준이 되는 절대기준과 수준의 설정이 극히 어렵다는 점이다. 수업목표 성취수준의 결정은 교사에게 달려 있으며, 교사에 따라서 절대기준이 달라질 수 있다. 이는 교사의 수업목표 의식에 크게 영향 받게 된다. 바로 이 점에서 준거지향평가는 임의평가 형태와 결합된 것으로 이해할 수 있다. 또한 준거지향평가는 점수분포가 부적 편포를 기대하므로 개인차의 변별이 분명한 규준지향평가에 비하여 통계적인 분석이 곤란하거나 불가능한 경우도 있을 수 있다.

이상에서 살펴본 바와 같이, 평가기준에 따른 교육평가 유형으로 규준지향평가와 준거지향평가 외에, 강현석과 주동범(2004 : 326)은 능력참조평가와 성장참조평가 등 2개 유형을 추가하고 있다. 여기서 **능력참조평가**란 학생의 평가결과보다는 능력발휘 정도를 평가의 주 대상으로 삼는 평가를 일컫는다. 능력이 우수하면서 최선을 다 하지 않았거나 능력을 제대로 발휘하지 못했다고 판단되는 경우 좋지 못한 평가 결과를 받을 수도 있고, 반대로 능력은 떨어지더라도 최선을 다하여 자신의 능력을 발휘하고자 노력을 한 근거가 확보되면 평가결과가 좋을 수도 있다. 이러한 능력참조평가는 집단적으로 실시하기 곤란하며, 개별 평가인 경우 잘 적용될 수 있다. 이 평가 유형은 개인의 능력 발휘 정도를 어떻게 확인하는가가 가장 큰 난점이다.

성장참조평가란 교육과정을 통하여 얼마나 성장했느냐에 평가의 초점을 두는 평가 유형이다. 즉, 측정 결과 몇 점인가 혹은 어느 수준인가가 중요한 것이 아니라 개인이나 집단별 학습에서의 진전도나 향상도를 기준으로 평가를 하는 것이다. 이와 같은 성장참조평가는 평가의 계속성 지속성을 강조하는 평가이다.

제2절 평가시기와 목적에 의한 유형

교수-학습의 전체적인 과정에서 평가는 세 가지의 형태를 취하는 것이 보통이다.

첫째, 현재의 학습단원에 대한 학습지도가 시작되기 직전에 실시하는 진단평가와, 둘째, 현재의 학습단원에 대한 본 수업이 진행되는 도중에 실시하는 형성평가, 셋째, 현재의 학습단원에 대한 학습지도가 끝난 후에 실시하는 총괄평가 등이 그것이다.

1. 진단평가(diagnostic evaluation)

진단평가의 목적은 크게 세 가지로 구분된다. 그 하나는 수업이 시작되기 전(학년초, 학기 초, 혹은 특정 단원의 학습시작 전)에 실시되는 예진적(豫診的) 활동이고, 둘째는 학습실패의 교육 외적인 원인을 밝혀 이를 보완하는 활동이다. 그리고 셋째는 학습자를 어느 집단에 소속(편성)시킬 것인가를 결정함으로써 학습의 효과성을 높이는 것이다.

첫째, 학습의 예진적 활동에서는 학생들의 기본적인 학습능력, 학습동기, 흥미 그리고 선행학습의 정도를 확인한다. 학습의 성과를 극대화시키기 위해서는 이러한 요소들에 대한 정보를 체계적으로 수집하여 가장 효과적인 학습지도 방법을 강구해야 한다. 이들 정보 중에 가장 중요한 것은 학생들의 학습결손 유무에 대한 정보이다.

둘째, 학습실패의 교육외적 원인의 파악과 이의 해결이란 수업과 직접적인 관련성이 없으면서도 학습실패의 원인이 되고 있는 소위 학습장애의 제 요인을 밝히고 그 해결방안을 모색하는 것을 뜻한다. 이런 요인들은 대체로 신체적 · 심리적 · 환경적인 것들로 분류된다.

이들 학습장애 요인의 대부분은 교사의 힘만으로 직접 해결하기는 어렵다. 진단평가 결과 학생의 학습실패의 원인으로 이와 같은 요인들이 관련되어 있음이 확인될 때, 교사는 관련되어 있는 사람들과의 협의나 협조를 얻는 것이 필요하다.

셋째, 학습자를 어느 집단에 소속(편성)시킬 것인가를 결정함으로써 학습의 효과성을 높이려는 진단평가는 학년 초의 학급 편성, 학기 초의 분단 편성, 수준별 학습집단 구성을 위한 구체적인 자료와 정보수집 과정을 일컫는다.

2. 형성평가(formative evaluation)

형성평가라는 용어의 **형성**이란 '교육목표 혹은 수업목표를 달성해 가는', 혹은 '수업목표 달성을 형성하는'과 같은 의미이다. 그러므로 형성평가의 초점은 학생들의 수업목표(지적, 정의적, 심체기능적 영역의 목표를 포괄) 달성을 극대화하려는 목적으로 실시하는 평가를 뜻한다.

전통적으로 학교에서 실시하는 대부분의 평가는 수업과 학습의 성과에 대한 최종적 판단을 내리는 이른바 **총괄평가**이다. 그런데 학기말고사나 학년말고사와 같은 총괄적 평가는 일련의 수업활동이 끝나는 시점, 즉 교육목표의 실현도가 기정사실로 드러난 뒤에 실시되는 것이다. 따라서 만약에 교육의 성과가 만족스럽지 못한 것으로 판명될 때, 그 부족한 부분을 바로잡기에는 시간적으로나 심리적으로 너무 늦게 된다. 수업이 진행되는 도중에 수시로 실시되는 형성평가가 바로 이러한 총괄평가의 문제점을 보완하려는 데에서 착안된 것이다. 형성평가는 수업과 학습의 진전 상태에 관한 정보를 수집 · 분석하여 그 수업 및 학습의 개선을 통해 목표달성도를 높이는데 그 목적이 있다.

형성평가가 가지고 있는 몇 가지 특성과 기능은 다음과 같다.

첫째, 형성평가는 학습자의 **자기 학습진행 속도를 조절**한다.

이 평가는 비교적 빈번하게 정기적으로 실시되어야 하기 때문에, 개개 단원의 학습을 뒤로 미루지 않고 제때에 진행시켜 나가도록 할 수 있다. 특히 교과내용의 분량이 많거나 학습내용이 일정한 선 · 후 관계에 의하여 조직되어 있을 때, 적절한 빈도로 실시되는 형성평가는 학습진행 속도의 조절에 큰 도움을 준다.

둘째, 형성평가는 학습에 대한 **자기강화**의 역할을 한다.

형성평가는 교수-학습이 이루어지고 있는 과정에서 학생들에게 자신의 학습진전에 대한 피드백 정보를 제공해 준다. 학기말 시험에서 줄곧 낮은 점수를 받던 학생이 형성평가에서 자신의 학습이 성공적임을 확인하는 일은, 학습동기 및 자신감을 갖게 만드는 심리적 효과를 줄 뿐만 아니라 그 뒤에 이어지는 학습을 용이하게 할 가능성을 높여 주게 된다. 형성평가의 이러한 기능은 학습에 대한 보상, 즉 자기학습에 대한 정적 강화라고 말할 수 있다.

셋째, 형성평가는 학습곤란을 밝히는데 큰 도움을 준다.

이 평가는 학생들에게 평점을 매겨 주는 일이 아니라 수업목표에 비추어 무엇을 성취했고, 무엇을 더 학습해야 하는지를 구체적으로 그때그때 가르쳐 주는 이점을 가지고 있다. 따라서 형성평가는 학생 자신이 자신의 평가결과를 채점하고 확인하도록 하는 것이 바람직하다. 학생 스스로가 자신의 학습곤란을 발견하고 그 원인을 찾아보아 이를 자신이 극복할 수 있게 하는 일이 바로 형성적 평가의 기능인 것이다. 이는 곧 자기주도적 학습(self-regulated learning) 태도와 행동을 형성하는 데 도움을 줄 수 있다.

넷째, 형성평가는 학습지도 방법의 개선에 기여할 수 있다.

이 평가는 교사로 하여금 자신의 학습지도 방법을 검토하여 어떤 문제점이나 미비점이 있는가를 발견할 수 있게 해준다. 교사는 자신이 가르치고 있는 학생들에게 형성평가를 적절히 실시함으로써 자신의 교수방법의 강·약점을 구체적으로 분석해 낼 수 있게 된다. 이른바 학습자의 눈높이를 확인하여 학습자의 눈높이에 맞춘 수업전략과 방법을 모색할 수 있는 기회를 제공한다.

3. 총괄평가(summative evaluation)

중간고사, 학기말 또는 학년말고사와 같이 총괄평가에서는 일정한 기간 동안의 수업이 종결되있을 때, 학생들의 학습성취노를 총괄적으로 평가하여 학생들에게 평점을 부여하고 그 간의 수업활동의 효율성에 대한 판단을 내린다. 이러한 총괄평가의 기능은 다음과 같다.

첫째, 총괄평가는 학생들의 성적을 부여하는 기능을 한다. 이러한 기능을 충실히 수행하기 위해서는 평가의 내용 또는 문항이 수업목표를 잘 반영하도록 선정하여야 한다.

둘째, 총괄평가의 결과는 학생들의 장래의 성적을 예측하는데 도움이 된다.

셋째, 총괄평가는 집단성과를 비교할 수 있는 정보를 제공해 준다.

넷째, 총괄평가는 학습지도의 장기적 질 관리를 하는데 도움을 줄 수 있다.

지금까지 진단평가, 형성평가, 총괄평가의 의미, 특징 및 기능 등을 살펴보았다. 다음에서 제시하는 〈표 11－1〉은 그 특징을 서로 비교하기 위하여 세 가지 평가유형의 유사점 · 차이점을 종합적으로 비교해 놓은 것이다.

<표 11－1> 진단평가 · 평성평가 · 총괄평가의 유사점과 차이점

구분	진단평가	형성평가	총괄평가
기능	• 배치 • 선수기능의 습득여부의 확인 • 학습 전 성취수준의 확인 • 수업방법의 대안에 관련된 특성에 따른 학생의 분류 • 계속적 학습곤란의 원인확인	• 학습단원에 관련된 학생의 진보상태를 교사 · 학생에게 피드백 • 학습단위의 구조에 따라 오류를 확인함으로써 교정수업 방법의 대안을 제시	• 학습단원, 학기, 학년의 말에 학생성적의 판정 및 자격 부여
시간	• 대단위 학습 시초, 학기, 학년의 시초 • 수업도중 : 정상수업으로는 학생이 계속해서 도움을 못 받을 때 수업 도중에	• 수업 도중에	• 학습단원, 학기, 학년의 끝에
평가에서의 강조점	• 지적 · 정의적 · 심리운동적 영역 • 신체적 · 환경적 요인 • 심리적 요인	• 지적 활동	• 일반적으로 지적 행동 • 교과에 따라 심리 운동적 행동 • 때때로 정의적 행동
검사도구의 형태	• 사전검사를 위해서 형성 및 총괄평가의 도구 • 표준화학력검사 • 표준화진단검사, 교사제작의 평가도구, 관찰 및 첵크리스트	• 학습목표에 맞게 특별히 고안된 형성평가 도구	• 종합 혹은 총괄평가 도구
교육목표의 표집방법	• 각 선행기능 행동의 구체적 표집 • 비중을 둔 교과목표의 표집 • 특별한 수업형태에 관계있다고 생각되는 학생변인의 표집 • 신체적으로, 정서적으로, 환경적으로 행동의 표집	• 학습단원의 위계에 포함된 모든 관련 있는 과제의 구체적 표집	• 비중을 둔 교과목표의 표집

<표 11-1> 계속

구분	진단평가	형성평가	총괄평가
문항 난이도	• 선행기능 및 능력의 진단 : 대부분 쉬운 문항, 65% 이상의 난이도	• 미리 구체화할 수 없음	• 평균난이도가 35~70%이고, 대단히 쉬운 문항, 대단히 어려운 문항도 포함
채점	• 규준지향 및 목표지향 겸용	• 목표지향	• 일반적으로 규준 지향이나 목표지향도 사용
점수의 보고 방법	• 하위기능별의 개인 프로파일	• 학습위계에 포함된 각 과제에 대한 급락의 개인점수의 유형	• 목표에 비추어 본 총점 혹은 하위점수

이상에서 살펴본 교육평가 유형 외에 신동로(2003 : 315－316)는 최대능력평가와 전형행동평가를 제시하고 있다. **최대능력평가**란 대부분의 학력검사, 운동경기에서와 같이, 피평가자가 자신의 능력을 최대한 발휘하도록 요구하는, 혹은 능력을 최대한 발휘하는 것을 전제로 이루어지는 평가를 일컫는다. 이에 비하여 **전형행동평가**(典型行動評價)는 태도나 가치관, 자아개념, 학습동기 등의 정의적 행동발달 상황의 평가에서와 같이 지니고 있다고 가정되는 내재적 행동(covert behavior)의 평가를 뜻한다. 전자는 보통 1회로 끝나며, 후자는 지속적으로 측정되고 평가하는 대상이다.

참고 문헌

bibliography

강승호 외(1999). 현대 교육평가의 이론과 실제. 서울 : 양서원.

강현석 · 주동범(2004). 현대 교육과정과 교육평가. 서울 : 학지사.

김재춘 외(2005). 예비 · 현직 교사를 위한 교육과정과 교육평가. 서울 : 교육과학사.

신동로(2003). 교육과정 · 교육평가 탐구. 서울 : 교육과학사.

허형(1983). 교육평가. 서울 : 배영사.

황정규(1998). 개정판 학교학습과 교육평가. 서울 : 교육과학사.

형성평가

11.1 규준참조평가에 관한 진술로 가장 거리가 먼 것은? ['06 중등]

① 규준이란 교과에서 설정한 목표이다.
② 학생 상호간의 점수 경쟁을 조장할 수 있다.
③ 개인의 집단 내 상대적 위치에 대한 정보 파악이 용이하다.
④ 수 · 우 · 미 · 양 · 가의 평어를 부여할 때 미리 정해 놓은 각 등급의 배당비율에 따른다.

11.2 체육 시간에 줄넘기 50번을 계속적으로 하는 학생에게는 '합격', 그렇지 못한 학생에게는 '불합격'이라고 하였다면, 이것은 어떤 평가인가?

① 상대평가　② 비교평가　③ 양적평가
④ 규준지향평가　⑤ 준거지향평가

11.3 절대기준평가(준거지향평가)에서 평가기준의 근거가 되는 것은? ['00 중등]

① 성취목표　② 교사의 판단
③ 학생들의 성적 분포　④ 학부모와 학생의 요구

11.4 준거지향평가(criterion-referenced evaluation)로 학생들의 학업 성취도를 평가하고자 할 때 평가기준의 근거가 되는 것은? ['02 초등]

① 학습 동기　② 성취 목표
③ 학생의 요구　④ 검사 난이도

11.5 준거지향평가에서의 '준거(criterion)'를 가장 잘 설명하고 있는 것은?

① 한 학생의 성적을 비교 판단하기 위한 중간 수준과 같은 준거집단
② 한 학생의 현재 성적을 비교 판단하기 위한 사전 성적
③ 교육과정을 통해 달성하려는 교육목표나 학습목표 달성도
④ 개선하거나 해결해야 할 학습상의 결함이나 결손 요인

11.6 〈보기〉에서 목표중심평가의 장점을 골라 바르게 묶은 것은?

보 기
ㄱ. 교육목표를 행동적 용어로 진술하여 명확한 평가기준을 제시한다. ㄴ. 교육목표, 교육내용, 교육평가 간의 논리적 일관성을 유지해 준다. ㄷ. 교육평가에서 평가자와 의사결정자의 역할이 명확하게 구분된다. ㄹ. 교육목표로 설정되지 않은 부수적 교육활동에 대한 평가가 용이하다.

① ㄱ, ㄴ　② ㄱ, ㄹ　③ ㄴ, ㄷ　④ ㄷ, ㄹ

11.7 다음의 대화에서 학부모가 원하는 정보를 제공하는 데 가장 적합한 평가 유형은?

['06 유치원/초등/특수학교]

> 학부모 : 우리 영희 영어 시험 성적이 어떤가요?
> 김교사 : 반에서 10등쯤 합니다.
> 학부모 : 그런가요? 그런데 저는 등수보다 우리 애가 무엇을 잘 하고, 무엇이 부족한가를 알고 싶어요. 문법을 잘하는지, 회화를 잘 하는지, 아니면 영어어휘력이 우수한지, 그런 것들을 알고 싶습니다.

① 규준지향평가　② 준거지향형가
③ 능력지향평가　④ 성장지향평가

11.8 다음 〈보기〉에서 절대기준평가와 관련된 특성을 바르게 묶은 것은? ['00 초등]

보 기
가. 학생들 사이의 지나친 경쟁을 방지할 수 있다. 나. 평가 결과로 얻어진 점수의 의미는 중요하지 않다. 다. 변별도나 곤란도보다는 타당도의 개념이 더욱 강조된다. 라. 학생의 학습 능력 개선을 위해 지도 · 조언 하는 것을 중시 한다.

① 가, 나, 다　② 가, 나, 라
③ 가, 다, 라　④ 나, 다, 라

11.9 규준지향평가와 준거지향평가를 비교한 것으로 적절한 것은? ['04 중등]

	〈규준지향평가〉	〈준거지향평가〉
①	절대평가	상대평가
②	타당도 강조	변별도 강조
③	선발적 교육관	발달적 교육관
④	부적편포 기대	정상분포 기대

11.10 다음은 어떤 평가유형에 대한 설명인가?

- 개인차의 변별이나 당락을 결정할 때 유용한다.
- 경쟁을 통한 외현적 학습동기를 유발하는 힘이 강하다.
- 인간의 발전가능성에 대한 신념이 부족하다.
- 교수-학습의 개선 기능 수행력이 약하다.

① 임의평가 ② 준거지향평가
③ 총괄평가 ④ 규준지향평가

11.11 교수 · 학습과정에서 활용되는 평가에 대한 설명으로 옳지 않은 것은? ['04 초등]

① 진단평가는 학생의 출발점 행동을 알아보기 위해 실시된다.
② 형성평가는 교수 · 학습 활동을 개선하기 위한 정보를 제공해 준다.
③ 형성평가에서는 교사가 제작한 검사보다는 표준화검사가 사용된다.
④ 총괄평가는 학습 목표 달성 여부를 판정하여 성적을 산출하는 데 활용된다.

11.12 형성평가에 대한 설명으로 맞게 묶인 것은? ['03 초등]

보 기

가. 평가의 주요 목적은 교수-학습 방법의 개선에 있다.
나. 일련의 교수-학습 과정이 종료되는 시점에 실시한다.
다. 평가도구 제작시 최소 성취기준에 근거하여 문항을 출제한다.
라. 평가 전문가가 개발한 표준화검사를 평가도구로 활용한다.

① 가, 나 ② 가, 다 ③ 나, 다 ④ 다, 라

11.13 다음과 같은 교사 행동을 진단평가, 형성평가, 총합평가와 가장 적절하게 짝지은 것은?

['06 중등]

> 가. 수업 중에 학습 오류 수정을 위하여 쪽지시험을 실시하였다.
> 나. 수업계획을 수립하기 위하여 학생의 기초학습능력과 선수학습 정도를 파악하였다.
> 다. 기말고사를 실시하여 성적을 부여하였다.

	진단평가	형성평가	총합평가
①	가	나	다
②	나	가	다
③	나	다	가
④	다	나	가

11.14 다음은 어떤 교육평가 유형에 대한 설명인가?

> 김 교사는 능력은 우수하나 최선을 다하지 않았거나 능력발휘를 제대로 하지 못한 영수보다는, 능력은 떨어지지만 최선을 다하여 능력을 제대로 발휘한 영환이에게 노력점수를 부여하였다.

① 준거지향평가 ② 성장참조평가
③ 최대능력평가 ④ 능력참조평가

11.15 다음은 어떤 교육평가 유형에 관한 설명인가?

> 학습태도나 공부에 대한 가치관, 자아개념, 내·외 통제성향 등과 같은 학습자의 정의적 특성, 내재적 행동 특성은 1회성으로 주어진 조건 속에서 능력의 발휘정도보다는 지속적으로 평가하여 학습자가 지니고 있는 특성을 사실대로 측정해야 한다.

① 성장참조평가 ② 능력참조평가
③ 최대능력평가 ④ 전형행동평가

11.16 규준지향평가와 준거지향평가의 올바른 관계정립 방법에 대하여 기술해 보라.

Chapter 12

평가도구의 구비요건

제1절_ 타당도

제2절_ 신뢰도

제3절_ 객관도와 실용도

개 요

1. 교육평가를 실시하기 위해서는 평가도구가 잘 제작되어야 한다. 잘 제작된 평가도구란 타당도, 신뢰도, 객관도, 실용도가 인정되는 도구이다.
2. 평가도구의 타당도란 측정도구가 측정하려는 바를 사실대로 측정해 내는 능력을 일컫는다. 평가도구의 타당도는 특히 학력과 같은 지적 특성의 평가도구가 갖추어야 할 요건이다.
3. 평가도구의 신뢰도란 측정해 내려는 바를 안정적으로, 일관성 있게 측정해 내는 능력이다. 이는 특히 태도나 자아개념과 같은 정의적 특성의 측정도구가 갖추어야 할 요건이다.
4. 객관도란 채점의 신뢰도라고 할 수 있는 것으로, 채점의 객관성, 일관성을 일컫는다. 이는 서답형 문항에의 반응을 측정하는 평가도구에서 특히 요구된다.
5. 실용도란 측정의 시간, 비용, 실시, 채점 등의 경제성과 용이성을 일컫는다. 실용도는 위의 요건이 충족되는 경우 고려하게 되는 부차적 요건이다.
6. 평가도구의 타당도, 신뢰도, 객관도, 실용도를 검증 확인하는 방법은 평가도구의 목적과 성격, 도구의 형태에 따라서 다르다.

인간이나 자연현상의 어떤 속성의 측정이든 그것은 일정한 도구를 사용하기 마련이다. 길이를 재려면 자(尺)를, 무게를 재려면 저울을, 시간을 재려면 시계를, 지능을 재려면 지능검사지를, 성격을 재려면 성격검사지를, 그리고 학생들의 교과목에 대한 실력이나 학습 정도를 재려면 학력검사지(시험지)를 사용하게 된다. 그러나 여기서 생각해야 할 문제가 있다. 즉, 측정대상과 도구와의 관계에서 파생되는 다음과 같은 문제들이다.

(1) 재려는 인간 특성 바로 그것을 측정해 내는 데 가장 적합한 측정도구인가?

(2) 측정도구는 인간 특성을 일관성 있게 측정해 내는 능력이 얼마나 되는가?

(3) 측정 결과는 누가 채점하든 일관성 있는 결과가 나오도록 제작된 도구인가?

(4) 측정도구는 측정절차, 양화 과정, 결과의 해석 방법 등에서 얼마나 간편하고 실용성 있으며 누구나 쉽게 다룰 수 있는가?

이 장에서는 이러한 평가도구와 관련된 문제들에 대하여 살펴보고자 한다.

제1절 타당도

1. 타당도란?

타당도(妥當度)란 측정하려는 대상을 그 측정도구가 얼마나 정확히 재고 있느냐를 따질 때 사용하는 용어이다. 즉, 원래 재려고 한 내용만을 순수하게 재고 있다면 타당도가 높은 측정도구라고 할 수 있으나, 원래 측정하려는 내용 이외의 것을 혼합하여 재고 있다면 타당도가 낮은 것이다. 예를 들어, 지능검사는 지능만을 정확히 재기 위해 고안된 도구이어야 함에도 지능 이외의 성격특성의 일부를 재는 문항이 포함되었다든지, 창의성과 혼합된 어떤 특성을 재는 도구라면, 그 지능검사 도구는 타당도가 낮은 것이다. 그런데, 자연과학 분야와는 달리 교육에 있어서 평가도구의 타당도가 낮은 경우가 발생하는 원인은 자연과학에서와 같이, 보이는 대상을 직접 측정하는 것이 아니고 보이지 않는 인간특성을 재도록 고안된 도구를 제작하여 사용하기 때문이다.

이렇게 보면 타당도란 결국 '측정도구가 재려고 한 내용의 순수성'에 관계된 문제로서,

도구가 '재려는 내용만을 정확하게 재고 있는 정도'라고 할 수 있다.

실제로 교육에 있어서 학생을 이해하기 위하여 여러 가지 인간특성을 측정하게 되고 그 때마다 그 특성에 가장 적합한 검사도구를 선택 또는 제작하여 사용하게 된다. 교육의 성취도를 측정하기 위한 학력검사지, 지능을 측정하기 위한 지능검사지, 대학수학능력을 측정하기 위한 대학수학능력시험지, 직업적성을 측정하기 위한 적성검사지, 기타 각종 시험이나 검사들이 올바른 측정도구가 되기 위해서는 타당도를 가지고 있어야 하는 것이다. 국어 학력을 측정하기 위한 시험지에 한자(漢字)가 너무 많이 사용되어 국어 학력을 측정하려는 것인지, 한자실력을 측정하는 것인지가 불분명하거나, 영어회화 능력을 측정하려는 평가도구가 영어 독해력을 측정하는 문항이 포함되어 원래 측정하려는 내용이 불분명한 경우 원래의 평가 목적을 달성하기 어렵게 된다. 이처럼, 학력을 측정하기 위한 도구의 구비조건은 뒤에서 살펴보게 될 신뢰도에 비하여 특히 타당도가 중요하다.

2. 타당도의 확인방법

어떤 측정도구이든 그 측정도구가 타당도가 '있다' 또는 '높다'라는 판단을 할 때는 원래 재려고 한 내용을 충실히 재고 있는 경우이고, 타당도가 '낮다' 또는 '없다'라는 경우는 원래 재려고 한 내용을 충실히 재고 있지 못하다는 말이 된다. 교육평가 실제에 있어서 이 타당도를 확인하는 방법으로는 그 때의 자료의 성질과 검사목적에 따라 여러 가지가 있으나 대표적인 방법으로 ① 내용타당도, ② 준거타당도, ③ 구인적 타당도 등이 있다.

그런데, 타당도의 개념 속에는 타당도가 있다, 없다의 판단기준이 되는 기준 또는 **준거**(criteria)라는 것이 있다. 그렇기 때문에 타당도의 유무를 판정할 수 있는 준거란 바로 '무엇에 비추어 본 결과' 타당하다 혹은 타당하지 못하다는 결론을 내릴 수 있는 기준의 역할을 하는 것이다. 그러므로 어떤 도구이든 그 도구의 타당도는 이를 비추어 볼 수 있는 준거를 찾아 비교하지 않으면 안 된다. 이 준거가 검사자체 내에 있는 경우를 **내적 준거**(internal criteria)라고 하고, 검사외부에 있을 때에 **외적 준거**(external criteria)라고 한다. 따라서 평가도구의 타당도를 확인하는 방법은 본질적으로 준거타당도라고 할 수 있다.

가. 내용타당도

내용타당도(content validity)란 교과타당도(curriculum validity), 수업타당도(instruction validity), 논리적 타당도(logical validity)라고도 한다. 이에 유사한 것으로 안면타당도(face validity)가 있으나, 과학성이 떨어지는 타당도 검증방법이다.

내용타당도는 측정도구가 원래 재려고 한 내용을 이론적으로 합당하게 재고 있는 정도이다. 내용타당도가 있다, 없다를 판정하는 경우를 다음과 같은 실제의 예를 통해 알아볼 수 있다.

첫째, 측정하려고 하는 교과의 교육목표를 얼마나 논리적으로 합당하게 평가도구에 충실히 포함시키고 있느냐의 문제이다. 이 때의 내용타당도의 준거는 교육목표가 된다.

둘째, 측정도구로서의 검사내용이 재려는 교과내용의 중요한 것을 빠짐없이 포함하고 있느냐의 문제이다. 이것을 **표집타당도**(sampling validity)라고도 한다. 즉, 검사문항의 표집이 문항 모집단을 잘 대표할 수 있는 것들로 구성되었을 때, 그 측정도구를 내용타당도가 있다고 말할 수 있는 것이다.

셋째, 검사문항의 곤란도는 내용타당도와 관련이 있다. 학생집단의 성질에 비해 너무 쉽거나 반대로 어려운 문항으로 구성되었을 때 그 검사의 내용타당도는 낮다는 판정을 할 수 있다. 이 점은 **규준지향평가**가 적용될 경우에 해당된다.

나. 준거타당도

준거타당도란 평가도구의 타당성을 비추어 볼 수 있는 준거가 도구의 외부에 있는 어떤 준거에 비추어 따지는 방법이다. 현재 제작한 평가도구의 타당성 여부를 따지는 준거가 미래의 어느 시점에서 나타내 보일 행동특성일 경우에는 예언타당도라고 하며, 현재 시점에서 준거를 사용하는 경우에는 공인타당도라고 한다.

1) 예언타당도

예언타당도(predictive validity)란 한 측정도구가 가지고 있는 예언능력에 관한 문제이다. 어떤 시험성적이 시험결과 합격한 후의 학업성적이나 근무성적을 어느 정도 잘 예측해 주는가를 확인하려고 할 때 흔히 예언타당도를 검증한다.

이 재학성적은, 첫째 시간적으로 현재가 아닌 미래에 얻을 수 있는 준거이고, 둘째 내용타당도처럼 검사자체 내에 준거가 있는 것이 아니기 때문에 외적 준거라고 한다.

2) 공인타당도

공인타당도(concurrent validity)는 예언타당도와 같이 선행검사 X와 준거 Y와의 상관관계에 의해 결정되는 것이지만, 먼저 서로 다른 점은 공인타당도에 있어서 준거가 되는 것은 미래의 검사결과가 아니고 시간적으로 현재의 결과이다. 실제로 현재에 존재하는 그 어떤 결과가 공인타당도의 준거가 되는 것이다. 이와 같이 미래와 현재라는 시간차의 준거가 공인타당도와 예언타당도를 구분짓는다. 즉, 행동특성을 잰 검사 X와 이 검사 밖에 있는 동질적인 행동준거 Y가 현재 어느 정도 일치하느냐로 공인타당도가 결정된다.

또다른 하나는 "준거의 성질이 예언이라는데 있지 않고 공통된 요인이 있느냐 없느냐"에 있다. 즉 검사 Y를 검사 X가 대체할 수 있느냐고 할 때 공인타당도가 된다. X가 Y를 대체할 수 있다는 것은 두 검사 간에 공통인자가 충분히 존재한다고 보는 것이다.

다. 구인타당도

구인타당도(構因妥當度, construct validity)란 '검사점수가 심리학 이론에서 설명하려고 하는 구인(construct)을 설명할 수 있는 정도'로 정의한다. 즉, 조작적으로 정의되지 않은 인간의 심리적 특성이나 성질을 심리적 구인으로 분석하여 조작적 정의를 한 후 평가도구를 통한 측정치가 조작적 정의에서 규명한 심리적 구인들을 제대로 측정해 내고 있는가를 검증하는 방법이다. 즉 검사점구를 관심있는 심리적 속성의 측정자로 측정하였는가를 검증하는 방법이다(성태제, 2009 : 301).

예를 들어, 적성, 학습태도, 시험불안, 응집력, 학업적성, 지배성, 학습동기, 애착 등의 인간특성을 측정하려는 도구를 만들 때, 이들 특성들은 가설적으로 개념화되기는 했지만 아직 모호하고 불명료한 개념들이다. 그러므로 검사제작 과정에서 가설적으로 개념화된 특성들을 실지 검사결과와 비교하여 서로 대응하는 경우 구인타당도가 있다고 한다. "이 특성을 지닌 사람은 X라는 조건 하에서는 Y의 행동을 나타낼 것이다"라는 법칙정립이 구인타당도의 핵심이다(황정규, 1998 : 104).

원래 한 검사결과로 얻어진 점수를 의미 있게 해석하려고 할 때 먼저 구명해야 할 것은 그 검사를 구성하고 있는 구인(구성 요소)을 분석해 내는 일이다. 이 같은 구인을 밝히고 구인타당도를 검증하기 위한 일반적 절차는 다음과 같다(성태제, 2002 : 48).

(1) 측정하려는 특성(국어 학력, 학업적성, 다중지능 등)을 구성하는 구인이 무엇인가를 이론적, 경험적 배경에 의하여 규명한다. 즉, 변인의 요인을 밝힌다.

(2) 구인에 관한 조작적 정의 혹은 구인 이론 등에 기초하여 구인을 측정할 수 있는 도구(측정문항들의 집합)를 제작한다.

(3) 측정 대상에게 검사를 실시하고 자료를 수집한다.

(4) 검사도구가 측정하고자 하는 구인들을 제대로 측정해 내고 있는가를 밝히기 위해 응답 자료를 분석한다.

(5) 측정하려는 특성을 구성하고 있는 조작적 정의와 관련 있는 구인과 관련성이 없거나 적은 문항을 제거한다.

이상의 과정에서 만일 기대하는 관계(가설이 수용될 때)가 확인될 때는 그 측정도구는 타당한 것이 되며, 이 가설적 개념특성은 유용한 것으로 구성된 것으로 본다. 그러나, 반대로 구인타당도가 없는 경우는 다음과 같은 세 가지 경우를 생각할 수 있다.

① 그 측정도구가 구인적 개념을 측정하고 있지 않은 경우

② 가설이 일반화한 이론적 체계로부터 도출되지 않은 경우

③ 가설을 올바르게 검증하는데 부적절한 경험적 연구가 수행된 경우

이상과 같은 세 가지의 경우 중에 어느 것이 일어났는가를 구인타당도 검증에서 밝혀내어야 하는 것이다.

제2절 신뢰도

1. 신뢰도란?

평가도구의 신뢰도(reliability)란 그 도구가 무엇을 재든 재려고 하는 바를 항상성

있게, 일관성 있게 재어 내느냐의 문제이다. 동일한 평가도구를 가지고 동일한 대상을 2회 이상 측정하여 나온 결과(수치)가 매번 다르게 나온다면, 이 때 이 평가도구의 신뢰도는 문제가 되는 것이다. 그러므로 신뢰도는 측정의 일관성(consistency), 안정성(stability)의 문제이다.

어떤 평가도구가 '무엇을 재고 있느냐?'가 그 도구의 타당도에 관계된다면 '몇 번을 재어도 똑같은 결과를 얻을 수 있느냐?'는 신뢰도의 문제이다. 몇 번을 재어도 그 결과가 모두 거의 일치하는 수치로 나타난다면 그 평가도구는 신뢰로운 것(신뢰도가 있다)이 되고, 잴 때마다 수치가 각각 다르게 나올 때는 그 평가도구는 신뢰롭지 못한(신뢰도가 없다) 것이 되는 것이다.

우리는 한 평가도구가 동일한 내용을 몇 번 재어도 거의 일치하는 결과가 나오기를 기대하지만, 인간을 대상으로 측정할 경우에는 실제로 똑같은 결과가 나오는 경우는 거의 드물다. 평가대상의 대부분이 눈으로 직접 볼 수 없는 인간특성일 때는 아무리 잘 만들어진 평가도구라도 약간의 오차가 생겨나게 마련이다. 이것을 **측정오차**(error of measurement)라고 한다.

만일, 어떤 측정도구가 어느 정도 신뢰도가 있느냐를 논할 때는 측정결과에서 나온 오차의 정도(degree of error)로 판단하게 된다. 그러므로 일정한 측정도구로 한 대상을 여러 번 반복해서 측정한 수치들이 거의 동일한 수치로 나타났을 때는 오차의 정도 혹은 범위는 나타나지 않으나, 여러 번 반복해서 측정할 때마다 각각 단위가 다른 수치들로 나온다면 오차의 변산(變散, variation)이 커진다는 뜻이 된다. 또한, 오차의 변산이 크다는 것은 측정되어 나온 수치들이 믿기가 어렵다는 것을 뜻한다.

2. 신뢰도 검증방법

가. 재검사 신뢰도

재검사(再檢査) 신뢰도(retest reliability)란 동일한 측정도구(검사)를 동일집단에 일정한 시간적 간격을 두고 두 번 실시했을 때, 첫 번째의 점수와 두 번째의 점수가 어느 정도의 상관관계를 갖느냐를 따지는 방법이다. 그러므로 이것은 처음과 두 번째의 점수 사이에 안전성이 있느냐의 문제가 된다. 재검사 신뢰도에서 중요한 것은 바로 이 안전성의 문제이며, 두 점수 사이의 상관계수를 안정성 계수(coefficient of stability)라고 한다.

그런데 이러한 재검사 신뢰도는 몇 가지 문제점이 있다.

먼저, 첫 번째와 두 번째의 검사시간의 간격이 문제가 된다. 첫 번째와 두 번째 검사시간이 빠르면 첫 번째 검사내용의 기억이나 연습 효과가 남아 있어서(특히, 학력측정의 경우) 두 번째 검사시에 영향을 미치게 되고, 시간이 길면 그 동안 학생 자신의 학습과 성장발달에 의해 학생 자신이 변화(대상의 변화, 특히 정의적 특성의 경우)될 수 있기 때문에 측정도구의 진정한 신뢰도를 확인하기 곤란해지게 된다. 이처럼 재검사 신뢰도는 전 · 후 시간 간격을 어떻게 결정하느냐에 따라 달리 나올 수 있다. 그러므로 이 시간의 길이는 대개 2주 정도의 간격을 두고 실시하는 것이 적당하다고 보고 있으나 일정한 기간 제시는 어렵다. 그리고 또 하나의 문제점은 검사실시상의 조건의 변화에서 오는 문제이다. 예를 들어, 학생의 응답태도. 동기, 건강조건이 첫 번째와 다를 수 있고, 검사지시, 시간, 물리적 조건 등을 동일하게 만들기 어렵기 때문에 신뢰도계수에 영향을 미치게 된다.

나. 동형검사 신뢰도(equivalent-form reliability)

이 방법은 동질적인 2개의 측정도구를 제작하여 실시한 후 그 두 도구의 측정치의 상관계수를 계산하는 방식이다. 그러므로 이 2개의 측정도구는 동질적인 내용으로 구성되어야 함이 그 전제가 된다. 즉, 문항내용, 문항곤란도, 문항의 형식, 문항수 등이 동일하다는 가정이 성립되어야 한다. 이런 의미에서 이 방법을 **동형성 계수**(coefficient of equivalence)라고도 한다.

이 방법을 재검사 신뢰도와 비교할 때 시간 간격의 조정을 임의로 할 수 있기 때문에 재검사의 문제점들을 제거해 줄 수는 있다. 그러나 실지로 동질적인 동형의 2개 측정도구를 제작하기가 힘든 난점이 있다. 어떤 표준화된 도구가 아니고서는 동형검사도구를 만들기가 어렵다. 그리고 동형검사 실시에 있어서 시간의 간격을 너무 길게 잡으면 신뢰도가 낮아질 염려가 있다. 대개는 1~2일간의 간격을 두고 실시하거나 동시에 두 개의 동형검사를 실시하면 신뢰도계산에서 시간적 영향은 제거할 수 있다.

다. 반분신뢰도(半分信賴度, split-half reliability)

이 방법은 1개 검사를 실시한 후에 이 검사자체를 적절한 방법에 의해 두 부분으로 나누어(반분하여) 각각 독립된 검사로 간주하고, 양분된 두 검사점수의 상관계수를 계산하는 방법이다. 이 방법은 재검사법을 사용하기가 곤란하거나 동형검사를 제작하기가 힘들 때 사용할 수 있는 방법이다. 1개 검사를 양분하는 방법에는 전·후 반분법, 기우(奇偶)반분법, 무선화반분법, 내용곤란도에 의한 반분법 등이 있다.

이렇게 양분되는 두 검사(부분)는 검사문항 내용이나 구성으로 보아 서로 동질적인 것이 되어야만, 반분신뢰도의 필수요건이 충족되는 것임은 두말할 나위가 없다.

반분신뢰도는 1개 검사를 양분하여 얻어진 상관계수이기 때문에 검사전체의 신뢰도가 될 수 없고 반분된 부분검사의 신뢰도가 된다. 그러므로 두 부분을 합친 검사전체의 신뢰도를 계산해야 한다. 이때 Spearman-Brown 공식을 사용해서 교정하게 된다.

$$r = \frac{2r'}{1+r'}$$

r=검사 전체의 신뢰도계수
r'=반분된 두 부분의 상관계수

예를 들어, 반분된 2개 검사간의 상관계수가 .80이 나왔다면 전체검사의 신뢰도계수는

$$r = \frac{2 \times .80}{1+.80} = .89$$

라. 문항내적 일관성 신뢰도(inter-item consistency reliability)

문항내적 합치도에 의한 신뢰도 계산에 있어서 그 기본 원리는 검사 문항 하나하나를 1개의 독립된 검사로 생각하고, 각 문항간의 합치도, 동질성, 일치성을 종합하는 데 있다. 따라서 문항내적 일관성 신뢰도는 각 문항의 동질성에 그 기초를 두고 있기 때문에 흔히 **동질성 계수**(coefficient of homogeneity)라고도 한다.

문항내적 일관성 신뢰도를 추정하는 방법으로는 Kuder-Richardson 공식(KR-20으로 나타내는 것이 보통임)과 Cronbach의 alpha(알파)를 사용한다. KR-20 공식은 다음과 같다.

$$r = \left(\frac{n}{n-1}\right)\frac{S^2 - \Sigma_{pq}}{S^2}$$

n = 검사 내의 문항수
S = 검사 전체점수의 표준편차
p = 각 문항의 정답률
q = 각 문항의 오답률
Σ_{pq} = p와 q의 곱의 합

이 Kuder-Richardson 공식은 이분문항(맞고, 틀림/옳고, 그름 등)에만 적용된다. 그리고 문항곤란도 면에서 아주 쉽거나 반대로 아주 어려운 문항이 없고 비교적 곤란도가 중간 정도로 거의 비슷하고, 학생의 90~95%가 문제해결을 일정 시간 내에 시도한 주로 **역량검사**(power test)인 경우에 적합하다.

KR-20 공식은 이분문항으로 구성된 도구의 신뢰도를 확인할 경우에만 적용되는 단점이 있기 때문에, 이분문항의 척도뿐만 아니라 연속변인 측정치를 계산하는 척도의 신뢰도 추정법으로 오늘날 가장 흔히 사용하는 방법이 Cronbach의 alpha이다. alpha 계수는 다음의 공식에 의해 구한다.

α = [문항수/문항수 - 1] × [1 - 각 문항의 변량의 합/전체검사 점수의 변량]

이 공식의 구성요소를 이해하는 것은 어렵지는 않으나, 위의 공식을 이용하여 수작업으로 계산할 경우에는 시간이 많이 소요됨으로 컴퓨터의 통계분석 프로그램(예 : SPSS)을 이용하여 구하게 된다.

제3절 객관도와 실용도

1. 객관도

가. 객관도란?

측정도구의 객관도란 선택형 측정도구에는 해당되지 않으며, 서술형, 특히 논술형

측정도구나 면접 및 구술고사, 현재 각급 학교에서 활용되고 있는 수행평가 등의 측정도구에 해당하는 것으로서, 객관도(objectivity)란 채점자에 의해서 좌우되는 신뢰도의 일종으로 **검사자의 신뢰도**(tester's reliability)라고도 한다. 검사자(채점자)가 채점시에 변덕을 부려서 동일 답안지를 여러 번 채점할 때 각 점수가 다르게 나온다든가, 또는 여러 채점자의 동일 답안지에 대한 채점 결과가 각각 다르게 나올 때는 그 채점은 객관성이 없는 것이다. 그러므로 채점자의 채점이 신뢰롭고 일관성이 있을 때는 객관도가 있는 것이다. 자연과학에서는 비교적 엄밀한 측정도구들을 사용하기 때문에 누구나 객관적으로 측정할 수 있다. 그러나 교육과 교육학에 있어서는 객관적 측정이 문제가 된다. 학생의 한 가지 행동을 놓고 교사가 보는 관점에 따라 여러 가지로 해석과 평가가 내려질 수 있다. 때로는 교사자신의 주관, 편견, 인상, 기분적 요소가 채점에 개재하는 경우도 흔히 있다.

객관도는 그 자체가 신뢰도와 깊은 관계가 있다. 신뢰도가 없는 검사일 때 채점의 객관성이 있을 수 없고, 객관성이 없는 채점을 하게 되는 도구는 신뢰도가 없는 것이다.

나. 객관도 확인 방법

평가도구의 객관도를 확인하는 방법은 동일한 측정척도에서의 응답 결과를 두 명 이상이 공동 채점한 후 채점자 간 합치율(%)을 구하거나, 채점자들 간 점수들의 상관계수를 구하거나(채점자 간 객관도), 한 사람이 채점하되 일정한 시간 간격을 두고 채점하여 두 다른 시기 간 채점점수의 상관계수를 구하여 확인하는 방법(채점자 내 객관도)이 있다.

다. 객관도를 높이기 위한 방안

여기서 문제삼는 측정도구의 구비요건으로서 객관도는 실은 측정도구의 객관도이기 때문에, 측정도구에 어떤 문제가 있어서 객관도가 낮은 것이 문제다. 즉, 측정도구에 포함되어 있는 문항이 애매하거나 모호한 용어, 정의나 해석이 다양하게 내려질 수 있는 개념, 상황에 따라서 혹은 개인에 따라서 이렇게 해석되기도 하고 저렇게 해석되기도 하는 내용 등을 사용함으로써 채점자가 채점의 일관성을 유지하지 못하게 된 것이 문제의 초점이다. 따라서 측정도구를 제작할 시점에서부터 도구에 이와 같은 객관도를 떨어뜨리는 요소가 포함되지 않았는지를 여러 사람이 검토, 논의, 협의하여 도구를 제작하는 것이 바람직하다.

이 외에, 객관도를 높이기 위한 방안을 측정도구의 요건을 포함하여 다음과 같은 사항을 제시할 수 있다.

1) 신뢰로운 측정도구 제작과 검사실시 과정 및 채점의 표준화

우리가 원하는 측정도구는 객관화된 도구이다. 누가 재어도, 몇 번을 되풀이해서 재어도 동일한 결과가 나오기를 기대하는 것이다. 일반적으로 논문형 검사는 선다형 검사보다 객관도가 부족한 것은 사실이다. 그러나 선다형 검사에서 잴 수 없는 교육목표를 논문형 검사는 재고 있다. 그렇기 때문에 논문형 검사는 그 제작, 채점 과정에서 엄격한 평가기준을 설정하여 채점자의 주관이 개입되는 것을 최대한으로 방지하도록 해야 할 것이다.

2) 평가자의 소양 훈련

우선 평가자는 채점과정에서 자신의 감정적 표현이나 기술내용에 대한 주관적인 해석을 최대한으로 억제할 수 있어야 한다. 여러 가지 인상, 편견, 고집 등을 버리고 평가실제에서 이성적이고 과학적인 태도를 가져야 하며, 동시에 교육목적, 평가내용에 대한 깊은 이해와 평가기술에 대한 훈련이 필요하다. 학생이 기술한 내용의 질을 평가하기보다는 글씨를 보고 점수를 후하게 부여한다든지, 정서에 호소하는 글에 대하여 점수를 더 준다든지 하는 일이 발생해서는 안 된다.

3) 다수인의 공동평가

논문형 검사나 작품의 평정, 올림픽에서 체조선수의 기량 측정에 있어서와 같이, 비교적 주관적 판단이 많이 개재할 수 있는 평가도구로 측정하려고 할 때는 사전에 엄격하고 객관적인 평가기준을 결정하고, 이 기준을 지켜서 평가해야 한다. 가능하면 이 기준은 개인 혼자서 설정하기보다 다수인의 공동적인 노력에 의해 설정하고, 또한 다수인의 공동평가 결과를 종합하는 것이 보다 객관적이 될 수 있다.

2. 실용도

가. 실용도란?

실용도(usability)란 측정도구의 실용적 가치의 정도를 말하며, 평가도구가 갖추어야 할 본질적인 요건은 아니다. 즉, 평가도구의 타당도와 신뢰도가 인정된다고 판단되면, 그리고 서술형 문항에서와 같이 객관도가 확보될 수 있음이 판명되었다면 부차적으로 갖추기를 요구하는 요건이다. 그러므로 평가도구의 타당도나 신뢰도에 우선하여 실용도부터 따져서 실용적인 도구이기 때문에 좋은 평가도구라고 할 수는 없다. 아무튼 우수한 측정도구란 측정실제에 있어서 활용성이 보장될 때이다. 평가도구의 실용도란 '이 도구는 경제적이며 용이하게 사용할 수 있느냐?'의 물음이 핵심이다.

나. 실용도의 결정요인

측정도구가 실용도가 높다는 것은 다음과 같은 조건을 갖춘 경우다.

1) 실시의 용이성

평가도구는 누구나 쉽게 실시하고 활용할 수 있어야 한다. 그러기 위해서는 평가도구가 간단하고 명료하며, 실시가 용이해야 한다. 평가도구의 실시에 있어서 두 가지 기본조건은 지시와 시간이다. 만일, 지시가 교사나 학생에게 명확하고 간단하며 완전한 경우에 실시하기가 용이하게 된다.

그런데, 지나치게 정밀하게 측정해야 하는 검사도구는 학교에서 일반교사가 실시하거나, 가정에서 학부모가 실시하는데 대단한 오차가 생기기 쉽기 때문에 문제가 된다.

2) 채점의 용이성

채점의 용이성이란 누가 채점하던지 채점요령만을 읽고도 쉽고, 빠르게, 그리고 객관적으로 정확하게 채점할 수 있는 것을 일컫는다. 최근에는 컴퓨터를 이용하여 채점하는 경우도 있으나 MMPI(다면적 인성검사지)나 MBTI와 같이 학교현장에서 실시하기가 용이하지 못한 측정도구가 많다. 그러나 표준화된 검사, 객관식 시험 등은 답안지를 별도로 만들어 이미 만들어진 채점판을 사용하면 쉽고도 정확히 채점할 수 있다.

3) 결과의 해석과 활용의 용이성

평가결과는 용이하고 유의하게 해석할 수 있어야 하고, 교육실제에 쉽게 활용할 수 있어야 한다. 측정결과로 얻어진 수치의 기술만으로 끝나는 경우는 아무런 소득이 없는 활동에 그친다. 측정의 결과로 얻어진 수치를 유의하게 해석할 수 있어야 하며 올바른 진단과 개선을 위해 쉽게 활용할 수 있어야 한다.

4) 경제성

훌륭한 평가도구란 검사실시에 있어서 시간, 노력, 비용이 가능하면 적게 드는 것이다. 많은 시간과 노력 및 비용이 드는 평가도구는 그 자체가 아무리 우수하게 만들어진 평가도구라 할지라도 교육의 실제에서 실용적인 가치를 지니지 못한다.

참고 문헌

bibliography

성태제(2009). 교육평가의 기초. 서울 : 학지사.

_____(2002). 타당도와 신뢰도. 서울 : 학지사.

황정규(1998). 학교학습과 교육평가. 서울 : 교육과학사.

Cronbach, L. J.(1977). Essentials of psychological testing(3rd ed.). New York : Rivingston Publishers.

형성평가

12.1 다음의 각 타당도에 관한 설명으로 적절하지 못한 것은?

① 내용타당도 : 측정도구가 원래 재려고 한 내용을 충실하게 반영하였는가?
② 표집타당도 : 검사문항의 표집이 문항 모집단을 잘 대표할 수 있는 것들로 구성되었는가?
③ 공인타당도 : 현재의 검사 결과는 미래의 성취를 잘 예언하도록 검사가 제작되었는가?
④ 구인타당도 : 측정도구가 측정하려는 구인(요인)을 잘 반영하여 제작되었는가?

12.2 다음 중 평가도구의 내용타당도를 가장 적절하게 설명하고 있는 것은?

① 준거지향평가나 규준지향평가에 관계없이 문항곤란도가 적정 수준을 벗어나면 타당도가 낮다.
② 내용타당도는 교과의 교수 · 습내용을 얼마나 충실하게 반영하고 있는가를 따지는 방법이기 때문에 학력평가 도구에만 해당한다.
③ 평가도구가 타당한가를 비추어 보는 준거는 측정내용 안에 있을 수도 있고, 평가자의 주관적 견해일 수도 있다.
④ 기말고사의 시험지가 학기 중에 가르치고 배운 중요한 내용을 누락됨이 없이 잘 반영하여 제작된 경우 타당도가 높아진다.

12.3 평가도구의 타당도에 관한 설명으로 가장 올바른 것은?

① 평가문항의 수가 많을수록 타당도는 높아진다.
② 교수-학습 내용 중 특정 단원에서 중요한 내용으로 문항을 구성하면 타당도가 높아진다.
③ 적정 수준의 난이도를 갖는 문항으로 평가도구를 구성할 때 타당도가 높아진다.
④ 피평가자의 수가 많을수록 타당도는 높아진다.
⑤ 평가도구의 타당도와 그 도구의 문항곤란도와는 관계가 없다.

12.4 다음 대화에서 이교사가 지적하고 있는 것은 측정도구가 구비해야 할 조건 중 어느 것에 대한 지적인가?

> • 김교사 : 이번 수능 과학탐구 영역 시험이 좀 어려웠다지요?
> • 이교사 : 작년에 비해서는 그런 편인 것 같습니다. 특히, 과학탐구 중 물리분야에서 문제가 많이 출제되고, 지구과학 분야에서는 거의 출제가 되지 않았습니다.

① 객관도 ② 신뢰도 ③ 타당도 ④ 실용도

12.5 다음은 평가를 위한 측정도구의 조건 중 무엇에 대한 설명인가?

> • 측정하고자 하는 요소를 명확하게 정의하고, 정의에 충실한 도구를 제작해야 한다.
> • 학기 중에 가르치고 배운 중요한 내용들이 포함되도록 도구를 제작해야 한다.
> • 좋은 측정도구로 공인된 것과 함께 측정할 때 결과가 거의 비슷하게 나와야 한다.

① 타당도 ② 신뢰도 ③ 객관도 ④ 실용도

12.6 어떤 측정자가 자신이 제작한 도구가 타당도가 낮은 것으로 판명되어 다음과 같은 사항을 검토하고 있다. 어떤 타당도를 검토하고 있는 것인가?

> • 그 측정도구가 측정하려는 요인을 제대로 분류하여 포함했는가?
> • 가설이 일반화한 이론적 체계로부터 도출되었는가?
> • 가설을 올바르게 검증할 수 있는 적절한 경험적 연구가 수행되었는가?

① 논리적 타당도 ② 구인타당도
③ 준거타당도 ④ 표집타당도

12.7 평가도구의 신뢰도를 높이기 위한 방안으로 가장 적절한 것은?

① 평가대상자 수를 줄인다.
② 평가문항 수를 줄인다.
③ 측정 문항의 지시문이나 용어 등에 적정 수준의 모호함을 부여한다.
④ 문항곤란도 지수가 낮은 문항수를 늘린다.
⑤ 집단의 점수분포의 변산도가 커지도록 문항곤란도를 조절한다.

12.8 다음 중 평가도구의 타당도와 신뢰도와의 관계를 바르게 설명한 것은 무엇인가?

① 타당도가 낮으면 신뢰도도 낮아진다.

② 타당도가 높고 낮은 것과 신뢰도와는 관계가 없다.
③ 신뢰도가 높아야 타당도가 높아진다.
④ 타당도가 낮으면 신뢰도가 낮아질 수 있으나 항상 그런 것은 아니다.
⑤ 신뢰도는 낮으나 타당도는 높을 수 있다.

12.9 다음 중 평가도구의 신뢰도에 관한 설명으로 가장 올바른 것은 무엇인가?

① 교사가 제작한 학력검사를 이용하여 검사-재검사 신뢰도를 구했다.
② 3개 요인을 측정하는 자아개념 측정도구의 전후 반분신뢰도를 구했다.
③ 반분신뢰도를 구한 후 측정도구의 전체 신뢰도를 구하면 약간 낮아지는 경향이 있다.
④ 난이도가 비슷한 동형검사를 제작하여 측정도구의 신뢰도를 구했다.
⑤ 학습유형이라는 동일한 요인을 측정하는 도구의 문항내적합치도인 Cronbach's α를 구했다.

12.10 다음 두 교사가 나누고 있는 대화내용의 핵심은 무엇인가?

> 정교사 : 우리 반 철수는 학기 초, 학기 말, 학년 말에 자아개념 측정치가 서로 다르게 나타나고 있어 고민입니다.
> 황교사 : 누가 제작한 자아개념 검사지를 사용했습니까?
> 정교사 : 저가 직접 만든 것입니다.
> 황교사 : 검사지에 어려운 단어나 여러 가지로 해석될 수 있는 용어들이 포함되어 있지 않은가요?

① 측정도구의 객관도　　② 측정도구의 신뢰도
③ 측정도구의 타당도　　④ 측정도구의 실용도

12.11 다음 두 학생의 대화는 무엇에 관한 내용의 대화인가?

> A학생 : 우리 선생님의 수행평가는 공정하게 한다고 생각하니?
> B학생 : 중요한 내용을 수행과제로 출제하시기는 하는 것 같은데, 꼼꼼하게 채점하시는지를 잘 모르겠어.
> A학생 : 우리에게도 미리 채점기준을 알려주시면 좋지 않을까?
> B학생 : 그래, 채점 기준을 구체적으로 만들고 기준에 따라서 채점하는 것이 중요한 것 같아.

① 측정도구의 객관도 ② 측정도구의 신뢰도
③ 측정도구의 타당도 ④ 측정도구의 실용도

12.12 다음 중 평가도구의 객관도에 관한 설명으로 가장 올바른 것은 무엇인가?

① 규준지향평가에 적용하는 것은 적절하지 않다.
② 선택형 문항으로 구성된 평가도구에 주로 적용된다.
③ 지시문이나 문제에 적정 수준의 난이도를 지닌 용어를 사용하면 객관도가 높아진다.
④ 준거지향 평가에서만 확인하는 평가도구의 요건이다.
⑤ 검사실시 과정, 채점기준, 부분점수 부여 방식 등을 표준화하면 객관도가 높아진다.

12.13 올림픽의 체조 경기나 다이빙 경기는 여러 명의 심판이 판정하여 최고점과 최하점을 제외하고 점수를 산출한다. 이는 측정학적으로 어떤 문제를 해결하려는 시도인가?

① 객관도 ② 타당도 ③ 신뢰도 ④ 실용도

12.14 측정도구의 양호도에 관한 설명으로 가장 적절한 것은? ['06 유치원/초등/특수학교]

① 안면타당도는 준거타당도의 일종이다.
② 신뢰도가 낮아도 타당도는 높을 수 있다.
③ 객관도는 타당도보다 신뢰도에 가까운 개념이다.
④ 측정오차는 신뢰도보다 타당도에 가까운 개념이다.

12.15 측정도구의 조건으로서 타당도, 신뢰도, 객관도를 규준지향평가, 준거지향평가, 선택형 평가도구, 서답형 평가도구 등과 관련지어 설명해 보시오.

Chapter 13

교육평가를 위한 도구의 제작

개 요

1. 교육평가는 평가의 목적에 가장 적합한 도구를 제작 활용해야 한다. 평가도구는 학력평가, 정의적 특성의 평가, 심동적 특성의 평가 등 세 영역으로 나눌 수 있으며, 각 영역은 선택형 문항, 서답형 문항 등으로 나눌 수 있다.
2. 일반적으로 선택형 문항은 정답을 분명하게 하여 채점의 객관성을 확보해야 하며, 교수-학습 내용을 포괄적으로 측정할 경우, 채점에 걸리는 시간을 절약해야 하는 경우, 측정 결과를 통계적으로 유의하게 처리하여 해석할 필요가 있는 경우, 그리고 비교적 지식이나 이해력 수준 등의 변별이 요구되는 경우에 잘 활용될 수 있다.
3. 일반적으로 선택형 문항의 평가도구는 제작에 많은 노력과 시간이 소요되며, 고등정신 능력의 측정이 곤란할 수 있으며, 학습자의 표현력, 창의력, 문제해결력, 구성력 등을 측정하거나 학습하도록 하는데 불리할 수 있다.
4. 서답형 평가도구는 학습자의 구성력이나 표현력, 판단력 등 고등정신능력의 측정에 유리하며, 이러한 방향의 학습태도를 육성하는데 도움을 준다. 그러나 채점의 신뢰성이 낮거나 여기에 걸리는 시간과 노력이 많이 소요되며, 문항표집이 제한될 수 있고, 제작을 충실하게 하지 않을 경우 피상적인 측정에 그치기 쉽다.
5. 정의적 특성의 평가를 위해 사용할 수 있는 방법 혹은 도구는 관찰법, 면접법, 질문지법 등이 있으며, 각 방법은 용도가 서로 다르므로 평가의 목적에 적합하게 선택 활용되어야 한다.
6. 각 문항 유형은 장점과 단점을 동시에 지니므로 문항 유형에 따라서 평가 도구의 적절성을 판단할 수 없으며, 평가의 목적과 기능에 적합한 형태를 선택해야 한다.

교육평가의 목적이나 기능의 어떤 측면을 강조하느냐에 관계없이 교육관련 사상의 질적 판단을 위한 근거를 확보하기 위해서는 학습자의 행동특성을 포함한 평가대상에 대한 객관적인 증거의 수집이 불가피하다. 증거를 수집하기 위한 가장 적절한 방법은 일정한 평가도구를 제작 활용하는 것이다. 이러한 평가도구를 제작하기 위해서는 먼저 어떤 검사문항의 형식을 취할 것인가를 결정해야 하며, 이는 어떤 목적으로, 무슨 내용(특성 혹은 대상)을 어떻게 측정할 것이냐에 달려 있다.

교육평가를 위한 도구는 다양하게 제시할 수 있으나 각급 학교에서 가장 중요한 평가대상이라고 할 수 있는 학력평가를 위한 도구와 정의적 특성의 평가를 위한 도구의 종류와 특징, 문항형식, 제작상 유의사항 등을 살펴보고자 한다.

제1절 학력평가를 위한 도구

학력평가를 위한 도구의 문제(또는 문항) 형식은 크게 선택형(객관식)과 서답형(주관식)으로 구분하고, 각 유형에 세부 유형이 포함된다. 그것은 다음과 같이 정리할 수 있다.

- 선택형(객관형)
  - 진위형
  - 배합형
  - 선다형
- 서답형(주관형)
  - 단답형
  - 완결형
  - 단구형
  - 논문형
    - 응답제한 논문형
      - 분량제한 논문형
      - 내용범위제한 논문형
      - 서술양식제한 논문형
    - 응답자유 논문형

1. 선택형의 문항형식

가. 진위형

진위형 문항의 예를 들면 다음과 같다.

1) 진위형

㉮ : 평가문항 중 진위형은 선택형에 속한다. (맞다)(틀리다)
㉮ : 기체의 부피는 압력에 비례한다. (예)(아니오)

2) 수정형

이것은 틀린 곳이 있으면 수정하게 하는 방법이다.
㉮ : 서답형 문항에서 채점자 신뢰도를 타당도라고 한다.
㉮ : 선택형 문항에는 배합형, 단답형, 선다형 등이 포함된다.

3) 군집형

한 가지 사실을 제시하고 이 사실에 대해 여러 각도의 진위 여부를 물을 수 있는 진술을 준 후 각 사실을 하나하나 진위로 판단케 하는 형식이다.

4) 변형된 진위형

진위형의 단순성을 피하고 보다 정신적인 사고를 요구하는 것이 변형된 진위형 문항이다.

㉮ : 다음에 있는 문장이 어떤 경우에도 옳으면 T에, 어떤 경우라도 틀리면 F에, 경우에 따라 옳을 수도 있고 틀릴 수도 있으면 TF에 "○"으로 표시하라.

T. F. TF 평생사변형에서 네 개의 변의 길이는 같다.
T. F. TF 문항곤란도가 50%로 나온 시험문제는 쉬운 문제이다.
T. F. TF 본초자오선은 경도 0°에 그은 상상적인 선이다.

나. 배합형

배합형은 왼쪽과 오른쪽에 전제와 답지의 2개 쌍으로 구성되어 있는 것이 보통이고, 지시문에 따라 상호 관계 있는 것끼리 연결을 맺는 방법이다. 전제와 답지는 단어, 어구, 문장, 도표, 연대, 인명, 사건, 기타 필요한 것은 모두 사용할 수 있다. 배합형은 지시문, 전제, 답지 등 세 가지 요소로 구성된다.

1) 단순배합형

이것은 배합형의 가장 대표적인 것으로서 전제와 답지가 하나의 묶음 속에 구성되고 있다.

㉮ : 전제(A)와 관계있는 것은 답지 (B)에서 그 기호를 골라 (A)의 ( ) 속에 기입하라.

(A)	(B)
① 이항로 ( )	㉠ 자주 · 민권 · 자강운동의 전개
② 김옥균 ( )	㉡ 온건한 개화운동의 추진
③ 김홍집 ( )	㉢ 위정척사운동의 전개
④ 서재필 ( )	㉣ 급진적 개화운동의 추진
	㉤ 서양문화 동화운동의 전개

2) 복합배합형

이것은 1개의 전제군에 대하여 2개 이상의 답지군이 관계되도록 배합하는 형태이다.

㉮ : 다음에 든 인명에 관계있는 것을 (A)와 (B)에서 골라 그 번호를 ( )속에 기입하라.

(A)	(B)	〈인명〉	〈A〉	(B)
(　)	(　)	룻소	1. 진보주의	1. 민주주의와 교육
(　)	(　)	듀이	2. 재건주의	2. 교육철학의 유형
(　)	(　)	브라멜드	3. 자유주의	3. 아동의 세기
			4. 자연주의	4. 에밀
			5. 국가주의	5. 교육의 과정

3) 분류배합형

이것은 전제에 일정한 조건, 개념, 법칙, 진술, 사실 등을 제시하고, 이에 따라 주어진 답지를 분류시키는 방법이다.

이것은 비교적 높은 정신능력을 측정하기 때문에 자주 사용하는 방법이다.

㉵ : 아래에 있는 문제를 읽고 제시된 전제에 의해 분류하여 그 기호를 ( ) 속에 기입하라.

〈전제〉 A. 타당도 B. 신뢰도 C. 객관도 D. 실용도

( ) 1. 검사가 원래 재려고 한 내용을 충실히 재고 있는 정도

( ) 2. 검사 실시가 복잡하다.

( ) 3. 검사자의 신뢰도

( ) 4. 동일 검사를 두 번 측정하여 얻은 두 점수 사이의 상관계수

4) 관계분석배합형

이것은 주어진 두 현상(주장)과 설명(이유) 사이에 인과관계가 있는가를 밝히려는 형식이다. 주어진 주장 자체가 정당한가, 또 이유의 정당성을 판단할 수 있는 능력이 있는가를 측정하려는 형식이다.

㉵ : 아래 문제들은 주장과 그 주장에 대한 이유를 들고 있다. 다음 요령에 따라 답하라.

〈요령〉

(1) 만일, 주장과 이유가 모두 옳고 그 이유가 주장에 대하여 충분히 옳은 이유가 될 때는 ………………………………………………………………………… A를,

(2) 만일, 주장도 이유도 옳으나 그 이유가 주장에 대하여 충분히 옳은 이유가 되지 못할 때는 ………………………………………………………………………… B를,

(3) 만일, 주장은 옳으나 이유가 옳지 못할 때는 ……………………… C를,

(4) 만일, 주장은 옳지 않으나 이유가 옳을 때는 ……………………… D를,

(5) 만일, 주장과 이유가 다 옳지 않을 때는 …………………………… E를

답란 (　　) 속에 기입하라.

주　장		이　유	답　란
1. 코일에 전기를 통하면 그 주위에 자기장이 생긴다.	왜냐하면	전자석에는 N극과 S극이 있으므로	(　)
2. 인간에게는 개인차가 있다.	왜냐하면	인종에는 차이가 있기 때문에	(　)
3. 문항 곤란도가 50%인 시험문제는 그 쉽고 어려운 정도가 중간 정도이다.	왜냐하면	문항곤란도 50%는 대부분의 학생이 정답을 했기 때문에	(　)
4. 결핵을 예방하려면 어른에게 BCG왁찐을 주사한다.	왜냐하면	어릴 때는 결핵균에 대한 저항력이 없기 때문에	(　)

5) 조건배합형

이 형식은 전세에 대하여 2개의 조건을 제시하여 그 관계를 분류해 내는 문제이다.

㉮ : 다음 문제에 2개의 진술이 있다. 다음 요령에 따라 답하라.

〈요령〉

- 문제가 A에만 관계가 있으면 ………………………………………… 1을,
- 문제가 B에만 관계가 있으면 ………………………………………… 2를,
- 문제가 A, B 모두 관계가 있으면 …………………………………… 3을

문제 (　　) 속에 기입하라.

정삼각형은? (　　)

A. 세 변의 길이가 같다.

B. 세 각이 모두 같다.

6) 양적 비교형

어떤 한 가지 대상에 관계되는 두 가지 사실, 현상 사이의 인과관계뿐만 아니라, 양적 대소의 관계를 비교해 낼 수 있는 능력을 측정한다.

㉠ : 아래에 2개씩 짝지워져 있는 A, B 2개의 항목을 양적으로 비교하여,
- 만일, A가 B보다 더 크면(많으면) ………………………………………… 1을,
- 만일, B가 A보다 더 크면(많으면) ………………………………………… 2를,
- 만일, A, B가 거의 같으면 ………………………………………………… 3을

답란에 기입하라.

A	B	답　란
1. Y=-.50	Y=.50	(　)
2. 어른 뼈 속의 아교질	어린이 뼈 속의 아교질	(　)
3. 지구와 태양과의 거리	달과 태양과의 거리	(　)
4. 인간의 수명	고래의 수명	(　)

7) 공변관계형

이것은 어떤 사실에 대한 양적 관계와 인과관계를 합쳐서 문항을 제작하고 있기 때문에 변인간의 양적 인과관계를 측정하는 문항이다.

㉠ : 다음 문제에서 A, B의 관계를 추리하여 지시에 따라 답하라.

〈지시〉
- 만일 A가 늘면 B도 늘거나, A가 줄면 B도 준다면 …………………… 1을,

• 만일 A가 늘면 B도 줄거나, A가 줄면 B는 는다면 ······················ 2를,
• 만일 A가 변해도 B는 변화가 없다면 ·· 3을
(　) 속에 기입하라.

(1) 사회문제에 있어서(　)
A. 인구
B. 범죄

(2) 인간에 있어서(　)
A. 욕심
B. 경쟁

(3) 정보화 사회에 있어서(　)
A. 인터넷 활용율
B. 정보윤리 의식

8) 충분조건형

어떤 문제를 푸는데 거기에 필요 충분한 조건이 무엇인가를 밝혀내는 형식의 문항이다.

㉮ : 다음의 문제에는 2개의 조건이 제시되어 있다. 다음 지시에 따라 답하라.
〈지시〉
• 문제를 푸는데 조건 A만으로 충분하면 ··· 1을,
• 문제를 푸는데 조건 B만으로 충분하면 ··· 2를,
• 문제를 푸는데 조건 A, B가 다 있어야 충분하다면 ······················ 3을,
• 문제를 푸는데 조건 A, B 이외의 다른 조건이 필요하면 ·············· 4를
문제의 (　) 속에 기입하라.

(1) 선택형 학력평가도구를 제작하려면 (　)
A. 타당도
B. 신뢰도

(2) 표준편차를 계산하려면, (　)
A. 사례들의 측정치
B. 집단의 평균치

다. 선다형

선다형에서 가장 많이 사용되고 있는 방법으로서 질문에 해당되는 문두(文頭)가 있고, 이에 따르는 2개 이상의 답지로 이루어진 문항이다. 보통은 이 답지가 4개(4선지) 또는

5개로 구성되어 있다. 문항의 형식에 따라 여러 가지로 변형하여 사용할 수 있으며, 문두가 부정으로 되는 경우도 있고, 정답 또한 1개 또는 그 이상이 있는 것도 있다. 선다형 문항 예와 종류는 다음과 같다.

1) 최선답형

이것은 모두가 깊이 따지면 다 정답이 될 수 있으나 그 중에 가장 합당한 정답을 하나 고르는 형식으로 된 문항이다. 따라서 정답을 맞히기가 비교적 어려운 문제이며, 문항의 제작도 어렵다.

그러나, 이 문항의 형식은 선다형의 가장 대표적이고 전형적인 것으로서, 그 외의 것은 모두 이 형태를 변형시킨 것에 불과하다.

㉄ : 다음 중 통계적으로 가장 신뢰로운 변산도치는? ( )

① 범위 ② 표준편차 ③ 평균편차 ④ 사분편차

2) 정답형

여러 개의 답지 중에서 정답이 하나 밖에 없는 형식의 문항이다. 이것도 많이 사용하고 있는 방법이다.

㉄ : 다음 중 수행평가의 특징과 관계가 가장 먼 것은?

① 높은 신뢰도 ② 높은 타당도

③ 과정(process)에 대한 평가 ④ 실제적인 상황에서의 평가

3) 다답형

이 문항은 답지에 있는 여러 개의 정답을 모두 선택하게 하는 형식이다. 이 문제는 수험생에게 정답지가 여러 개 있다는 사실을 명기해 주는 것이 좋으나 항상 바람직한 것은 아니다.

㉮ : 〈보기〉에서 포트폴리오를 이용한 수행평가에 해당하는 설명을 모두 고르시오.

보 기
가. 과정보다는 결과 평가에 중점을 둔다. 나. 신뢰도는 높으나, 타당도는 낮은 경향이 있다. 다. 지적 능력은 물론 정의적 특성도 평가할 수 있다. 라. 전통적인 인식론보다는 구성주의 인식론에 바탕을 둔다.

답 :

4) 미완형

이 문항은 하나의 서술문이긴 하나 중간에 일부를 빠뜨려 불완전 문항으로 만든 형식이다. 문장자체는 부정문이 아니며 답지 중에서 정답을 찾아 미완성 부분을 보완하는 형식이다.

㉮ : 평가도구의 ____는 평가하려는 바를 충실히 측정해 내는 정도를 뜻한다.

① 신뢰도　② 타당도　③ 실용도　④ 객관도

5) 부정형

이것은 질문이 부정으로 되어 있을 뿐이고 근본적으로는 다답형과 비슷한 성격의 형식이다. 다만, 답지 중에 정답이 많고 오답이 하나 있는 형식으로 되어 있다.

㉮ : 교수 · 학습과정에서 활용되는 평가에 대한 설명으로 옳지 <u>않은</u> 것은?

① 진단평가는 학생의 출발점 행동을 알아보기 위해 실시된다.

② 형성평가는 교수 · 학습 활동을 개선하기 위한 정보를 제공해 준다.

③ 형성평가에서는 교사가 제작한 검사보다는 표준화검사가 사용된다.

④ 총괄평가는 학습 목표 달성 여부를 판정하여 성적을 산출하는 데 활용된다.

6) 대입형

이 문항은 문장의 일부를 잘못 기술해 놓고 제시된 답지 중에서 정답을 가려내어 대입시키는 형식이다. 이 문항이 의도하는 점은 피평가자의 문항 표현 방법을 측정하는 데 있다.

예 : 다음 글 중에서 밑줄 친 부분의 표현이 잘못 되었다. 아래에 적절한 표현은 어느 것인가?

5월 4일 ○요일 흐림 오늘도 아무 할 일 없이 하루를 지냈다. 하루의 계획을 계획대로 이루지 못하고 지내면 또 하나의 체념이 (가) 가슴에 파고든다.

① 고민　　② 의욕　　③ 후회　　④ 망각

7) 합답형

이것은 정당한 정답의 조합을 찾도록 하는 방식이다. 정답이 여럿일 때 사용하며 근본적으로 다답형과 비슷하다.

예 : 평균치(M)를 구해야 하는 경우는?

① 분포가 정상분포를 이룰 때

② 가장 신뢰로운 집중 경향치를 구하고자 할 때

③ 측정수준이 서열척도일 때

④ 후속하는 각종 통계치를 구하려고 할 때

ㄱ. ①, ②, ③　　ㄴ. ①, ②, ④　　ㄷ. ②, ③, ④　　ㄹ. ①, ③, ④

8) 조건충족형

이것은 어떤 정답지가 갖추어야 할 조건들을 제대로 파악 · 이해하고 있는가를 묻는 문항형식이다.

㉥ : 〈보기〉의 특징을 모두 갖춘 동물은?

보 기	
• 변온 동물	• 관족으로 운동
• 몸은 방사대칭	• 난생이며 변태한다

① 성게 ② 지렁이 ③ 가재 ④ 오징어

위에 든 각 검사의 형식은 현재 많이 활용되고 있는 것이긴 하나, 이것만이 절대적이고 전부라는 생각은 잘못이다.

교사의 창의력에 따라서 그때 그때의 문제 장면에 적합한 검사의 형식을 얼마든지 제작할 수 있으며, 또 새로운 형식의 문항이 개발되어야 하는 것이다.

2. 선택형의 장 · 단점

가. 선택형의 장점

1) 채점의 객관성이 유지된다.
2) 문항의 표집이 포괄적이다.
3) 채점이 쉽고 빠르다.
4) 검사결과를 통계적으로 유의하게 처리, 해석할 수 있다.

나. 선택형의 단점

1) 자기표현의 창의적 기회가 부족하다.

2) 문항제작에 많은 시간과 노력이 필요하다.
3) 정답 추측요인의 제거가 힘들다.

여기서 선택형이 좋다 또는 나쁘다의 판단에 있어서 분명히 밝혀야 할 점은 선택형은 선택형이 측정할 수 있는 교육목표가 있고, 그 나름대로의 장 · 단점을 가지고 있으며, 서답형도 마찬가지다. 선택형이 '구태의연한 평가방식'이라는 사고도 잘못된 것이며, 서답형이라야만 된다는 사고도 잘못이다. 문제는 측정하려는 교육목표의 성질에 따라 결정될 일이다. 선택형을 잘만 제작하면 단순한 지식의 기억에서부터 이해력, 적응력, 분석력, 종합력, 판단력 등과 같은 고등 정신기능도 측정할 수 있는 것이다. 문제는 작성하는 사람의 소양에 달려 있다고 보아야 할 것이다.

결국 선택형과 서답형의 차이는 객관과 산출의 차이다. 그러나 인간생활에는 산출적인 행동도 중요하지만 식별, 변별적인 행동도 중요한 것이다.

3. 선택형 검사의 작성 요령

가. 일반적 요령

1) 문항의 뜻은 가능한 한 명백하게 표현한다.
2) 가능한 정확한 의미를 가진 단어를 사용하라.
3) 정답을 찾는데 중요한 조건은 모두 제시하라.
4) 지나치게 세밀하게 묻는 방식의 문항작성은 피하라.
5) 문항 속에 쓸데없는 말을 넣지 말아야 한다.
6) 문항은 적당한 곤란도를 가져야 한다.
7) 정답에 대한 단서를 제시하지 않아야 한다.

㉠ 문법구조의 잘못에서 오는 경우
㉔ : 경제 개발을 위해 외국으로부터 ______을 빌려온다.
1) 융자　　2) 달라　　3) 물자　　4) 차관

이 예에서는 '____을(를)'로 표현하는 것이 좋다.

㉡ 어문적 연상에서 오는 경우

㉥ : 다음 중 일정 집단 구성원의 점수 분포의 정도를 나타내는 개념은?

1) 집중경향치 2) 상관계수 3) 변산도 4) 변량분석

㉢ 상투적인 표현, 언어적인 연상, 절대적인 어구 등은 단서가 될 수 있다.

㉣ 교과서에서 그대로 따온 문장인 경우

㉤ 한 문항에 기재된 정답의 단서가 같은 검사내의 다른 문항에 단서로 제시되는 경우

예를 들면, 문항 2번에 '한강은 경기도에 있는 강으로서 ……'로 되어 있고, 15번 문제에서 '경기도에는 어떤 강이 있느냐?'로 나와 있는 경우이다.

㉥ 선택형의 정답지는 오답지보다 비교적 길고 자세하게 기술되는 경향이 있다.

㉦ 한 검사 내에서 정답지의 위치가 고정적인 경우도 단서가 된다.

8) 문항은 문장으로만 표현하기보다는 가능한 한 구체적이고 실제적인 시각적 자료를 제시하라.

나. 진위형 문항 작성 요령

1) 한 문항에 한 가지 개념만을 다루어야 한다.
2) 반드시 진 아니면 위인 문장만을 사용해야 한다.
3) 부정문장은 가능하면 피하라.
4) 문장은 간결해야 하고 복잡한 조건이 많이 첨가된 긴 문장은 피한다.
5) 교과서에서 따온 문장은 가능한 한 쓰지 않는 것이 바람직하다.
6) 진과 위의 문제수는 거의 비슷하게 선정하는 것이 좋다.
7) 절대어구나 모호한 어구는 피해야 한다.

다. 배합형 문항 작성 요령

1) 전제나 답지의 내용들이 모두 동질적인 것이어야 한다.
2) 전제나 답지의 수 및 길이가 제한되어야 한다.
3) 답지의 수가 가능한 한 전제의 수보다 많아야 한다.
4) 배합지시가 명확하게 지시되어야 한다.

라. 선다형 문항 작성 요령

1) 문항은 직접 질문형이나 미완성 문장으로 작성하라.
2) 답지의 각 답마다 반복되는 말은 문항에 넣어라.
3) 답지 중 정답은 반드시 있어야 하고, 오답들은 매력도가 있게 만들어야 한다.
4) 답지 간에 어떤 이론적 순서가 있으면 그 순서에 따라 답지를 배열하라〈연대순, 계통발달 순 등〉
5) 술어의 정의를 다루는 문항에서는 문두에 술어를, 답지에 그 정의를 두라.

㉓ : 발달적 교육관과 평가도구의 타당도 개념이 강조되는 교육평가 유형은 무엇인가?
1) 규준지향평가　2) 준거지향평가　3) 능력참조평가　4) 성장참조평가

〈수정〉 다음 중 준거지향평가의 특성으로만 묶여진 것은?
(1) 발달적 교육관에 기초
(2) 점수분포의 정상분포성 가정
(3) 외적 동기유발 기능이 강함
(4) 평가도구의 타당도 개념 강조
① (1), (2)　② (1), (4)　③ (2), (4)　④ (2), (3)

6) 답지의 수는 4~5개가 적당하다.
7) 모든 답지의 길이를 비슷하게 하라.
8) 답지 중에는 '정답 없음'이라는 답지 방법도 사용하라.

9) 정답의 위치를 다양하게 하라.

10) 문두를 복잡한 말로 표현하기보다 될 수 있으면 그림, 도형, 수표 등을 사용하라.

4. 서답형의 문항형식

가. 단답형

단답형(short answer type)은 가장 단순한 형태의 질문으로 구성되고, 이 질문에 대해 간단히 답할 수 있도록 되어 있다. 단답형이 주로 측정하는 내용은 누가, 언제, 어디서, 무엇을, 어떻게, 왜 하였는가에 대한 사실적 지식을 묻는 경우가 대부분이다.

㉵ : 철수의 표준점수 Z가 1.5일 때, 그의 T점수는 얼마인가?
(점)

이러한 질문형 외에 완성형, 연상형, 열거형, 그리고 수학이나 과학 등의 교과 시험에서 자주 이용되는 해답형 등이 있다.

나. 완결형

1) 자유완결형

문장의 빈 칸에 보충할 자료를 제시하지 않고 자유롭게 답을 쓸 수 있도록 만든 형식이다.

㉵ : 평가도구가 측정하려는 특성을 얼마나 안정적, 일관적으로 측정해 내느냐를 ( )라 한다.

2) 제한완결형

이 형식은 미리 문장의 빈 칸에 보충할 자료를 제시하고, 그 중에서 선택하도록 하는 방법으로 선다형과 비슷하다. 주로 〈보기〉를 제시하고 답을 보기에서 찾아 써 놓도록 하는 방식을 취한다.

㉄ : 다음 ( )안에 이상, 이하, 미만, 초과 중 알맞은 말을 써 넣어라.

일의 자리에서 반올림하여 170이 되는 수를 X라 하면, X는 165 ( ), 175 ( )인 수이다.

다. 단구형

단구형은 단답형과 논문형의 중간형태로 일정한 상황이나 4~5개의 문장을 먼저 제시해 놓고 주어진 문장들의 내용 중에서 혹은 그 내용과 관련된 것을 기술하도록 하는 것이다.

문제의 형태는 주로 "위 글의 중심사상"을 기술하라. "위 글 중에서 찾아 세 가지를 열거하라." 등을 방식을 취한다.

㉄ : 다음 글의 중심사상을 학교교육의 상황과 관련지어 기술하라.

"신은 인간의 마음을 먼저 보고 그 다음에 그의 머리를 본다. 참된 인간은 그의 마음에 의해 판단되며, 머리는 나중의 것이다. 아무리 많은 지식을 지니고 있다고 할지라도 그의 마음이 어둡고 가난하면 마음이 따뜻한 농군만도 못하다." -탈무드에서-

라. 논문형

논문형(essay type)은 주어진 문제에 피험자들이 자유로이 기술(반응)하게 만든 형식이다. 논문형에는 별다른 형식이나 종류는 없지만, Monroe, W. S.와 Carter, R. E.가 조사한 바에 의하면 대략 20개의 형식이 있다(강봉규 · 이종성, 1986 : 374－376).

1) 선별적 재생(selective recall)

㉾ : 원인의 소재, 안정성, 통제가능성 등 세 차원의 귀인이론을 정립한 사람은 누구인가?

2) 평가적 재생(evaluating recall)

㉾ : 교육과정 내용은 다름 아닌 '지식'이어야 한다고 주장한 대표적인 인물을 세 사람 써라.

3) 두 사상의 비교(comparison of two things)**(제시된 하나의 관점에서)**

㉾ : 교육기회의 균등이라는 관점에서 평준화와 비평준화 제도를 비교하라.

4) 두 사상의 비교(일반적인 측면에서)

㉾ : 지식교육과 인성교육의 교육적 가치를 비교하라.

5) 결정(찬성 또는 반대) (decision-for or against)

㉾ : 한 · 미 FTA 체결이 국민경제에 미치는 영향을 기술하라.

6) 원인 또는 결과(causes or effects)

㉾ : 우루과이라운드(UR) 협상이 일어나게 된 중요한 이유는 무엇인가? 우루과이라운드 협상 타결이 우리의 산업과 공업발전에 어떤 영향을 미치는가를 기술하라.

7) 어떤 용어나 문자에 대한 정확한 뜻, 그 용법의 설명을 요구하는 형식(explanation of the use or exact meaning of some phrase or statement in a passage)

㉠ : 햄릿이 "To be or not to be, that is the question?"이라고 했을 때, 그는 "be"로써 무엇을 뜻했는가?

8) 어떤 교재나 기사를 요약하는 것(summary of some unit of text or some of article read)

㉠ : 루소가 쓴 교육소설 "에밀"의 줄거리를 1,000자 내로 요약하라.

9) 분석(analysis)

㉠ : 고등학교 교사가 갖추어야 할 역량을 영역을 정하여 기술하라.

10) 관계의 기술(statement of relationship)

㉠ : 교육평가 도구가 갖추어야 할 요건으로서 타당도와 신뢰도와의 관계를 설명하라.

11) 과학 또는 언어의 구조 등에 대한 자신의 해설과 예증(illustration or examples (your own) of principles in science, construction in language, etc.)

㉠ : 예언타당도의 의미를 설명하고, 해당하는 실례를 2개만 들어라.

12) 분류(classification)

㉠ : 다음에 든 5명 중에서 4명의 공통점을 찾고, 역사적 관점에서 그들의 차이를 설명하라.

소크라테스, 루소, 프뢰벨, 듀이, 부르너

13) 어떤 상황에 대한 원리나 법칙의 응용(application of rules or principles in these situations)

㈜ : 준거지향평가에서 평가도구의 타당도와 신뢰도 중 어느 것이 중요하다고 생각하는가? 그리고, 그 이유는 무엇인가?

14) 토론(discussion)

㈜ : 현행 교원능력개발평가 제도를 논하라.

15) 목적의 진술(statement of aim)

㈜ : 저자가 피그말리온 효과(pygmalion effect)를 이 책 첫머리에서 소개한 의도는 무엇인지 기술하시오.

16) 비판(criticism)

㈜ : 고등학교 내신 6등급 절대평가제의 문제점을 들어 비판하시오.

17) 개괄(outline)

㈜ : Bloom 등의 교육목표분류학의 주요 내용을 개괄하라.

18) 사실의 재구성(reorganization of facts)

㈜ : 학문적 자유를 윤리적 입장에 입각하여 서술하라.

19) 새로운 질문의 형성(formulation of new questions)

㉮ : 이 문제를 이해하려면 다른 어떤 사실이 더 밝혀져야 되겠는가?

20) 절차에 대한 새로운 방법(new methods of procedure)

㉮ : 가설 : "긍정적 자아개념을 지닌 학생들은 집단따돌림에 관련되는 비율이 부정적인 학생들에 비하여 유의하게 낮을 것이다." 이 가설이 정당하다는 것을 증명할 수 있는 근거를 들어 설명하라.

21) 응답자유형

㉮ : 최근 교육과학기술부는 기존의 고교내신 9등급제를 6등급 절대평가제로 전환한다고 발표했다. 이에 대한 자신의 생각을 쓰시오.

5. 서답형의 장 · 단점

가. 장점

1) 반응의 자유도가 크다.
2) 고등정신기능을 측정할 수 있다.
3) 전체성을 강조한다.
4) 문항제작이 용이하다.
5) 인성진단의 자료를 얻는데 도움을 준다.

나. 단점

1) 채점의 신뢰도와 객관도가 부족하다.

2) 대표적인 내용의 표집이 어렵다.
3) 채점에 걸리는 시간과 노력이 많이 든다.

6. 서답형의 문항 출제 요령

가. 단답형 문항 출제 요령

1) 질문의 요지가 분명해야 한다.
2) 정답의 수는 1개만 있는 것이 좋다.
3) 간단한 단어, 어구, 수, 수식 등으로 답할 수 있도록 한다.
4) 정답이 여러 개 있는 경우에는 모두 정답으로 간주한다.
5) 답을 쓸 수 있는 여백을 적절히 주어라.

나. 완성형 문항 출제 요령

1) 문장 중에서 중요한 부분을 빠뜨려라.
2) 정답이 꼭 하나로 정해 있는 것을 출제하라.
3) 한 문장에 공란을 너무 많이 만들지 않는 것이 좋다.
4) 공란의 길이는 똑같이 하라.
5) 문장 속에 답을 명시하는 내용이 있어서는 안 된다.
6) 문장을 교과서에서 그대로 따오지 않도록 한다.

다. 논문형 문항 출제 요령

1) 수험자 집단의 범위와 성질을 고려하여 출제한다.
2) 반응의 자유도를 알맞게 규제하라.
3) 여러 문항 중에서 선택하여 쓰는 것은 피하라.
4) 측정할 교육목적을 명확하고 체계 있게 설정하라.

5) 문항수를 주어진 시간에 맞추어 조절하라.

6) 사고력, 조직력, 분석력, 판단력, 창의력 등 고등정신 능력의 측정에 초점을 맞춘다.

제2절 정의적 행동특성의 평가를 위한 도구

교육활동을 통하여 변화시키고자 하는 인간행동특성을 흔히 지적 영역, 정의적 영역, 신체 기능적 영역 등으로 구분하고 있다. 이 중에서 전통적으로, 그리고 현재에도 가장 적극적으로 다루는 영역은 지적 영역이며 평가의 경우도 예외가 아니다. 따라서 정의적 영역이나 신체기능적 영역은 전인교육의 주장 속에 강조되어 왔음에도 불구하고 교육사태는 여전히 뒷전에 밀려나 있는 것이 현실이다. 사정이 이렇게 된 데에는 여러 가지 이유가 있겠으나 중요한 이유 중의 하나는 지적 영역에 비해 정의적 영역이나 신체기능적 영역의 행동특성의 변화를 타당하게, 그리고 신뢰롭게 측정 · 평가할 수 있는 방법의 개발이 미흡하다는 점에서도 찾을 수 있다. 다음에서 정의적 행동특성(신체기능적 영역이나 지적 영역에도 적응할 수 있으나)의 평가를 위하여 주로 활용할 수 있는 도구와 방법들의 대표적인 것을 검토해 보려고 한다.

여기에서 학습하려고 하는 정의적 영역의 행동특성은 인간의 감정적인 색조와 관련된 것으로 흥미, 태도, 가치, 신념, 자아개념, 동기 등과 더불어 학교교육에서 기르려는 행동특성으로서의 사회성(보통 행동발달로 불리고 있는 제 특성, 즉 준법성, 책임감, 근면성, 자주성, 협동성 등)을 포괄한다.

1. 관찰법

가. 관찰법의 의의와 특징

관찰법(observation)은 가장 오래된 인간행동의 측정 방법이다. 누가 어디서나 언제든지 학생들의 행동을 있는 그대로 생생하게 그려낼 수 있는 방법이다.

관찰법은 도구를 사용하지 않는 직접적인 자료수집 방법이다. 대개의 측정이 측정자 → 측정도구 → 측정대상 등의 관계에 의해 측정도구를 매개체로 하여 이루어지고 있지만, 관찰에서는 엄밀하게 구조화된 측정도구 없이 측정자 → 측정대상의 직접적인 교섭에 의해 이루어지는 것이다. 바로 이 점이 관찰에 있어서 결과를 수량화하고 해석하는데 주관적인 융통성을 주게 되며, 객관성이 부족하다는 비판의 요인이 되는 것이다.

그러나 관찰자가 관찰에 필요한 소양을 갖추고 관찰방법 및 결과의 분석과 해석에 있어서 지켜야 할 객관성만 유지한다면 어떤 평가방법에 못지않은 좋은 평가방법이라고 할 수 있다.

일종의 평가도구로서 관찰법의 몇 가지 특징을 들면 다음과 같다.

1) 관찰법은 학습자의 학습활동을 관찰하여 학습의 변화를 매일매일 연속적으로 평정할 수 있다.

2) 관찰의 결과는 그 즉시로 현상의 개선을 위해 활용할 수 있다.

3) 관찰법은 특별한 별도의 관찰시간을 마련하지 않더라도 학습을 지도하면서 현장에서 학생들의 행동증거를 평정할 수 있다.

4) 다른 평가방법은 학습자에게 반응의 통제를 가하는 경우가 많지만, 관찰법은 비교적 자연스러운 상태에서 자연스러운 행동의 증거를 수집할 수 있다.

5) 관찰법은 교과학습에 관한 것만 아니고 비지적인 정의적 면의 평가를 위해서도 좋은 방법이 될 수 있다.

6) 관찰의 결과는 다른 방법으로 수집한 정보를 보충해 준다.

나. 관찰법의 종류

관찰법은 분류의 기준에 따라 여러 가지로 나눌 수 있다. 관찰의 장면에 따라 우연적 · 통제적 관찰로 나눌 수 있고, 관찰의 계획성 정도에 따라 비조직적 · 조직적 관찰로 나눌 수 있다. 또 관찰자가 피관찰자 속에 참여하여 관찰하는 참가관찰(participant observation)과 그렇지 않은 비참가관찰(non-participant observation)로 나눌 수 있다.

1) 우연적 관찰

우연적 관찰(incidental observation)이란 학생들이 자연스런 생활 장면에서 있는 그대로의 행동을 학생 자신이 의식하지 못하게 관찰하는 방법이다. 이 때에 관찰자는 사전에 적절한 관찰계획을 세우고 이 계획에 따라 학생을 관찰하되, 다만 학생에게는 관찰을 당하고 있다는 사실을 밝히지 않는 것이다.

이 방법은 교육현장에서 교사들이 부담 없이 쉽게 채택하여 학생들의 행동을 현장에서 교정해 주기 위해 많이 활용하는 방법이다.

우연적 관찰은 학생의 행동에 아무런 자극이나 제약을 주지 않기 때문에 자연스러운 행동증거를 수집할 수 있고, 어디서나 언제든지 자유로이 관찰할 수 있는 이점이 있는 반면에, 관찰 대상자의 동일행동을 반복해서 관찰할 수 없고, 또한 모처럼 관찰한 행동이 그 학생의 행동특성이라고는 할 수 없을 정도의 그야말로 우연적이고 일시적으로 일어난 행동을 붙들 수도 있다는 단점이 있다.

또한, 우연적 관찰은 행동의 발생조건이 비구조화된 자연 상태 그대로에서 일어나기 때문에 행동의 연결성이 없고, 별로 의미 없는 행동도 나타나기 때문에 학생의 행동의 본질을 파악하기가 어렵다. 또한 관찰자의 편견이나 선입견이 개입되기 쉽다.

2) 시간표집법(time sampling techniques)

이 방법은 우연적 관찰을 할 때 관찰자인 교사가 관찰시간을 표집해서(정하여) 계획적으로 학생의 자유스러운 행동을 관찰하는 것이다. 즉, 계획된 시간마다 관찰하고자 하는 개인의 한 가지 행동특성을 여러 번 관찰하여 그 행동의 출현수(빈도)를 조사하는 방법이다.

예를 들면, 어떤 학생 또는 학급의 학습태도를 수업이 시작해서 5분 동안 매시간 관찰하여 하나의 결론을 얻을 수 있는 자료를 마련하는 것과 같은 방법이다.

3) 전기적(傳記的) 관찰법(bibliographical observation)

이 방법은 시간표집법과는 달리 시간의 길이를 장기간에 걸쳐 계속 관찰하는 방법이다. 개인 혹은 소수의 집단의 행동을 연속적으로 장기간에 걸쳐 관찰함으로써 이들의 전체적인 변화의 모습을 조사하는데 목적이 있다. 이를 **종단적 방법**(longitudinal study)이라고도 한다.

반대로, 일정한 시간을 잘라 그 동안에 일어난 집단의 특정행동을 조사연구 하는 방법을 **횡단적 방법**(cross sectional study)이라고 한다. 이 방법은 시간의 길이를 일정한 기간으로 한정시켜 자르기 때문에 행동의 계속적인 변화를 조사할 수 없는 단점이 있다.

4) 장면표집법(situational sampling techniques)

이 방법은 먼저 관찰하고자 하는 행동을 분명하게 결정해 놓고 이 같은 행동이 가장 잘 나타나는 장면을 선택하여 관찰하는 방법이다. 이것은 사건(행동)을 중심으로 관찰 장면을 선택하기 때문에 **사건표집법**(event sampling method)이라고도 한다.

관찰자인 교사는 관찰하고자 하는 행동이 어떤 장면에서 잘 일어나는가를 알고 있어야 한다. 작업 장면, 운동경기 장면, 회의 장면, 수업 장면 등은 장면의 예이다.

5) 참가적 관찰(participant observation)

이 방법은 관찰자가 관찰의 대상이 되는 집단의 내부에 들어가서 그 구성원의 일원이 되어 그들과 같이 생활하면서 관찰하는 방법이다. 이는 인류학자나 사회학적 조사연구에서 많이 사용하는 방법이다.

이 방법은 관찰대상 속에 파고 들어가 관찰하기 때문에 경우에 따라서 밖으로 나타나지 않는 어떤 사실까지도 직접 관찰할 수 있다. 그러나 관찰자의 참가의 정도에 따라 관찰의 정도도 달라지는 것이다. 예를 들어, 교사가 학습자들의 작업집단에 들어가서 학생들과 같이 작업을 하면서 학생들 간의 협동심이나 동기수준을 관찰할 수 있다.

6) 통제적 관찰(controlled observation)

이 방법은 흔히 **실험적 관찰**(experimental observation)이라고도 한다. 이것은 관찰 장면과 조건을 인위적으로 완전하게 조작해 두고 주어진 자극에 어떻게 반응하는가를 조사하는 방법이다. 흔히 사용하는 면접이나 구두시험 등도 여기에 속한다고 할 수 있다.

통제적 관찰에서는 피관찰자가 자신이 관찰당하고 있다는 사실을 알고 있기 때문에 자연스러운 행동보다는 다소 인위적인 행동을 관찰하게 되나, 한 가지 행동을 되풀이해서 관찰할 수 있는 이점도 있다.

7) 일화기록법(逸話記錄法)

일화기록법은 개인의 환경, 행동특성, 성격, 적응양식 등을 이해하기 위하여(좋은 점, 개선해야 할 점, 문제점 등) 구체적인 행동사례를 관찰하여 가능한 한 상세하게(기록자의 평가적 서술 없이) 누가적으로 기록하는 방법이다. 직접 관찰법에 해당하며, 실시하기가 쉽고, 관찰과 기록이 특정 시간이나 형식에 구애받지 않고 기록할 만한 가치가 있다고 판단되면 언제든지 다양한 방식으로 기록할 수 있다. 개별 학습자에게서 관찰된 바를 누가적으로 기록한 정보는 우발적 행동의 원인을 파악하는 데에도 도움을 줄 수 있다.

그러나 일화기록법은 관찰사항의 기록이 부정확할 경우 학습자의 이해에 왜곡이 생길 수 있으며, 기록하는 데 시간이 소요되기 때문에 부담이 될 수 있다.

다. 관찰의 유의사항

1) 관찰하려는 것을 미리 계획해 두어야 한다.
2) 객관적 관찰이 되도록 해야 한다.
3) 여러 상황 하에서 관찰해야 한다.
4) 조직적 · 계획적 관찰을 해야 한다.
5) 관찰은 사실의 기록을 위주로 해야 한다.
6) 적절한 기록방법을 정하여 둔다.
7) 관찰자의 과거의 기록, 인상, 선입견이 개입되지 않도록 장치를 마련해 두는 것이 필요하다.

2. 질문지법

가. 질문지법의 의의와 특징

앞에서 살펴본 관찰법은 있는 그대로의 사실에서 자료를 얻는데 비해 질문지법은 개인의 지각, 신념, 감정, 동기, 기대, 미래의 계획 등 주로 내재적인 자료를 구하는데 많이 사용된다. 질문지법(questionnaire)은 응답자 자신이 주어진 문제에 기술하도록 하는 일종의 자기보고식 방법(self-report method)이다.

질문지법의 특징을 열거하면 다음과 같다.

1) 질문지법은 그 실시에 있어서 시간, 노력, 비용이 적게 든다.

2) 질문지는 주로 학생의 생활배경에 관한 사실발견과 자아의 내성적 자료를 구하는데 유효하다.

3) 질문지는 학생이 대개의 경우 익명으로 응답하도록 되어 있기 때문에 솔직한 반응을 얻을 수 있다.

4) 질문지는 응답에 시간적 여유가 있는 것이 보통이다. 따라서 다른 역량검사에서 볼 수 있는 심리적 부담을 느낄 가능성이 적기 때문에 보다 정확한 반응을 나타낼 수 있다.

나. 질문지법의 종류

1) 구조적(폐쇄적) 질문지

구조적 질문지는 응답의 수를 몇 개로 제한시켜 그 선택지(alternatives) 중에서 응답자가 주로 하나를 택하도록 만들어진 형식이다.

이 구조적 질문지는 질문과 선택지의 제작에 특별한 주의를 하지 않으면 안 된다. 즉, 주어진 질문을 모두 완전히 포괄할 수 있는 응답지를 마련해야 하는 것이다. 만일, 필요한 응답지가 어느 하나라도 빠져 있을 때는 이 질문은 제구실을 못하게 된다. 물론, 비슷하게 중복되는 응답지가 있어서도 안 된다.

> ㉮ 1 : 당신의 종교는 다음 중 어느 것입니까?
> (1) 불교 (2) 기독교 (3) 천주교 (4) 없음
>
> ㉮ 2 : 당신은 하루 평균 인터넷을 이용하는 시간은 얼마나 됩니까?
> (1) 1시간미만 (2) 1-2시간 (3) 2시간-3시간 (4) 3시간 이상

2) 비구조적 질문지

비구조적 질문지는 주어진 질문에 학생들이 자유로이 반응할 수 있도록 하등의 제한을 두지 않는 자유반응형식을 취하고 있다. 즉, 질문에 대한 응답의 개방성이 보장되어 있어서 이것을 **개방적 질문지**(open-ended questionnaire)라고도 한다. 이 방법은 논문형 형식과 같아서 학생의 내재적인 신념, 동기, 태도, 흥미, 가치관 등에 관한 정보를 수집할 수 있다.

이 방법은 경우에 따라 필요하면 얼마든지 자세하게 질문할 수 있으며, 주로 본질문지의 작성에 필요한 **예비조사**에서 문제의 핵심을 알려고 할 때나 또는 어떤 특정한 문제에 대하여 좀 더 깊이 알려고 할 때 많이 사용된다.

> ㉮ : 교사평가를 실시할 경우, 어떤 영역의 교사평가가 중요하다고 생각하는지 평가 영역을 기술하여 주십시오.

다. 질문지 작성의 절차와 요령

1) 질문지 작성의 일반적 절차

질문지의 작성은 대체로 다음과 같은 단계를 밟아 작성한다.

(1) 질문할 특성의 정의

질문지는 어떤 특성에 관한 질문들로 이루어진다. 여기서 중요한 것은 질문할 바로 그 특성을 명확하게 정하는 일이다.

(2) 질문내용 및 요소의 결정

무엇에 대한 정보를 학생으로부터 얻으려고 하는지를 결정해야 한다.

(3) 질문항목과 형태의 결정

문제가 설정되고 문제의 각 요소가 확정되고 나면, 이 문제의 요소별로 질문의 구체적 항목을 작성하고 각 항목을 조사하는데 가장 적합한 형태의 질문문항을 작성해야 한다.

(4) 질문지의 초안작성

각 질문의 항목에 따라 이것을 잴 수 있는 문항을 작성하면 이것을 일관성 있게 조직하여 질문지 초안(시안)을 작성한다.

(5) 질문지의 예비조사 · 수정 · 확정

예비조사는 질문지의 수정을 위해 시험적으로 일부집단에게 실시하고, 그 결과를 질문별로 문항 통계적 방법에 의해 분석한다. 이렇게 함으로써 잘못된 문항을 수정할 수 있고, 문항의 배열이나 문항의 수 및 길이 또는 필요한 추가문항을 제작하여 보완할 수 있다.

(6) 질문지의 편집 및 인쇄

이상의 단계별 작업이 완료되면 보완된 문항으로 완전한 하나의 질문지를 편집하고 인쇄하게 된다. 질문지는 취급하기에 간편해야 하며 인쇄는 선명하고 알기 쉽게 만들어져야 한다.

2) 질문지 작성 요령

질문지를 작성하는데 유의사항은 다음과 같다.

(1) 조사내용을 명백히 체계적으로 정의하고, 정의에 충실한 문항을 작성한다.

(2) 질문은 간단명료해야 한다.

(3) 가능한 하나의 문항에 하나의 질문만을 해야 한다.

1 : 인터넷과 TV시청하기를 좋아합니까?	예 ( )	아니오 ( )
⇒ ① 인터넷 하기를 좋아합니까?	예 ( )	아니오 ( )
② TV시청하기를 좋아합니까?	예 ( )	아니오 ( )

(4) 각 문항은 완전히 독립된 것이어야 한다.

(5) 질문 자체가 사회적으로 바람직하게 받아들여 질 수 있는 것은 신중을 기해야 한다.

(6) 감정적 반응이나 도덕적 의미를 수반하는 질문은 피한다.

(7) 응답자를 난처하게 만들거나 감정을 상하게 하는 질문은 피하도록 한다.

(8) 좋은 질문지를 만들기 위해서는 일차적으로 작성한 질문지를 가지고 예비조사의 과정을 거치는 일이 필요하다.

라. 질문지 문항의 형식

1) 자유반응형

㉮ 1 : 대학입시 성적에 면접고사 점수를 반영하는 문제에 대하여 당신의 찬반에 대한 의견을 기술해 주시오. 〈무제한 자유반응형〉

㉮ 2 : 고등학교 과정에서 선택과목을 설정할 경우 어떤 것이 좋겠습니까? 다음에 우선순위대로 5과목 이내로 기술하시오. (현재 정규교과 외에)〈제한 자유반응형〉

2) 선택형(choice method)

㉮ 1 : 남녀 공학에 대하여 어떻게 생각합니까?

______ 찬성

______ 반대

㉮ 2 : 중학교에서 특별활동 부서의 결정을 어떻게 하는 것이 좋다고 생각합니까?

______ 1. 담임교사가 결정한다.

______ 2. 학생 자신이 결정한다.

______ 3. 부모가 결정한다.

______ 4. 학생의 의결을 들어 담임교사가 결정한다.

______ 5. 기타 의견

3) 체크리스트형(checking method)

㉵ 1 : 자신의 현재 고민이나 문제라고 생각되는 것은 모두 "✓"표 하시오.

______ 1. 눈이 자주 아프다.

______ 2. 항상 피곤하다.

______ 3. 머리가 아프다.

______ 4. 호흡이 곤란하다.

______ 5. 앉았다 일어나면 현기증이 난다.

4) 평정척도형

(1) 기술평정척도

㉵ 1 : 당신은 현재의 학교생활에 대해서 어느 정도 만족합니까?

______ ① 매우 만족스럽다.

______ ② 대체로 만족스럽다.

______ ③ 그저 그렇나.

______ ④ 대체로 불만스럽다.

______ ⑤ 매우 불만스럽다.

(2) 도식평정척도

㉵ 1 : 다음 각 항목을 하나하나 읽고, 그 글의 내용에 비추어 여러분 자신의 행동이 어디에 속하는지 가장 적절하다고 판단되는 숫자에 ○표를 하시오.

① 내가 하던 일은 끝까지 하는 편이다.

② 다른 사람들보다 독특한 놀이나 일을 하려고 한다.

③ 무슨 일에나 자신이 있다.

아주 그렇다	약간 그렇다	중간 정도	약간 그렇지 않다	전혀 그렇지 않다
1	2	3	4	5

(3) **등위평정척도**

㉠ 지시 : 다음의 각 영역에 대하여 자신이 자신을 어떻게 생각하는지 그 수준을 "✓"표 하여 주시오.

영 역	수	우	미	양	가
1. 학업성적					
2. 지적 능력					
3. 창의력					
4. 지도력					
5. 대인관계					
6. 과제추진력					
7. 정서적 안정성					

평정법은 다른 방법으로는 평가하기 어려운 행동특성을 비교적 용이하게 평가할 수 있다는 장점과 함께, 평정척도를 제작하고 사용하는 것이 간편하다는 장점을 지니고 있다. 따라서 교육평가 분야에서 이 방법이 널리 활용되고 있다. 그러나 여기에서 제시한 몇 가지 평정법은 평정자의 주관적 판단을 요구하기 때문에 이에 따른 몇 가지 문제가 야기될 수 있다. 즉, 평정자의 주관이나 편견 등으로 인하여 평정의 오류가 발생할 가능성이 있다. 평정자가 범하기 쉬운 오류는 집중경향의 오류, 선입견이나 편견에 의한 오류, 판단기준의 차이에 의한 오류 등이 있다.

5) 순위형

㉠ 1 : 다음은 학교교육을 통하여 길러야 할 인간특성들입니다. 이 중에서 중요하다고

판단되는 것부터 1, 2, 3의 순서를 매겨 주십시오.

_____ 성적

_____ 공부

_____ 건강

마. 질문지법의 장 · 단점

1) 장점

첫째, 비용이 적게 들고 간편하다.

둘째, 측정자가 응답자에게 미치는 영향을 줄일 수 있다.

셋째, 다른 방법으로는 조사하기 어려운 개인적 생활경험이나 심리적 특성을 질문지를 통하여 알아볼 수 있다.

2) 단점

첫째, 질문지는 응답자의 문장이해력과 표현능력에 크게 의존하기 때문에 이러한 능력이 부족한 대상에게는 적용하기 어렵다.

둘째, 질문지에 응답한 내용의 진위(眞僞)를 확인하기 어렵다.

셋째, 질문지의 회수율이 낮다는 문제가 있다.

3. 면접법

가. 면접법의 의미와 종류

면접은 학생을 이해하기 위한 자료를 구할 뿐만 아니라 학생을 지도하는 방법이기도 하다. 학생을 지도하기 위한 방법은 **지시적 면접**(directive interview)과 **비지시적 면접**(non-directive interview)으로 나눌 수 있다.

지시적 면접은 학생들이 해결을 필요로 하는 문제들을 교사에게 가져오면 교사는 학생들의 문제를 분석 파악하여 해결 방안을 수립하고 학생으로 하여금 실천케 하는 방법이다. 이것은 교사가 주동이 된 지시적 면접에 의한 문제해결의 과정이라고 할 수 있다.

여기에 비해 무지시적 면접은 주로 학생들이 개인적 · 정의적 측면의 문제들을 가지고 와서 문제해결을 위한 교사의 조언을 구하는 경우이다. 이 때 문제해결의 주동적 역할은 학생 자신이 행하는 것이고 교사는 보조적 역할을 수행하게 된다. 학생들의 정의적 문제의 본질을 파악하고 자기 자신과 타협하면서 자주적으로 해결할 때 보다 효과적인 해결책이 될 수 있다.

나. 면접의 요령 및 유의사항

1) 면접의 목적을 분명히 설정하고 사전 계획을 치밀하게 세우도록 한다.
2) 면접 분위기를 조성해야 한다.
3) 면접자는 열심히 듣는 편이 되고 피면접자가 충분히 이야기하도록 이끌어야 한다.
4) 단순히 '네', '아니오'의 대답만을 듣게 될 질문은 피한다.
5) 모든 것은 사실대로 이야기해 주어야 한다.
6) 한 두 번의 짧은 면접으로 그 학생의 모든 것을 알려고 하지 말아야 한다.
7) 면접의 진행을 파악하고 있어야 한다.
8) 가능하면 적개심이나 불쾌감을 줄 수 있는 지나친 사적 감정을 자극하는 말은 피해야 한다.
9) 면접 시에 학생이 겉으로 이야기하는 것에만 관심을 둘 것이 아니라 마음속으로 생각하고 숨기고 있는 것을 파악하도록 노력하라.
10) 일반적이고 구태의연한 충고는 피한다.
11) 면접의 결과를 적절히 기록해야 한다.
12) 면접의 결과는 비밀이 보장되어야 한다.

이와 같은 교육평가와 교육방법을 통합하는 방법의 하나로 활용할 수 있는 면접법 외에 점수를 부여하거나 당락 결정 자료로 활용하기 위한 면접법(주로 사정자료로 활용하는 경우)의 유의사항을 제시하면 다음과 같다.

첫째, 응답자의 수준에 적절한 면접문항을 개발해야 한다.

둘째, 채점 기준을 미리 개발해야 한다.

셋째, 채점 기준에 충실한 채점이 이루어져야 한다.

넷째, 선발할 대상자가(면접대상자들이 대부분 합격하게 되는 경우) 적기나 준거지향평가의 경우에는 면접할 문항을 미리 공개하여 답을 준비시키는 방법이 적절하다.

다섯째, 선발할 대상자가 많거나 규준지향평가의 경우에는 면접과정을 표준화하여 정해진 규칙에 따라서 면접이 이루어져야 한다.

여섯째, 여러 개의 면접문항 중 하나를 골라 면접해야 하는 경우에는 각 문항들은 동형 면접문항이 되도록 해야 한다.

4. 기타 방법들

가. 사회성 측정법

한 집단의 집단역동성, 인간관계의 특징, 집단 내 소집단 형성의 특성, 고립된 사람 등을 파악하기 위하여 선택과 배척, 무관심 등의 질문에 대한 반응을 수집하여 개인적 지도방법을 모색하거나 집단에 활력을 불어넣기 위한 방안을 강구하기 위한 일종의 질문지법이다. 학급을 대상으로 할 경우, "인터넷 게임을 함께 하고 싶은 친구가 누구인가?" "주말 영화구경을 함께 가고 싶은 친구가 누구인가?"와 같은 질문을 하여 학급 내 친구들의 이름을 적게 한 후 이를 분석해 보면 학급 내 인간관계 형성 모습을 파악할 수 있다. 이 방법을 발전시킨 사람은 J. Moreno이며, 사회성 측정 결과를 그림으로 나타낸 것을 **소시오그램**(sociogram), **교우도**(校友圖), **사회도**(社會圖)라고 부른다.

나. 의미변별법(semantic differential method)

질문지법의 일종인 의미변별법은 Osgood과 그의 동료들에 의해 개발된 방법으로서 어떤 대상에 대한 개념에 심리적 인상적 의미를 분석하여 의미공간상에 위치시켜 봄으로써 대상에 대한 태도나 인상을 파악하는 데 도움을 주는 방법이다. 대부분의 질문지법들이 직접적으로 질문을 하는 방식을 취하는 반면에, 의미변별법은 대상에 대한 평소의 상(像)을 대립되는 여러 개의 형용사 쌍의 어느 지점으로 표시하도록 하는 간접적 질문이라고 할 수 있다.

의미변별법은 어떤 대상에 대하여 어떻게 평가를 하는가(좋고 나쁨의 **평가차원**), 대상이 지니고 있는 능력은 어느 정도인가(유능함과 무능함의 **능력차원**), 대상은 어느 정도 활동적인가(적극적, 소극적 등의 **활동차원**) 등 세 개의 차원에 관한 정보를 수집하여 분석되고 해석된다.

다음의 각 대상에 관한 여러분의 생각을 해당하는 번호에 ✓표 하시오.

[재학 중인 학교]

자랑스럽다	1	2	3	4	5	6	7	수치스럽다
열등하다	1	2	3	4	5	6	7	우수하다
적극적이다	1	2	3	4	5	6	7	소극적이다

[다니는 학원]

자랑스럽다	1	2	3	4	5	6	7	수치스럽다
열등하다	1	2	3	4	5	6	7	우수하다
적극적이다	1	2	3	4	5	6	7	소극적이다

이상에서 소개한 정의적 행동특성의 평가방법 외에도 각종 표준화된 검사지(성격검사, 자아개념검사, 학습태도검사, 학습동기검사 등)와 자서전법 등이 있다. 교육평가를 위하여 어떤 방법을 이용할 것인가는 결국 평가의 목적, 평가의 이론과 실제에 대한 교사(또는 방법들의 사용자)의 역량에 따라 결정될 일이다.

제3절 운동 · 기능적 영역의 평가도구 제작의 실제

운동 · 기능적 특성은 체육이나 음악, 미술 등의 교과 혹은 실험 · 실기 등을 다루는 교과영역에서 특정한 기능의 발달이 요구되는 것들이다. 운동 · 기능적 특성의 평가를 위한 도구 제작은 일반적으로 수행평가 도구를 제작하는 것과 동일하다. 이러한 특성을 측정하기 위한 평가도구의 주요 유형은 다음과 같으며(표 12-1), 평가도구 제작의 구체적인 방법은 제14장 수행평가를 참고하기 바란다.

<표 12-1> 운동 · 기능적 특성의 측정 도구 유형과 평가방법

유 형	평가방법
실기평가	과학이나 예 · 체능 분야에서 주로 사용하는 방법으로 학생 스스로 행동으로 나타내거나 작품을 만들어 낸 것을 통하여 기능을 평가하는 방법
실험실습법	과학분야에서 많이 사용하는 방법으로 직접 실험 실습을 하고 나서 제출한 실험보고서를 평가하는 방법
관찰법	학생을 이해하고 활동을 평가하기 위해서 교사가 학생을 수시로 관찰하고 기록하여 평가하는 방법으로 일화기록법, 체크리스트법, 평정척도법 등이 많이 쓰인다.
포트폴리오	학생의 학습상태를 스크랩북처럼 누가 기록철의 형태로 만들거나, 장시간에 걸쳐 학생이 수행한 과제의 모음집, 혹은 작품이나 수행상태를 Video로 촬영한 테이프를 통하여 평가하는 방법

참고 문헌

bibliography

강봉규 · 이종성(1986). 교육과정 · 교육평가신강. 서울 : 형설출판사.

길형석 · 손충기(2003). 교육과정과 교육평가. 서울 : 동문사.

임진권(1985). 교육평가. 서울 : 대은출판사.

형성평가

13.1 다음 중 선택형 문항으로 구성된 평가도구의 장점으로만 묶인 것은?

> ㄱ. 채점의 객관성이 유지된다.
> ㄴ. 문항의 표집범위가 넓다.
> ㄷ. 문항의 제작에 걸리는 시간이 비교적 적다.
> ㄹ. 채점이 쉽고 빠르다.
> ㅁ. 검사결과를 통계적으로 처리하여 유의하게 해석하기가 쉽다.

① ㄱ, ㄴ, ㄷ, ㄹ　　② ㄱ, ㄴ, ㄹ, ㅁ
③ ㄴ, ㄹ, ㅁ　　④ ㄱ, ㄷ, ㄹ

13.2 선택형 도구가 서답형에 비하여 장점이라고 할 수 <u>없는</u> 것은?

① 문항의 수가 많고 다양한 내용을 측정하기 때문에 자기표현의 기회가 많다.
② 문항의 표집이 포괄적이어서 중요한 내용을 두루 측정하는 것이 가능하다.
③ 채점자의 신뢰도가 높다.
④ 채점에 걸리는 시간이 비교적 적다.

13.3 선택형 문항의 일반적인 작성 요령으로 부적합한 것은?

① 문항의 뜻은 가능한 한 명백하게 표현하여야 한다.
② 가능한 정확한 의미를 가진 단어를 사용하여야 한다.
③ 정답을 찾는 데 중요한 조건을 적당히 빠뜨려야 한다.
④ 정답에 대한 단서를 제시하지 말아야 한다.
⑤ 문항은 적정 수준의 곤란도를 가져야 한다.

13.4 진위형 문항을 작성할 때 유의해야 할 사항으로만 묶인 것은?

ㄱ. 반드시 진 아니면 위인 문장만을 사용해야 한다.
ㄴ. 한 문항에 한 가지 개념만을 사용해야 한다.
ㄷ. 진과 위의 문제 수를 거의 비슷하게 하는 것이 바람직하다.
ㄹ. 절대어구나 모호한 어구를 적절하게 사용한다.
ㅁ. 복잡한 조건이 많이 첨가되는 긴 문장은 피한다.

① ㄱ, ㄴ, ㄷ, ㄹ ② ㄱ, ㄴ, ㄹ, ㅁ
③ ㄴ, ㄹ, ㅁ ④ ㄱ, ㄴ, ㄷ, ㅁ

13.5 다음 중 배합형 문항 작성 요령으로 적절한 것으로만 묶인 것은?

ㄱ. 전제(문제문)나 답지의 내용들이 모두 동질적인 것이어야 한다.
ㄴ. 전제나 답지의 수와 길이를 다르게 해야 한다.
ㄷ. 답지의 수가 가능한 한 전제의 수보다 적어야 한다.
ㄹ. 배합에 대한 지시를 적당하게 모호하게 해야 한다.
ㅁ. 전제와 답지를 비교하기 쉽게 문항의 길이를 가능한 한 짧게 한다.

① ㄱ, ㄴ, ㄷ ② ㄱ, ㅁ
③ ㄴ, ㄹ, ㅁ ④ ㄱ, ㄴ, ㄷ, ㅁ

13.6 다음 중 선다형 문항 작성 요령을 모두 고른 것은?

ㄱ. 답지 중 정답은 반드시 있어야 하고, 오답들은 반응하는 사람이 있도록 매력이 있어야 한다.
ㄴ. 답지들 간에 어떤 이론적 순서가 있으면 그 순서에 따라 답지를 배열한다.
ㄷ. 모든 답지의 길이를 비슷하게 한다.
ㄹ. 정답의 위치를 다양하게 한다.
ㅁ. 문항은 직접 질문형이나 미완성 문장으로 작성한다.

① ㄱ, ㄴ, ㄷ, ㄹ ② ㄱ, ㄴ, ㄹ, ㅁ ③ ㄴ, ㄹ, ㅁ
④ ㄱ, ㄴ, ㄷ, ㅁ ⑤ 위 모두

13.7 다음은 선다형 문항을 제작할 때 유의점이다. 공통적으로 지적하고 있는 것은?

['06 유치원/초등/특수학교]

- 답지들의 형태를 유사하게 할 것.
- 정답의 번호를 무선적으로 배열할 것.
- 정답지와 오답지의 길이를 비슷하게 할 것.

① 문항은 주요한 학습내용을 포함해야 한다.
② 객관적 채점이 기능하도록 문항을 진술해야 한다.
③ 요령이나 추측만으로 정답을 선택할 가능성이 낮아야 한다.
④ 문항은 가능한 한 단순암기가 아닌 고등사고능력을 측정해야 한다.

13.8 다음 중 서답형 평가도구의 장점이라고 할 수 없는 것은?

① 반응의 자유도가 선택형에 비하여 크다.
② 고등정신 기능의 측정이 기능하다.
③ 피평가자 특성들의 부분성을 강조한다.
④ 문항제작이 용이하며 제작에 걸리는 시간이 적다.
⑤ 인성진단의 자료를 수집할 수 있다.

13.9 다음 중 서답형 평가문항의 단점이라고 할 수 없는 것은?

① 추측하여 답한 내용을 가려내기가 어렵다.
② 채점의 신뢰도와 객관도가 부족하다.
③ 대표적인 내용의 표집이 어렵다.
④ 채점에 걸리는 시간과 노력이 많이 든다.

13.10 다음 중 논문형 문항 출제 요령으로 부적절한 것을 모두 고르시오.

① 반응의 자유도를 가능한 한 규제하지 않는 것이 좋다.
② 여러 문항 중에서 피검자가 선택하여 답하도록 한다.
③ 측정할 교육목표를 명확하고 체계 있게 설정하고 출제한다.
④ 수험자 집단의 수준과 성질에 제한되지 않아야 한다.
⑤ 객관적인 채점을 위하여 사고력이나 판단력 등 고등정신 능력 측정을 제한한다.

13.11 김 교사는 학생들의 수업태도, 특히 수업 시작시의 학습태도가 학업성취도에 미치는 영향을 평가하기 위하여 1개월 간 수업시작 5분 동안 학생들의 행동을 비디오로 촬영하였다. 김 교사가 이용한 측정방법은?

① 비참가관찰법　② 전기적 관찰법　③ 시간표집법
④ 장면표집법　⑤ 행동요약법

13.12 다음은 어떤 측정방법에 대한 설명인가?

이 교사는 학급 학생 30명의 학습동기를 포함한 전체적인 학습태도를 측정하기 위하여 한 학기 동안 개인별 수업 중 학습행동을 지속적으로 관찰하였다. 그 결과 수업시작 5분 동안 내재적 학습동기가 높은 학생들의 학업성적이 우수하다는 사실을 발견하였다.

① 비참가관찰법　② 전기적 관찰법　③ 시간표집법
④ 장면표집법　⑤ 행동요약법

13.13 다음은 어떤 자료수집 방법에 대한 설명인가?

직접 관찰법에 해당하며, 실시하기가 쉽고, 관찰과 기록이 특정 시간이나 형식에 구애받지 않고 기록할 만한 가치가 있다고 판단되면 언제든지 다양한 방식으로 기록할 수 있다. 개별 학습자에게서 관찰된 바를 누가적으로 기록한 정보는 우발적 행동의 원인을 파악하는 데에도 도움을 줄 수 있다.

① 참가적 관찰법　② 전기적 관찰법　③ 일화기록법
④ 장면표집법　⑤ 행동요약법

13.14 다음은 정의적 특성의 어떤 자료수집 방법의 특징에 관한 기술인가?

• 실시에 있어 시간, 노력, 비용이 적게 든다. • 학생의 생활배경에 관한 사실 발견과 자아의 내성적 자료를 수하는 데 효과적이다. • 역량검사에 비해 심리적 부담이 적어 반응의 정확성을 기대할 수 있다.

① 관찰법　② 면접법　③ 질문지법
④ 사회성측정법　⑤ 일화기록법

13.15 다음은 질문지 작성의 일반적인 요령들이다. 공통적으로 지적하고 있는 것은?

• 질문은 간단명료해야 한다. • 가능한 하나의 문항에 하나의 질문만을 하도록 한다. • 감정적 반응이나 도덕적 의미를 수반하는 질문은 피한다. • 일차적으로 작성한 질문지를 가지고 예비조사 과정을 거친다.

① 측정하려는 내용을 분명하게 한다.
② 측정하지 않아도 되는 문항은 포함시키지 않는다.
③ 응답을 유도하는 것과 같은 문항을 포함시키지 않는다.
④ 신뢰로운 반응을 이끌어 낸다.

13.16 다음 중 관찰법이나 면접법에 비해 질문지법이 갖는 단점을 모두 고르시오.

① 측정자가 응답자에게 미치는 영향이 관찰법이나 면접법에 비해 크다.
② 응답자의 문장이해력과 표현능력에 따라서 질문지법을 적용하기 어려운 경우가 있다.
③ 질문지에 응답한 내용의 진실여부를 확인하기 곤란하다.
④ 자료수집 방법에 따라서 질문지의 회수율이 낮을 수 있다.
⑤ 비용, 시간, 인력 등에서 비경제적이다.

13.17 세 과목의 시험에서 얻어진 점수를 합산한 총점으로 학생들의 성적을 서열화하고자 한다. 합산한 총점의 서열화에 각 시험점수가 미치는 비중(weight)을 가능한 한 동등하게 하기 위해 고려해야 할 사항으로 가장 적합한 것은? ['06 중등]

① 각 시험의 문항 유형을 동일하게 출제한다.
② 각 시험의 실시 시간을 동일하게 조정한다.
③ 각 시험의 점수 분산이 같아질 수 있도록 한다.
④ 세 과목의 시험이 같은 날에 실시되도록 한다.

13.18 중학교 교사라고 가정하고, 교사평가를 위한 질문지 문항 10개를 제시해 보라.

Chapter 14

수행평가

개 요

1. 수행평가란 전통적인 선다형 평가에 대한 대안적 평가방법으로서 학습자가 실제세계와 유사한 상황에서 자신의 지식이나 기능을 다양한 방법으로 수행해 보이는 것을 평가자가 직접 관찰하거나 교육적 판단을 위한 정보수집 과정을 통하여 수집한 정보를 기초로 교육적 의사결정을 하는 방법으로 정의할 수 있다.
2. 수행평가는 학생이 문제의 정답을 선택하는 것이 아니라, 자기 스스로 답을 작성(서술 혹은 구성)하거나 행동으로 나타내도록 하는 평가방식이며, 추구하고자 하는 교육목표의 달성 여부를 가능한 한 실제 상황 하에서 파악하고자 하는 평가방식이다. 이는 교수-학습의 결과뿐만 아니라 교수-학습의 과정도 함께 중시하는 평가방식이며, 단편적인 영역에 대해 일회적으로 평가하기보다는, 학생 개개인의 변화 · 발달과정을 종합적으로 평가하기 위해 전체적이면서도 지속적으로 이루어지는 것을 강조하는 방식이며, 학생의 학습 과정을 진단하고 개별 학습을 촉진하려는 노력을 중시하는 평가방식이며, 학생의 인지적인 영역뿐만 아니라, 학생 개개인의 행동발달 상황이나 흥미 · 태도 등 정의적인 영역, 그리고 운동기능 영역에 대한 종합적이고 전인적인 평가를 중시하는 평가방식이며, 기억, 이해와 같은 단순 사고능력보다는 창의, 비판, 종합과 같은 고등사고 능력의 측정을 중히 여기는 평가방식이며, 학생의 적극적인 학습활동, 자기주도적인 학습을 직접적으로 조장할 수 있는 평가방법이라는 성격을 지닌다.
3. 수행평가의 방법에는 서술형(주관식) 검사, 논술형 검사, 구술시험, 찬 · 반 토론법, 실험 · 실습법, 면접법, 관찰법, 자기평가 보고서, 연구보고서, 포트폴리오(portfolio) 등이 있다.

시대나 상황이 달라지면 거기에 적합한 사람들의 생각과 행동이 달라지고, 이에 따라 교육활동의 근거가 되는 교육관이나 학습자관이 달라지기 마련이다. 이 점은 교육평가도 예외가 아니다. 강조되는 교육모형, 교육과정 모형이 끊임없이 달라지듯이 중요시되는 교육평가 모형도 부단히 변화되어 왔다. 수행평가는 세계화 · 정보화 시대로 특징지워지는 현대사회에서 기존의 교육평가 체제를 재구조화하기 위한 대안적 평가체제로 미국의 경우에는 1980년대 말부터, 우리나라에서는 1990년대 말부터 적용되어 오고 있다. 특히, 우리나라에서는 교육과 교육평가의 부적절한 상황과 전통적인 평가모형의 적용 관행에 따라서 수행평가의 본질이 충실하게 실현되지 못하고 있으나, 이러한 평가체제는 정착시켜 나가야 할 교육평가의 방향임에 틀림이 없다.

제1절 수행평가의 개념

1. 수행평가의 정의

본래 의미의 수행평가는 심동적 행동특성을 평가하기 위하여 음악이나 체육, 실험 · 실습 · 실기 등과 같은 분야에서 주로 사용하던 평가방법으로 학습한 지식이나 습득한 기능, 기술을 얼마나 잘 수행(doing, preforming)하느냐를 판단하는 평가방법으로 일반적으로 관찰에 의존하여 행위를 수행하는 모든 과정과 수행이 끝났을 때의 결과를 종합적으로 판단하는 평가방법이다. 그러므로 본래 의미의 수행평가는 행위의 정도를 보여주는 분야에서 개발된 평가방법이라 할 수 있다.

수행평가의 개념에 대해서는 학자들에 따라서 약간씩 다른 정의를 내리고 있다. 조용기(1999 : 3)는 수행평가라는 개념 대신에 '실행평가'라는 개념이 더 적합하다고 주장하면서, 이를 '평가하고자 하는 내용을 실제로 행하게 함으로써 하는 평가'라고 정의하였다.

또 최호성(1999 : 31)은 전통적 평가와는 달리 '사실이나 파편적인 기능에 초점을 맞추기보다는 학교교육에서 가장 소중하게 생각하는 능력, 즉 학생 스스로가 다양한 현실상황 및 장면 속에서 자신의 지식과 기능을 활용할 수 있는 능력이 어느 정도인지를 평가하기 위해 설계된 평가방안'이라고 하여, 학생 자신의 지식과 기능의 활용 정도를 평가한다는 점을 강조하였다.

또한 강현석과 주동범(2004 : 393)은 수행평가란 평가자(교사)가 피평가자들(학습자)의 학습과제의 수행과정이나 결과를 직접 관찰하고, 그 관찰 결과를 전문적으로 판단하는 평가방식이라고 규정하였다.

이처럼 수행평가의 개념 정의에 등장하는 단어가 학자들에 따라서 약간씩 다르기는 하지만, **수행평가**란 전통적인 선다형 평가에 대한 대안적 평가방법으로서 학습자가 실제 세계와 유사한 상황에서 자신의 지식이나 기능을 다양한 방법으로 수행해 보이는 것을 평가자가 직접 관찰하거나 교육적 판단을 위한 정보수집 과정을 통하여 수집한 정보를 기초로 교육적 의사결정을 하는 방법이라고 정의할 수 있다. 이를 좀더 간명하게 정의하면 선택형 지필평가 이외의 모든 방법으로 평가하는 방식이라고 할 수 있다.

이와 같은 수행평가(performance assessment)의 정의에 나타나고 있는 중요한 요소를 살펴보면 다음과 같다.

"<u>학습자들의 학습 과제</u> <u>수행과정 및 결과를</u> <u>직접 관찰</u>하고
①　②　③
그 관찰 결과를 전문적으로 판단하는 평가방식"

이러한 정의에 나타나고 있는 중요한 요소는 학습과제, 수행, 직접관찰 등 세 가지이다.

① **학습과제** : 학습자들에게서 성취되기를 기대하는 교육목표와 관련되는 것으로, 가능한 한 실제 생활에서 보다 의미 있고, 중요하며, 유용한 과제들을 일컫는다.

② **수행** : 학생이 단순히 답을 선택하는 것이 아니라, 학생 스스로 답을 구성하는 것, 산출물이나 작품을 만들어 내는 것, 태도나 가치관을 행동으로 드러내는 것이다.

③ **직접관찰** : 학습자가 수행하는 과정이나 그 결과를 평가자가 읽거나, 듣거나, 보거나, 느끼거나 하는 활동을 모두 포함한다.

2. 수행평가와 기존의 평가방식 비교

수행평가를 기존의 평가방식과 비교하면 〈표 14-1〉과 같다.

<표 14-1> 수행평가와 기존이 평가방식 비교

비교준거	기존의 평가방식	수행평가 방식
평가대상(사고능력)	단순 암기력이나 이해력	비판적 · 창의적 사고력(고등정신 능력)
평가범위	결과로서의 지식	과정으로서의 지식+결과로서의 지식 (정의적, 운동 기능적 영역도 포함)
평가방법	선택형 지필검사	그 외의 다양한 방법
평가상황	인위적인 시험 상황	실제상황이나 유사 모의 상황
평가방법의 성격	간접적(검사위주)	직접적(관찰위주)

3. 수행평가와 관련된 용어들

수행평가라는 용어와 혼용하거나 그 의미가 혼동되어 사용하는 것들 중에 대안적 평가, 참평가, 직접평가, 포트폴리오 평가 등이 있다. 이와 같은 용어는 수행평가라는 용어와 관련성을 지니기는 하지만 혼용하거나 서로 바꿔 쓸 수 있는 것은 아니다.

이들 용어들이 수행평가와 어떤 관련성을 갖는가를 정리해 보면 다음과 같다〈표 14-2〉.

<표 14-2> 수행평가와 관련된 용어들

유사 용어	주요 특성
대안적 평가 (alternative assessment)	• 한 시대의 주류를 이루는 평가 체제와 성질을 달리하는 평가 체제 • 선택형 문항을 사용하는 표준화된 검사의 대안적인 평가(선택형이 아닌 서술형이나 논술형 문항 강조) • 대학수학능력시험과 같은 1회성 시험에 대한 대안적인 평가(표준화된 1회성 검사보다 지속적이면서도 종합적인 내신성적 강조) • 결과중심의 평가에 대한 대안적인 평가(결과뿐만 아니라 과정도 중시) • 수행평가는 대안적인 평가의 한 사례임
실제 상황에서의 평가 (authentic assessment)	• 평가 상황이나 내용이 가능한 한 실제 상황이나 내용과 유사해야 함을 강조 • 도덕 성적이 높은 것과 도덕성이 높은 것은 별개라는 입장과 유사 • True assessment라고도 함. 진정한 평가, 참평가로 번역되기도 함 • 교사의 교수 능력을 평가하기 위해 직접 가르쳐 보도록 하는 것과 유사 • 수행평가 방식 중의 한 특수한 사례라고도 할 수 있음

<표 14-2> 계속

유사 용어	주요 특성
직접적인 평가 (direct assessment)	• 간접적인 평가 방법보다는 직접적인 평가 방법을 중시 • 정답을 선택할 수 있는 것보다 정답을 서술하거나 구성할 수 있는 것 중시 • 도덕성을 지필식이나 구두시험보다는 학생의 행동을 직접 보고 평가하는 것 • 수행평가는 가능한 한 직접적인 평가의 성격을 풍부하게 포함하려고 함
실기시험 (performance-based assessment)	• 지필식 시험보다 실기 시험 중시 • 단순히 아는(기억하는) 것보다 실제로 할 줄 아는 것이 중요함을 강조 • 실기평가는 수행평가의 한 유형임
포트폴리오법 (portfolio)	• 시험이 아니라 학생이 쓰거나 만든 작품집이나 서류철 등을 이용한 평가(예 : 대학원에서 지도 교수가 학생의 논문을 지도하고 심사하는 것과 유사) • 결과가 나오게 된 과정 및 변화에 대한 평가를 중시함 • 성취도 자체도 중요하지만 학생의 노력이나 향상도 중요 • 1회적이고 단절적인 평가가 아니라 지속적이면서도 통합적인 평가 중시 • 수행평가의 대표적인 한 유형임
과정(중심) 평가	• 학습의 결과가 아니라 학습의 과정을 평가의 주요 대상으로 설정하는 평가 • 과정(중심)평가는 수행평가가 강조하는 중요한 측면 중의 하나임
⇒ 1990년대부터 이러한 유사 개념들의 주요 특성들을 포괄적으로 지칭하기 위해 '수행평가'라는 용어를 사용하고 있음.	

제2절 수행평가의 성격과 필요성

1. 수행평가의 성격과 특징

선택형 문항에 의한 평가와 수행평가의 범위는 [그림 14-1]과 같다. 즉, 아래 직선상의 '서술형' 평가부터 수행평가의 범주에 들어가는 셈이며, 오른쪽으로 갈수록 수행평가의 성격이 강해지는 모습을 보이고 있다.

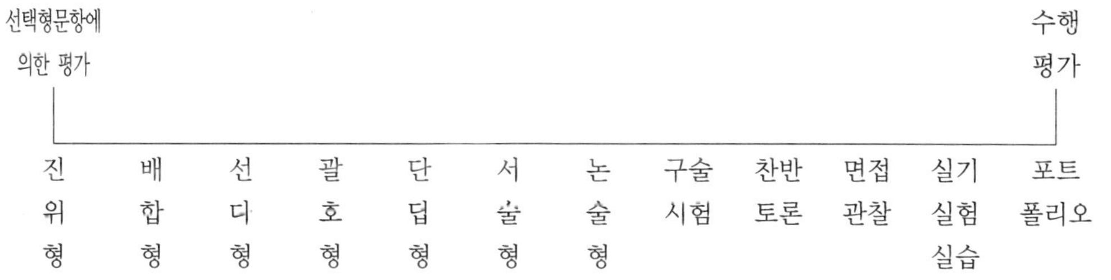

[그림 14-1] 수행평가 유형들의 위치

선택형 문항에 의한 평가와 수행평가의 서로 다른 특성은 다음과 같다.

선택형 문항에 의한 평가	수행평가
① 인지	인지/정의/심동적 영역
② 결과적 지식/명제적 지식	과정적 지식/절차적 지식
③ 학습 결과	학습 과정과 결과
④ 고정형 평가	개방형 평가
⑤ 이분적(정답여부)평가	다분적 평가
⑥ 타당도 : 내용/구인/준거	내용/준거
⑦ 신뢰도 강조	타당도 강조
⑧ 행정적 기능	교수적 기능

이상의 선택형 문항에 의한 평가와 수행평가의 특성을 비교함에 있어서 유의할 사항이 있다. 그것은 왼쪽의 평가 방법은 부적절하고 비람직하지 못한 것이며, 오른 쪽의 수행평가에 해당하는 평가 방법들은 적절하고 바람직하다는 사고는 올바르지 않다. 각 평가 유형이나 방법은 고유한 특징과 용도가 있으며, 장점과 단점을 동시에 지니고 있기 때문이다.

수행평가의 중요한 특징(성격)을 기술하면 다음과 같다.

1) 수행평가는 학생이 문제의 정답을 선택하는 것이 아니라, 자기 스스로 답을 작성(서술 혹은 구성)하거나 행동으로 나타내도록 하는 평가방식이다.

2) 수행평가는 추구하고자 하는 교육목표의 달성 여부를 가능한 한 실제 상황 하에서 파악하고자 하는 평가방식이다.

3) 수행평가는 교수 · 학습의 결과뿐만 아니라 교수 · 학습의 과정도 함께 중시하는 평가방식이다.

4) 수행평가는 단편적인 영역에 대해 일회적으로 평가하기보다는, 학생 개개인의 변화 · 발달과정을 종합적으로 평가하기 위해 전체적이면서도 지속적으로 이루어지는 것을 강조하는 방식이다.

5) 수행평가는 개개인을 단위로 해서 평가하기도 하지만, 집단에 대한 평가도 중시하는 평가방식이다.

6) 수행평가는 학생의 학습과정을 진단하고 개별 학습을 촉진하려는 노력을 중시하는 평가방식이다.

7) 수행평가는 학생의 인지적인 영역(창의성이나 문제해결력 등 고등 사고 기능을 포함)뿐만 아니라, 학생 개개인의 행동발달 상황이나 흥미 · 태도 등 정의적인 영역, 그리고 운동기능 영역에 대한 종합적이고 전인적인 평가를 중시하는 평가방식이다.

8) 수행평가는 기억, 이해와 같은 단순 사고능력보다는 창의, 비판, 종합과 같은 고등 사고 능력의 측정을 중히 여기는 평가방식이다.

9) 수행평가는 학생의 적극적인 학습활동, 자기주도적인 학습을 직접적으로 조장할 수 있는 평가방법이다. 평가가 어떻게 이루어지느냐에 따라서 교수-학습활동이 규정되는 바가 크듯이, 수행평가는 학생들로 하여금 학습이 단순지식의 습득과 기억에 머무르지 않고, 자기 자신의 학습행위를 계속적으로 점검하게 함과 동시에 이를 개선해 나가는 자기주도적인 학생활동을 조장하는 데 도움을 준다.

2. 수행평가의 필요성

가. 21세기 지식 · 정보화 사회에 대비하기 위하여

지식 · 정보화 사회에서는 단편적 · 사실적 지식을 암기하고 이해하는 능력보다는 정보의 탐색, 수집, 분석, 비판, 종합, 창출 능력, 자기 주도적인 평생학습 능력, 효율적인 의사소통 능력, 협동적 문제해결 능력 등이 절실하게 요구된다. 최근 세계의 교육 선진국들에서는 이런 능력을 타당하게 평가할 수 있는 수행평가 방식을 적극적으로 도입하는 추세이다.

나. 학교교육의 정상화를 도모하기 위하여

현재 우리나라 학교교육의 비정상성은 '교육목표－교육방법－교육평가'간의 연계가 부족한 데서 기인한 바가 크다. 그 동안 우리 교육은 고등정신 능력, 바람직한 태도 및 정서 함양 등 전인적 인간 양성을 교육목표로 제시해 왔다. 그러나 교육방법과 평가는 이러한 능력이나 품성 함양을 위한 방향으로 진행되지 못했다. 수행평가는 교육과학기술부가 '교육비전 2002 : 새 학교 문화 창조'실천 운동에서 지향하고 있는 학생평가 방식으로서, 전인적 인간 양성이라는 교육목표의 달성여부를 평가하는 데 가장 적절한 방법이다.

다. 수업과 평가의 긴밀한 연계를 도모하기 위하여

학교의 교육목표는 구체적으로 수업활동을 통해서 실현된다. 그리고 실제 수업이 평가의 영향을 받게 되는 것을 불가피한 현실이다. 따라서 수업과 평가가 긴밀하게 연계되지 않으면 교육목표의 효과적인 달성은 불가능할 뿐만 아니라 수업의 질 개선은 어렵게 된다. 전통적인 지필식 검사는, 수업한 결과를 확인하는 방식으로 수업과 연계된다. 그러나 수행평가는 수업의 과정에서 교수－학습 활동과 평가활동을 접목시키는데 가장 적절한 평가방법이다.

라. 보다 의미 있는 평가결과를 제공하기 위하여

평가 결과는 학생의 능력에 대해 적절하고 정확한 정보를 제공해 주어야 한다. 또한 평가 결과는 수업개선에 필요한 정보를 제공할 수 있어야 한다. 그러기 위해서 평가는 학생들이 수업을 통해 기르기를 바라는 능력 중 가장 중요한 부분을 포함해야 한다. 기존의 지필식 평가는 교육목표나 내용의 중요한 부분을 평가하는데 한계를 지닌다. 지필식 평가가 가능한 부분만을 간접적으로 평가할 수밖에 없다. 따라서 지필검사의 결과만으로 학생의 능력을 종합적으로 이해하거나 수업개선에 필요한 정보를 얻기에는 부족함이 많다. 수행평가는 학생의 종합적인 능력을 정확하고 타당하게 파악하고, 수업개선에 도움이 되는 의미 있는 평가 결과를 제공할 수 있다.

마. 새로운 지식관과 학습관에 부응하기 위하여

주관주의 · 구성주의 교육철학의 대두에 따라 기존의 객관적 · 절대적 지식관은 주관적 · 상대적 지식관을 강조하는 방향으로 변화하고 있다. 즉, 지식을 인간의 외부에 독립적으로 존재하는 것이 아니라, 인간 내부에서 개별적인 경험에 의해 주관적으로 구성되어 가는 것으로 보게 된 것이다. 이러한 지식관의 변화에 따라 학습관도 학습자 중심 교육을 지향하게 되었다. 학습은 더 이상 학습자 외부에 객관적 · 독립적으로 존재하는 지식체계를 수동적으로 받아들이는 과정으로 간주되지 않는다. 학습이란 지식의 요소들을 받아들여 학습자 개개인의 경험에 의해 능동적 · 주관적으로 구성해 나가는 과정으로 해석하게 되었다. 이와 같은 지식관과 학습관을 충실하게 반영하는 평가모형이 수행평가이다.

제3절 수행평가의 방법

수행평가의 방법(기법)은 구성적 반응, 결과물의 특성, 학습자 활동의 성격, 과정의 확인 등 4가지 차원에서 다음과 같이 매우 다양한 종류들이 있다〈표 14-3〉.

<표 14-3> 수행평가의 종류들

구성적 반응	결과물의 특성	학습자 활동의 성격	과정의 확인
① 도표나 그림에 제목 붙이기 ② 과제물 제시 ③ 시각적 표현(개념도, 흐름도, 표, 도표, 도안 등)	① 논술 ② 연구보고서 ③ 실험 · 실습보고서 ④ 이야기/극본 ⑤ 시 ⑥ 포트폴리오 ⑦ 작품 ⑧ 모형 ⑨ 비디오/오디오	① 구두발표 ② 무용/창작 ③ 과학실험시연 ④ 운동경기 ⑤ 연극 ⑥ 토론 ⑦ 음악발표 ⑧ 놀이활동	① 구두질문 ② 관찰 ③ 면담 ④ 회의, 집단토론 ⑤ 학습일지

현재 널리 사용되고 있는 수행평가의 종류로는 서술형(주관식) 검사, 논술형 검사, 구술시험, 찬 · 반 토론법, 실험 · 실습법, 면접법, 관찰법, 자기평가 보고서, 연구보고서, 포트폴리오(portfolio) 등이 있다(백순근 외, 1996). 이러한 기법들은 새롭게 개발되었다기보다는 과거에도 있었던 것이지만, 학습에 있어서 기존의 권위나 가치관에 대한 수동적인 수용보다는 자기 나름의 세계를 재창조해 가는 과정을 강조하는 근래의 인지심리학을 근거로 하여 창의성이나 문제해결력 등 고등사고기능을 파악하고 신장하기 위한 교육평가의 기법으로 각광받고 있다고 할 수 있다.

이들에 대해 보다 구체적으로 설명하면 다음과 같다.

1. 서술형 및 논술형 검사

서술형 검사란 흔히 주관식 검사라고 하는 것으로 문제의 답을 선택하는 것이 아니라 학생들이 직접 서술하는 검사이다. 질문 형태에 있어서 종래의 단편적인 지식(예컨대, 최초의 인공위성이 발사된 연도와 나라 이름은 무엇이냐?)을 묻는 것이 대부분이었으나, 최근에는 창의성 등 고등정신 능력을 묻는 것(예컨대, 인공위성 발사가 인류의 삶에 미치는 영향을 무엇인가?)이 강조되고 있다.

논술형 검사도 일종의 서술형 검사이기는 하지만 개인 나름의 생각이나 주장을 창의적이고 논리적으로 설득력 있게 조직하여 작성해야 함을 강조한다는 점에서 일반 서술형과 구별되기도 한다. 대체로 논술형 검사에서는 서술된 내용의 깊이와 넓이뿐만 아니라 글을 조직하고 구성하는 능력을 동시에 평가하게 된다.

2. 구술시험

구술시험은 종이와 붓이 발명되기 전부터 시행되어 오던 가장 오래된 수행평가의 한 형태로서, 학생으로 하여금 특정 교육 내용이나 주제에 대해서 자신의 의견이나 생각을 발표하도록 하여 학생의 준비도, 이해력, 판단력, 의사소통능력 등을 직접 평가하기 위한 방법이다. 구술시험은 학생들이 대학이나 대학원을 졸업하기 위해서 졸업시험이나 논문심사의 한 과정으로 거쳐야 하는 관문처럼 생각하는 시험의 한 형태이지만, 초 · 중등학교에서도 쉽게 사용할 수 있다. 예컨대, 중학교 국사 시간에 '신라가 삼국을 통일할 수 있었던 이유'라는 주제에 대해서 학생들에게 발표준비를 하도록 한 다음, 개별적으로 발표하도록 하여 평가하는 것이다. 교사는 학생의 개별 발표를 통해 특정 학생의 준비도, 이해력, 표현력, 판단력, 의사소통능력 등을 평가할 수 있을 것이다. 위와 같이 주제나 질문을 사전에 미리 알려주는 경우도 있지만, 특별한 내용영역만 알려 주고 난 다음, 구술시험을 시행할 때 평가자가 그 내용영역에 관련 있는 주제나 질문을 제시하고 학생이 답변하는 형식을 취할 수도 있다. 예컨대, 중학교 국사 시간에 학생들에게 '삼국시대의 문화'에 대해서 공부하도록 한 다음, 구술시험을 칠 때 평가자가 학생에게 '백제 문화의 특징을 고구려 문화나 신라 문화의 특징과 비교하여 설명'해 보도록 요구하는 것이다.

3. 찬 · 반 토론법

사회적으로나 개인적으로 서로 다른 의견을 제시할 수 있는 토론주제를 가지고, 개인별로 찬 · 반 토론을 하도록 하거나 집단으로 나누어 집단별 찬 · 반 토론을 하도록 한 다음, 찬성과 반대의견을 토론하기 위해 사전에 준비한 자료의 다양성이나 충실성, 그리고 토론 내용의 충실성과 논리성, 반대 의견을 존중하는 태도, 토론 진행 방법 등을 총체적으로 평가하는 방법이다. 아울러 이러한 찬 · 반 토론의 과정을 자세히 관찰함으로써 토론 진행과정에서 지도력을 발휘하여 토론을 이끌어 가는 사람, 당당하게 자기 주장을 피력하는 사람, 남의 의견을 차분히 듣고 모두의 의견을 집약하는 능력을 발휘하는 사람, 또는 상대방에게 의견을 자유스럽게 제시하도록 한 후 결론은 자기 의견대로 끌고 가는 사람 등 여러 가지 유형의 성격도 파악할 수 있다. 이러한 찬 · 반 토론법은 논술형 검사와 구술시험을 통해 얻을 수 있는 정보를 모두 얻을 수 있는 장점이 있는 반면, 학생수가 많을 경우 개별 학생들이 충분히 발언할 기회를 갖지 못하는 단점도 있다.

4. 실기시험

종래의 실기시험과 수행평가에서 말하는 실기시험의 차이는 시험을 치르는 상황이 통제되거나 강요된 상황인가 아니면 자연스러운 상황인가의 차이에 기인한다. 종래의 실기 시험에서는 평가가 이루어지는 상황이 통제되거나 강요되는 경우가 대부분이다. 예컨대, 종래의 농구 실기시험의 상황을 보면, 공을 5개 주고 슛을 하게 하여 골인된 공의 개수와 슛을 하는 자세를 보고 평가하거나, 두 사람이 나와서 서로 여러 번 패스하게 한 후 이를 보고 평가하는 경우가 대부분이다. 그러나 수행평가의 실기시험에서는 학급 또는 학교 대항 농구 시합에서 실제로 하는 것을 여러 번 관찰하여 실제 수행 능력을 평가하는 것이다. 자연스러운 상황에서의 실기시험은 음악, 미술, 체육, 실과 분야에서 많이 이용되는 방법이다 요즈음은 읽기, 듣기, 쓰기, 말하기 등 언어 분야에서도 많이 활용되고 있다.

5. 실험 · 실습법

실험 · 실습법은 자연과학 분야에서 많이 사용되는 것으로 어떤 과제에 대해서 학생들로 하여금 직접 실험 · 실습을 하게 한 후 그 결과보고서를 제출하게 한다. 이 때 개인 단위로 실험 · 실습을 하게 할 수도 있고 팀을 구성하여 공동작업을 하게 할 수도 있다. 평가자는 학생들의 실험 · 실습 과정을 직접 관찰함과 아울러 제출된 결과 보고서를 동시에 고려하여 평가하게 된다. 이러한 방법은 실험 · 실습을 위한 기자재의 조작적인 능력뿐만 아니라 지식을 적용하는 능력이나 문제해결 과정을 포괄적이면서도 종합적으로 평가할 수 있다. 참고로 한국교육개발원(1993)에서는 고등학생의 과학 실험 능력을 평가하기 위한 준거로 계획 및 고안, 조작기능 및 실험 수행, 관찰 및 기록, 자료 해석 및 실험, 책임 · 창의 및 습관을 제안한 바 있다.

6. 면접법

면접법이란 평가자와 학생이 서로 대화를 통해서 얻고자 하는 자료나 정보를 수집하여 평가하는 방법이다. 즉 평가자가 학생과 직접 대면하여 평가자가 질문하고 학생이 대답하는 과정을 통해 지필식 시험이나 서류만으로는 알 수 없는 사항들을 알아보고 그것을 평가하는 방법이다. 면접하는 방법은 한 명의 평가자와 한 명의 학생이 일 대 일로 하는 면접, 여러 명의 평가자와 한 명의 학생이 하는 다수 대 일로 하는 면접, 반대로 일대 다수가 하는 면접, 마지막으로 다수 대 다수가 하는 면접 등이 있다. 면접법의 장점은 보다 심도 깊은 정보를 얻을 수 있으며, 사전에 예상할 수 없었던 정보나 자료를 얻을 수 있으며, 진행상 융통성을 발휘할 수 있는 것, 단순 암기나 사상의 이해수준을 넘어서 평소의 관점이나 태도 등을 포괄적으로 평가할 수 있는 점 등이다.

7. 관찰법

관찰은 학생을 이해하고 평가하기 위한 가장 보편적인 방법 중의 하나이다. 교사들은 늘 학생들을 접하고 있으며 개별 학생 단위로나 집단 단위로나 항상 관찰하게 된다. 예컨대, 학생들 간의 사회적 관계 구조를 파악하기 위해 한 집단 내에서 개인간 또는 소집단간의 역동적 관계를 집중적으로 관찰할 수 있다. 특히 나이가 아주 어리거나 지적 능력이 지나치게 낮은 학생들을 대상으로 평가하기 위해서는 평가하기 위한 상황을 의도적으로 마련할 수 없는 경우가 많기 때문에 인위적인 아닌 자연적인 상황에서의 관찰법을 자주 사용하게 된다. 객관적이고 정확한 관찰을 하기 위해서는 관찰 대상을 있는 그대로 기술하는 일화기록법이나, 체크리스트나 평정척도 등을 이용하기도 하고, 경우에 따라서는 비디오 녹화를 한 후 분석하기도 한다.

8. 자기평가 보고서

자기평가 보고서란 특정 주제나 교수 · 학습 영역에 대하여 자기 스스로 학습 과정이나 학습 결과에 대한 자세한 평가 보고서를 작성 · 제출하도록 하여 평가하는 것이다. 예컨대, 어떤 교육프로그램을 이수한 후, 그 프로그램을 이수하면서 자기 스스로의 학습 과정이나 학습 결과에 대해 평가 보고서를 작성 · 제출하도록 함으로써 학습자로 하여금 자신의 준비도, 학습동기, 성실성, 만족도, 다른 학습자들과의 관계, 성취수준 등에 대해 스스로 생각하고 반성할 수 있는 기회를 제공할 뿐만 아니라, 교사로 하여금 교사가 행한 해당 학습자에 대한 관찰이나 수시평가가 타당하였는지를 비교 · 분석해 볼 수 있는 기회를 제공하게 된다.

9. 연구보고서

이 방법은 각 교과별로나 범교과적으로 여러 가지 연구 주제 중에서 학생의 능력이나 흥미에 적합한 주제를 선택하되, 그 주제에 대해서 자기 나름대로 자료를 수집하고 분석 · 종합하여 연구 보고서를 작성 · 제출하도록 하여 평가하는 것이다. 이 때 연구의 주제나 범위에 따라 개인적으로 할 수도 있고, 관심 있는 학생들이 함께 모여서 단체로 할 수도 있다.

이러한 보고서 작성을 통해서 학생들은 적어도 관심 있는 특정 주제에 대한 각종 정보를 수집하는 방법, 다양한 자료를 종합하고 분석하는 방법, 보고서 작성법 등을 익히게 될 것이며, 연구 발표회나 연구의 상호 교환을 통해 다양한 요소를 학습하게 된다. 아울러 이러한 연구 보고서의 작성은 실제로 실제 생활을 위한 좋은 준비 작업의 경험이 될 수 있다.

10. 포트폴리오(portfolio)

Portfolios는 '운반하다(carry)'의 의미를 갖는 'port'라는 단어와 종이(paper)를 뜻하는 'folio'에서 파생되었는데, 이는 학생의 저작품 폴더(school literary folder)(Jongsma, 1989), 확실성 측정(authenticity measures) 그리고 협력평가(collaborative assessment)(Valencia, 1990)라고 불리기도 한다.

포트폴리오에 대한 정의를 Paulson 등(1991)은 "하나 혹은 그 이상의 영역에서 학생의 참여, 결과의 판단준거, 학생의 자기반성 증거를 가지고 있는 학생의 노력, 발달, 성취를 나타내는 학생 과제의 수집물", Graves와 Suntein(1991)은 "학생의 학습상태를 스크랩북으로 누가 기록해 둔 형태", Feuer와 Fulton(1993)은 "장시간에 걸쳐 학생이 수행한 과제의 모음집"이라고 정의하고 있다. 이 밖에 "단순한 작품의 모음집이 아니라 학생의 노력, 발달, 성취 등 여러 가지를 나타내어 주는 목적 있는 작품철"(Phelps 등, 1997), "자신이 쓰거나 만든 작품을 지속적이면서도 체계적으로 모아둔 개인별 작품집 혹은 서류철을 이용한 평가방법"(백순근, 1997) 등으로 정의되고 있다.

제4절 수행평가의 과정과 몇 가지 예

수행평가의 과정은 근본적으로 교육평가의 과정과 동일하다. 수행평가의 과정을 국어과 '설득하는 말하기' 단원의 예를 들어 기술하면 다음과 같다.

1. 수행평가의 과정

가. 교육과정 분석 : 목적, 목표, 내용 분석

단 원	영 역	내 용
설득하는 말하기	주장하기	1. 주장하기의 본질 2. 주장하기의 원리 3. 주장하기의 실제

나. 평가 목적의 명료화

1. 평가목적	자신이 의견(견해)을 조리 있고 설득력 있게 주장함으로써 개인과 집단의 문제를 바르게 해결할 수 있는 능력을 기른다.
2. 평가결과 사용자	교사
3. 평가용도	(1) 순위결정 (2) 성취도 (3) 수업개선 (4) 혼합
4. 평가대상	(1) 학년 : 3 (2) 학생수 : 35 (3) 대상의 특성

다. 평가하고자 하는 성취기준의 개발

교육과정에서 함축적으로 제시된 교육내용 목표를 "교사들의 교수-학습 활동에 구체적인 안내를 할 수 있는 명확한 성취기준"의 개발이다.

교육과정		성 취 기 준
중영역	소영역	1. 자신의 의견이 무엇인지 주장하고자 하는 내용을 분명하게 밝힐 수 있다. 2. 자신이 내세운 의견을 뒷받침할 만한 타당한 근거나 이유를 밝힐 수 있다. 3. 다른 사람 앞에서 자신이 주장하고자 하는 바를 자연스럽게 말할 수 있다.
주장하기	주장하기의 실제	

라. 적절한 평가장면과 방법의 결정

평 가 장 면	평 가 방 법
1. 단원의 학습이 종결되는 수업시간 2. 특정주제(예 : 일본과 중국의 한류 현상 반대 움직임)에 대한 개별 혹은 집단토론	1. 토론 결과에 대한 보고서 2. 관찰목록 체크리스트 3. 집단별 평가인 경우 상호평가

마. 평가기준 및 배점(평가내용 혹은 문항에 대한 가중치)개발

평가영역	평 가 기 준		
	상(3)	중(2)	하(0)
토론 주제의 이해도	토론할 주제를 매우 잘 이해하고, 주제의 범위 내에서 토론을 전개한다.	토론할 주제를 대체로 이해하고 있으나, 간혹 토론 주제의 범위를 벗어나는 이야기를 한다.	토론할 주제가 무엇인가를 제대로 이해하지 못하며, 토론 주제를 벗어나는 주장을 하기도 한다.
자기주장 표현의 적절성	자기주장의 표현이 자연스러워 설득력이 있다.	간혹 부자연스러운 표현이 있어 설득력이 부족하다.	언어적 표현이 부자연스러우며 설득력이 없다.
주장의 근거 제시 능력	객관적인 이유나 근거를 바탕으로 주장을 전개한다.	주장의 이유나 근거가 객관적인 편이나 간혹 개인적인 의견을 제시한다.	자기 개인의 입장이나 경험에 근거하여 주장한다.

평가 기준 및 배점의 결정은 평가자의 전문적인 판단 대상이다. 가능한 한 평가 기준은 학습자들의 다양한 행동 종류들을 망라할 수 있도록 구체적이면서 다양한 항목으로

설정할 필요가 있다. 그리고 그 수준과 배점 배정 방법도 규준지향평가와 준거지향평가 중 어느 것을 적용하느냐에 따라서, 평가 기준의 중요도에 따라서 배점을 달리 할 수 있다. 즉, 규준지향평가 체제를 적용하는 경우에는 평가 기준별 배점의 간격을 크게(예 : 5점 만점), 준거지향평가의 경우에는 배점 간격이 적게(예 : 3점 만점) 할 수 있다. 또 평가 영역의 중요도에 따라서 어떤 영역의 만점은 10점으로, 어떤 영역은 3점 만점으로 배점할 수도 있다.

바. 평가 실시

토론할 주제를 설명한 후 개인별 혹은 소집단을 편성하여 토론을 전개한다. 수행평가는(다른 유형의 평가도 마찬가지다) 집단보다는 학생의 개별 상태를 점검하고, 우수한 점과 미흡하고 부족한 점을 발견하여 개별 발달을 도모하기 위한 정보 수집이 중요하므로 여기에서 제시한 수행평가 주제의 예는 적절하다고 보기는 어렵다. 그러나 소집단별로 토론을 전개하도록 하고 토론과정을 집단별로 관찰하여 집단별 평가를 하는 것은 적절할 것이다.

사. 채점기준에 따라 채점, 결과 정리 및 활용

1) 교육내용(학습과제)별, 개인별, 집단별 점수의 누가기록(개별 프로파일)

2) 교육내용(학습과제)별, 개인별, 집단별, 학습성취 수준의 실질적인 파악과 학습상의 장 · 단점 기술

3) 수업개선, 학습결손 보충 과정의 구안 자료로 활용

4) 피드백 및 등급화 방안의 연구

(1) 각 교과 교육과정의 중영역별로 학생의 성취수준을 상/중/하로 판정하여 제시, 학년 말 학교생활기록부에 기재, 학생 혹은 학부모에게 통지하기 위해 한 교과 전체에 대한 성취수준을 수/우/미/양/가(혹은 매우 우수/우수/보통/미흡/매우 미흡) 평어로 판정하여 기술

(2) 평가의 기준(준거지향평가)을 사전에 정하여 학생이나 학부모에게 제공한 다음, 그 기준에 따라서 준거지향평가 실시 및 활용

2. 수행평가의 예(한국교육과정평가원, 1999)

가. 고등학교 국어과 수행평가 - 논술형

<table>
<tr><th>대영역</th><th colspan="2">언어, 쓰기</th><th>중영역</th><th>국어의 사용, 쓰기의 실제</th></tr>
<tr><td>성취기준</td><td colspan="4">• 남북한 언어의 이질화 현상과 남북한 언어 통일의 필요성을 제기하는 글을 쓸 수 있다.</td></tr>
<tr><td rowspan="3">평가기준</td><td>상</td><td colspan="3">• 남북한 언어의 이질화 현상과 남북한 언어 통일의 필요성을 풍부한 예나 구체적 근거를 들어 정확하게 논술한다.</td></tr>
<tr><td>중</td><td colspan="3">• 남북한 언어의 이질화 현상과 남북한 언어 통일의 필요성을 대체로 이해하고는 있으나, 풍부한 예나 구체적 근거를 들어 설명하는 데는 다소 어색함을 보인다.</td></tr>
<tr><td>하</td><td colspan="3">• 남북한 언어의 이질화 현상과 남북한 언어 통일의 필요성에 대해 제대로 인식하지 못하고 있으며, 풍부한 예나 구체적 근거를 들어 설명하는 데 미흡하다.</td></tr>
<tr><td>문항형태</td><td colspan="2">논술형</td><td>교과서 관련 단원</td><td>국어(하) 2. 국어와 생활</td></tr>
</table>

【문항】

아래 글을 참고로 하여, 남북한 언어 이질화의 원인과 현황, 남북한 언어 통일의 방향에 대해 자신의 견해를 밝히시오. 단, 유의 사항을 참고할 것. (100분, 1200자 내외)

【채점기준】

채점요소	상(2)	중(1)	하(0)
남북한 언어 통일의 필요성 알기	남북한 언어의 이질화 정도, 언어 통일의 필요성, 방향 등을 구체적인 근거와 함께 논리적으로 제시하고 있다.	남북한 언어의 이질화 정도, 언어 통일의 필요성, 방향 등을 정확히 제시하고는 있지만, 구체적 근거 제시가 제시된 지문을 벗어나지 못한다.	남북한 언어의 이질화 정도, 언어 통일의 필요성, 방향 등에 대해 정확히 인식하지 못하고, 제시된 글을 요약하는 수준이다.

나. 고등학교 수학과 수행평가 – 프로젝트법

<table>
<tr><td rowspan="2">교과명</td><td rowspan="2">공통수학</td><td>대영역</td><td>대수</td></tr>
<tr><td>중영역</td><td>집합과 명제</td></tr>
<tr><td>성취기준</td><td colspan="3">• 자신의 생각을 표현할 때, 논리적으로 무순이 없는지 추론의 법칙에 따라 생각해 봄으로써, 수학의 역할과 가치를 인식한다.</td></tr>
<tr><td>평가기준</td><td colspan="3">• 집합론과 논리에서의 여러 가지 역설을 조사해 보면서 자신의 생각을 표현할 때 논리적으로 모순이 없는지 생각해 보는 습관을 갖는다.</td></tr>
</table>

【평가 과제】

집합론에서의 유명한 역설인 "러셀의 역설"에 관하여 조사하여라. 또, 논리적으로 자기모순을 담고 있는 표현을 찾아보아라.

【채점 기준】

<table>
<tr><td colspan="2">채점 요소</td><td>배점</td></tr>
<tr><td rowspan="2">• 러셀의 역설</td><td>• 「자기 자신을 원소로 갖는 않는 집합」이나 「마을 이발사의 역설」 등 러셀의 역설의 예를 제시하고 충분히 올바르게 설명한 경우</td><td></td></tr>
<tr><td>• 러셀의 역설의 예를 제시하였으나 충분히 설명하지 못한 경우</td><td></td></tr>
<tr><td rowspan="2">• 논리적인 자기 모순</td><td>• 「거짓말쟁이의 역설」 등 논리적으로 자기 모순이 되는 예를 제시하고 충분히 올바르게 설명한 경우</td><td></td></tr>
<tr><td>• 논리적으로 자기 모순이 되는 예를 제시하였으나 충분히 설명하지 못한 경우</td><td></td></tr>
</table>

다. 고등학교 영어과 수행평가 – 듣기

<table>
<tr><td>대영역</td><td colspan="2">1. 이해</td><td>중영역</td><td>11. 듣기</td></tr>
<tr><td>소영역</td><td colspan="4">113. 간단한 말의 세부 내용 등을 파악하기</td></tr>
<tr><td>성취기준</td><td colspan="4">113-1. 사람에 관한 정보를 파악한다.
113-2. 사물에 관한 정보를 파악한다.
113-3. 대화에서 언급된 시간을 파악한다.
113-4. 대화의 장소를 파악한다.
113-5. 말에 나타난 일의 방법이나 절차를 파악한다.</td></tr>
<tr><td rowspan="3">평가기준</td><td>상</td><td colspan="3">말을 듣고 이해한 구체적인 정보를 활용하여 말에 나타난 일의 방법과 절차를 파악할 수 있다.</td></tr>
<tr><td>중</td><td colspan="3">말에서 나타난 시간, 장소, 수치 등의 구체적인 정보를 파악할 수 있다.</td></tr>
<tr><td>하</td><td colspan="3">말에서 나타난 시간, 장소, 수치 등의 구체적인 정보를 파악하는데 어려움을 겪는다.</td></tr>
</table>

【문항】

〈질문〉

다음 대화를 듣고 버스와 비행기의 행선지와 시간표를 만드시오.

〈지문〉

Dialog 1

A : Excuse me. Could you tell me when the earliest bus for City Hall leaves?

B : Just a moment. Yes, the earliest bus for City Hall is at nine in the morning.

Dialog 2

A : Excuse me. When is the earliest flight for New York?

B : Well, let me see.... OK, the earliest one is at three in the afternoon on weekdays.

【채점기준】

상 : 3~4개 답한 경우

중 : 1 ~ 2개 답한 경우

하 : 답을 쓰지 않거나 무관한 답을 한 경우

라. 고등학교 과학과 수행평가 – 토론법 + 보고서 평가

<table>
<tr><td>대영역</td><td colspan="4">1. 과학의 탐구</td></tr>
<tr><td>주영역</td><td colspan="4">3. 과학이 인간생활에 미치는 영향</td></tr>
<tr><td>성취기준</td><td colspan="4">A11. 과학의 중요성과 가치를 인식한다.
A12. 문제를 과학적으로 해결하려는 태도를 갖는다.</td></tr>
<tr><td rowspan="2">평가기준</td><td rowspan="2">EA1</td><td>상</td><td>중</td><td>하</td></tr>
<tr><td>• 과학의 중요성과 가치를 인식하고, 문제를 과학적으로 해결하려는 태도를 보인다.</td><td>• 과학의 중요성과 가치를 인식하거나 과학적으로 해결하려는 태도를 보인다.</td><td>• 과학의 중요성과 가치를 인식하지 못하며, 문제를 과학적으로 해결하려는 태도를 보이지 않는다.</td></tr>
<tr><td>문항형태</td><td colspan="4">토론법 + 보고서 평가</td></tr>
<tr><td>수준구분</td><td colspan="4">상/중/하</td></tr>
</table>

【문항】

과학이 사회에 미치는 부정적 · 긍정적인 영향을 바탕으로 사회발전의 측면에서 과학의 필요성을 찬성 · 반대로 나누어 토론하고, 결과를 보고서로 제출한다.

【예시 토론 주제】

인공 수정을 통해 수정된 수정란은 이식 수술이나 암치료 같은 의학 연구에 매우 유용하게 쓰일 수 있다. 체외 수정을 할 경우 필요한 것보다 더 많은 수정란이 만들어지게 되는데, 여분의 수정란들이 의학 실험에 쓰여도 되는가?

【채점기준】

• 토론 과정 평가 (상 : 3-4점, 중 : 1-2점, 하 : 0점)

채점기준	배점
1) 모든 조원들이 활발히 토론에 참여하였다(예/아니오).	1/0
2) 독단적인 처리과정이 없었다(예/아니오).	1/0
3) 부적절한 논의에 대한 수정작업이 있었다(예/아니오).	1/0
4) 모든 조원의 의견을 수렴하여 최종 의견을 결정하였다(예/아니오).	1/0

• 보고서 평가(상 : 3-4점, 중 : 1-2점, 하 : 0점)

채점기준	배점
1) 과학의 긍정적 또는 부정적 영향의 문제점을 여러 가지 측면에서 포괄적으로 지적하고, 각각의 타당한 증거 예를 제시하였다.	4
2) 과학의 긍정적 또는 부정적 영향의 문제점을 여러 가지 측면에서 포괄적으로 지적하였으나, 어느 한 분야에 국한된 증거 예를 제시하였다.	3
3) 과학의 긍정적 또는 부정적 영향의 문제점을 일부의 측면에서 지적하고 타당한 증거 예를 제시하였다.	2
4) 과학의 긍정적 또는 부정적 영향의 문제점을 일부의 측면에서 지적하였으나 증거 제시가 미비하다.	1
5) 과학의 긍정적 또는 부정적 영향에 대한 주장이 나타나 있지 않으며, 증거도 잘 제시하지 못하였다.	1

제5절 수행평가의 난점

모든 교육평가 형태(방식)는 그 나름의 특징과 강점으로써 사용목적이 있는가 하면, 문제점 혹은 난점을 지니기 마련이다. 수행평가는 기존의 선택형 문항으로 구서된 평가 도구의 사용, 그래서 평가의 타당성이 낮다는 문제를 해결하는 데 도움을 줄 수 있는 강점이 많은 평가 유형임에 틀림없다. 그러나 수행평가 역시 평가의 본질상 혹은 실제

적용을 위한 조건상 그 적용에 따른 장점 못지않게 단점도 적지 않다.

수행평가의 문제점에 대하여 권대훈(2005 : 415－422)은 11가지의 문제점을 구체적으로 밝히고 있다. 그가 지적하고 있는 문제점은 다음과 같다.

① **개념적 모호성** : 학자들 간, 현장 교사들 간에 수행평가 개념에 대하여 혼란스러운 상황이다.

② **자기비판체제 결여** : 수행평가 자체가 지니고 있는 한계나 제한점에 대한 깊은 검토나 연구 없이 일종의 유행처럼 사용되고 있다.

③ **측정영역 제한** : 기능이나 작품의 평가에는 적절할 수 있으나, 고등정신능력의 측정에는 오히려 부적절 할 수 있다.

④ **교사의 소양 부족** : 수행평가 결과와 수업과의 긴밀한 연계성 측면에서 교사집단 간 협력, 행정적 지원, 소양 개발 등에서 효과를 기대하기 어렵다.

⑤ **일반화 가능성 제약** : 수행과제는 주로 상황 특수적이다.

⑥ **불공정성의 조장 가능성** : 학생, 학교, 교사의 조건, 집단적 특성 등에 따라서 편향된 평가가 될 가능성이 있다.

⑦ **긍정적 효과에 대한 증거 부족**

⑧ **시험공부 조장 가능성** : 수행평가 체제에 맞추어 기계적인 학습행동과 획일적인 학습태도가 길러질 가능성이 있다.

⑨ **보안문제** : 수행과제의 제한적으로 개발될 수밖에 없어 공개되며, 누가 과제를 수행했는가를 확인하기 곤란하다.

⑩ **신뢰도 문제** : 특히 평가과제의 차이에 따른 오류 가능성이 있다.

⑪ **비효율성** : 시간과 비용이 많이 든다.

이상의 권대훈이 밝히고 있는 수행평가의 문제점 혹은 난점은 교육평가 학자들이 계속해서 수행평가의 이론적 기초를 튼튼하게 구축해 나가야 한다는 점과 교사들이 철저한 준비와 계획에 기초하여 실시되어야 한다는 점, 그리고 유행처럼 무분별하게 사용되어서는 안 된다는 점을 지적한 것으로 이해할 수 있다. 이와 같은 문제점을 기초로 수행평가의 근본적인 문제점을 제시하면 다음과 같다.

첫째, 수행평가 도구 개발에 어려움이 있다.

둘째, 평가자의 입장에서 시간이 많이 소요된다.

셋째, 채점기준, 즉 점수부여 기준 설정이 용이하지 않다.

넷째, 수행평가는 수행과제의 성격에 따라서 평가자의 주관이 개재될 여지가 많다.

다섯째, 교사와 학생 편에서 많은 비용이 많이 들 수 있다.

여섯째, 현실적으로 수행평가 결과 활용에 어려움이 있을 수 있다.

이와 같은 수행평가가 성공적으로 적용되기 위해서는 다음과 같은 요건이 충족되어야 한다.

첫째, 획일적인 수행평가 지향이나 수행평가 만능 사고에서 벗어나 평가목적에 가장 알맞은 평가방식 선택이 필요하다.

둘째, 교육행정가, 교사, 학부모의 올바른 교육관, 교육평가관 정립이 요청된다.

셋째, 교육행정가, 교사의 수행평가에 대한 전문적 소양 육성이 요구된다.

넷째, 수행평가의 비중을 점진적으로 늘려가도록 한다.

다섯째, 교육평가는 신뢰도보다 타당도가 더 중요하며, 교육평가의 타당도를 높이기 위한 노력이 요구된다.

여섯째, 수행평가의 시행을 위한 교육현장 여건의 지속적 개선(교사 1인당 학생수의 감축, 교육재원 확보 및 지원, 다양한 수행평가 자료나 교구의 확보 등)이 요구된다.

일곱째, 교육평가 전문가뿐만 아니라 교사들도 수행평가의 타당성 문제, 타당한 적용 방법 등에 대하여 부단히 연구해야 한다.

참고 문헌

bibliography

강현석 · 주동범(2004). 현대 교육과정과 교육평가. 서울 : 학지사.

교육부(1998). 수행평가(遂行評價)의 이해. 교사연수자료.

권대훈(2005). 교육평가. 서울 : 학지사.

김경자 역(2000). Herman, Joan L. Aschbacher, Pamela R. Winters, Lynn저, 수행평가 과제 제작의 원리와 실제. 서울 : 이화여자대학교 출판부.

남명호 · 김성숙 · 지은림(2000). 수행평가. 서울 : 문음사.

백순근 외(1996). 초등학교의 새로운 평가제도에 따른 수행평가의 이론과 실제. 국립 교육평가원.

백순근 편(1998). 중학교 각 교과별 수행평가의 이론과 실제. 서울 : 원미사.

백순근(1997). 수행평가의 이론적 기초. 수행평가의 이론과 실제. 한국교육평가연구 회(편) 학술세미나발표논문집.

______(1999). 수행평가의 이론적 기초 및 실천방안. 고등학교 국어과 수행평가의 이론과 실제(한국교육과정평가원). 서울 : 사단법인 교육진흥연구회.

______(2000). 수행평가 정책의 문제점 및 개선 방안. 한국 교육평가의 쟁점과 대안(황정규 편). 서울 : 교육과학사.

성태제(2002). 현대교육평가. 서울 : 학지사.

______(1999). 수행평가의 본질과 장단점, 우리나라에서의 문제점과 원인 분석 그리고 해결 방안. 한국교원대학교(편). 수행평가 어떻게 할 것인가? 99년도 제5차 교육개혁대토론회 자료집.

조용기(1999). 참평가. 석문주 외. 학습을 위한 수행평가. 서울 : 교육과학사.

조희형 · 최경희(2000). 과학 교수-학습과 수행평가 : 제7차 교육과정의 탐구기능. 서울 : 교육과학사.

최호성(1999). 수행평가 : 닫힌 평가에서 열린 평가로의 전환. 석문주 외. 학습을 위한 수행평가. 서울 : 교육과학사.

한국교육과정평가원(1999). 고등학교 과학과 수행평가의 이론과 실제. 서울 : 사단법인 교육진흥연구회.

________________(1999). 고등학교 국어과 수행평가의 이론과 실제. 서울 : 사단법인 교육진흥연구회.

________________(1999). 고등학교 수학과 수행평가의 이론과 실제. 서울 : 사단법인 교육진흥연구회.

________________(1999). 고등학교 영어과 수행평가의 이론과 실제. 서울 : 사단법인 교육진흥연구회.

Collins, A. (1992). Portfolios for science education : Issues in purpose, structure, and authenticity. Science Education 76(4), 451-463

Feuer, M., & Fulton, K. (1993). The many faces of performance assessment, Phi Delta Kappan,

74, 478.

Graves, D. & Sunstein, B. (Eds.) (1991) Portfolio portraits. Portsmouth, N. H. : Birenbdum & Dochy.

Jongsma, K. S. (1989). Portfolio assessment. The Reading Teacher, 43(3), 264-265.

Meyer, C. A. (1992). What's the difference between authentic & performance assessment? Educational Leadership, 49(8), 39-40.

Paulson, F, L., Paulson, P. R., & Meyer, C. A. (1991). What makes a portfolio a portfolio? Educational Leadership, 48(5), 60-63.

Phelps, A. J., LaPorte, M., & Mahood, A. (1997). Portfolios assessment in high school chemistry : One teacher's guidelines. Journal of Chemical Education, 74(5), 528-531.

Shackelford, R. L. (1996). Student Portfolio : A process/product learning and assessment strategy. The Technology Teacher, 55(8), 31-36.

Valencia, S. (1990). A portfolio approach to classroom reading assessment : The whys, whats, and hows. The Reading Teacher 43(4), 338-340.

Wiggins. G. (1989). A true test : Toward more authentic and equitable assessment. Phi Delta Kappan, 70, 703-713.

형성평가

14.1 다음 중 최근 학업성취도 평가에서 강조되고 있는 새로운 경향은?

① 표준화 검사
② 지식의 통합적 평가
③ 학습결과 중심 평가
④ 평가기준의 비공개
⑤ 탈상황적 평가

14.2 우리나라 학교교육에서 평가방법의 변화를 바르게 나타낸 것은?

① 지속적인 평가에서 일회성 평가로 변화해 오고 있다.
② 선다형 지필검사 중심에서 수행평가의 비중이 늘어나고 있다.
③ 준거지향평가 중심에서 규준지향평가 중심으로 변화해 오고 있다.
④ 다양한 평가방법 사용에서 단일한 평가방법 사용으로 변화해 오고 있다.
⑤ 교수-학습과정 평가 중심에서 교수-학습결과 평가 중심으로 변화해 오고 있다.

14.3 수행평가의 특징과 관계가 가장 먼 것은? ['03 중등]

① 높은 신뢰도
② 높은 타당도
③ 과정(process)에 대한 평가
④ 실제적인 상황에서의 평가

14.4 다음 중 수행평가의 단점은?

① 측정오차를 줄이기가 어렵다.
② 추론 기능을 평가하기 어렵다.
③ 지식의 통합적 평가가 어렵다.
④ 평가준거를 학습자와 공유하기 어렵다.
⑤ 평가하는 동안 학습이 일어나기 어렵다.

14.5 수행평가의 일반적 특징을 가장 잘 나타낸 것은? ['00 초등]

① 객관적이면서도 표준화된 측정방법을 중시하는 평가

② 담당 교사보다는 외부 전문가의 판단을 중시하는 평가
③ 학습의 과정과 결과를 모두 중시하는 평가
④ 신체적인 움직임에 대한 측정을 중시하는 평가

14.6 다음 중 수행평가에 관한 설명으로 적절하지 <u>못한</u> 것은? ['00 중등]

① 교수-학습의 결과뿐만 아니라 과정도 함께 중시한다.
② 개개인을 평가하기도 하지만 집단에 대한 평가도 중시한다.
③ 선택형 평가방식을 없애기 위해 도입된 전인적인 평가 방식이다.
④ 정답의 선택이 아니라 문제 해결의 과정을 행동으로 나타내도록 요구한다.

14.7 〈보기〉에서 포트폴리오를 이용한 수행평가에 해당하는 설명을 골라 바르게 묶은 것은? ['05 초등]

보 기
가. 과정보다는 결과 평가에 중점을 둔다. 나. 신뢰도는 높으나, 타당도는 낮은 경향이 있다. 다. 지적 능력은 물론 정의적 특성도 평가할 수 있다. 라. 전통적인 인식론보다는 구성주의 인식론에 바탕을 둔다.

① 가, 나　② 가, 다　③ 나, 라　④ 다, 라

14.8 다음과 같은 자료는 어떤 방법을 사용하여 평가하는 것이 가장 적합한가? ['02 중등]

보 기
일기장, 연습장, 미술작품집, 과제일지

① 논문형 검사　② 포트폴리오법
③ 관찰법　④ 면접법

14.9 학습자 자신이 지속적, 체계적으로 작성하거나 만든 개인별 작품집 또는 서류철 등을 근거로 평가하는 방법은? ['01 중등]

① 심층면접법　② 참여관찰법
③ 실험실기법　④ 포트폴리오법

14.10 다음 중 장기간에 걸친 학생의 학습진보 과정과 성취를 가장 잘 알 수 있는 평가수단은?

① 자기소개서 ② 설문지 ③ 포트폴리오
④ 연구보고서 ⑤ 행동체크리스트

14.11 최근 학교에서 포트폴리오 평가 방법의 적용이 강조되고 있다. 다음 중 학교에서 포트폴리오에 포함될 내용을 결정하고자 할 때 누가 결정하는 것이 가장 타당한가?

① 교사 ② 학생 ③ 학부모
④ 평가전문가 ⑤ 학생과 교사

14.12 학교 현장에서 수행평가가 제대로 이루어지기 위한 조건들을 영역에 따라서 구체적으로 열거하고 그 내용을 기술해 보라.

14.13 "수행평가"에 관한 학습이 어느 정도 충실하게 이루어졌는가를 수행평가를 통하여 평가하려고 한다고 가정하고, 수행평가 방안을 구안해 보라.

Chapter 15

평가문항의 양호도

제1절_ 문항분석의 의미와 필요성
제2절_ 고전검사이론에 의한 문항분석
제3절_ 문항반응이론에 의한 문항분석

개 요

1. 교육평가를 위한 도구는 여러 문항들로 구성된다. 평가도구를 구성하고 있는 문항 하나하나가 양호하다는 증거가 있을 때 평가도구는 쓸모가 있게 된다. 이러한 문항 하나의 양호도를 따지는 방법은 질적 접근과 양적 접근으로 나뉠 수 있다. 질적 접근이란 문항의 양호도를 판단할 수 있는 전문성을 지닌 사람이 문항의 내용타당도를 평가하는 방법이다. 이에 비해 양적 접근이란 문항에 응답한 사람의 반응을 검사이론에 입각하여 문항곤란도, 문항변별도, 문항추측도, 선다형 문항의 경우 문항반응분포 등을 수량적으로 분석하는 방법이다. 이러한 문항들의 양호도를 확인하는 방법을 문항분석이라고 한다.
2. 문항 혹은 검사의 질이 양호한지를 분석하는 데 적용되는 이론을 검사이론이라고 하며, 검사이론에는 고전검사이론과 문항반응이론이 있다.
3. 고전검사이론은 문항과 검사를 검사총점을 기준으로 문항양호도를 분석하는 것으로서, 비교적 간단한 절차에 의해 문항분석을 실시할 수 있어 교육현장에서 널리 사용되고 있다. 그러나 고전검사이론은 문항모수의 불변성 개념(동일한 문항이라도 능력이 우수한 피험자 집단에게는 쉬우나, 능력이 낮은 피험자 집단에게는 어렵게 되어 문항의 난이도가 달라지는 현상)과 피험자 능력의 불변성 개념(동일한 능력을 지닌 피험자 집단이라 할지라도 검사가 어렵게 출제했느냐, 혹은 쉽게 출제했느냐에 따라서 문항난이도가 달라지는 현상)을 유지하지 못하는 문제점이 있다.
4. 문항반응이론은 문항 하나하나에 근거하여 문항특성곡선을 그리고, 이에 바탕 하여 문항난이도, 문항변별도, 문항추측도 등을 분석하는 데 적용하는 이론이다. 이 방법은 문항특성의 불변성 개념(능력이 낮은 피험자 집단에 검사를 실시한 후 그 응답자료로 문항분석을 하고, 다시 능력이 높은 피험자 집단에 검사를 실시한 후 문항분석을 하면 문항난이도, 문항변별도, 문항추측도 등이 같아지는 것)이 유지되는 장점이 있다.
5. 문항곤란도란 문항통과율이라고도 하며, 문항이 쉽고 어려운 정도를 말한다. 그리고 이는 주로 규준지향평가, 또는 집단 내 상대적 우열을 가려낼 목적의 평가에서 분석하게 된다.
6. 문항변별도란 우수한 집단과 열등한 집단을 잘 가려내 주는 정도를 말한다.
7. 문항반응분포(혹은 오답지 매력도) 분석이란 선택형 도구에서 답지의 매력도 혹은 능률성이라고 할 수 있다. 정답지를 포함한 각 답지에 어느 정도의 응답자가 고르게 분포될 때 양호한 문항이라고 할 수 있다.
8. 문항추측도란 능력이 전혀 없는 피험자는 문항의 답을 맞히지 못하나, 실제 시험에서는 능력이 전혀 없는 학생일지라도 추측에 의하여 정답을 맞힐 수 있는 확률을 뜻한다. 이는 c로 표기하며, 4지선다형 문항에서는 .2를 넘지 않는다.

평가도구를 구성하고 있는 각 문항이 양호한지의 여부는 교육평가의 질을 크게 좌우한다. 즉, 평가의 근본적인 목적을 달성할 수 있도록 평가도구가 제작되었느냐에 의하여 교육평가의 질이 판가름 된다. 평가도구가 양호하다는 말은 그것이 타당성 있고 신뢰로우며 객관성을 확보해야 한다는 것 외에 평가 문항 하나하나가 적정수준의 곤란도를 유지하고 있고, 학생들의 학력을 비롯한 제반 특성을 사실대로 드러낼 수 있는 변별력이 높다는 것이다. 이 장에서는 이러한 평가문항의 양호도 확인 방법(문항분석)을 다룬다.

문항분석 방법은 검사이론에 기초하여 전개된다. 검사이론은 크게 고전검사이론과 문항반응이론으로 나누어진다. **고전검사이론**이란 검사도구의 총점을 기준으로 분석하는 이론이며, 관찰점수(예 : 학생들의 성적)에는 항상 진짜 점수와 어느 정도의 오차점수로 이루어져 있다고 가정하는 이론이다. 그리고 **문항반응이론**은 피검사자의 검사결과에 영향을 미치는 여러 가지 요인들이 있으며, 이것들은 관찰이 불가능한 잠재적 특성이 있다고 가정하고 피검사자의 점수로부터 잠재적 특성을 추정하는 절차와 관련된 이론이며, 피검사자의 능력에 따른 문항의 답을 맞힐 확률을 나타내는 문항특성곡선(S자 형)에 기초하여 전개되는 이론이다.

고전검사이론에 근거한 문항분석의 난점은 제작된 검사가 어느 수준의 능력집단에서 실시되느냐에 따라서 문항난이도나 문항변별도가 달라진다는 것이다. 즉, 같은 문항이라도 능력 수준이 높은 학생집단에서 분석 자료가 추출되면 쉬운 문항으로, 낮은 수준에서 수집되면 어려운 문항으로 분류된다는 것이다. 또 검사 총점으로 능력을 추정하기 때문에 검사의 난이도가 높으면(쉬우면) 학생의 능력이 과대 추정되고, 어려우면 과소 추정되는 문제가 있다. 이러한 고전검사이론에 기초한 문항분석 방법이 지니고 있는 문제점이 있기는 하지만, 교육현장에서 주로 사용하는 방법이므로 여기서는 고전검사이론에 기초한 문항양호도 분석 방법을 살펴보고자 한다. 따라서 이 방법이 지니고 있는 난점을 잘 인식하고, 이를 해결해야 하는 상황에서는 문항반응이론에 기초한 문항분석 방법 혹은 다른 적합한 방법을 찾아보아야 할 것이다.

평가문항의 양호도를 검증 · 확인하는 방법은 논리적 방법과 경험적 방법이 있다. **논리적 방법**이란 문항을 피검사자들에게 실시한 후에 판정하는 것이 아니라 전문가가 문항내용이나 형식이 적절한가를 일정한 기준에 비추어(예컨대, 정답의 정확성, 의사전달력, 곤란도, 중요성, 편향성, 학습기회 등) 판단하는 방법이다(권대훈, 2005 : 355). 이 방법은 평가척도의 양호도를 확인하는 안면타당도 혹은 논리적 타당도와 같으며, 학교 현장에서는 초임교사가 제작한 문항을 경륜이 많은 교사 혹은 동료 교사들 간에 검토과정을 거칠 수 있다.

이에 비해 경험적 방법은 구성한 문항을 피검사자들에게 실시한 후 그 결과를 가지고 ① 문항곤란도 ② 문항변별력 ③ 문항반응분포 분석(답지의 능률성) 등을 실시하는 방법이다. 보통 문항분석은 후자를 지칭하는 것으로 사용한다. 이러한 확인작업을 통틀어 문항분석이라고 한다. 그러므로 어떤 평가도구가 양호하다는 것은 평가척도를 구성하고 있는 문항 하나하나가 양호하다는 것을 뜻한다.

제1절 문항분석의 의미와 필요성

1. 문항분석(item analysis)의 의미

문항(item)이란 하나의 측정도구나 평가도구를 구성하고 있는 최저단위이다. 문항들로 평가도구가 구성되므로 문항 하나하나가 원래의 평가 목적에 맞게 제작되어야 평가 자체의 목적을 달성할 수 있는 것이다. 문항 하나하나가 잘 못 제작되면 평가도구가 왜곡되고, 평가도구가 왜곡되면 평가의 목적이 왜곡된다.

하나의 검사가 성취의 정도만을 짐작하는 것이 아니라 앞으로의 성과를 예측할 수 있는 예언의 역할을 해야 할 경우도 있으므로(예 : 대학수학능력시험) 검사가 이와 같은 역할을 제대로 하기 위해서는 문항과 준거(criterion)와의 상관이 제시되고, 문항이 준거를 잘 예언하고 있다는 증거가 제시되어야 한다. 이와 같이 문항에 대한 다양한 분석을 하는 절차를 문항분석이라고 한다(황정규, 1998 : 431). 즉 교육평가에서의 문항분석이란 평가도구를 구성하고 있는 문항 하나하나가 곤란도가 어느 정도이며, 어느 정도의 변별력을 지니고 있는가, 답지의 매력도 혹은 능률성은 어느 정도인가 등을 분석하는 일을 일컫는다.

2. 문항분석의 필요성

한 검사는 여러 개의 문항으로 구성되기 마련이다. 그러므로 문항은 검사를 구성하고 있는 단위요소라고 할 수 있다. 개개 문항이 좋으냐 나쁘냐는 결국 검사 자체가 좋으냐 나쁘냐를 결정하게 된다.

문항은 검사를 대표할 뿐만 아니고 측정하려는 능력 전체를 대표하는 표본(sample)의 역할을 한다. 좋은 문항을 제작했거나 선택했을 때는 좋은 검사, 즉 타당도와 신뢰도가 있는 검사를 만들었을 뿐만 아니라, 이 검사가 측정하려고 하는 전체 능력을 제대로 재어 낼 수 있는 요소적 기능을 수행하는 것이다. 예를 들어, 길이를 재는 자(尺)에 있어서 하나하나의 눈금이 똑바로 그어지고 정확한 간격을 유지하면서 만들어진 자라야 만이 길이를 제대로 잴 수 있다. 문항이란 자의 눈금과 같은 것이다. 눈금이 바로 된 자(尺)가 타당도와 신뢰도가 있는 자(尺)가 되고, 눈금이 바로 되었을 때 재려는 원래의 '길이'를 올바르게 잴 수 있는 것이다.

또한, 문항이란 재활용의 가치가 있는 것이다. 한번 제작하여 쓰고 버리는 것이 아니라 좋은 문항은 두었다가 다시 쓸 수 있는 이른바 문항저장에 의한 문항은행(item pool)을 만들 수 있다. 이것을 만들기 위해서는 아무 문항이나 가져다 모아 놓은 것이 아니고, 문항분석 결과에 의해 좋은 문항만을 선택하는 노력이 요구되는 것이다.

이와 같은 필요성에 의하여 실시하는 문항분석은 고전검사이론과 문항반응이론 등 두 가지 이론에 바탕하여 이루어진다.

제2절 고전검사이론에 의한 문항분석

고점검사이론(classical test theory)이란 시험지나 검사지 등 평가도구에 반응한 검사점수의 총점을 기준으로 문항 하나하나의 양호도를 분석하는 이론으로서, 검사에 의해 나타난 관찰점수(O)는 진점수(True score)와 오차점수(error score)가 합쳐져서 나타난다고 가정한다. 즉, O=T+e로 가정한다. 여기서 진점수는 알 수 없기 때문에 동일한 검사를 같은 피험자에게 무한히 반복 실시하여 얻은 점수들의 평균치가 그 피험자의 진점수가 된다고 가정한다. 고전검사이론에 의한 문항양호도의 분석은 문항곤란도, 문항변별도, 문항반응분포 분석 등이 있다.

1. 문항곤란도

가. 문항곤란도의 개념

문항곤란도(item difficulty) 혹은 문항난이도란 '한 문항의 어려운 정도', '한 문항에 학생들이 정답을 한 확률'로 정의한다. 가장 간단하면서도 가장 널리 쓰이는 문항곤란도 지수는 p(percentage of the pass라는 단어의 머리글자임)이다. p는 한 문항에 정답을 한 학생의 백분율을 말한다. 어느 학년의 과학 시험에서 학생들이 1번 문항에는 70%가 정답을 맞혔는데 비해, 5번 문항에는 45%가 정답을 맞혔다면 5번 문항이 1번 문항보다 어려운 문항이라고 할 수 있다.

이와 같이 문항곤란도는 0~100%에 이르기까지의 변산(變散)을 갖고 있다. 그러나 문항곤란도는 집단에 따라 변한다. 따라서 한 개인에 대한 문항곤란도란 존재하지 않을 뿐 아니라 개인에 대해 알 수 있는 것은 그 문항에 정답을 했느냐 오답을 했느냐 하는 것 뿐이다. 측정학적 용어를 빌리면 문항곤란도란 집단의 표준편차와 평균에 의해 결정된다.

나. 문항곤란도의 계산방법

문항곤란도는 전술한 바와 같이, 전체 학생 중 그 문항에 정답을 한 학생의 백분율(%)로 나타난다. 계산방법도 이 원리를 충족시켜 주는 방법으로 하게 된다. 그러나 선택형 검사일 때는 정답의 %만 아니고 미달항과 추측요인도 동시에 고려하여 계산해야 한다.

1) 정답에 의한 문항곤란도 계산

이 방법은 가장 간단한 계산방법으로 정답한 학생수를 전체 학생수에 대한 백분율(%)을 계산해 내면 된다. 계산방법은 다음과 같다.

$$P = \frac{P}{N} \times 100$$

P=문항곤란도 지수
R=정답한 학생수
N=전체 학생수

예 : 1. 국어시험에 응시한 학생 200명 중에서 문항(2)에 대해 120명이 정답을 했다면,

$$P = \frac{120}{200} \times 100 = 60\%$$

가 된다.

위의 계산공식은 **추측요인**을 교정하지 아니했을 때의 공식이다.

2) 미달항을 제외한 곤란도 계산

선택형 검사일 때 모든 문항에 대해 학생 모두가 손을 대었다라고 생각할 수 없다. 더욱이, 그 검사가 속도검사일 때는 맨 뒤에 있는 문항들은 손을 대지 못하는 경우가 생겨난다. 이런 점을 문항곤란도 계산에서 고려해야 하는 것이다.

예를 들어, 어떤 문항에 100명 중 5명이 시간이 모자라 손을 대지 못했을 때는 전체 100명 중에서 5명을 뺀 95명으로 계산해야 한다. 이 95명 중에 정답한 학생이 50명이라고 한다면, 이 때의 곤란도 지수는

$$P = \frac{50}{95} \times 100 = 52.6\%$$

가 된다.

그러나 학생이 답안지에 응답하는 반응의 종류는 다음과 같다.

① 정답 (풀어서 정답을 하는 경우) (R)
② 오답 (풀긴 했으나 오답이 된 경우) (W)
③ 제외한 문항 (풀다 풀다 못 풀어서 답을 안 한 경우) (O=omit)
④ 건너 뛴 문항 (처음부터 풀지 않고 후에 풀려고 남겨두고 넘어간 경우) (S=skip)

⑤ 미달 문항 (시간이 모자라 손을 대지 못한 경우) (NR=non-reach)

따라서, 어떤 선택형의 문항에 반응한 학생의 수가 다음과 같을 때

정답(R)	오답(W)	제외항(O)	미달항(NR)	계
45	90	5	10	150

문항곤란도 계산 방식은

$$P=\frac{R}{N-NR}\times 100$$

즉, $P=\frac{45}{150-10}\times 100=32.1(\%)$가 된다. 이 때에 전체 학생수에서 NR에 해당되는 10명만 빼고 O의 5명은 포함시켜 계산한다.

3) 추측요인을 제외한 곤란도 계산

추측요인이란, 정답을 잘 모를 때 어림짐작으로 답하는 것을 말한다. 이때 어림짐작으로 답을 골라도 순전히 우연에 의하여 정답을 맞힐 확률이 있기 때문에 이러한 확률을 제외하고 문항곤란도를 계산하자는 것이다.

추측요인의 교정은 정답수 R에서 추측에 의하여 우연히 맞을 정답의 수 $\frac{W}{n-1}$을 뺀 것이다. 이 때 W는 오답한 학생수를 말한다. 그러므로 앞의 공식에 있는 R 대신에 $R-\frac{W}{n-1}$을 대입하면(이를 교정공식, 혹은 교정요인이라고 칭함) 추측요인을 제외한 문항곤란도 계산 공식은

$$P=\frac{R-\frac{W}{n-1}}{N}\times 100$$

이 된다.

예를 들어, 4지 선택형 문항에서, 앞의 예를 이용하여 추측요인을 제거한 경우의 문항

곤란도는,

$$P = \frac{120 - \frac{80}{4-1}}{200} \times 100 = 46\%$$

가 된다.

4) 논문형 검사의 문항곤란도 계산

지금까지는 선택형 검사에서 곤란도 계산 방법을 살펴보았다. 이 방법을 논문형 검사(또는 수행평가)에서도 적용시킬 수 있다. 계산 절차는 다음과 같다.

① 문항마다 채점하여 점수를 낸다.

② 계산된 점수를 일정한 점수범위로 묶는다.

③ 묶은 점수범위에 해당하는 피험자를 조사 기입한다.

④ 점수범위 중에서 어느 하나를 택하여 검사자가 기대하는 선을 긋는다.

이 '기대의 선'은 교사의 판단에 의하여 최소한 이 문항에 있어서 이 정도의 점수는 받아야 할 것이라는 최소한의 점수한계를 명시한 것이다(예컨대, 15점 이상).

⑤ 기대의 선 이상에 해당하는 학생수를 정답으로 하고, 그 이하를 오답으로 한다.

예를 들면,

	점수범위(30점 만점)		학생수
	25~30	5	58(정답)
	20~24	27	
	15~19	26	
기대하는 선			
	10~14	12	17(오답)
	5~9	5	
	0~4	0	
	계		75

일 때, 문항곤란도 지수는

$$P = \frac{58}{75} \times 100 = 77.3\%$$

로 계산된다.

그런데, 논문형 검사(혹은 수행평가)일 때는 평가자가 어느 점수범위에 기대의 선을 긋느냐에 따라 곤란도 지수에 많은 영향을 미치게 된다. 기대의 선을 너무 낮게 잡으면 곤란도 지수는 높게 나오게 되고, 반대로 너무 높은 점수에다 잡으면 곤란도 지수는 낮게 나올 것이다. 그러므로 논문형 검사의 곤란도 지수는 검사자의 주관에 따라 높게도 낮게도 나올 수 있는 것이다.

다. 문항곤란도의 해석과 이용

문항곤란도 지수는 결국 정답의 백분율이므로 이 지수가 높다는 것은 문항이 쉽다는 것을 의미이다. 문항곤란도를 또한 문항난이도 혹은 문항 통과율이라고도 한다. 곤란도가 어느 정도 수준이 적절한가는 검사의 목적과 성질에 따라서 결정될 일이다.

문항곤란도는 한 검사 내에서 문항의 배열시에 유효하게 활용할 수 있다.

첫째, 쉬운 문항에서 어려운 문항의 순위로 배열하는데 문항곤란도를 이용할 수 있다. 대개의 검사에서는 이와 같이 쉬운 문제로부터 어려운 것으로 배열하기 마련이다. 이렇게 하는 이유는 처음에 쉬운 문항이 나오기 때문에 피험자에게 자신감과 용기를 주게 되고, 이것이 수험의 동기유발로 발전할 것을 기대하기 때문이다.

둘째, 문항곤란도를 '쉬운 것', '중간 정도 되는 것', '어려운 것'으로 나눈다면, 중간 정도 되는 문항을 50% 정도 출제하고 나머지는 쉽고 어려운 것에서 거의 비슷한 비율로 출제함이 좋다. 이 같은 배열법은 후에 피험자들이 시험을 치른 후 채점하여 나온 점수를 분포로 그렸을 때 대체로 정상분포곡선으로 나타나게 된다.

그러나 이것은 **규준지향평가**(상대평가)의 경우에 해당되는 것이며 준거지향평가 체제(또는 수행평가)에서는 문항곤란도는 큰 의미를 지니지 못하게 된다. 그리고 같은 문항이라도 학습자 집단의 특성에 따라서 문항곤란도는 달라진다. 같은 검사 내용을 성취수준이 높은 집단과 낮은 집단에 실시한 경우 전자가 후자에 비해 문항곤란도 지수는 높게 나타나게 된다.

2. 문항변별력

가. 문항변별력(item discriminating power)의 개념

문항변별력은 검사타당도를 계산하는 방법 중에서 가장 많이 사용되는 방법이다. 이것은 각 문항이 능력이 있는(우수한) 사람과 능력이 없는(열등한) 사람을 얼마나 예리하게 변별해 내는 힘을 가지고 있느냐이다. 어떻게 보면 문항이란 개인차의 식별을 위해 제작된 것이라고 보아도 좋다. 우수한 학생을 우수하게 식별해 내고 열등한 학생을 열등한 그대로 식별해 내야 하는 것이다. 그러나 어떤 문항이 우열을 전혀 식별하지 못하거나 또는 반대로 우수학생을 열등으로, 열등학생을 우수학생으로 식별한다면 그 문항은 잘못된 문항일 것이다. 문항변별력이란 이와 같이 검사 내 · 외의 준거에 의해서 능력의 상 · 하를 밝혀내는 힘을 문항이 가지고 있느냐 없느냐를 따지는 것이다.

문항변별력은 크게 문항타당도(item validity)와 문항내적 합치도(item internal consistency)의 두 가지로 나누어진다.

문항타당도란 문항 하나하나가 검사 외의 외적 준거와의 관련성을 따져보는 것이라면(예 : 문항들에 대한 점수와 평소의 학습태도, 교과학습에 대한 만족도, 교과수업에의 집중도 등과의 관련성을 따지는 것), **문항내적 합치도**란 문항 하나하나와 그 검사 총점과의 관계를 따져보는 것이다. 대체로 문항변별력이란 문항 내적 합치도를 의미한다.

나. 문항변별력의 계산방법

예를 들어, 100명의 수험생에게 검사를 실시하여 채점을 완료했다고 하자. 이 때에 변별력의 계산 방법은 다음과 같다.

첫째, 채점하여 나온 답안지를 총점(total scores)의 순위대로 배열하여 답안지(학생수)를 2등분한다. 한쪽은 총점에서 상위집단(high group)이 되고 다른 한쪽은 하위집단

(low group)이 된다. 즉, $H=50$명, $L=50$명으로 구분된다.

상집단과 하집단을 구분하는 다른 방법은 기존의 평가 결과 자료(예 : 성적)에 기초하여 성적이 높은 집단과 낮은 집단을 구분하는 것이다. 이 방법이 적용되는 경우에는 학습자의 학력을 포함한 특성이 노력 여하에 따라서, 특별한 학습 경험 여부에 따라서 부단히 변화한다는 기본 가정을 무시하는 문제점이 있음에 유의해야 한다.

둘째, 상위집단에서 분석하려는 문항(㉑ : 5번 문항이라 가정함)에 정답한 학생수와 오답한 학생수를 계산하고, 하위집단에서도 이와 같이 계산해 낸다. 그리고 이것을 표(사간상관표)로 작성한다.

< 5번 문항의 분석표 >

	W	R	
H	5	45	50
L	35	15	50
	40	60	100

H=총점의 상위집단
L=총점의 하위집단
W=오답
R=정답

위의 표는 문항 5번을 두고 분석한 결과이다. 즉, 상위집단에서 $R=45$, $W=5$, 하위집단에서 $R=15$, $W=35$이다. 이것을 문항사간상관표라고 한다. 이와 같이 하여 한 검사 내의 모든 문항에 대하여 사간상관표를 만들어 낸다.

셋째, 다음 공식을 이용하여 문항변별력을 계산한다.

$$D=\frac{H_R-L_R}{f}$$

D=변별도 지수
HR=상위집단의 정답자수
LR=하위집단의 정답자수
f=상위집단 또는 하위집단의 사람수

예컨대, 위의 사간표에서는 변별도지수(discrimination)가

$$D=\frac{45-15}{50}=.60$$

이다.

만약, 대상 집단을 상, 중, 하 등 3개 집단으로 나누었다며 공식에서 f만 달라질 뿐 나머지 계산 질차는 동일하다 이 경우에는 번별도 계산을 위해 위에 든 사간상관표 대신에 **육간상관표**를 만들게 된다.

이 경우는 전체학생수를 2등분하지 않고 3등분하는 경우이다. 이 3등분하는 방법에도 상(H), 중(M), 하(L)로 똑같이 33.3%씩 등분하는 경우가 있고, 상부 25%, 중간부 50%, 하부 25%로 분할할 수 있다.

육간상관표에 의한 문항변별도 계산 방법을 기술하면 다음과 같다.

① 높은 점수로부터 낮은 점수 순으로 정리한다.

② 점수 상위집단 27%, 중간집단 46%, 하위집단 27%로 사례수를 분류한다.

③ 세 집단의 답안지에서 특정 문항에 맞은(정답한) 사람의 수를 세어 6간표를 작성한다. 그 예는 다음과 같다(전체 응시자를 300명으로 가정).

	정	오	계
H	70	10	80
M	60	80	140
L	12	68	80
계	142	158	300

④ 다음의 공식에 해당하는 사례수를 대입하여 문항변별도를 구한다.

$$D.I = \frac{HR - LR}{N/3}$$ [분모 $N/3$ 은 전체사례수를 3등분했기 때문에]

⑤ 공식에 의하여 $D.I.$를 구하면,

$$D.I. = \frac{70 - 12}{300/3} = .58$$

다. 문항변별도의 해석

위에서 살펴보았듯이 문항변별력은 일종의 상관도로서 그 취하는 지수의 범위는 −1.00에서부터 +1.00까지이다. 만일 변별도 지수의 실제 계산에서 −부호로 나오거나 또는 +부호라도 비교적 0.00에 가까운 수치가 나오는 것은 문항의 변별력이 없어 바람직하지 못하다.

변별력과 곤란도의 관계는 다음의 예와 같다.

㉑ : 문항곤란도 0% …………………… 50% …………………… 100%
문항변별력 0.00 …………………… 1.00 …………………… 0.00

즉, 문항곤란도는 지수가 아주 높게 나오거나 반대로 아주 낮게 나올 때는 문항변별력이 낮아지고, 문항곤란도 지수가 중간 정도가 될 때는 변별력 지수가 높이지는 것을 알 수 있다. 너무 쉬워서 모두가 정답을 하거나 너무 어려워서 아무도 정답을 못했을 때는 이 문항은 변별력이 없는 것이다. 따라서 대체로 일반적인 원칙이 있는 것은 아니지만 좋은 문항이라면 적어도 .30 이상은 되어야 한다고 보며 .40 이상에서 .75 정도를 변별력이 매우 우수한 문항이라고 할 수 있다.

3. 문항반응분포 분석

문항반응분포(item response distribution)란 문항의 각 답지에 대한 반응의 분포상태, 즉 정답과 오답을 한 학생이 능력 상(上) 집단과 하(下) 집단간에 어떻게 분포되어 있느냐를 분석하는 것이다. 즉, 각 답지들이 잘 만들어진 것인지의 여부 혹은 선택할 답지의 매력도를 판별하기 위한 분석을 일컫는다. 따라서 정답과 오답에 관심 있는 것이 아니라 각 답지에 어떻게 반응이 분포되어 있느냐에 관심이 있다.

다음의 예를 통하여 문항반응분포의 의미와 의의를 고찰해 보자.

〈문항 1〉

답지	반응자수
①	25
②정답	56
③	21
④	18
계	120

〈문항 2〉

답지	반응자수
①	12
②	67
③	15
④정답	26
계	120

〈문항 3〉

답지	반응자수
①	5
②	25
③정답	90
④	0
계	120

먼저 〈문항 1〉을 보면 120명 중에서 56명이 정답을 하고 나머지 64명이 세 개의 오답지에 비교적 고르게 분포되어 정답지와 오답지가 적절한 능률을 지니고 있다고 볼 수 있다. 따라서 이 문항은 비교적 양호한 것으로 보인다. 그러나 〈문항 2〉는 정답지인 ④에 26명만이 반응하였으며, 오히려 ②번 답지에 67명이라는 많은 수가 반응하여 함정 구실을 한 셈이다. 물론 학급 또는 대상자 전체가 학력이나 능력이 월등히 저조하여 이러한 현상이 나타날 수도 있으나, 이러한 결과가 나오는 것은 결국 문항 제작상의 문제점이 있는 셈이다. 정답의 구실을 할 수 있는 정답지와 오답지로서의 능률이 있는 오답지의 제작이 필요한 것이다.

또 〈문항 3〉을 보면 대단히 잘못 제작된 문항임을 알 수 있다. 우선 답지 ①과 ④는 오답지로서의 능률이 전혀 없으며, 특히 ④번 답지는 불필요하게 포함된 답지가 되고 만 셈이다. 결국 ③번 답지는 대상자의 대부분이 정답을 할 수 있도록 함으로써 너무 쉽게 정답 반응을 할 수 있도록 구성한 것으로 이러한 문항은 학생들의 실력, 능력, 특성을 변별해 주는 힘이 거의 없다고 할 것이다. 따라서 〈문항 2〉와 〈문항 3〉은 답지에 대한 전반적인 수정이 요청되는 것의 예가 된다.

제3절 문항반응이론에 의한 문항분석

검사 총점을 기준으로 문항 하나하나의 양호도를 분석하는 것이 고전검사이론이라면, 문항반응이론은 각 문항마다 고유한 문항특성곡선에 의하여 문항을 분석하는 방법이다. 문항반응이론은 고전검사이론의 문제점으로 지적되는 문항 특성의 불변성 개념과 피험자 능력의 불변성 개념의 유지문제를 극복해 준다는 점에서 문항 특성을 추정하거나 피험자 능력의 추정에 널리 사용되고 있다.

예컨대, 대학수학능력시험과 같은 평가도구는 매우 쉬운 문항부터 대체로 쉬운 문항, 어려운 문항, 매우 어려운 문항 등을 혼합하여 구성되고, 문항의 어려운 정도에 따라서 배점이 다르다. 따라서 대체로 쉬운 문항이라고 하더라도 학업능력이 낮은 집단에게는 어렵고, 능력이 높은 집단의 경우에는 매우 쉬운 문항이 될 수 있다. 그리고 같은 80점이라고 하더라도 쉬운 문항을 많이 맞혀서 만들어진 80점과 어려운 문항을 맞혀 만들어진 80점의 능력이 같다고 말하기 어렵다. 고전검사이론은 이와 같은 특정 문항 하나하나에 대한 피검자의 능력에 대한 고려 혹은 검사의 난이도에 따른 피험자의 능력 추정을 제대로 하기 어렵다.

1. 문항특성곡선

문항반응이론에 기초한 문항 특성의 분석은 문항에 대한 응답자의 점수를 문항특성곡선(ICC : Item Characteristics Curve)으로 그려서 이루어진다. 문항특성곡선이라는 용어는 Tucker에 의해 처음 사용된 것으로서, 피험자 능력에(X축, θ로 표기하며, −3에서 +3에 위치한 Z점수 표시방식을 취함) 따라 문항의 답을 맞힐 확률($P(\theta)$로 나타내며, .0에서 1.0까지의 확률을 표시함)을 나타내는 곡선을 뜻한다. 일반적으로 S자 형태를 지닌다. 다음의 [그림 15−1]은 세 문항의 문항특성곡선의 예를 보여주는 것이다.

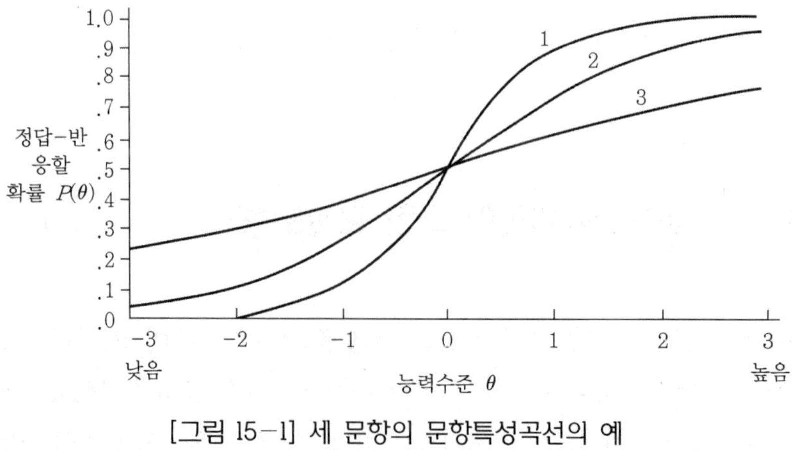

[그림 15−1] 세 문항의 문항특성곡선의 예

2. 문항분석

문항반응이론에 의한 문항분석은 고전검사이론에서와 마찬가지로 문항곤란도, 문항변별도 등이 기본적인 대상이며, 여기에 문항추측도가 이루어진다. 성내세(2009)의 설명을 기초로 세 가지 분석방법에 대하여 살펴본다.

가. 문항곤란도

문항곤란도 혹은 문항난이도는 문항의 어려운 정도를 나타내는 지수이다. 문항반응이론에서는 문항특성곡선상에서 피험자가 문항의 답을 맞힐 확률이 .5를 기준으로 .5에 해당하는 능력수준의 값(β 혹은 b로 표기함)이 '0'보다 적은 경우에는 쉬운 문항이며, '0'으로부터 오른쪽으로 이탈된 정도가 심할수록 어려운 문항으로 해석한다. 일반적으로 문항곤란도는 −2에서 '0'을 지나 +2 사이에 존재한다. 문항반응이론에 의한 문항난이도 지수의 일반적인 언어적 해석 방법은 다음 〈표 15−1〉과 같다.

<표 15−1> 문항난이도 지수에 의한 언어적 해석 방법

문항난이도 지수	언어적 해석
−2.0 미만	매우 쉽다
−2.0 이상~−0.5 미만	쉽다
−0.5 이상~+0.5 미만	중간이다
+0.5 이상~+2.0 미만	어렵다
+2.0 이상	매우 어렵다

나. 문항변별도

문항반응이론에서의 문항변별도는 문항특성곡선상에서 곡선의 기울기가 능력수준 '0'을 중심으로 가파르게 변화를 보여주는 경우 변별력이 높다고 할 수 있다. 예컨대 정답을 맞힐 확률이 .5를 기준으로 평행선을 보인다면 그 문항은 능력이 우수한 피험자와 낮은 피험자를 가려내는 능력이 전혀 없음을 나타낸다. 반대로 능력수준 '0'을 기준으로 S곡선의 오른쪽과 왼쪽의 기울기가 현저하게 가파른 모양을 띤다면 그 문항의 변별력은 매우 높다고 할 수 있다. 문항변별도는 α 혹은 a로 표기하며, 일반적으로 '0'에서 +2.0의 범위에 놓인다. 일반적으로 문항변별도 지수의 언어적 해석 방법은 〈표 15-2〉와 같다.

<표 15-2> 문항변별도 지수에 의한 언어적 해석 방법

문항변별도 지수	언어적 해석
.00 미만	변별력이 없다
.00 이상~ .35 미만	변별력이 거의 없다
.35 이상~ .65 미만	변별력이 낮다
.65 이상~1.35 미만	변별력이 적절하다
1.35 이상~1.70 미만	변별력이 높다
1.70 이상	변별력이 매우 높다
+∞	변별력이 완벽하다

다. 문항추측도

문항추측도란 예컨대 시험문제를 제대로 풀 수 있는 능력이 전혀 없는 피험자라도 선택형 문항에서는 추측하여 정답을 맞힐 수 있는 확률을 뜻한다. 이론적으로 문항에의 정답을 맞힐 능력이 전혀 없는(-∞) 피험자가 정답을 맞힐 확률은 0이 아니라 그 이상(예 : .1)이 된다. 문항추측도는 c로 표기하며, 4지선택형 문항에서는 일반적으로 .2를 넘지 않는다.

라. 문항반응이론의 장점과 단점

이미 앞에서 기술했듯이, 고전검사이론에 기초한 문항곤란도, 문항변별도, 문항추측도 등을 추정할 경우 같은 문항일지라도 피험자 집단의 특성에 따라서 달리 추정된다. 동일한 문항이라도 능력수준이 높은 집단에 실시하면 쉬운 문항으로, 능력이 낮은 집단에 실시하면 어려운 문항으로 분류된다. 또 능력수준이 같은 집단이라도 어려운 문항을 실시하면 어려운 문항으로, 쉬운 문항을 실시하면 쉬운 문항으라고 해석한다. 문항변별도도 능력수준이 유사한 집단일수록 낮게 추정된다.

이에 비하여 문항반응이론은 같은 문항을 능력이 높은 피험자 집단에 실시한 경우나, 능력이 낮은 피험자 집단에 실시한 경우에 문항의 난이도 혹은 변별도가 같게 된다(이 말은 문항곤란도 혹은 변별도 지수가 같은 값을 갖는다는 의미가 아니라, 문항특성곡선의 모양이 같은 모양을 나타낸다는 의미임). 이를 문항 특성의 불변성 개념이라고 한다. 그러므로 문항반응이론에 기초하여 문항을 분석한 경우 피험자 집단의 특성(능력이 높거나 혹은 낮은 것)에도 불구하고 문항곤란도, 문항변별도, 문항추측도 등을 일관성 있게 추정하는 장점이 있다.

문항반응이론의 또 다른 장점은 피험자의 능력을 추정할 때 시험문제나 검사의 난이도에 관계없이 피험자의 능력을 일관성 있게 추정한다는 점이다. 예를 들어, 시험지를 구성하는 문항들의 평균 난이도가 1.5인 어려운 검사를 가지고 어떤 피험자의 능력을 추정했을 때, 그 피험자의 능력이 1.40이었다면 평균 난이도가 −1.5인 쉬운 검사를 가지고 그 피험자의 능력을 추정해도 1.40이 된다. 이 같은 문항반응이론의 장점은 대학입학시험이나 공무원 채용시험과 같이 서열에 의해 당락이 결정되는 경우 능력 추정의 정확성과 안정성을 확보할 수 있다는 것이다.

또한 고전검사이론은 피험자 능력을 추정할 때 총점에 의하므로 모든 문항들이 같은 비중을 갖는다(배점이 동일한)고 전제한다. 그러므로 어려운 문항 10개를 맞힌 경우와 쉬운 문항 10개를 맞힌 경우에 능력수준은 동일하다고 본다. 그러나 문항반응이론은 문항 자체의 어려운 정도에 따른 비중을 반영하여 보다 어려운 문항의 정답을 맞힌 피험자의 능력을 높게 추정한다. 이것이 보다 합리적인 능력의 추정방법이다.

참고 문헌

bibliography

강승호 외 4인(1996). 현대교육평가의 이론과 실제. 서울 : 양서원.

권대훈(2005). 교육평가. 서울 : 학지사.

김대현 · 김석우(1996). 교육과정과교육평가. 서울 : 학지사.

성태제(1996). 문항제작 및 분석의 이론과 실제. 서울 : 학지사.

______(2009). 현대교육평가. 서울 : 학지사.

황정규(1998). 개정판 학교학습과 교육평가. 서울 : 교육과학사.

형성평가

15.1 다음 평가유형 중 평가도구의 문항곤란도에 대한 고려가 상대적으로 가장 필요한 것은?

① 형성평가 ② 준거지향평가 ③ 규준지향평가 ④ 총괄평가

15.2 다음은 한 문항의 답지 ㉮~㉲에 대한 전체응답자 200명의 반응과 이들을 상위집단 100명과 하위집단 100명으로 나누어 그들의 반응을 분석한 표이다. 분석 결과에 대한 해석으로 가장 적절한 것은? [각 칸의 숫자는 사람 수를 나타냄] ['06 중등]

답 지	전체응답자(200명)	상위집단(100명)	하위집단(100명)
㉮	53	25	28
㉯ 정답임	60	20	40
㉰	30	20	10
㉱	1	0	1
㉲	56	35	21

① 문항곤란도가 0.6이다.
② 모든 답지가 매력적으로 잘 작성되어 있다.
③ 상위 집단에게 가장 매력적인 답지는 ㉱이다.
④ 문항변별도가 낮아 문항검토가 요구되는 문항이다.

15.3 형성평가를 위하여 평가문항을 제작한 후 학생들에게 측정하여 1번 문항곤란도(p)를 계산한 결과 30%로 나왔다. 이에 대한 해석으로 가장 적절한 것은?

① 1번 문항은 우수학생과 열등학생을 가려내는 능력이 좋다.
② 1번 문항은 상당히 어려운 문항으로 수정하거나 제거할 필요가 있다.
③ 학생들이 수업목표 달성도가 낮을 가능성이 있어 교수-학습과정의 개선이 요구된다.
④ 문항난이도가 30%에서 70% 사이에 놓이면 좋은 문항이므로 출제를 잘 했다고 본다.

15.4 11번 문항의 점수가 평소의 학습태도가 소극적이거나 교과학습에 대한 만족도가 낮은 학생들이 그 반대인 학생들에 비하여 더 높게 나왔다면, 이는 다음 중 무엇이 낮은 것인가?

① 문항타당도 ② 문항곤란도
③ 문항변별도 ④ 문항적합도

15.5 김 교사는 목표지향 검사에서 문항변별도를 이용하고자 한다. 그가 이용하려는 것의 핵심은 무엇인가?

① 각 문항들이 평소 우수한 학생집단과 낮은 성적 집단을 잘 가려내 주는가?
② 각 문항들이 검사 전체 성적의 상 · 하 집단을 잘 변별해 주고 있는가?
③ 각 문항은 평소 학습에서의 성공자와 실패자를 잘 구별해 주는가?
④ 학습에서의 성공자와 실패자를 잘 변별하는 수업목표는 어느 것인가?

15.6 문항분석에 관련된 다음의 설명 중 <u>잘못된</u> 것은? ['97 초]

① 문항이 어려울수록 변별력이 높아진다.
② 문항 추측을 많이 할수록 변별력이 떨어진다.
③ 문항이 쉬우면 문항 추측의 가능성이 떨어진다.
④ 문항의 난이도는 문항의 통과율과 같은 말이다.

15.7 10개의 문항으로 이루어진 국어시험에서 4개의 문항에 대한 학생들의 응답이 다음과 같을 때 문항변별도가 가장 높은 문항은? (○ : 정답, × : 오답) ['03 초]

	1번	2번	…	9번	10번	검사총점
기 영	×	○		×	○	3점
소 림	○	×		×	○	6점
민 지	○	×		○	○	6점
대 환	○	×		○	×	8점

① 1번 ② 2번 ③ 9번 ④ 10번

15.8 아래 자료는 학생 100명이 응시한 검사에서 4개 문항에 대한 반응을 분석한 것이다. 이들 문항 중 가장 양호한 문항은? (단, 표 안의 '◀'는 정답 번호임) ['04 초]

문 항	답지번호	응답자 수(명)		
		상위집단	하위집단	합
A	①	16	17	33
	②	18	16	34
	③◀	5	3	8
	④	11	14	25
B	①	6	12	18
	②◀	35	15	50
	③	5	11	16
	④	4	12	16
C	①◀	42	38	80
	②	3	5	8
	③	2	3	5
	④	3	4	7
D	①	6	7	13
	②	20	8	28
	③	7	8	15
	④◀	17	27	44

① 문항A ② 문항B ③ 문항C ④ 문항D

15.9 다음은 두 문항의 각 답지에 대한 학생 90명의 반응을 상위집단, 중간집단, 하위집단으로 나누어 분석한 문항반응분포표다. 이 표를 보고 알 수 있는 문항의 특성에 대한 진술로 적절하지 않은 것은? ['07 초]

A문항				
답 지	상	중	하	진 세
①	5	8	3	16
②정답	17	14	5	36
③	0	0	17	17
④	8	8	5	21
합 계	30	30	30	90

B문항				
답 지	상	중	하	전 체
①	0	0	0	0
②	1	2	0	3
③정답	29	27	30	86
④	0	1	0	1
합 계	30	30	30	90

① A문항의 문항난이도는 0.4이다.
② B문항의 문항변별도는 0.5이다.
③ A문항은 상위집단과 중간집단에겐 사실상 3지 선다형이다.
④ B문항은 정답이 너무 뚜렷하고, 오답지의 매력이 매우 낮다.

15.10 다음 중 곤란도와 변별도를 비교해 활용한 사례는? *['99 중]*

① 변별도를 높이기 위해 시험문제를 어렵게 만들었다.
② 변별도 지수가 '0' 이거나 음수로 나온 문항은 제외시켰다..
③ 특히 목표지향평가를 실시할 때 곤란도와 변별도를 중요하게 고려하였다.
④ 상위집단과 하위집단 간의 반응의 차이를 알아보기 위해 곤란도를 산출하였다.

15.11 다음은 한 문항에 대한 학생 100명의 반응을 분석한 표다. 이 표로 알 수 있는 문항의 특성은? *['00 중]*

답지 집단	상위집단	하위집단	전 체
㉮	3	17	20
㉯〈정답〉	35	15	50
㉰	7	10	17
㉱	5	8	13
계	50	50	100

① 오답지가 매력적으로 잘 제작되어 있다.
② 문항변별도가 낮아 검토가 요청되는 문항이다.
③ 하위집단의 학생에게는 ㉰번 답지가 가장 매력적이다.
④ 전체 학생의 70% 이상이 정답반응을 한 쉬운 문항이다.

15.12 다음 중 선다형 검사문항을 구성하는 답지들의 유용성을 판단하는데 가장 적합한 것은? ['01 중]

① 문항 유형 분석　② 문항난이도 분석
③ 문항변별도 분석　④ 문항반응분포 분석

15.13 다음은 K학교의 1학기 수학 기말시험을 치른 학생 10명의 문항 응답결과와 개인별 점수를 제시한 자료다. 다음 물음에 답하시오. (○ : 해당 문항을 맞춘 경우, × : 해당 문항을 못 맞춘 경우) ['02 중]

학생 문항	1번문항	2번문항	3번문항	4번문항	……	점 수
A	○	○	○	○	……	92
B	○	○	×	○	……	88
C	○	×	×	○	……	80
D	○	○	○	○	……	80
E	○	○	×	×	……	72
F	×	○	○	○	……	68
G	○	×	○	×	……	60
H	○	○	×	×	……	56
I	○	○	×	×	……	48
J	×	×	×	×	……	28

위 표에서 가장 어려운 문항은?

① 1번문항　② 2번 문항　③ 3번 문항　④ 4번 문항

15.14 위 표에서 변별도가 가장 높은 문항은?

① 1번문항　② 2번 문항　③ 3번 문항　④ 4번 문항

15.15 100명의 학생을 대상으로 50문항의 시험을 치렀다. 아래 표는 상위집단과 하위집단이 1번과 2번 문항에서 정답과 오답을 한 빈도분포를 나타낸 것이다.

	문항1			문항2		
	정답	오답	계	정답	오답	계
상위집단	31	19	50	27	23	50
하위집단	10	40	50	11	39	50
계	41	59	100	38	62	100

'문항 1'과 '문항 2' 중에서 변별도가 더 큰 문항과 난이도(difficulty)가 더 높은 문항을 묶은 것은? ['03 중]

	변별도	난이도		변별도	난이도
①	문항 1	문항 1	②	문항 1	문항 2
③	문항 2	문항 1	④	문항 2	문항 2

15.16 검사문항을 개선하기 위해 실시하는 문항분석에 관한 설명으로 옳지 <u>않은</u> 것은? ['04 중]

① 문항(답지)반응분포는 오답지 매력도에 관한 정보를 제공한다.
② 문항에 대한 정답자 비율로 산출되는 난이도 지수는 수험자 집단에 따라 변할 수 있다.
③ 한 문항에서 검사점수가 높은 상위집단과 낮은 하위집단의 수험자가 모두 정답을 골랐을 때 변별도는 1이 된다.
④ 검사점수가 낮은 하위집단이 높은 상위집단에 비해 정답을 고른 수험자의 수가 더 많을 때, 그 문항은 변별기능을 제대로 하지 못한 것이다.

15.17 다음은 A중학교 1학년 1반 30명의 사회과 기말고사 중 1－4번에 대한 문항반응이다. 학생들을 성적에 따라 상하 각각 50%로 구분하고 상위집단의 정답비율과 학위집단의 정답비율의 차이로 문항변별도를 구할 때, 문항변별도가 가장 높은 것은? ['05 중]

		1	2	3	4
상위집단	정답자수	10	8	12	13
	오답자수	5	7	3	2
하위집단	정답자수	5	9	9	4
	오답자수	10	6	6	11

① 문항1 ② 문항2 ③ 문항3 ④ 문항4

15.18 다음 그래프는 문항반응이론의 '3－모수' 모형으로 추정한 문항난이도, 변별도, 추측도를 바탕으로 그린 문항특성곡선이다. 네 문항의 특성에 대한 설명 중 옳은 것은?

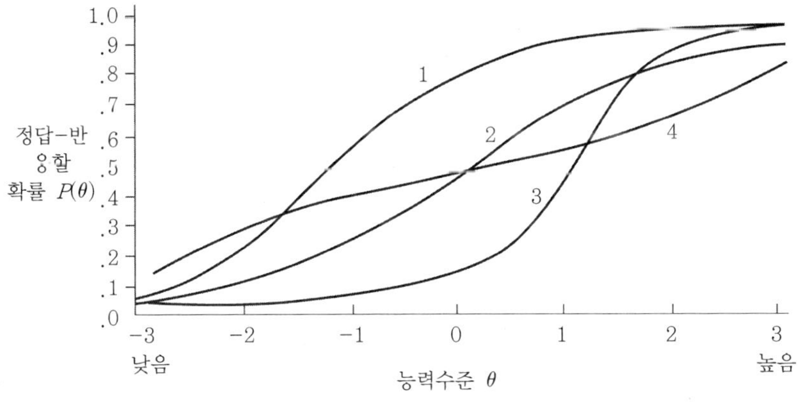

① 문항1은 능력수준이 중간 정도인 사람들을 변별하는 데에 적합하다.

② 문항2는 문항1보다 변별도가 높다.

③ 문항3은 문항4보다 변별도가 높다.

④ 문항4는 능력수준이 높은 사람들을 변별하는 데에 적합하다.

⑤ 네 문항 중 가장 어려운 것은 문항1이다.

15.19 김 교사는 문항별 배점이 4점인 5지 선다형 수학 시험 25문항을 제작하여 100명의 학생에게 실시한 후, 문항별 평균과 표준편차를 구하였다. 다음 〈표〉는 이 결과의 일부이다.

문항	평균	표준편차
1	2.0	2.0
2	0.8	1.6
3	3.4	1.4
4	0	0
5	4.0	0
이하 생략		

〈보기〉는 위의 결과를 근거로 김 교사가 각 문항에 대해 판단한 내용이다. 옳은 것을 모두 고른 것은? ['10 중등]

보 기

ㄱ. 문항1은 문항2보다 편차점수 제곱의 합이 더 크다.

ㄴ. 문항2는 문항3보다 변별도가 더 높다.

ㄷ. 문항4의 변별도는 0이다.

ㄹ. 준거참조평가인 경우라면, 문항5는 불필요한 문항이다.

① ㄱ, ㄷ　　② ㄴ, ㄹ　　③ ㄷ, ㄹ
④ ㄱ, ㄴ, ㄷ　　⑤ ㄱ, ㄴ, ㄹ

15.20 다음은10명의 학생들에게 문항 당 배점이 1인 10개의 사지선다형 문항의 시험을 치르게 한 후 답안을 채점한 결과의 일부분이다. 총점을 기준으로 상위 50% 학생들을 상위집단, 하위 50% 학생들을 하위집단 이라고 할 때, 다음 표에 대한 해석으로 옳지 않은 것은?

['11 중등]

문항	1	2	3	4	5	...	9	10	총점
A	0	1	1	1	1	...	1	1	9
B	0	1	1	1	1	...	1	0	8
C	1	1	0	0	1	...	1	1	8
D	0	1	0	0	1	...	1	1	7
E	1	0	0	0	1	...	1	1	7
F	1	1	1	1	1	...	0	1	6
G	0	0	1	1	1	...	0	0	4
H	1	0	0	1	1	...	0	0	3
I	0	0	1	0	1	...	0	0	3
J	1	0	0	0	1	...	0	0	2

① 문항1은 변별도를 고려 할 때 수정이나 삭제가 필요하다.
② 문항2는 상위집단과 하위집단을 잘 변별한다.
③ 문항3과 문항4의 변별도지수는 같다.
④ 문항3과 문항4의 난이도지수는 다르다.
⑤ 문항5의 오답지 반응비율은 0으로 오답지들이 매력적이지 않다.

15.21 다음과 같은 4지선다형 문항의 곤란도는 얼마인가?

답 지	1	2	3[정답]	4	NR[시간이 모자라 손 못댐]
사례수	27	15	73	12	8

15.22 위 [15.21]에서 추측요인을 고려한 문항곤란도는 얼마인가?

15.23 문항곤란도, 문항변별도, 문항반응분포 등에 관한 정보가 진단평가, 형성평가, 규준지향평가, 준거지향평가 체제에서 어떤 의미를 지니는가를 설명해 보라.

15.24 문항곤란도, 문항변별도, 문항반응분포 등을 정의적 특성의 평가와 신체기능적 특성의 평가와 관련하여 설명해 보라.

15.25 정의적 특성을 측정하기 위한 문항분석의 기법들이 어떻게 이용될 수 있는가를 기술해 보라.

형성평가 정답

장 \ 문항	1	2	3	4	5	6	7	8	9	10	11	12	13	14	15	16	17	18	19	20	21	22	23	24
1	④	①	③	④	③	①	③	①	④	④	①	②	④											
2	①	④	②	③	①	②	③	④	③	③	③	④	②	②	⑤	①	①	②	③	③	⑤	②	①	②
3	④	②	②	③	④	②	③	②	③	③	⑤	④	④	②	①	⑤								
4	①	④	③	④	⑤	②	③	②	⑤	④														
5	②	③	①	①	③	②	③	④	③	②	①	④	②	④	⑤									
6	⑤	②	①	②	⑤	④	①	②	①	④	①	③	②	①	①	④	③	③	⑤	②	④			
7	③	②	④																					
8	③	①	⑤	⑤	④	③	③	①	④	③	②	③	③											
9	③	④	②	①	④	②	②	④	④															
10	①	④	③	③	③	④	②	②	②	④	①	③	13번 : 국어71.25/영어50.0/수학55.0/과학57.5 14번 : ③ 15번 : 수학56.25/과학54.17/영어50.0/사회46.2											
11	①	⑤	①	②	③	①	②	③	③	④	③	②	②	④	④									
12	③	④	③	②	①	②	⑤	③	⑤	②	①	⑤	①	③										
13	②	①	③	④	②	⑤	③	③	①	①, ②, ④, ⑤	③	②	②	③	④	②, ③, ④	③							
14	②	②	①	①	③	③	④	②	④	③	⑤													
15	③	④	②	③	①	①	①	②	②	②	①	④	③	④	②	③	④	③	③	④	21번 : 54.07% 22번 : 38.74%			

저자 소개

✍ 손 충 기

〈약 력〉

공주사범대학 교육학과 졸업/서울대학교 대학원 교육학과 졸업/인하대학교 대학원 교육학박사/한국행동과학연구소 학습 · 검사 · 사회 · 조직개발연구부장 역임/현재, 원광대학교 교육학과 교수

〈주요 논문 및 저서〉

한국 국민학교 아동의 정의적 행동 특성/한국 국민학교 교육의 평가 Ⅰ, Ⅱ(공저)/한국 고교생의 진로의식(공저)/학습부진아의 정의적 행동특성 연구/중등학교 교사의 수업에 대한 학생평가의 타당성연구/교사의 수업행동 진단척도 개발과 그 타당화 연구/행동적 수업목표의 진술(N. E. Gronlund)(역서)/교육과정 개발과 설계(공역)/교육과정, 교육통계분석/교사교육론(공저)/교육학개론(공저)/교육과정과 교육평가(공저)/교육 · 심리 · 사회연구방법/SPSS 통계분석법 외

증보개정판
교육과정과 교육평가

초판발행 2006년 3월 10일
6판발행 2010년 3월 10일
증보개정4쇄 발행 2015년 3월 5일

2015. 3.

저 자 손 충 기
발행인 김 현 태
발행처 태영출판사

주 소 (152-705) 서울 구로구 구로동 104-10 동남오피스텔 201호
전 화 02 · 839-3757, 839-3752
팩 스 02 · 837-3754
등 록 2005년 5월 30일 제12-421호
http://www.taeyeongbook.co.kr
E-mail tys2005@hanmail.net
ISBN 978-89-6302-079-2 93370
정 가 20,000원

* 잘못 만들어진 책은 교환해 드립니다.

NAVER 태영출판사